Fritz Croner · Die deutsche Tradition

Fritz Croner

Unter Mitarbeit von
Michael Th. Greven · Edda Llopis · Frieder Meyer-Krahmer · Ursula Post · Adolf Schriefer

Die deutsche Tradition

Über die Schwierigkeiten, Demokratie zu leben

Westdeutscher Verlag

Umschlaggestaltung: Hanswerner Klein, Opladen
Satz: Friedr. Vieweg + Sohn, Braunschweig
Druck und Buchbinderei: Mohndruck Reinhard Mohn OHG, Gütersloh

Printed in Germany

ISBN 3-531-11314-3

Inhalt

Vorwort

Am Anfang dieser Analyse der Probleme der Demokratie im allgemeinen und in der Bundesrepublik Deutschland im besonderen sollen die Institutionen und Organisationen genannt werden, die durch Beihilfen, Stipendien und Zuschüsse die Durchführung der zeitraubenden und mühseligen Arbeit überhaupt erst ermöglicht haben.

In erster Linie gilt mein aufrichtiger Dank für ihre Großzügigkeit und ihr Verständnis der Deutschen Forschungsgemeinschaft in Bonn – Bad Godesberg, für mich personifiziert in Herrn Dr. Peter H. *Petersen*, der stets bereit war, finanzielle, technische und sachliche Probleme meines Projektes mit mir zu erörtern.

Der Stiftung Volkswagenwerk in Hannover fühle ich mich für alle Hilfe und alle Diskussionen tief verpflichtet. Frau Dr. rer. nat. Marie Luise *Zarnitz* hat hier durch treffsichere Fragen und stimulierendes Zuhören dafür gesorgt, daß ich die vielen Konzepte meiner Disposition der Gesamtarbeit und des Inhalts ihrer tragenden Abschnitte in unseren Diskussionen mündlich entwickeln mußte – eine gar nicht zu überschätzende Hilfe vor der ersten Niederschrift.

Mein Dank geht auch an die Friedrich-Ebert-Stiftung in Bonn-Bad Godesberg für wertvolle technische Hilfe und Gespräche sowie nicht zuletzt an den Schwedischen Rat für Sozialforschung, der in den ersten Jahren des Anlaufs sein Interesse auch für die deutschen Probleme durch Zuschüsse bekundet hat.

Daß zahlreiche meiner Fachkollegen mir mit Rat und Tat zur Seite gestanden haben, ist in der Zunft der Sozialwissenschaftler international so selbstverständlich, daß ich es hier nur erwähne. Sie alle aufzuzählen, ist unmöglich. Den einen oder anderen zu nennen wäre eine Unfreundlichkeit gegen die Nicht-Genannten.

Dagegen kann ich es nicht unterlassen, die aktive Hilfe zu erwähnen, die ich von der Angestellten-Abteilung des Deutschen Gewerkschaftsbundes erhalten habe, insbesondere seitdem Annedore Bell dort Bundesangestelltensekretär ist. Sie mit ihren Mitarbeitern kann meines freundschaftlichen Dankes gewiß sein.

Keine der erwähnten Personen oder Institutionen haben aber, um auch diese Selbstverständlichkeit auszusprechen, die geringste Verantwortung für meine Schlußfolgerungen, also für den Inhalt des Buches. Sie haben mir geholfen, wenn ich darum gebeten habe. Dafür bin ich dankbar. Für den *Inhalt* der Darstellungen trage ich allein die Verantwortung.

Auf dem Titelblatt sind die fünf jungen Akademiker genannt, die während der ganzen Zeit oder während eines Teils der Untersuchung meine Mitarbeiter gewesen sind. Sie haben sich dieser Arbeit mit größter Intensität und stimulierendem Interesse gewidmet. Ich halte es für selbstverständlich, hier mit meinem aufrichtigen

Dank (nicht zuletzt für die lebhaften Diskussionen, die in dieser echten Arbeitsgemeinschaft über alle Themen des Buches von allen geführt worden sind) anzugeben, wie im großen die Arbeitsteilung durchgeführt worden ist, oder anders ausgedrückt: wer für welchen Teil im wesentlichen das Faktenmaterial für meine Darstellung zugearbeitet hat:
Michael Th. Greven für den Dritten Abschnitt, Viertes Kapitel, den Vierten Abschnitt, Erstes und Zweites Kapitel sowie Teile des Vierten Kapitels; Adolf Schriefer für Teile des Ersten Abschnitts und für den Fünften Abschnitt, Frieder Meyer-Krahmer für den Zweiten Abschnitt, Ursula Post für den Vierten Abschnitt, Fünftes Kapitel, insbesondere den Teil über die Schulreform, und Edda Llopis für die komplizierte Arbeit der Gesamtredaktion des Buches.

Ich bin es, scheint mir, meinen Lesern schuldig festzustellen, daß das Manuskript dieses Buches im Herbst 1973 abgeschlossen worden ist. Krankheit des Verfassers und andere hindernde Umstände haben dann die Publikation verzögert. Für unsere Schlußfolgerungen hat diese Verzögerung jedoch so wenig bedeutet, daß ich es mir und meinen Mitarbeitern versagt habe, bei der Durchsicht des Textes vor der Drucklegung irgendwelche sachlichen Änderungen vorzunehmen. Das Material, auf dem unsere Schlußfolgerungen aufbauen, ist also vielleicht manchmal nicht zu 100 % aktuell, aber die Schlußfolgerungen sind es.

Geändert und ergänzt werden mußte lediglich der Schlußabschnitt. Dort waren ursprünglich die aufgezeigten Entwicklungstendenzen der bundesdeutschen Demokratie am Verhalten von Bundeskanzler Willy Brandt konkretisiert worden. Inzwischen ist jene Darstellung von der Wirklichkeit eingeholt worden: Willy Brandt ist nicht mehr Bundeskanzler.

F. C.

Einleitung

Warum „Deutsche Tradition"?

Die Aufzeichnung der Resultate meiner Untersuchung über Probleme der Demokratie in der Bundesrepublik ist an dem Tage begonnen worden, als das erste „konstruktive Mißtrauensvotum" in den Deutschen Bundestag eingebracht wurde. Es richtete sich gegen Bundeskanzler Willy Brandt und damit gegen den ersten Regierungschef der BRD, der weltweites Vertrauen genoß. Das Datum für den Start der Niederschrift ist ein reiner Zufall. Ich habe die Hand der deutschen Opposition nicht geführt. Es ergab sich aus dem Ablauf der Arbeit. Aber ich bin nicht unglücklich über den „Zufall". Er erspart mir viele Worte über die gegenwärtige Lage in der BRD, die zu erklären ja eine der Hauptaufgaben dieser Arbeit ist.

Der Titel der Arbeit deutet an, daß es sich hier um eine politische Arbeit handelt. Genauer: ich erhebe den Anspruch, in verständlichem Deutsch eine politikwissenschaftliche Arbeit geschrieben zu haben, die ergänzt, gestützt und getragen wird von soziologischen Analysen der Gesellschaft der BRD, ihrer Entwicklungstendenzen, gewisser zentraler Organisationen ihrer Infrastruktur und der Auffassungen der Bundesbürger über diese und andere wichtige Probleme ihres Landes.

Es handelt sich also zwar um eine „politische Untersuchung", aber nicht um eine *partei*politische. Wie bei jeder wissenschaftlichen Analyse, aber nun ganz besonders bei einer Untersuchung, die aktuelle politologische und soziologische Probleme aufzugreifen sich unterfängt, sollen zu Beginn die meiner Arbeit zugrunde liegenden Wertungen offen dargelegt werden.

Mein Denken (und mein Handeln) wird von der „demokratischen" Wertung gesteuert. Es wird eines der wichtigsten Themen dieser Arbeit sein zu untersuchen und klarzulegen, was dieses Fremdwort „Demokratie" bedeutet hat, bedeuten kann und in der Wirklichkeit der 1970er Jahre allein bedeutet, *wenn* sich hinter dem Honneurswort ein realer Inhalt oder doch wenigstens ein reales Ziel verbergen soll.

„Demokratie" wird nun auf deutschem Boden zum zweitenmal versucht. Der erste Versuch überlebte keine 12 Jahre, vom militärischen Zusammenbruch 1918 bis zur quasi-diktatorischen „Notverordnungs"-Regierung Brünings 1930. Richtiger wäre wohl, den ersten demokratischen Versuch erst 1919 mit der Weimarer Verfassung beginnen zu lassen. Er hätte also tatsächlich nur 11 Jahre gedauert. Den Leidensweg dieser 11 Jahre kann man bei Karl Dietrich Bracher[1] nachlesen. Ich habe weder Anlaß noch die Fähigkeit, mit diesem großartigen Werk zu konkurrieren. Über meinen eigenen Beitrag zum Mißlingen des ersten Versuches habe ich im einzelnen in meiner Autobiographie berichtet[2]. Mir will heute scheinen, daß dieser Beitrag recht typisch war für die allermeisten, die in irgendeiner Weise und an irgendeiner Stelle versucht haben, an und in dem „neuen“ Staate mitzuarbeiten.

Wir hatten eine Vorstellung von der Wirklichkeit, die aus unserem Kopfe oder unseren Büchern stammte, für die Wirklichkeit „in Wirklichkeit“ hatten wir zumeist nur Verachtung, die wohl berechtigt und begreiflich war, aber uns dazu trieb, die Realität, die wir doch ändern wollten, weitgehend nicht zur Kenntnis zu nehmen, wir, die Arbeiter, Angestellten, Intellektuellen, Akademiker, die politisch Verantwortlichen aller Grade und Parteien. Wir bastelten an dem herum, was wir als Wirklichkeit definierten. *Das* änderten wir, in endlosen und hitzigen Diskussionen mit weitgehenden und in der Regel ineffektiven Vorschlägen und Plänen und einigen Gesetzen – kaum die Realität. Wir waren sehr deutsch.

So wurden wir von den von uns verachteten und verlachten Repräsentanten der „Wirklichkeit“ überrollt und auf das Grausamste zu Boden geschlagen, ein Schicksal, das nach uns fast ganz Europa teilte. Unsere Gegner hatten nur eines mit uns gemein: die Unkenntnis und Verachtung der Wirklichkeit. Auch sie waren sehr deutsch, und sie stürzten Deutschland in die fürchterlichste Niederlage seiner Geschichte.

Einigen von uns gelang es, dem chaotischen Wüten zu entkommen. Ich gehörte zu ihnen. Auch das ist in der erwähnten Autobiographie beschrieben. Ich fuhr nach Schweden und bin dort geblieben, nun schon mehr Jahre als ich zählte, als ich von der Gestapo direkt zur schwedischen Fähre fuhr. Ich wechselte vom wütendsten Diktaturland Europas in das demokratischste Land Europas, wo die Demokratie wahrlich nicht problemlos, wohl aber selbstverständlich ist.

Ich erwähne dies alles, weil es an den Anfang gerade dieses Buches gehört. Ohne meine wissenschaftliche Arbeit in Schweden und – von Schweden aus – in Europa nach dem Zweiten Weltkrieg wäre bei meinen Freunden in der BRD nie der Gedanke an eine ähnliche Untersuchung hier im Lande entstanden, die dann allerdings weit über das erste Projekt hinausgewachsen ist; aber vor allem: die Erfahrungen mit dem demokratischen Leben meines zweiten Heimatlandes haben meine Wertungen, mein Denken und meine Haltung zu Menschen und Umwelt neu geprägt; ohne sie hätte ich nicht wagen können, mich dem zweiten Versuch, Demokratie auf deutschem Boden zu verwirklichen, kritisch zu nähern.

Selbstverständlich kann von einer auch nur annähernd erschöpfenden Behandlung des riesigen Untersuchungsgebietes hier nicht die Rede sein. Das Wagnis wäre eine dankenswerte Aufgabe für ein großes Kollektiv qualifizierter Sozialwissenschaftler, die außerdem genügend Zeit hätten. Mein Mitarbeiterstab war viel zu klein. Die uns zur Verfügung stehende Zeit war zu kurz. Beide Mängel sind von mir selbst verschuldet. Sie gehen auf die Fassung meines ersten Vorschlages zurück, der noch von der unrealistischen Vorstellung einer einfachen Angestelltenuntersuchung diktiert war. So, wie es bei der Finanzierung wissenschaftlicher Projekte nun einmal zugeht, war es dann später ein fast hoffnungsloses Unternehmen, sich aus den selbstgeschmiedeten Fesseln wieder zu befreien. Wenn ich trotzdem hoffe, daß in dieser Analyse das eine oder andere Neue geboten werden kann, so deswegen, weil die in der Untersuchung angewendete Methodik, die sich eng an Gunnar Myrdals Methodologie anschließt, in deutschen Analysen dieser Art noch recht ungewöhnlich ist, vor allem aber, weil diese Arbeit von einem „Ausländer" gemacht worden ist, der die ersten 37 Jahre seines Lebens in Deutschland verbracht hat, davon 10 als aktiver Wissenschaftler und aktiver Sozialpolitiker [3], und der dann noch länger Zeit gehabt hat, in Schweden seine neuen, praktischen und theoretischen Erfahrungen zu sammeln in einem Land also, das wie kein anderes in der Welt Praxis und Theorie der modernen Demokratie entwickelt hat. Diese 40 Jahre meines erwachsenen Lebens haben mir nicht nur neue Prämissen vermittelt und einen neuen „Standpunkt", wie Gunnar Myrdal gesagt hat, gegeben; sie haben damit in mir auch eine neue Art, meine Fragen zu stellen, entstehen lassen und mich für Formulierungen, Phänomene und Geschehnisse empfindlich gemacht, die ich früher einfach nicht bemerkt habe und die manche meiner Kollegen bis zum heutigen Tage nicht bemerken. Ich möchte deshalb der Tatsache, daß ich in diesem Sinne ein Fremder bin oder geworden bin, einen positiven Wert für die Produktivität meiner Untersuchungen beimessen. Auch hier unterschreibe ich, was Gunnar Myrdal zu Beginn von Asian Drama gesagt hat: „Gewiß mögen die Gesichtspunkte des Fremden oberflächlich sein, aber Oberflächlichkeit ist kein Monopol von Fremden. Worauf es ankommt, ist die Intensität und Effektivität der Untersuchung." [5]

Ich will nicht behaupten, daß die Schlußfolgerungen, die in diesem Buch über die Demokratie in der BRD gezogen werden, „eindeutig" seien. Es ist, wenn man den „Nullpunkt" berücksichtigt, von dem aus die Entwicklung starten mußte, eigentlich erstaunlich viel geleistet worden; aber ist es auch viel, gesehen von der Wertung her, die dann im Grundgesetz den Weg des Landes vorzeichnete?

Die Wertungsprämisse ist durch all die Jahre, in denen das Grundgesetz in Kraft ist, allzugern vergessen worden. Karl Dietrich Bracher hat von „20 Jahren selbstgefällig bewunderten Wiederaufbaus unter der Parole ‚keine Experimente' " gesprochen, auch von „jener Politik des Ausklammerns, von der die Ära Adenauer gelebt hat". [5] Alle Entscheidungen in diesem Lande, die irgend etwas mit der Wirklichkeit zu tun haben wollten, mußten ja von dem ausgehen, was zwischen 1933 und 1945 geschehen ist, vornehmlich von deutscher Seite geschehen ist. Man konnte sich unmöglich einbilden, daß, weil man selbst das Entsetzliche am liebsten verdrängen wollte, auch die übrige Welt bereit war, es zu vergessen.

„Unsere politischen Entscheidungen ... beruhen auf Vorstellungen von der Wirklichkeit, die systematisch, wenn auch unbeabsichtigt, verfälscht sind. Das sollte uns nicht erstaunen. Alles Wissen, wie auch alle Unwissenheit, enthält die Tendenz, vom Wege der Wahrheit in eine opportunistische Richtung abzugleiten." Diese beiden Sätze, aus früheren Arbeiten Myrdals bekannt, sind hier nach der lapidaren Formulierung auf der ersten Seite seines neuen Buches „The Challenge of World Poverty" [6] zitiert worden. Sie beziehen sich dort auf die Problematik der unterentwickelten Länder. Sie scheinen mir allgemeingültig zu sein. Auf jeden Fall gelten sie ohne Einschränkung für die politischen Entscheidungen in der BRD.

Diese Arbeit ist nicht die Arbeit eines Besserwissers. Abgesehen von allem anderen fehlen mir dazu natürlich die Detailkenntnisse. Wenn ich in diesem Buch Kritik übe, geschieht dies stets aus prinzipieller Sicht, unter der Prämisse, die ganz gewiß auch die Prämisse meiner deutschen Leser ist oder doch sein sollte, denn sie ist die Prämisse des Grundgesetzes; ohne sie wäre alle aufbauende und weiterführende Arbeit in der Bundesrepublik unmöglich. Ich kann und will also jeweils nur anzugeben versuchen, welche Schlußfolgerungen aus der Prämisse zu ziehen wären und welche mit der Prämisse unvereinbar sind. Angesichts der Macht dessen, was im Gespräch die „Deutsche Tradition" genannt wird und dem wir in der folgenden Darstellung noch häufig begegnen werden, ist es nicht verwunderlich, daß Hinweise auf die unvereinbaren Phänomene vielleicht häufiger sind als andere. Wenn es sich so verhalten sollte, ist das nicht meine Schuld, sondern ergibt sich aus dem Forschungsgebiet und meinem Material.

Wertungen und Methoden

Die Wertung, von der meine Untersuchung gesteuert wird, erfordert nun über die bereits gemachten Andeutungen hinaus eine ausführlichere Darstellung. Sie heißt „moderne Demokratie". Der methodologische Ansatz (um diese schlechte Verdeutschung des guten amerikanischen Begriffes „approach" zu verwenden) ist der interdependente. Beide Begriffe bedürfen einer kurzen Erklärung.

„Moderne Demokratie" besagt inhaltlich, daß die Entwicklung der Demokratie über die Forderung nach Freiheit, etwas zu tun oder unterlassen, hinausgewachsen ist. Die staatsrechtlich garantierten Freiheiten der Volkssouveränität, des allgemeinen, gleichen und geheimen Wahlrechts, die Gleichheit vor dem Gesetz sowie die garantierten Grundrechte sind in schweren Kämpfen der letzten 150 bis 200 Jahre so in den Grundgesetzen der Demokratien, vor allem aber im Bewußtsein der Menschen, verankert worden, daß ihr Vorkommen prinzipiell die Frage entscheidet, ob es sich in einem konkreten Fall um Demokratie handelt oder nicht. Die Garantie dieser Freiheiten besagt, daß die Staatsbürger in rechtlicher Hinsicht gleichgestellt sein sollen. Wo diese rechtliche Gleichstellung nicht vollständig erreicht ist, spricht man mit Recht von einer mangelhaften Demokratie.

Vom Beginn an hat die Demokratie nicht nur von der Freiheit („liberté"), sondern auch von der Gleichstellung („egalité" und „fraternité") gehandelt. Das heute wieder sagen zu müssen, mag absurd oder zumindest übertrieben klingen. Überflüssig ist es nicht. Unter der Unzahl historischer Belegen wähle ich einen gewiß unverdächtigen, aber klugen Zeugen, den Herrn de Tocqueville, der – vor fast 150 Jahren – die amerikanische Revolution studierte und darüber ein (in jeder Bedeutung des Wortes) großes Werk schrieb: „Über die Demokratie in Amerika", an dessen Ende er folgendes bemerkte:

„Ich weiß wohl, daß einige meiner Zeitgenossen der Ansicht huldigen, die Völker seien auf Erden nie ihre eigenen Herren und sie gehorchten notwendig ich weiß nicht welcher unüberwindlichen und blinden Macht, die den früheren Ereignissen, der Rasse, dem Boden oder dem Klima entspringe. Das sind falsche und feige Lehren, die stets nur schwache Menschen und verzagte Völker hervorbringen können: Die Vorsehung hat das Menschengeschlecht weder ganz frei geschaffen noch vollkommen sklavisch. Wohl zieht sie um jeden Menschen einen schicksalhaften Kreis, dem er nicht entrinnen kann; innerhalb dieser weiten Grenzen aber ist der Mensch machtvoll und frei; so auch die Völker. Die Nationen unserer Tage vermögen an der Gleichheit der gesellschaftlichen Bedingungen nichts mehr zu ändern. Von ihnen jedoch hängt es ab, ob die Gleichheit sie in die Knechtschaft oder in die Freiheit, zur Bildung oder in die Barbarei, zum Wohlstand oder ins Elend führt."

Nun, die demokratische Entwicklung hat zu außerordentlich großen und außerordentlich positiven Resultaten geführt. Es zeugt von der Macht unserer Wertungen über unsere Begriffe, wenn diese egalitären Resultate von einer bestimmten Wertung her „formal" genannt werden konnten. Sie sind alles andere als formal. Sie sind für die Entwicklung der neueren Gesellschaft inhaltlich von entscheidender Bedeutung gewesen. Ohne sie wäre diese Entwicklung nicht denkbar. Ohne sie gäbe es natürlich auch keine Gewerkschaften, keine Arbeiterbewegung, keine politischen Parteien usw.

Das, was die moderne Demokratie zu einer speziellen Staats- und Gesellschaftsform der hochindustrialisierten Epoche in der 2. Hälfte unseres Jahrhunderts macht und was uns das Recht gibt, sie mit dem besonderen Wertbegriff „modern" auszuzeichnen, ist nach der hier vertretenen Anschauung die Tatsache, daß in ihr, in der Gesellschaft unserer Zeit, die egalitären Prämissen der Demokratie vom staatsrechtlichen Verhältnis der Staatsbürger zum Staate und untereinander auf die sozialen Verhältnisse innerhalb der gesellschaftlichen Struktur ausgedehnt werden. Inhaltlich bedeutet das: Gerade wie es einmal auf dem Gebiet der öffentlich-rechtlichen Beziehungen geschah, erfolgt jetzt auf dem Gebiet der gesellschaftlichen Beziehungen *die Wendung gegen die Privilegien.* Die Prämisse der modernen Demokratie ist also nichts prinzipiell Neues, sondern nur eine Vervollständigung der allgemeinen demokratischen Prämisse. Das Nichttolerieren von Privilegien wird auf alle Gebiete, auch auf das soziale und wirtschaftliche, ausgedehnt. Die Relevanz und Bedeutung der Wertung „moderner Demokratie" für meine Untersuchung kann nicht in Abrede gestellt werden.

Im Grundgesetz steht: „Die Bundesrepublik Deutschland ist ein demokratischer und sozialer Bundesstaat." (GG Art. 20, Abs. 1) Demokratisch und sozial – das ist entweder eine gutklingende Deklamation oder aber mit zwei Worten die Inhaltsangabe einer neuen Epoche in der Entwicklung der Demokratie. Für mich besteht kein Zweifel, daß die Väter des Grundgesetzes ursprünglich die zweite Alternative gemeint haben. Ich übernehme also die Wertung des Grundgesetzes vom demokratischen Sozialstaat, der sozialen Demokratie Deutschland, deren Ordnung demokratisch und sozial zu sein hat. Die Bewahrung dieser Ordnung wird nun als eine besondere Aufgabe der Staatsbürger bezeichnet. Nach dem neuen 4. Absatz des gleichen Artikels haben alle Deutschen das Recht zum Widerstand gegen jeden, der es unternimmt, diese Ordnung zu beseitigen.

Diese soziale Demokratie ist also die offizielle Ideologie, das offizielle politische Leitbild der Deutschen und steht im Grundgesetz des Landes. Niemandem geschieht demnach Unrecht und an niemanden werden übertriebene Anforderungen gestellt, wenn ich die soziale Demokratie als das erklärte politische Ziel des Landes betrachte, die deutschen Geschehnisse und der Politik mit diesem Maßstabe messe und

die Begriffe, die ich bei der Analyse verwende, von dieser Wertung formen und durchdringen lasse. Die Vervollständigung, oder sagen wir besser: die konsequente Anwendung des von Beginn an egalitären Prinzips der Demokratie hat dann aber auch bestimmte Konsequenzen für das politische Handeln in der modernen Demokratie. Das Nichttolerieren von Privilegien auf allen Gebieten, auch auf dem sozialen und wirtschaftlichen, setzt voraus, daß die Staatsbürger, die auf diese Weise den demokratischen Staat zu dem ihren gemacht haben, für ihn auch die aktive Verantwortung übernehmen. Dazu müssen sie durch einen Strom von Informationen instandgesetzt werden und selbst gewillt sein, sich in sozialen Institutionen und Verbänden zusammenzuschließen, die diesen Informationsstrom vermitteln, bei der Stellungnahme ihrer Mitglieder mitwirken und diese Stellungnahme dann kundtun. Auch die moderne Demokratie wird stets eine repräsentative Demokratie sein, aber in ihr genügt das einfache System der Repräsentation nicht mehr. Die Geschichte der Demokratien bis zum Beginn des 2. Weltkrieges und noch eindringlicher in der Zeit danach hat gezeigt, daß die bisherige Form der repräsentativen Demokratie die elitäre Herrschaft, deutlicher gesagt, die Beherrschung des Volkes durch eine Elite, nicht ausschließt und daß sie nicht geeignet ist, das egalitäre Prinzip der Demokratie konsequent zu verwirklichen.
Der interdependente „approach", also die Art, wie das Material, die sogenannten „Fakten", in dieser Untersuchung befragt worden sind, beinhaltet, daß der ungebrochene Zusammenhang, die in der Realität nie unterbrochene wechselseitige Beziehung und gegenseitige Beeinflussung aller Sphären und aller Phänomene der Wirklichkeit, auch in einer Untersuchung wie der vorliegenden immer gegenwärtig bleiben muß.
Die geschichtliche Entwicklung und die Politik, die Theorien und die Ideologien, die wirtschaftlichen und sozialen Fakten, die Erziehungs- und Unterrichtsfragen – sie und alles andere, was die deutsche gesellschaftliche Wirklichkeit ausmacht, können nicht isoliert für sich erfaßt und verstanden werden, sondern nur, wenn man sich in jeder Phase und in jedem Augenblick dieses interdependenten Zusammenhangs bewußt bleibt. Es gibt also nach der hier vertretenen Auffassung keine gewerkschaftlichen oder sozialpolitischen oder innenpolitischen oder wirtschaftlichen Probleme an und für sich, es gibt nur Probleme. Unter ihnen gibt es relevante Probleme und weniger relevante.

Die Abgrenzung und die Relevanz der Probleme aber variiert von Gesellschaftsstruktur zu Gesellschaftsstruktur, von Zeit zu Zeit. Ich kann also bei einer Analyse der Bundesrepublik nicht zu tun, als gäbe es hier zum Beispiel nur Gewerkschaften. Gerade weil es eines meiner Hauptargumente gegen die gegenwärtige, unbalancierte Struktur und das gegenwärtige Agieren der Arbeiterbewegung der Bundesrepublik ist, daß die Gewerkschaften viel zu schwach und die Gewerkschaftsbewegung viel zu wenig dynamisch sind, lehne ich die Variation der berühmten These: „What is good for the trade union movement, is good for Germany" in diesem Zusammenhang ganz entschieden ab. Bei einer Analyse der deutschen Sozialstruktur muß von Beginn an nach allen Faktoren gefragt werden, die in das Bild der zu untersuchenden Wirklichkeit eingehen oder diese beeinflussen oder formen können. Antworten können nur auf Fragen gegeben werden. Im alltäglichen deutschen Gespräch gibt es eine – bereits oben erwähnte – Formel, die richtig gedeutet in die gleiche Richtung zielt: die Erklärung von erstaunlichen Phänomenen der Gegenwart durch den Hinweis auf die „Deutsche Tradition". Natürlich wird mit diesen Hinweis oft versucht, ein beschwerliches oder gar peinliches Problem mit einem Stempel zu versehen und seiner Bewältigung damit zu entgehen. Trotzdem scheint mir aus der Formel das richtige Gefühl zu sprechen, daß die aktuellen deutschen Probleme komplex sind und nur aus der Totalität der „Deutschen Tradition" verstanden werden können, daß jeder Versuch, sie einseitig oder isoliert zu erfassen, etwa als Ausdruck kapitalistischer Machtverhältnisse, zu Mißverständnissen oder Halb-Verständnissen führen muß, und daß es ebenso irreführend ist oder nichtssagende Resultate produziert, wenn Sozialwissenschaftler die Ereignisse geschichtslos und ohne Rücksicht auf die Existenz sozialer Institutionen interpretieren. Das ist selbstverständlich auch kein Weg. Die sogenannte Umstrukturierung der Gesellschaft ist ein internationales Phänomen, aber in der Wirklichkeit der Bundesrepublik tritt sie auf eine ganz spezifische Weise in Erscheinung. Die Höhe des Realeinkommens ist konstitutiv für die sogenannte Wohlstandsgesellschaft in der entwickelten Welt, aber das Wissen darüber hilft uns wenig, wenn wir die charakteristische Art verstehen wollen, wie es im sozialen Zusammenhang der Bundesrepublik zum Ausdruck kommt. Die Verschiebung der Wählerstimmen und die damit verbundene Ablösung einer konservativen Regierung durch eine sozial-liberale unter sozialdemokratischer Führung 1969 steht im Einklang mit gleichgerichteten Tendenzen in manchen anderen hochentwickelten Ländern. Es hilft uns aber nicht sehr viel, das zu wissen, wenn wir die Geschichte und die merkwürdigen Folgen dieses politischen Vorgangs in der Bundesrepublik verstehen wollen. Wir brauchen den interdependenten Ansatz, d.h. das Wissen um die „Deutsche Tradition", um einen Zugang zu den Attitüden, den Verhaltensweisen und Reaktionen, dem Handeln und seinen Folgen in der Bundesrepublik zu finden.

Ich wollte also in dieser Analyse nicht nur registrieren, was um mich herum geschah (und vieles davon war ebenso unwahrscheinlich, erschütternd und erschreckend wie Tun und Lassen der Demokraten zwischen 1918 und 1933). Ich wollte nicht nur festzustellen versuchen, was die Staatsbürger der Bundesrepublik denken und wie sie sich verhalten; es war auch mein Ehrgeiz dahinterzukommen, *warum* sie so denken und sich verhalten, wie sie es tun, und ob, wenn ihr Denken und Tun von den Wertungen des Grundgesetzes aus nicht akzeptabel sein sollte, auf irgend einem Wege eine bessere Übereinstimmung mit diesen Wertungen herbeigeführt werden könnte.

Ein ehrgeiziges Programm? Gewiß, aber kein anderes scheint mir der Bedeutung der Aufgabe und den Ansprüchen der modernen Sozialwissenschaft gemäß zu sein. Eine ganz andere Frage ist es, ob meine Fähigkeiten ausreichen, nicht etwa das Programm zu erfüllen – wer könnte es wagen, diesen Anspruch zu erheben, da er eine totale Kenntnis aller Fakten und aller Zusammenhänge voraussetzte! –, so doch wenigstens richtig gefragt und daher Antworten auf die richtigen Prämissen bekommen zu haben, auf denen andere weiterbauen können.

Erster Abschnitt:

Die Entwicklung der Gesellschaftsstruktur der Bundesrepublik und die Demokratie

Am Anfang dieses Berichtes sollen einige grundlegende Daten über Bevölkerungsstruktur und Erwerbstätigkeit in der BRD stehen. Unsere Daten gehören zu jenem Informationsmaterial, das jeder Bundesdeutsche kennt – oder doch kennen sollte. Es ist für ihn ebenso unentbehrlich für eine Beurteilung seines Landes wie für den ausländischen Leser. Bei einer Analyse von Madagaskar oder Taiwan verlangen wir es als selbstverständliche Voraussetzung für das Verständnis. Die Information wird nicht weniger selbstverständlich, wenn es sich um das industriell entwickeltste Land Europas handelt. Alle unsere Angaben sind offiziellen Publikationen entnommen oder auf solchen Grundlagen errechnet.

Allgemeine Bevölkerungsstruktur und Erwerbstätigkeit

Im Jahre 1970 waren 45 % der Wohnbevölkerung der Bundesrepublik, die sich da auf fast 60,7 Mill. belief, erwerbstätig[1]. Die Arbeitslosenquote[2] war mit 0,7 % nur sehr gering. Die Erwerbstätigen verteilen sich folgendermaßen auf die vier Wirtschaftsbereiche:[3]

Sektor	I	II	III	IV
	8,8 %	48,7 %	17,5 %	25,0 %

48 % der Wohnbevölkerung waren im Jahre 1970 männlichen und 52 % weiblichen Geschlechts. Hingegen waren 63,5 % der Erwerbstätigen männlichen und 36,5 % weiblichen Geschlechts.

Tabelle 1 Erwerbspersonen nach Altersgruppen 1970

8,4 %	der Erwerbstätigen waren jünger als 20 Jahre
20,3 %	der Erwerbstätigen waren zwischen 20 und 30 Jahre alt
24,5 %	der Erwerbstätigen waren zwischen 30 und 40 Jahre alt
21,4 %	der Erwerbstätigen waren zwischen 40 und 50 Jahre alt
15,1 %	der Erwerbstätigen waren zwischen 50 und 60 Jahre alt
6,5 %	der Erwerbstätigen waren zwischen 60 und 65 Jahre alt
3.8 %	der Erwerbstätigen waren über 65 Jahre alt

Das Durchschnittsalter (Median) der Erwerbstätigen betrug im Jahre 1970 38,7 Jahre.

Quelle: Statistisches Jahrbuch für die Bundesrepublik Deutschland 1971.

Entwicklung seit Ende des 2. Weltkrieges

Im Jahre 1950 betrug der Anteil der Erwerbstätigen an der Wohnbevölkerung 46,4 %. Die Arbeitslosenquote betrug 11,6 %.
Am höchsten war der Anteil der Erwerbstätigen an der Wohnbevölkerung im Jahre 1960 mit 47,7 %. Seit 1960 ist ein steter Rückgang dieses Anteils auf 44,9 % im Jahr 1970 festzustellen.

Tabelle 2 Entwicklung seit Ende des 2. Weltkrieges

Wohnbevölkerung, Erwerbstätige und Arbeitslose in absoluten Zahlen (x 1 000) und relativen Zahlen

	Wohnbevölkerung	Erwerbstätige		Arbeitslose	
Jahr	abs. I	abs. II	% von I	abs.	Arbeitslosenquote
1950	47 552	22 074	46,4	1 808	11,6
1955	55 587	24 165	46,1	935	5,5
1960	55 587	26 518	47,7	271	1,3
1965	59 012	27 153	46,0	147	0,7
1970	60 651	27 204	44,9	149	0,7

Quelle: Statistische Jahrbücher 1954–1972.

Die Altersstruktur der Erwerbstätigen ist seit 1950 einer beträchtlichen Veränderung unterworfen. Der Anteil der Erwerbstätigen unter 30 Jahren geht stetig zurück, während hauptsächlich die Altersgruppe zwischen 60 und 65 Jahren ihren Anteil vergrößert.
Bedeutsam erscheint hier die Tatsache, daß in der Altersgruppe über 40 Jahre der Anteil des weiblichen Geschlechts ständig steigt. In der Altersgruppe zwischen 20 und 40 Jahren hingegen sinkt der Anteil der Frauen.
Auch die oben genannte Verteilung der Erwerbstätigen auf die einzelnen Wirtschaftsbereiche zeigt eine charakteristische Veränderung.

Tabelle 3 Die Erwerbstätigen nach Wirtschaftssektoren

Sektor	I	II	III	IV	insges.
1950	23,2 %	42,3 %	15,6 %	18,9 %	100
1960	14,2 %	47,9 %	19,8 %	18,1 %	100
1970	8,8 %	48,7 %	17,7 %	24,8 %	100

Quelle: Statistische Jahrbücher 1954–1972.

Der Anteil im Sektor I verringert sich um mehr als 2/3 von 23 % auf weniger als 9 %. Der Anteil des Sektors II steigt um wenig mehr als 15 %. Der Anteil des Sektors IV vergrößert sich im selben Zeitraum um mehr als 31 %. Die sog. nicht-produzierenden

Sektoren III und IV zusammen verzeichnen einen Zuwachs ihres Anteils um fast 23 %.

Es läßt sich somit ein Wandel der Wirtschaftsstruktur feststellen, wobei deutlich wird, daß die Vergrößerung der Anteile der Sektoren III und IV bedeutend schneller fortschreitet als die des Sektors II. Mit dieser Änderung der Wirtschaftsstruktur sind gleichzeitig Änderungen der Struktur der Erwerbstätigkeit verbunden. Zunächst einmal sinkt der Anteil der Selbständigen von 15,8 % im Jahre 1950 auf 10,6 % im Jahre 1970. Der Anteil der sog. mithelfenden Familienangehörigen ist 1970 auf 6,8 % abgesunken. Der Anteil der Abhängigen vergrößert sich bis 1970 von 68 % auf 82,6 %.

Noch überwiegt also im Wirtschaftsgefüge der BRD der Wirtschaftssektor „Industrie". Da aber die Wirtschaftssektoren „Handel" einschließlich Banken, Versicherungen und Verkehr und „Dienstleistungen" sich bereits in den letzten zwei Jahrzehnten bedeutend schneller entwickelt haben als der industrielle Sektor, stehen wir in der BRD offenbar vor der gleichen Veränderung des Wirtschaftssystems wie in allen hochentwickelten Wirtschaftsgefügen. Eine unmittelbare Folge dieser Umstrukturierung ist nun auch das Vordringen der Angestelltenschaft in den als „Abhängige" ausgewiesenen Gruppen, also in der Arbeitnehmerschaft. Mit einer einfachen Formel ausgedrückt: Im deutschen Wirtschaftssystem hat nach der Wandlung vom Agrarsystem zum Industriesystem eine neue Wandlung in ein System der „Dienstleistungen" begonnen.

Wir werden uns später mit den Fragen der auch in der BRD leidenschaftlich umstrittenen Sozialgruppe ‚Angestellte' zu beschäftigen haben. Hier sei nur im sachlichen Zusammenhang mit diesen statistischen Ausführungen notiert, wie schnell die quantitative Vermehrung der Gruppe der Angestellten laut offizieller Statistik gegangen ist.

Während die Angestellten im Jahre 1950 15,2 % der „Abhängigen" ausgemacht haben, war ihr Anteil 20 Jahre später, also 1970, bereits 35,9 %, quantitativ 7,8 Millionen (April 1970), wobei nicht übersehen werden sollte, daß die offizielle Statistik eher die Tendenz hat, die Zahl der Angestellten zu unterschätzen[4].

Drückt man die gleiche Entwicklung mit meinem „Angestelltenquotienten" aus (das ist die Zahl der Arbeiter pro einem Angestellten), so sinkt der Angestelltenquotient von 3,4 im Jahre 1950 auf 1,6 im Jahre 1970 (1,5 im Jahre 1971). Zu Beginn der 1970er Jahre entfielen also in der Gesamtwirtschaft der BRD nur noch 1,5–1,6 Arbeiter auf einen Angestellten.

Zusammenfassend läßt sich feststellen:

1. In der Sozialstruktur der BRD machen 1970 die Wirtschaftszweige „Handel mit Banken und Verkehr" und „Dienstleistungen" 42 % der Erwerbstätigen aus, das produzierende „Gewerbe" 49 %.

Mit anderen Worten: Die Sektoren III und IV nähern sich in schnellem Tempo der Industrie. Da die Arbeitnehmer dieser Sektoren größtenteils Angestellte (und Beamte) sind, ist es selbstverständlich, daß die Zahl der Angestellten, die ja außerdem durch die Vermehrung der Angestelltenfunktionen in den Industriebetrieben erhöht wird, steigt – solange die Rationalisierung die Angestelltentätigkeiten noch nicht in ausreichendem Maße erreicht hat.

Nun kann man verschiedener Meinung sein, in welchem Ausmaß das der Fall sein wird und ob es in der Strukturentwicklung der Betriebe eventuell Gegentendenzen gibt, die eine durch Rationalisierung erreichte Verminderung oder Bremsung der Angestelltenzahlen kompensieren könnte. Sicher ist aber eins: Angesichts der rapiden Umstrukturierung der Arbeitnehmerschaft auch in der Bundesrepublik ist es ungerechtfertigt, soziale Differenzierungen, d.h. in diesem Zusammenhang: noch existierende Unterschiede in den sogenannten allgemeinen Arbeitsbedingungen zwischen den verschiedenen Arbeitnehmergruppen aufrechtzuerhalten. Es ist *sachlich* nicht haltbar denn es gibt keinerlei sachliche Rechtfertigung dafür, es ist aber auch *politisch* nicht berechtigt, denn es wird einfach nicht mehr toleriert, gleichgültig zu welcher Partei der betreffende Arbeitnehmer sich rechnet oder für welche er stimmt.

2. Es ist modern geworden, ein Ereignis (oder auch einen Menschen), das (oder den) man billigt, „dynamisch" zu nennen. Ich habe das Wort selbst in der Einleitung und danach gebraucht. „Dynamisch" ist das neueste Honneurswort in der westlichen Welt. Eine Gesellschaft, die um ihren guten Ruf besorgt ist, möchte gern „dynamisch" genannt werden. Mit den Menschen ist es nicht anders. Natürlich ist es auch der Wirtschaft und Sozialentwicklung der Bundesrepublik nicht erspart geblieben, „dynamisch" genannt zu werden. Dagegen wäre an sich nichts einzuwenden, wenn nur das Wissen um die Bedeutung des Wortes ebenso verbreitet wäre wie seine Anwendung.

„Dynamisch" ist offenbar nicht identisch mit allem was sich „bewegt". Eine Straßenbahn ist nicht „dynamisch". Es muß sich um eine Bewegung ganz spezieller Art handeln. Welche Art „Bewegung" ist also gemeint?

Der schwedische Soziologe Torgny T. Segerstedt hat vor kurzem – ohne das Wort „dynamisch" anzuwenden – eine Feststellung über die moderne Gesellschaft getroffen, die m.E. die kürzeste und beste Beschreibung von „sozialer Dynamik" gibt und die auch ein interessantes Licht auf die in diesem Buch durchgeführte Untersuchung und angestellten Überlegungen werfen kann. Die industrialisierte und urbanisierte Gesellschaft, also die Gesellschaft, die u.a. durch ein schnelles Anwachsen der 3. und 4. Wirtschaftssektoren und durch ein rapides Ansteigen der Zahl der Angestellten charakterisiert ist, muß nach Segerstedt, um im Gleichgewicht zu bleiben, ständig in Bewegung sein. Ihr *Gleichgewicht* ist mit anderen Worten abhängig von ihrer *Veränderung* – und den Störungen durch diese Veränderung.

„Dynamisch", so möchte ich den Segerstedtschen Gedankengang fortsetzen, ist die Bewegung, die zu Gleichgewichts*störungen* führt, um sie dann zu überwinden und damit zu einem neuen Gleichgewicht zurückzufinden, das seinerseits von neuen Bewegungen oder Entwicklungen gestört wird. Jedes Gleichgewicht ist in diesem Modell davon abhängig, daß das „System" ständig in Bewegung, in Veränderung bleibt.

Wir können uns nun dieser Einsicht in das Funktionieren des Modells bedienen, um die Sozialstrukturentwicklung der BRD besser zu verstehen und um, noch bevor wir uns bestimmten Einzelproblemen der Angestellten zuwenden, die allge-

mein bekannte Haupttendenz der Entwicklung der Angestelltenschaft, nämlich das schnelle Tempo ihres Anwachsens, besser zu begreifen.
Diese rapide Zunahme der Zahl der Angestellten – in der BRD ebenso wie in der ganzen industriellen Welt – ist an sich nicht „dynamisch", wohl aber ist es die Konsequenz, die diese Entwicklung für die Gesellschaftsstruktur gehabt hat. Sie hat ein altes, nicht ohne Mühe aufrechterhaltenes Gleichgewicht schwer erschüttert, und überall da, wo man auf diese Gleichgewichtserschütterung auf die eine oder andere Weise irrational reagiert hat, ist es nicht (oder noch nicht) gelungen, ein neues soziales Gleichgewicht wiederzugewinnen. Wir werden uns mit einzelnen Fragen der Störung des sozialen Gleichgewichts im Abschnitt über die Angestelltenprobleme näher zu beschäftigen haben. Hier, bei der Diskussion über die Umstrukturierung der deutschen Gesellschaft, muß uns vor allem die Frage nach den Ursachen der Gleichgewichtsstörung, d.h. nach den Gründen für die unerwartet schnelle Vermehrung der Angestellten interessieren. Bei der Erörterung dieser Frage ist viel gesündigt worden, und daher sind viele unzulängliche, oft sinnlose Vorschläge gemacht oder sogar Maßnahmen zur Beseitigung der Gleichgewichtsstörung ergriffen worden. Das gilt für alle Seiten des gesellschaftlichen Frontensystems. Unter diesen Irrtümern sind jene am deutlichsten, die für die Gleichgewichtsstörung nach einer *einzigen* Ursache suchen. Man glaubte, die zunehmende Bürokratisierung der Wirtschaft zum Schuldigen machen zu können. Von hier aus war es dann einfach, sich und anderen einzureden, man könne diesem „Übel", das ja selbst nicht zuletzt ein Produkt der Rationalisierung ist, mit einer anderen Art von Rationalisierung, nämlich technischer Arbeitsrationalisierung, abhelfen. Nun ist es so einfach nicht, worüber weiter unten noch einiges zu sagen wäre, wenn auch willig zugegeben werden mag, daß die (naheliegende) Idee, die Aufblähung von Angestelltentätigkeiten in den Betrieben und in Verwaltungen – kurz ausgedrückt – durch Maschinen zu stoppen, nicht ganz so unintelligent ist wie die nur in der BRD geübte Praxis, das immer noch existierende „Prestigegefälle" zwischen Angestellten und Arbeitern auszunutzen und alle Arbeitnehmer eines Betriebes zu Angestellten zu „ernennen". Groteskerweise ist dieses Experiment mit der Verleihung von „Unteroffizierstressen" an die ganze Kompanie nicht an seiner eigenen Lächerlichkeit zugrunde gegangen. An dem Unfug sind auch große Konzerne beteiligt, die sich – so scheint dem rational denkenden Betrachter der deutschen Szene – für zu gut halten sollten, um aus den kleinen Eitelkeiten der Menschen Kapital zu schlagen.
Für mich ist darüber hinaus diese Methode von größtem Interesse. Sie gibt auf einem unerwarteten Gebiet eine neue Bestätigung für das im Abschnitt über die Demokratie ausführlicher behandelte deutsche Verhalten, eine Lösung von Problemen der Wirklichkeit durch Worte oder „Stempel" zu versuchen und dabei – bei solchen Umbenennungen oder Abstempelungen – allzu bereitwillig in das Denken in militärischen Kategorien zu verfallen. Beides ist offenbar dem rationalen Denken, das man in der industriellen Phase gegen Ende des 2. Jahrtausends gern als selbstverständlich voraussetzt, diametral entgegengesetzt.

Das Thema wird uns im Verlauf dieser Arbeit noch häufig begegnen. Die ernannten Angestellten, also die Arbeitnehmer, die sich zu Angestellten „ernennen" lassen (ohne daß diese Ernennung ihnen größeren Nutzen brächte) und die Arbeitgeber, die sich als Generäle fühlen und ihre „Mannschaft" einen Grad „hinaufbefördern" (wenn es sie nichts kostet), das sind deutsche Phänomene, an denen ein Versuch, die moderne deutsche Gesellschaft zu zeichnen, nicht vorübergehen darf.
Für die Verwirklichung und Sicherung einer „Demokratie" – was das eigentlich ist, wird uns im weiteren Verlauf der Diskussion noch eingehend beschäftigen – ist die soziale Umstrukturierung in der BRD (vorsichtig gesagt) nicht förderlich. Die aus der sozialen Umstrukturierung entstehenden Probleme sind nicht spezifisch deutsch. Sie entstehen in allen modernen Sozialstrukturen. In der BRD bekommen sie aber aus Gründen, über die noch zu sprechen sein wird, ein besonderes Gewicht und eine besondere Schärfe.

Zweiter Abschnitt

Die wirtschaftliche Entwicklung der Bundesrepublik seit 1945 und die Demokratie

Erstes Kapitel

Die Anfänge des „deutschen Wirtschaftswunders" (1945–1951): Die wirtschaftssystempolitische Weichenstellung

Die Entwicklung der Wirtschaft in der BRD läßt sich nicht ohne einen kurzen Abriß über die politische Situation, wie sie sich nach dem 2. Weltkrieg ergeben hat, erklären. Die politischen Ereignisse erwiesen sich nämlich als wesentliche Bestimmungsfaktoren für den Wiederaufbau der Wirtschaft in der BRD. Insbesondere spielen diese eine Rolle bei der Beantwortung der Frage, warum und aufgrund welcher Einflüsse sich die „Soziale Marktwirtschaft", d.h. eine liberale Wirtschaftsordnung, etablieren konnte (auf dem Hintergrund einer an sich wirtschaftssystempolitischen Neutralität des Grundgesetzes). Dabei soll hier kurz gezeigt werden – um das Ergebnis vorwegzunehmen –, daß in der Zeit von 1945–1949, d.h. vor und während der Erarbeitung der Verfassung der BRD, im wesentlichen die wichtigsten Vorentscheidungen gefällt wurden, die die von der Verfassung an sich offen gelassene Frage nach der Gestaltung des Wirtschaftssystems in Richtung auf eine liberale Wirtschaftsordnung hin bereits festlegten. Ausschlaggebend für diese grundsätzliche Weichenstellung war der Einfluß und das Durchsetzungsvermögen der USA innerhalb der westlichen Alliierten und in den westlichen Besatzungszonen und die (initiativ-gesetzgeberische) Tätigkeit des Wirtschaftsrates.

Die Phase der beginnenden Auseinandersetzung zwischen der Sowjetunion und den USA stellt den Anfang des konkreten Einflusses auf die künftige Gestalt der Wirtschaftsordnung in Westdeutschland dar.[1] Die USA erlangten in dieser Phase das Übergewicht gegenüber den anderen beiden westlichen Besatzungsmächten, was hauptsächlich in der Gründung der Nato zum Ausdruck kam[2]; ausschlaggebend für die Vormachtstellung der USA war deren ökonomisches Übergewicht[3]. Sehr deutlich wird dies bei der Marshallplanhilfe für Westdeutschland, von der die USA einen Anteil von knapp 80 % trugen. Nach der Revidierung der Position des Morgenthau-Planes, der die Verwandlung Deutschlands in einen Agrarstaat vorsah, wurde wirtschaftliches Hauptziel der USA, neben den bisherigen Zielen der Vernichtung der Kriegs- und Rüstungsindustrie sowie der Reparationsleistungen, den Deutschen den Wiederaufbau eines Staates zu ermöglichen, der friedlichen Zielen folgt und in die Wirtschaft Europas integriert ist.[4] Die Einrichtung einer sozialistischen und stark planwirtschaftlich ausgerichteten Wirtschaftsordnung in Westdeutschland wäre sicherlich diesem Ziel zuwidergelaufen. So sieht auch Wallich die bedeutendste Entwicklungslinie der Wirtschaftspolitik der Alliierten, genauer der USA, in der Einführung und Erhaltung von wirtschaftlichen Ordnungselementen, die mit westlichen Wirtschaftssystemen vereinbar sind: „Der wichtigste grundlegende Beitrag dieser Art dürfte in dem alliierten Rückhalt für die politische Stabilität liegen. Die Anwesenheit der Alliierten war die Garantie dafür, daß keine extremistische Gruppe die gerade wiederbegründete Demokratie bedrohen konnte“ [5]. Wenn in diesen und ähnlichen Zusammenhängen von „Demokratie“ die Rede ist – und das gilt unbezweifelbar von amerikanischen Texten und Verlautbarungen –, ist nach der fast totalen Unterwerfung der amerikanischen Demokratie-Doktrin unter die Lehre Joseph A. Schumpeters (worüber im Abschnitt IV dieses Buches noch eingehend zu sprechen sein wird), stets die „Demokratie“ als repräsentatives System der Herrschaft gemeint, also die Herrschaft von gewählten Eliten über das Volk im Namen des Volkes. Zusätzlich wurde die Position der USA dadurch gestärkt, daß es ihr gelang, die britische Sozialisierungskonzeption [6] (als Ausdruck einer durchaus sozialisierungs- und planwirtschaftsfreundlichen Haltung der britischen Labour-Regierung) zurückzudrängen und nach der Bildung der Bizone (Dezember 1946) die führende Rolle zu übernehmen.

Auf diesem Hintergrund der führenden Rolle der USA innerhalb der westlichen Alliierten und ihrer Grundhaltung der Favorisierung eines liberalen, dezentralisierten Wirtschaftssystems für Deutschland (was auch mit dem politischen Ziel der Dezentralisierung der Machtverhältnisse im Zusammenhang stand) sind als konkrete Elemente der Präjudizierung eines „sozialen Kapitalismus“ (Hartwich) vor der Währungsreform zu nennen:

1. Die Verhinderung von Sozialisierungen [7],
2. Die besatzungsrechtlichen Interventionen zur Entflechtung und Dekartellisierung [8],
3. Die Montanmitbestimmung (Britische Initiative) und
4. Die „Durchsetzung der Gewerbefreiheit als amerikanischer Versuch zur Veränderung traditioneller Formen privilegierender Gesellschaftspolitik“. [9]

Die grundsätzliche Übereinstimmung zwischen der amerikanischen Militärregierung und den deutschen politischen Entscheidungsträgern unterstützte diese Entwicklung der Präjudizierung entscheidend. Die politisch wichtigste Institution, der Wirtschaftsrat, stand unter der Dominanz der CDU/CSU. Er hatte die Kompetenz, auf dem Gesetzgebungsbereich initiativ tätig zu werden; seine Gesetzesbeschlüsse bedurften allerdings der Genehmigung durch eine (west)alliierte Kontrollkommission. Der Schwerpunkt der präjudizierenden Gesetzgebung des Wirtschaftsrates liegt eindeutig auf wirtschaftspolitischem Gebiet, [10] besonders seit Februar 1948. Durch die zahlreichen Gesetzesbeschlüsse wurden einerseits die Bewahrung des traditionellen deutschen Tarifvertrags- und Beamtenrechts und andererseits die Anpassung des Wirtschaftsrechts an die Auflockerung der Zwangswirtschaft erreicht. Zentral ist aber der Beitrag des Wirtschaftsrates Mitte des Jahres 1948 zur Präjudizierung des deutschen Wirtschaftssystems in der Einkommenssteuergesetzgebung, die einen enormen Einsatz steuerlicher Vergünstigungen und Anreizmittel einleitete [11], in der

Neuordnung des unternehmerischen Rechnungswesens durch ein DM-Bilanzgesetz und durch das – die von den Alliierten durchgeführte Währungsreform begleitende – programmatische „Gesetz über Leitsätze für die Bewirtschaftung und Preispolitik nach der Geldreform“[12]. Die wichtigsten Leitsätze waren:

– „Der Freigabe aus der Bewirtschaftung ist vor ihrer Beibehaltung der Vorzug zu geben“;
– „Der Freigabe der Preise ist vor der behördlichen Festsetzung der Vorzug zu geben“;
– „Soweit der Staat den Verkehr mit Waren und Leistungen nicht regelt, ist dem Grundsatz des Leistungswettbewerbs Geltung zu verschaffen. Bilden sich wirtschaftliche Monopole, so sind sie zu beseitigen und bis dahin staatlicher Aufsicht zu unterstellen“.
– „Es ist darauf hinzuwirken, daß mit der Lockerung der Bewirtschaftung und der Preisbildung eine entsprechende Lockerung der Lohnbildung verbunden ist“.[13]

Gerade dieses Gesetz zeigt deutlich die gleichzeitig mit der Währungsreform endgültig vorgenommene Umkehrung der wirtschaftspolitischen Grundsätze im Sinne einer Abkehr von Planwirtschaft und Bewirtschaftung.
Die Bedeutung der besatzungsrechtlichen Maßnahmen der Alliierten dagegen im Rahmen der Währungsreform lag für das künftige deutsche Wirtschaftssystem in der Schaffung einer stabilen Währung, dem Verbot defizitärer staatlicher Wirtschaftspolitik, einem dezentralisierten Notenbanksystems und der Einführung des wirtschaftspolitischen Prinzips von Investitionsanreizen durch Steuervergünstigungen für die Wirtschaft.[14] Dem Primat der Währungspolitik, eines der konstituierenden Prinzipien einer neoliberalen Wirtschaftsordnung nach Auffassung deren geistigen Vaters, Walter Eucken,[15] war damit von den Alliierten entsprochen. Von den übrigen nach Eucken für die Konstituierung einer neoliberalen Wirtschaftsordnung notwendigen Prinzipien hatten die Alliierten das Privateigentum als Voraussetzung der Wettbewerbsordnung erhalten. Die Herstellung eines funktionsfähigen Preissystems, vollständiger Konkurrenz, offener Märkte, Vertragsfreiheit und persönlicher Haftung blieb der verantwortlichen Wirtschaftspolitik des Wirtschaftsrates überlassen, der die Durchsetzung dieser Prinzipien auch unmittelbar im Anschluß an die Währungsreform einleitete.[16] Die Beschlüsse der Alliierten und des Wirtschaftsrates sind ein zusammenhängender Komplex von Maßnahmen, die *vor* der eigentlichen Gründung der Bundesrepublik und *vor* der Konzipierung der neuen politischen Ordnung durch den Verfassungsgesetzgeber erfolgten. Sie bilden nach Hartwich als konstituierende Elemente eines neuen Wirtschaftssystems und neuer Lenkungsprinzipien gegenüber Wirtschaft und Gesellschaft eine Einheit. „Die politische Bedeutung dieser Feststellung liegt auf der Hand. Wenn hier von ‚Einheit‘ oder zumindest ‚Übereinstimmung‘ der Maßnahmen gesprochen wird, wird davon ausgegangen, daß es in der entscheidenden Phase des Jahres 1948 keine prinzipiellen Gegensätze mehr zwischen den Auffassungen der dominierenden Besatzungsmacht und der von einer ‚bürgerlichen Mehrheit‘ im Wirtschaftsrat getragenen wirtschaftspolitischen Führung des vereinigten Wirtschaftsgebiets gab. Der Komplex der Maßnahmen zur Währungsreform und zur Einführung der Marktwirtschaft mit sich später anschließenden

Maßnahmen sozialpolitischer Art im weitesten Sinne (Lastenausgleich, Sozialversicherungs-Anpassungsgesetze, Aufhebung des Lohnstopps) bildet gleichsam den Kulminationspunkt zweier Entwicklungslinien und -prozesse ...: der immer deutlicher gewordenen Führungsposition der Amerikaner gegenüber den sozialisierungsfreundlichen und planwirtschaftlich orientierten Briten und der durch die politische Konstellation im Wirtschaftsrat möglich gewordenen Besetzung des wichtigsten Exekutivorganes mit dem extrem marktwirtschaftlich orientierten Wirtschaftsdirektor Erhard. ..."[17] „Für den gesellschaftlichen Status quo bedeutete die Übereinstimmung *Respektierung und Ausbau des erhalten gebliebenen Besitzes* urch eine staatliche Wirtschaftspolitik, die *erst im Anschluß an eine wirtschaftliche Belebung die Möglichkeit sozialpolitischer Korrekturen der Ergebnisse des Wirtschaftsprozesses* sah. Präjudizierend war also nicht nur die Erhaltung des Status quo, sondern auch die Durchsetzung des *generellen Prinzips vom Primat der Wirtschaft.* Präjudiziert wurde auch das Prinzip der *Förderung des bestehenden Besitzes an Produktionsmitteln durch Steuerverzichte der Allgemeinheit.* Präjudiziert waren damit die allgemeinen Prinzipien und Leitlinien des als gemeinsame Aufgabe zu bewältigenden wirtschaftlichen Wiederaufbaues."[18]

Damit können also die westlichen Alliierten unter der Dominanz der USA und der Wirtschaftsrat als die „Väter" des Wirtschaftssystems der Bundesrepublik bezeichnet werden. Ihre entscheidenden wirtschaftssystematischen Weichenstellungen wurden sowohl verfassungsrechtlich (Art. 123 bis 129 GG) als auch politisch durch die Regierung Adenauer vollständig übernommen und fortgesetzt. Selbst im Falle eines SPD-Wahlsieges wäre eine grundsätzliche Revision kurz- bis mittelfristig nicht möglich gewesen.[19]

Schon hier muß, ehe wir weiter unten in eine Erörterung der entscheidenden Tendenzen der deutschen Entwicklung eintreten, mit Nachdruck hervorgehoben werden, daß bei den Entscheidungen (Ende der 40-er Jahre) nach dem Zusammenbruch, den sachlichen und menschlichen Verwüstungen der national-sozialistischen Diktatur die Fragen nach den Möglichkeiten und Voraussetzungen einer Demokratie auf deutschem Boden da, wo sie beantwortet werden mußten, nämlich in der breiten Öffentlichkeit, kaum gestellt wurden. Getreu dem Herrschaftsstil Konrad Adenauers und der Okkupationsmacht wurde auch der zweite Versuch einer deutschen Demokratie ohne das geringste Zaudern als eine „Sachverständigenfrage" gestellt, von hervorragenden Experten beantwortet und in einem (damals) erstaunlich perfekten Grundgesetz kodifiziert.

Die entscheidenden Entwicklungsimpulse: Währungsreform und Marshallplan

Die von den Alliierten durchgeführte Währungsreform im Juni 1948 setzte einen energischen Strich unter die Nachkriegsentwicklung einer dahinvegetierenden deutschen Wirtschaft. Die Währungsreform brachte vor allem eine stabile Währung (neben der faktischen Einführung der Marktwirtschaft). Dabei bedeutete „stabil" nicht nur, daß nominelles Vermögen, dessen Wert nur noch auf dem Papier stand, vernichtet wurde und dem Wert der neuen Währung ein real vorhandener Wertbestand entsprach, sondern „stabil" bezeichnete auch einen mehr psychologischen Vorgang, der mit dem wiedergewonnenen Vertrauen in die Wirtschaft beschrieben werden kann. Dies zeigte sich hauptsächlich an der schlagartigen Veränderung des Warenangebots: „Das kaum Faßliche geschah, daß buchstäblich von einem Tag zum anderen in den kärglichen Auslagen der Lebensmittelgeschäfts frisches Gemüse erschien, daß es wieder Schuhe, Kleider, Wäsche und all das zu kaufen gab, was am Samstag zuvor für Geld nicht zu beschaffen war."[20] Genauer schildert es Bechtel: „Fabrikanten und Großhändler genossen den unschätzbaren Vorzug, jetzt mit einem Schlage ihre gehorteten Lagerbestände an bisher nicht erhältlichen Waren anbieten zu können. Was sie mit entwertetem Geld produziert hatten, setzten sie mit Gewinn gegen neue Währung ab."[21] Unternehmer und Produzenten waren also bereit, ihre Produktions- und Investititionsmöglichkeiten in das allgemeine Wirtschaftsleben wiedereinzusetzen. Es gab wieder Waren in den Läden zu kaufen, der Schwarzmarkt ging zurück, Hamsterfahren aufs Land hörten auf, die Produktivität der Arbeit nahm zu und die Produktionskurve stieg steil an."[22]

Die faktische Entwicklung demonstrierte wieder einmal der deutschen Bevölkerung, daß es sich lohnen konnte, unehrlich zu sein. Diese neue „Lehre" hatte man in den Jahren der nationalsozialistischen Diktatur gelernt. Sie war faktisch als allgemeine Einstellung, als eine „übliche" Art des Sich-Verhaltens, um sich gegen unerträgliche Lebensbedingungen zu wehren, neuerworben worden. Ihre unmittelbare Folge war natürlich nun, wo die Angst vor der „Obrigkeit" weggefallen war, Verachtung, auf jeden Fall Nonchalierung von staatlichen Geboten, eine Einstellung, die später der Bundesrepublik noch schwer zu schaffen machen sollte. Dazu kam dann, daß die Währungsreform eine starke Ungleichheit der Vermögensverteilung bewirkte. Sie vernichtete „die Ersparnisse vieler ‚kleiner Leute', während jene, die im Besitz von Waren, industriellem Kapital oder anderen Sachwerten waren, eine ausgezeichnete Ausgangsposition in der nun folgenden Wirtschaftsexpansion hatten. Bezeichnenderweise wurde nie der Versuch gemacht, eine Statistik über die Vermögensverteilung für das Jahr der Währungsreform zu erstellen." Nur das umfassende System der deutschen Sozialversicherung, so wird von Wallich eingeräumt, habe denen einen gewissen Boden unter den Füßen gelassen, die sonst in ein wirtschaftliches Nichts abgesunken wären.[23] Doch wurde die Durchführung des von den Alliierten verordneten Lastenausgleichs vorerst aufgeschoben.[24]

Die Währungsreform als entscheidende Maßnahme zur Stabilisierung des Geldwert- und Währungssektors wurde in geradezu idealer Weise ergänzt durch den zur gleichen Zeit wirksam werdenden Marshallplan. Nachdem von 1945–1948 weitgehend nur Nahrungsmittelhilfe „zur Vermeidung von Seuchen und Unruhen" gewährt worden war (GARIOA-Hilfe, 1945–48 insges. 1,6 Mill. Dollar), machte der Marshallplan einen umfangreichen Wiederaufbau der Wirtschaft der BRD auf industrieller Basis in kurzer Zeit überhaupt erst möglich. Gleichzeitig bedeutete die Verwirklichung des Marshallplanes den Vollzug der Revision der grundsätzlichen Haltung der westlichen Alliierten Deutschland gegenüber. Die Motivationen des Marshallplanes waren einerseits humanitärer Art, andererseits ökonomischer Art.

Die wirtschaftliche Vernunft gebot, die deutsche Industrie auch im Interesse der europäischen Nachbarländer nicht dem Ruin preiszugeben. Vor allem das Ruhrgebiet hatte in Friedenszeiten zu einem beträchtlichen Teil das übrige Europa mit Eisen-, Stahlwaren, Maschinen, Elektrogeräten, Chemikalien, Steinkohle und vielem anderen mit versorgt. Gerade die durch Kriegszerstörungen heimgesuchten Länder Europas mußten ein Interesse daran haben, daß ihre größte Werkstatt, die gesamte deutsche Industrie, nicht auf ein Niveau der Selbstversorgung hinabgedrückt werde.[25] Außerdem hatte sicherlich auch einen Einfluß, daß die amerikanische Wirtschaft vor einer drohenden Krise bewahrt werden sollte.[26] Die dritte Motivation war eine politische, nämlich Westeuropa in einen antikommunistischen Block zu integrieren. Die Zielsetzung der US-Auslandshilfe ist in der Präambel des „Economic Cooperation Act of 1948" (Marshallplan) deutlich dargestellt: „Ein Gesetz des Weltfriedens und der allgemeinen Wohlfahrt, der nationalen Interessen und der auswärtigen Politik der Vereinigten Staaten durch wirtschaftliche, finanzielle und andere Maßnahmen, die zur Aufrechterhaltung der Verhältnisse im Ausland notwendig sind, wo freiheitliche Einrichtungen weiterhin bestehen sollen, und die dem Gedanken zur Erhaltung der Macht und Stabilität der Vereinigten Staaten entsprechen. ..." [27] Einerseits trug der Marshallplan dazu bei, die unmittelbare Notsituation zu lindern, andererseits – und diese Wirkung war viel mächtiger – stellt er einen zentralen Impuls für die wirtschaftliche Entwicklung dar. Dabei bestand hier eine ähnliche Situation wie 1924/28 in der Weimarer Republik, als auch eine Wiederbelebung der Wirtschaft durch Auslandsanleihen in großem Umfang finanziert wurden („Konjunktur auf Borg"[28]), die später überhaupt nicht oder nur teilweise zurückgezahlt wurden.[29]

Die Marshallplanhilfe hatte hauptsächlich auf zwei Bereiche ihre Wirkung. Einmal wurden durch sie die dringend benötigten Einfuhren gewährt, deren Bezahlung auf einen späteren Termin verschoben wurde. Dies waren hauptsächlich die Lieferung von Lebensmitteln, Rohstoffen und moderner Technologie, insbesondere Maschinen. Zweitens wurden durch sie über das ERP-(European Recovery Program) billige Investitionskredite gewährt. Die wichtigsten Wirtschaftszweige, die durch die Investitionen des ERP-Sondervermögens gefördert wurden, waren die Elektrizitätswirtschaft, Kohlenbergbau, Stahlindustrie, Gas, Wasser, Fertigwarenindustrien, Landwirtschaft und Bundesbahn. Die Wirksamkeit gerade der Investitionen durch den Marshallplan, der insgesamt einen Umfang von 1,5 Milliarden Dollar für Deutschland hatte, läßt sich nicht an ihrer absoluten Höhe ermessen (eine Statistik darüber ist deshalb auch nicht sehr aussagefähig), die Wirksamkeit muß viel höher eingeschätzt werden; es handelte sich um Investitionen, die besonders produktionssteigernd wirkten, und hauptsächlich um Teilfinanzierungen, d.h. ihre Wirkung erstreckte sich auch auf die mit ihnen verbundenen Nachfolge- und Gesamtinvestitionen. Nach amtlichen Angaben wurde „für jeden Dollar Auslandshilfe etwa 6 Dollar aus eigenen Mitteln ..."[30] investiert. Deutlich wird dies auch an der Import/Exportentwicklung. Während im Jahr 1948 zwei Drittel der deutschen Ausfuhr nicht verdient wurden, sondern aus der Auslandshilfe kamen, war bereits 1952 die Einfuhr der BRD mit über 100 % durch die Ausfuhr gedeckt:

„Ein bemerkenswertes Zeichen für das Maß, in dem es in den Marshall-Plan-Jahren gelungen war, Deutschland wieder auf die Beine zu stellen.“ [31] Am 30.6.1952 wurde die Marshallplanhilfe für die BRD nach vierjähriger Dauer eingestellt, Huster resümiert: „Hätten die westlichen Besatzungszonen nach 1945 ihre Exporte, die vor allem in Kohle, Nutzholz und Schrott bestanden, zur Bezahlung ihrer Importe, vor allem also Lebensmittel, verwenden müssen, so wäre die industrielle Entwicklung wegen mangelnder Devisen zur Bezahlung von Rohstoffen und anderer Zulieferungen aus dem Ausland wesentlich verzögert worden. Daß dagegen der Industrieauf- und -ausbau, unabhängig von dem Zwang, auf niedrigsten Produktionsniveau exportieren zu müssen, um den akuten Bedarf an Konsumgütern zu decken, vonstatten gehen konnte, ist auf die Auslandsmittel zurückzuführen. Zusammen mit der Währungsreform und der Aufhebung der Bewirtschaftungsmaßnahmen waren sie die Initialzündung für die wirtschaftliche Entwicklung der Bundesrepublik.“[32]

Währungsreform und Marshallplan stellen also die wesentlichen der günstigen Startbedingungen des „deutschen Wirtschaftswunders“ dar, hinzukommen aber hauptsächlich noch folgende Bedingungen, die weiter unten näher ausgeführt werden:

- eine grundlegende technologische Modernisierung des industriellen Produktionsapparates;
- ein niedriges Lohnniveau aufgrund der für Arbeitgeber sehr günstigen Arbeitsmarktlage;
- relativ schwache konjukturelle Ausschläge;
- steuer- und kreditpolitische Maßnahmen zugunsten der Unternehmungen;
- die durch Kriegszerstörungen bedingte allgemeine große Nachfrage im In- und Ausland.

Von „Demokratie“ auch nur in jener „Form“, die den etwas Älteren in der aktiven Generation noch aus der Weimarer Zeit bekannt und die für die Siegermächte selbstverständlich war, war bei all dem nicht die Rede. Die „Demokratie“ war „eingeführt“. Was war darüber noch zu reden?

Kriegszerstörungen und Demontagen

Bei der Darstellung der Kriegszerstörungen muß getrennt werden zwischen den eigentlichen Kriegszerstörungen und der als Folge des Krieges verursachten Teilung Deutschlands. Bezüglich der Teilung Deutschlands und der dadurch bedingten Abtrennung von Wirtschaftsgebieten ist festzustellen, daß die BRD den geringeren Schaden zu tragen hatte. Der Anteil Westdeutschlands an der Produktion der Grundstoffindustrien vor dem Krieg betrug 66 %, an den Investitionsgüterindustrien 61 %. D.h. fast zwei Drittel der industriellen Kapazitäten lagen im Gebiet der späteren Bundesrepublik.[33] Dies mußte sich langfristig für den Westen als vorteilhaft erweisen. Zwar verlor Westdeutschland mit Schlesien (Kohlenbergbau und Schwerindustrie) und Sachsen (Textilindustrie und Maschinenbau) zwei wichtige

Industriegebiete, aber in seinen Grenzen lag das Ruhrgebiet, das seit jeher die schwerindustrielle Basis der gesamten deutschen Industrie darstellte.
Das Ausmaß der Kapazitätsverluste der deutschen Wirtschaft durch die eigentliche Kriegszerstörung und die Demontagen durch die Alliierten wird allgemein hoch eingeschätzt.[34] Allerdings weisen spätere Studien geringere Schadensschätzungen auf. Der Bremer Ausschuß für Wirtschaftsforschung errechnet 1951 einen Kapazitätsverlust durch den Krieg von 8,1 % und durch Demontage von 7,3 % der Kapazität von 1936; demnach betrugen die Verluste der *Westzonen*, bzw. der westdeutschen Industrie zusammen 15,4 %.[35] Dies Ergebnis muß aber noch vermindert werden, da „viele Betriebe schon während oder unmittelbar nach der Demontage bereits wieder alte Maschinen instandgesetzt oder sich um die Beschaffung neuer Maschinen bemüht" haben, „so daß praktisch die Leistungsfähigkeit nicht ganz in dem Maße gemindert wurde; wie es sich rechnerisch ergibt."[36] Die Kriegsverluste sind in dieser Rechnung so gering, da die in der Kriegsperiode neu geschaffenen Kapazitäten diese vermindern; die Demontagenverluste sind so begrenzt, da die ursprünglichen Demontagelisten vom März 1946 mehrmals um insgesamt 70 % reduziert worden sind, wobei gerade die wertvollsten Werke von den Demontagelisten gestrichen wurden.[37] 1951 wurden die Demontagen eingestellt.
Borchardt [38] und Wallich kommen bei der Schätzung der Kriegsschäden der industriellen Kapazitäten zu dem noch positiveren Ergebnis, daß der Nachkriegsstand der Kapazität der Anlagen in der Industrie etwa dem Vorkriegsstand entsprochen habe. Wallich sieht die Lage, die durch Kriegsschäden und Demontagen entstanden ist, folgendermaßen: „Das Ausmaß der Kriegsschäden erwies sich ebenfalls als stark überschätzt. Jede neue Untersuchung erbrachte eine Reduzierung der Bombenschäden. Unter Berücksichtigung der Ausbesserungen, die innerhalb der Werke selbst vorgenommen werden konnten, waren die paralysierten Kapazitäten wahrscheinlich kleiner als die während des Krieges neu aufgebauten, so daß Deutschland im großen und ganzen genommen etwas besser gestellt war als vor dem Krieg. Was die Demontagen betrifft, so wurde da nicht so heiß gegessen wie gekocht. Der Sinneswechsel der Alliierten verminderte rasch die Zahl der zu demontierenden Betriebe. Viele weggeschaffte Produktionsausrüstungen wären ohnehin für die Friedenswirtschaft nutzlos gewesen. Die Demontagen schlugen zwar vielerorts Wunden, ihr Endergebnis aber war oft die Ersetzung altmodischer Anlagen durch moderne und demgemäß eine Steigerung der Wettbewerbskraft."[39]

Kapitalfreundliche Steuerpolitik, Arbeitsmarkt und Lohnpolitik der Gewerkschaften

Um Produktivkapitalbesitzer und Unternehmungen wieder zu umfangreicher wirtschaftlicher Tätigkeit anzuregen, insbesondere zu investieren, um auf diesem Wege die in den Jahren 1946/47 auf dem Niveau von einem Drittel der industriellen Produktion von 1936 stagnierende Produktionstätigkeit in Gang zu setzen, wurde diesen erhebliche Steuervorteile und -vergünstigungen gewährt. Die Steuererleichterungen bestanden einmal auf dem Gebiet der Einkommensbesteuerung; hier wurden mit der

Währungsreform die Einkommenssteuersätze erheblich gesenkt, die tatsächliche Belastung eines Einkommens von 250.000 DM betrug zum Beispiel 1950 weniger als 40 %.[40] Zudem sind die Steuersätze nach 1950 noch mehrfach herabgesetzt worden. Besonders hoch waren aber nach 1948 die zulässigen Sonderabschreibungsmöglichkeiten, mit denen besonders die Wiederherstellung von Produktionsanlagen und die Investitionsgüterindustrie gefördert wurden. Weitere besondere Abschreibungsmöglichkeiten beständen für Wohnhäuser, neue Fabrikgebäude, Lagerhäuser und landwirtschaftliche Betriebsgebäude. Wichtigster Effekt – und dieser brachte auch den gewünschten gesamtwirtschaftlichen Erfolg – war, daß die Unternehmungen ihre Investitionen in unverhältnismäßig hohem Maße selbst finanzieren konnten und nicht auf Fremdmittel und den brachliegenden Kapitalmarkt angewiesen waren. So konnten „Unternehmer und Kapitalgesellschaften in diesen Jahren schon beträchtliche Vermögen ansammeln".[41] Wallich schildert dies eindrucksvoll: „Der Abbau der Bewirtschaftung hatte – als Ergebnis anfänglicher Preissteigerungen – großzügige Gewinnmarken ermöglicht. Als sich immer mehr das Vertrauen in die Währung festigte, belebte sich die Spartätigkeit ... aufs neue. Um die Gewinne in Investitionskanäle zu schleusen und ganz allgemein die Sparrate zu erhöhen, änderte man die nominellen Sätze der Einkommenssteuer ... zugunsten der Sparer und Investoren. Saftige Steuerermäßigungen standen für Investoren in Wirtschaft, Wohnungsbau, Schiffsbau, sowie für Geldanlage in Öffentlichen Anleihen und Spardepositen zur Verfügung. Wer die komplizierte Materie des Steuerrechts beherrschte, konnte seine Steuerlast ganz erträglich gestalten. Mit diesen Mitteln finanzierte die deutsche Wirtschaft ihren Wiederaufbau – trotz eines vollständig verödeten Wertpapiermarktes und der Knappheit des allerdings noch stark expandierenden Bankkredits."[42] So war es möglich, daß seit 1948 (Juni) bis Mitte der 50er Jahre ca. 70 % der gesamten Investitionsmittel aus außergewöhnlich hohen Gewinnen und Abschreibungen sowie, bis zu einem gewissen Grad, kurzfristigen Bankkrediten entsprangen.[43] Am eindruckvollsten ist das riesige Investitionsvolumen an sich. Von 1949–1954 beträgt der Anteil der Bruttoinvestitionen am Bruttosozialprodukt 20 %–25 %;[44] nur wenige europäische Staaten hatten höhere Investitionsraten zu verzeichnen. Doch hatte diese Entwicklung zwei Schattenseiten. Erstens bedeutete sie, daß die Einkommensverteilung (weiterhin) stark ungleich blieb: die 50 % niedrigsten Einkommensempfänger erhielten 1950 16 % des Gesamteinkommens, die obersten 5 % der Spitzenverdiener erhielten 27 % des Volkseinkommens.[45] (Über die Einkommens- und Vermögensverteilung folgt später noch ein eigenes Kapitel). Hier wurde der Grundstein für die heute extrem ungleiche Vermögensverteilung gelegt. Zweitens bedeutete sie, daß einem großen Teil der Bevölkerung weitgehender Konsumverzicht auferlegt wurde.[46] Aus dem hohen Anteil der Investitionen an der Bruttosozialproduktsverwendung folgte ein niedriger Anteil des privaten Verbrauchs. Da eine andere Form der Finanzierung der für den wirtschaftlichen Aufschwung entscheidenden Investitionen damals nicht möglich war, sind diese beiden Schattenseiten als notwendige und wichtige, das „deutsche Wirtschaftswunder" bis Ende der 50er Jahre (Vollbeschäftigung) mittragende Faktoren anzusehen.

Der Arbeitsmarkt war lange Zeit geprägt durch große Arbeitslosigkeit. Die Zahl der Arbeitslosen betrug nach der Währungsreform 450 000 und stieg dann bis Januar 1950 auf ca. 1,8 Millionen an. Die starke Zunahme ist hauptsächlich auf den starken Zustrom von Flüchtlingen und Vertriebenen zurückzuführen; bis 1953 war ihre Zahl in den westlichen Besatzungszonen auf fast 10 Millionen angewachsen. Das Flüchtlingsproblem erschien erst unlösbar; doch zeigte sich nach wenigen Jahren, daß Vertriebene und Flüchtlinge ein für die wirtschaftliche Entwicklung günstiger Faktor waren.

Hauptkonsequenz der hohen Arbeitslosenzahl waren die geringen Lohnsätze. So stiegen z.B. die Preise im zweiten Halbjahr 1948 um 18 %, die Stundenlöhne dagegen nur um 4,5 %. Dazu kam, daß „die Arbeitswilligkeit der an Entbehrungen gewöhnten Flüchtlinge, der relativ hohe Anteil an Facharbeitern unter ihnen, ihre hohe regionale und berufliche Mobilität, weil sie an bestimmte Wohnorte und Standards weniger gebunden waren als Einheimische, die Löhne drückten, die aufgrund der Arbeitslosigkeit ohnehin niedrig waren.“[47] Die geringen Lohnsätze, die mit dem oben behandelten geringen Lebensstandard in enger Verbindung stehen, waren einerseits der Grund für die hohe Selbstfinanzierungsquote der bundesrepublikanischen Industrie, andererseits waren sie in den 50er Jahren wesentliche Ursache für die kostenmäßige Wettbewerbsfähigkeit der BRD im Welthandel und damit eine wichtige Ursache dafür, daß die deutsche Exportproduktion in relativ kurzer Zeit in der Welt wieder festen Fuß fassen konnte.

Gerade an dem Beispiel der Flüchtlinge läßt sich zu der im Hintergrund stehenden Frage nach dem „deutschen Wirtschaftswunder“ noch folgendes verdeutlichen: Der Wortschöpfung „Wunder“ liegen nicht nur die hohen realisierten Wachstumszahlen zugrunde und auch die Tatsache, *daß man diese nicht vorausgesehen hat.* Dies rührt daher, daß anfänglich schwere Belastungen sich später ins Gegenteil verkehrten. Deutliches Beispiel ist das Schicksal der Flüchtlinge:[48] „So mochten wenige 1948 daran gedacht haben, daß der Flüchtlingsstrom einmal zu den Ursachen des Wachstums gerechnet werden könnte. Zunächst vergrößerte er die Not. Man mußte mehr Nahrungsmittel und Wohnraum zur Verfügung stellen, mußte mehr öffentliche Mittel der Sozialpolitik widmen, hatte eine relativ große Arbeitslosigkeit hinzuzunehmen. Aber: nach allen vorangegangenen Verlusten an Menschen gab dieser Bevölkerungszuwachs der Bundesrepublik schließlich geschulte und sehr willige Arbeitskräfte. Er erhöhte den Bestand an menschlichem Kapital, das für das Wachstum von großer Bedeutung ist. Da es gelang, das erforderliche Sachkapital zu erstellen, wurde die Zuwanderung, die bis zur Errichtung der Mauer in Berlin anhielt, zu einer Wohltat. Sie gehörte zu den kräftigsten Anregern der Wirtschaftsentwicklung.[49]

Daß der soziale Friede im wesentlichen nicht gestört wurde, hing von der Haltung der Gewerkschaften ab, die den Wiederaufbau nach anfänglichen Schwierigkeiten als „gemeinsames Werk“[50] betrachteten und damit bereit waren, ihre Lohnforderungen zurückzustellen. Zu diesem Entschluß trugen sicherlich die beginnende Verbesserung des Lebensstandards und die anfänglich leeren Streikkassen bei. Aber es bedeutete hauptsächlich, daß die Gewerkschaften bereit waren, sich marktwirtschaftlichen Prinzipien und „Sachzwängen“ grundsätzlich zu fügen. Diese Haltung wurde durchaus honoriert. So heißt es selbst im Geschäftsbericht der Bank Deutscher Länder von

1948/49 nach der anfänglichen Inflationsentwicklung unmittelbar nach der Währungsreform: „Den wichtigsten Damm gegen die inflationistischen Tendenzen bildeten schließlich nur noch die Löhne, die dank der Stabilhaltung der offiziellen Nahrungsmittelpreise, der Mieten, Verkehrstarife und einiger anderer Bestandteile der Lebenshaltungskosten sowie vor allem dank der Einsicht und Disziplin der Gewerkschaften verhältnismäßig wenig stiegen und damit die Entstehung einer gefährlichen ‚Inflationsspirale' verhinderten."[51]
Alle sozialökonomischen Tatbestände, die für die Situation der 1970-er Jahre kennzeichnend sind, sind also schon vor 25 Jahren, in den Jahren des stummen Schocks auf die Katastrophe der Nazidiktatur, im neu-deutschen Wirtschaftsleben fundamentiert worden. Die nachhinkenden Löhne, die schlechte Behandlung der – damals – Flüchtlinge, jetzt „Gastarbeiter", die patriotische Zurückhaltung der Gewerkschaften, die sich darauf gründende Wettbewerbsfähigkeit der zu immer größerer Bedeutung anwachsenden Exportindustrie – wir wiederholen: von „Demokratie" war bei alldem nicht die Rede. Sie gehörte nicht ins Bild, obwohl es sie formal gab. Wirkliches „Demokratiebewußtsein" wäre auch bei den Siegermächten eher ein Hindernis gewesen.

Wirtschaftspolitik und Konjunkturentwicklung

Der Rahmen und die Grundlagen der Wirtschaftspolitik wurden durch ein marktwirtschaftlich ausgerichtetes liberales Wirtschaftssystem bestimmt. Wichtigster politischer Repräsentant war Wirtschaftsminister Ludwig Erhard, der „Verfechter der sozialen Marktwirtschaft". Das aktuelle Ziel der Wirtschaftspolitik nach der Währungsreform war der weitere Abbau der Bewirtschaftungsmaßnahmen. Zwar waren viele Preisfixierungen mit der Währungsreform aufgehoben worden, bestehen blieben aber die Festsetzungen für Mieten, Verkehrstarife, Hauptnahrungsmittel und Rohstoffe, die eine wesentliche Grundlage für die gewerbliche und landwirtschaftliche Gütererzeugung darstellten. Nach einem Jahr wurden so die obligatorischen Vorschriften hierfür in Kann-Bestimmungen umgewandelt. Grundsätzlich aber war die Leitlinie der Wirtschaftspolitik das Motto „Wettbewerb soviel wie möglich, Planung so wenig wie nötig" (Erhard). Das bedeutete, daß die Aufgabe und Funktion der Wirtschaftspolitik war, auf das wirtschaftliche Geschehen stets nur zu reagieren, falls Fehlentwicklungen eintraten oder noch bestanden und Mißstände durch den Markt nicht behoben wurden. Kein langfristiges Planungsgesamtkonzept, sondern einzelne und nachträgliche Korrekturmaßnahmen bestimmten hauptsächlich eine solche Wirtschaftspolitik, die bis zur Rezession 1966/67 praktiziert wurde. Ende der 40er, Anfang der 50er Jahre bestanden diese Maßnahmen hauptsächlich in der Förderung des wirtschaftlichen Wachstums und der Beseitigung von Faktoren, die dieses hemmten. Erstens durch eine enorme bereits oben dargestellte steuerliche Förderung der privatwirtschaftlichen Investitionstätigkeit, zweitens durch gezielte Subventionen und öffentliche Investitionen für Engpässe in den Grundstoffindustrien (Kohlenbergbau, Eisen- und Stahlindustrie), drittens Förderung der Exportproduktion und viertens

Sterilisierung von Haushaltsüberschüssen zur Dämpfung der von der Binnenwirtschaft ausgehenden Wachstumsimpulse. Das Fehlen langfristiger Planung hatte u.a. zur Folge, daß Investitionen (z.B. Steinkohlenbergbau, Landwirtschaft) gefördert wurden, die bereits Ende der 50er Jahre als verfehlt gelten mußten.[52] Aber was tat's? Wirtschaftliches Wachstum war ein Wert an sich.
Doch besonders im Investitions- und im Exportbereich war diese Wirtschaftspolitik sehr erfolgreich, den genauen Einfluß auf die Konjunkturentwicklung aber quantitativ zu schätzen, ist kaum möglich. Nach einem halbjährigen Anfangsboom unmittelbar nach der Währungsreform, in dem die Industrieproduktion um 50 % stieg, zeichnet sich die konjunkturelle Entwicklung durch relativ stetig steigende Wachstumszahlen aus; natürlich gibt es einige konjunkturelle Ausschläge (Konjunkturtiefs: 1951, 1954, 1958), die aber verhältnismäßig schwach sind und nie zu absoluten Rückgängen bei dem Bruttosozialprodukt (was auch immer das sein mag!) oder dem eindeutigeren und wichtigeren Index der industriellen Nettoproduktion führen. Trotzdem nimmt aber erst ab 1950 die Arbeitslosenquote ab und sinkt von 11,6 % (1950) auf 1,3 % (1960). Entscheidende Veränderungen finden jedoch in der Wirtschaftsstruktur statt: Eine im Verhältnis zum Vorkriegsstand wesentliche Verlagerung des industriellen Schwergewichts auf den Grundstoff-, Produktions- und Investitionsgüterindustriebereich. Dies ging natürlich analog mit einer Disproportionalität zu Ungunsten der Konsumgüterindustrie, was wiederum mit der nachhinkenden Lebensstandardentwicklung korrespondiert. Der für die wirtschaftliche Entwicklung seit der Koreakrise so günstige Effekt war aber, daß eine Wirtschaftsstruktur aufgebaut wurde, die genau den überproportional steigenden Bedürfnissen der wachsenden Industriestaaten (die eben gerade im Grundstoff- und Investitionsgüterbereich liegen) entsprach; dadurch wurde der Exportindustrie, die damit die Funktion eines wichtigen Wachstums- und Konjunkturmotors der BRD-Wirtschaft übernommen hatte, entscheidend zum großen Durchbruch im Welthandel verholfen. Hinzukam, daß sich der allgemeine Handel zwischen den westlichen Industriestaaten nach dem 2. Weltkrieg sprunghaft vergrößerte und die DM unterbewertet war (Abwertung 1951), vor allem aber war die Wettbewerbsfähigkeit durch die niedrigen Löhne gestärkt. Die Tatsache, daß 1948/49 noch ein großer Teil des Exports aus Rohstoffen bestand, 1952/53 aber bereits der Anteil der Halb- und Fertigfabrikate auf 80 % gestiegen war, zeigt, daß darüber hinaus auch im Bereich der Exportproduktion ein leistungsfähiger Produktionsapparat in dieser kurzen Zeit entstanden war, der dann dem durch den Koreakrieg ausgelösten ausländischen Nachfragestoß durchaus gewachsen war.

Und die Demokratie?

Ich habe diese zweifelnde Frage, diese wirkliche Gretchenfrage an die zweite deutsche Demokratie, im Verlauf der bisherigen Darstellung schon wiederholt gestellt und jedesmal kurz und negativ beantwortet. Hier, am Ende der ersten Nachkriegsperiode, sei sie noch einmal gestellt und eine etwas vielseitigere Antwort versucht.

In welchem Zusammenhang stehen die dargestellten Anfänge des „deutschen Wirtschaftswunders" mit unserem Thema Demokratie? Auf diese Frage kann man drei Antworten geben: Erstens: es gibt keinen unmittelbaren Zusammenhang. So, wie die wirtschaftliche Entwicklung faktisch abgelaufen ist, scheint die Frage nach der Demokratie überhaupt nicht gestellt worden zu sein. Geradezu mit Selbstverständlichkeit wurde den Unternehmern und Produktivkapitalbesitzern, die als die den wirtschaftlichen Wiederaufbau „dynamisch" tragende Gruppe angesehen wurde, ihre wirtschaftliche Führungsposition zugewiesen; diese ermöglichte ihnen einerseits eine bevorzugte materielle Beteiligung an der wirtschaftlichen Entwicklung und andererseits – und dies wird für den Aspekt der Demokratie im wirtschaftlichen Bereich als zentral angesehen – ermöglichte ihnen diese die alleinige Verfügung über die privatwirtschaftliche Dispositions- und Entscheidungsmacht. Die tatsächliche wirtschaftliche Entwicklung etablierte die Elite mit einer Selbstverständlichkeit, die den Schluß zuläßt, daß Reflexionen über Elite und ihre Infragestellung, die *wirksame* Folgen hatten, nicht existierten. Das Problem der Demokratie bestand für praktisch relevante Überlegungen nicht. Das schloß nicht aus, daß bei der Erarbeitung des Grundgesetzes durch den Parlamentarischen Rat durchaus dieses Problem reflektiert und diskutiert wurde, was sich allerdings außer im Grundgesetz nirgendwo *real* niederschlug.

Zweitens gibt es einen positiven Zusammenhang. Die Anfänge der bundesdeutschen Wirtschaftsentwicklung leiteten eine Phase ein, in der weite Teile der Bevölkerung (keineswegs alle) von unmittelbarer materieller Not befreit wurden und darüber hinaus einen Lebensstandard erreichten, der materielle Voraussetzung ist, um Demokratie praktizieren zu können. (Dies ist aber leider nicht die einzige Voraussetzung.) Denn von Demokratie nicht nur zu sprechen, sondern Demokratie zu tun, ist ohne einen gewissen Wohlstand kaum möglich.

Drittens gibt es einen negativen Zusammenhang. Dieser ist teils „systemimmanent", teils speziell historischer Natur, oder genauer: deutscher autoritätsbezogener Tradition gemäß. Mit der Einrichtung einer Wirtschaftsordnung, die sich fast ausschließlich an einem liberalen Wirtschaftssystem orientiert, aber immerhin einen gewissen nachträglichen sozialen Ausgleich als Korrektur fordert, wurde auch gleichzeitig, wie bereits oben erwähnt, in der Gruppe der Unternehmer und Produktivkapitalbesitzer ihre wirtschaftliche Elite geschaffen, die im wesentlichen alleinige Verfügung über privatwirtschaftliche Dispositions- und Entscheidungsmacht besaß. Gesetzgeberisch wurde dies noch unterstützt durch einen starken Schutz des privaten Eigentums. Die Etablierung einer Wirtschaftselite,[53] die für die Gesamtgesellschaft höchst wichtige Entscheidungen fällt (wie z.B. Investitionsentscheidungen, die zukünftige Entwicklungen längerfristig festlegen), ist aber nur ein Aspekt des negativen Zusammenhangs zwischen den Anfängen des „deutschen Wirtschaftswunders" und der Demokratie. Eine weitere Folge ist auch die Etablierung des Primats der Wirtschaft. Dies bedeutet insbesondere für die Wirtschaftspolitik den Zwang zur Unterstützung wirtschaftlicher Interessen (und diese sind primär privatwirtschaftliche Interessen und erst sekundär die der Allgemeinheit) und die Übernahme der Kosten für privatwirtschaftlich vernachlässigte Räume (Infrastruktur z.B.) oder Fehlentwicklungen (Sozialisierung von

Verlusten z.B.). Die Entscheidungen im politischen, besonders im wirtschaftspolitischen Bereich unterliegen damit einem gewissen „Sachzwang", der den Entscheidungsspielraum zur Erfüllung der Aufgaben, die unmittelbar der Allgemeinheit zugute kommen, einschränkt. Primat der Wirtschaft (und dies impliziert die Voraussetzung, daß die wirtschaftliche Wachstums- und Wohlstandsentwicklung nicht grundsätzlich in Frage gestellt wird) bedeutet damit für die Demokratie erstens die Unterwerfung nicht nur des gesamten wirtschaftlichen Bereichs, sondern auch teilweise des politischen unter ein Prinzip, das sich ausrichtet an der Maximierung des Gewinns (und das primär denen zugute kommt, die über den Wirtschaftsapparat verfügen oder ihn besitzen) und das der Bestimmung durch die Gesellschaftsmitglieder entzogen ist, und zweitens bedeutet das Primat der Wirtschaft für die Demokratie die Unterstützung und Bevorzugung einer bestimmten Gruppe der Gesellschaft, der Unternehmer und Produktivkapitalbesitzer, die als wichtigster Träger der wirtschaftlichen Entwicklung angesehen wird. Darüber hinaus genießt diese Gruppe aber eben nicht nur direkte und indirekte öffentliche Unterstützung und eine gewisse materielle Privilegierung, sondern auch in einer liberalen Marktwirtschaft des Erhardschen Modells im wesentlichen das Monopol an der privatwirtschaftlichen Verfügungs- und Entscheidungsmacht.

Zweites Kapitel

Die eigentliche Wiederaufbauphase (1951–1958)

Soviel über die Anfänge des „deutschen Wirtschaftswunders". Nun soll auch der eigentliche wirtschaftliche Wiederaufbau der BRD genauer dargestellt werden. Wie bisher wird auch in diesem Kapitel die wirtschaftliche Entwicklung im Vordergrund stehen. Das Verhältnis von Wirtschaft bzw. wirtschaftlicher Entwicklung und Demokratie wird dabei nur sekundär behandelt. In den Mittelpunkt wird das Verhältnis von Demokratie und Wirtschaft erst nach diesem Kapitel gestellt, dann werden wir aber diese zentrale Frage nicht mehr verlassen. Dieses Vorgehen erscheint deshalb als sinnvoll, weil die Anfänge des „deutschen Wirtschaftswunders" und die eigentliche wirtschaftliche Wiederaufbauphase den historischen Hintergrund für das heutige Verhältnis von Wirtschaft und Demokratie in der BRD darstellen.
In diesem Kapitel soll erstens dargestellt werden die Entwicklung derjenigen wirtschaftlichen Größen, an denen die „Wirtschaftswunderentwicklung" festgemacht werden kann, und die Entwicklung der bundesdeutschen Wirtschaftsstruktur. Dabei soll der Umfang der erfolgreichen wirtschaftlichen Entwicklung verdeutlichen, daß eben gerade das „deutsche Wirtschaftswunder" entscheidend zur Festigung und zum grundsätzlichen Festhalten an dem liberalen Wirtschaftssystem beigetragen hat, da der wirtschaftliche Erfolg ausschließlich diesem Wirtschaftssystem zugeordnet wurde. Daß diese ausschließliche Zuordnung einer ernsthaften Überprüfung nicht standhält, wurde im 1. Kapitel deutlich gemacht. Trotzdem führte das „deutsche Wirtschaftswunder" dazu, daß hartnäckig auf einem liberalen Wirtschaftssystem, mit sozialpolitischen Korrekturen und Absicherungen als „Nebenfunktionen", beharrt werden konnte und damit sich auch die für die Demokratie nachteiligen Faktoren voll entwickeln konnten.
Zweitens soll die spürbare Verbesserung der Position der Gewerkschaften gegen Ende der 50er Jahre aufgezeigt werden. Diese Entwicklung ist deshalb so bedeutsam, weil die Gewerkschaften neben den Parteien (besonders der SPD) als die einzige politisch und gesellschaftlich relevante Organisation angesehen werden kann, die zumindest potentiell Träger einer gesamtgesellschaftlichen Demokratisierung in der BRD sein kann.
Drittens soll die beginnende außenwirtschaftliche Verflechtung der BRD dargestellt werden, die zwar fast ausnahmslos positive Wirkungen für die Konjunktur und das Wachstum gehabt hat, aber auch für die Demokratie ernsthafte Schwierigkeiten zur Folge hatte. (Hier wäre z.B. auf die Macht der multinationalen Unternehmen zu verweisen.)

Indikatoren der „deutschen Wirtschaftswunder"-Entwicklung

Mit dem Kriegsengagement der USA in Korea nahm die wirtschaftliche Entwicklung der BRD einen unerwartet schnellen Aufstieg. Die verstärkte Investierung der amerikanischen Industrie im Rüstungssektor ließ die amerikanische Nachfrage nach industriellen Gütern emporschnellen und öffnete damit den Weg für die deutsche Exportwirtschaft. Der Außenhandel konnte sprunghaft erweitert werden, es wurden nicht mehr nur Rohstoffe und Halbfertigwaren, sondern in immer größerem Maßstab Fertigwaren, insbesondere Investitionsgüter, produziert und exportiert. Diese Ankurbelung des Außenhandels wurde noch unterstützt durch investitions- und industriesteuerbegünstigende staatliche Maßnahmen. So betrug die durchschnittliche Wachstumsrate des Exports von 1950 bis 1955 26,5 %, die dann auf eine durchschnittliche Rate von 12 % für den Zeitraum von 1965 bis 1970 sank. Der Export hat sich damit in den letzten 20 Jahren etwa um das 15fache vergrößert. Der Anteil der deutschen Ausfuhr an der Weltausfuhr erhöhte sich von 3,5 % 1950 auf 10,1 % 1960 (1970: 12,2 %)[54]. Die BRD wurde damit zu einem der wichtigsten Länder im Welthandel. Seit 1952 hat die BRD jedes Jahr einen Handelsbilanzüberschuß, was zu mehreren Aufwertungen führte und ihr innerhalb des Währungssystems eine exponierte Stellung verschaffte. Allerdings bescherte ihr der Besitz der „stabilsten Währung der Welt" (Schmidt) in der jüngsten Zeit einige beschwerliche binnen- und außenwirtschaftliche Krisen. Die Exportquote erhöhte sich von 11,4 % 1950 auf 24,4 % 1960 (1971: 22,8 %). Gerade an der Exportquote wird die große Bedeutung des Exports für die deutsche Wirtschaft sichtbar; der Export stellt einen der wichtigsten Wachstums- und Konjunkturantriebe der Wirtschaft der BRD dar.[55] So sind in den wachstumsstärksten Industriezweigen auch die Exportquoten überdurchschnittlich hoch: 1966/68 betrug die Exportquote im Fahrzeugbau 43,1 %, in der chemischen Industrie 24 % und in der elektrotechnischen Industrie 32,6 %[56]. Zudem wird das Exportgeschäft zum größten Teil von den Großunternehmen getragen. In der chemischen Industrie entfielen bereits 1955 auf die drei größten Chemiegesellschaften (Bayer-Leverkusen, BASF und Hoechst) mehr als 50 % der insgesamt exportierten Waren, in der elektrotechnischen Industrie kamen nahezu zwei Drittel der Gesamtausfuhr dieses Industriezweiges auf nur fünf Konzerne, u.a. Siemens, AEG und Bosch.

Ein zweiter oft angeführter Indikator der deutschen „Wirtschaftswunder"-Entwicklung ist das an sich nicht sehr aussagefähige reale Bruttosozialprodukt[57]. Allein in den 50er Jahren hat dies sich mehr als verdoppelt, insgesamt hat sich das Bruttosozialprodukt von 1950 bis 1970 *mehr als verdreifacht.* Ein genauerer Indikator ist das Wachstum der industriellen Produktion. *Die Produktion der Industrie hat sich von 1950 bis 1970 ungefähr verfünffacht.* Von 1950 bis 1960 betrug das Wachstum etwa 150 % und verlangsamte sich von 1960–1970 auf rund 70 %. Differenziert man noch nach Investitions- und Verbrauchsgüterindustrie, so zeigt sich, daß der Index der Industrieproduktion für Investitionsgüter 1959 schon das 1 1/2fache des Index für Verbrauchsgüter und Nahrungs- und Genußmittel beträgt. Der Index der Investitionsgüterindustrien liegt also weit vor allen anderen Industrien. Das zeigt, daß „die industrielle und darüber hinaus die gesamte wirtschaftliche Entwicklung Westdeutschlands entscheidend durch die *beträchtliche Erneuerung des fixen Kapitals* beeinflußt (wurde), die verhältnismäßig schnell – und schneller als in anderen wichtigen kapitalistischen Ländern verlief".[58] Das industrielle Wachstum vollzieht sich damit hauptsächlich in Bereichen, die dem Konsumenten nicht unmittelbar zugute kommen. Hier schlägt sich also auch strukturell nieder, daß der wirtschaftliche Aufschwung der 50er Jahre den Lebensstandard der breiten Bevölkerung hinter der allgemeinen wirtschaftlichen Entwicklung herhinken ließ. So waren niedrige Löhne nicht nur äußerst vorteilhaft für die Wettbewerbsfähigkeit der Exportindustrie, sondern bedeuteten auch, daß man sich primär dem Auf- und Ausbau des gesamten wirtschaftlichen Produktionsapparates widmen konnte und erst sekundär die Konsumentennachfrage berücksichtigen mußte. So war es möglich, daß in der BRD ein riesiges Produktionspotential errichtet werden konnte, daß in geradezu idealer Weise den überproportional wachsenden Bedürfnissen der Industriestaaten entgegenkam, das die Arbeitslosigkeit binnen 10 Jahren in ein Problem der Überbeschäftigung verwandelte und das die insbesondere in den 60er Jahren stark steigenden Konsumentenansprüche befriedigen konnte. Allerdings hatte wegen des relativ geringen materiellen Anteils der breiten Bevölkerung am wirtschaftlichen Wiederaufbau besonders in den 50er Jahren dies auch die Folge, daß der Besitz dieses mächtig akkumulierten wirtschaftlichen Produktivkapitals in die Hände einer nur sehr kleinen Bevölkerungsschicht gelangte. Mißt man jedoch wirtschaftliches Wachstum einer Gesellschaft allein an der Größe ihrer Industrieanlagen oder der von ihr geschaffenen Produktmenge, so war der Aufschwung der westdeutschen Wirtschaft in der Tat großartig.

Betrachtet man die Veränderung der Wirtschaftsstruktur der Bundesrepublik, so ergibt sich folgendes Bild: Der primäre Sektor nimmt immer mehr an Bedeutung ab. Während der Beitrag von Land- und Forstwirtschaft zum Bruttosozialprodukt 1950 noch 10,3 % betrug, sank er über 6,3 % (1960) auf 3,1 % im Jahr 1970. Ähnlich war die Entwicklung des Erwerbstätigenanteils in diesem Sektor: Dieser sank von 23,2 % (1950) auf 8,8 % (1970). Der sekundäre Sektor (Energiewirtschaft und Bergbau, Verarbeitendes Gewerbe, Baugewerbe) nimmt an Bedeutung zu und stellt weiterhin den wichtigsten Wirtschaftssektor dar. Sein Beitrag zum Bruttosozialprodukt betrug 1950 47,3 %, 1960 55,6 % und 1970 54,2 %. Der Anteil der Erwerbstätigen wuchs von 42,3 % auf 47,9 % (1960) und auf 48,7 % 1970. Nach einer Untersuchung des Rationalisierungskuratoriums der Deutschen Wirtschaft wird bis 1980 der sekundäre Sektor weiterhin an Wichtigkeit zunehmen.[59] Sowohl sein Anteil am Bruttosozialprodukt als auch sein Erwerbstätigenanteil werden bis 1980 zunehmen. Da nahezu 4/5 des Bruttoinlandsprodukts des sekundären Sektors vom „Verarbeitenden Gewerbe" getragen wird, kommt also gerade diesem Teil der Wirtschaft, d.h. damit also der Industrie, besondere Bedeutung in der Vergangenheit und in der Zukunft zu. Deshalb wird auch weiter unten bei der Behandelung des heutigen Verhältnisses von Demokratie und Wirtschaft, insbesondere bei der Untersuchung, wo es in der Wirtschaft zu außerordentlichen Machtzusammenballingen kommt, besonders dieser Sektor zu untersuchen sein.

Der tertiäre Sektor hat hauptsächlich eine zunehmende Bedeutung als Arbeitsplatz der westdeutschen Bevölkerung gewonnen: So sank zwar der Beitrag des tertiären Sektors am Bruttosozialprodukt von 42,4 % 1950 auf 38,1 % 1960 und stieg wieder auf 42,7 %, der Anteil an den Erwerbstätigen stieg aber stetig von 34,5 % 1950 auf 37,9 % 1960 und auf 42,5 % 1970. Auch hier wird eine leicht zunehmende Tendenz prognostiziert.[60]

Die Reduktion der Arbeitslosigkeit und die Verbesserung der Position der Gewerkschaften

Für die Bevölkerung brachte der wirtschaftliche Wiederaufbau zunächst einmal Arbeitsplätze. Während die Arbeitslosigkeit 1950 noch über 11,6 % betrug, konnte diese bis Ende der 50er Jahre auf unter 1,3 % gesenkt werden: schon 1957/58 war die Vollbeschäftigung erreicht. Dies bedeutete eine unerwartet schnelle wirtschaftliche Integration der hauptsächlich durch Vertriebene und Flüchtlinge angeschwollenen Zahl von Arbeitslosen.

Die Zahl der Erwerbstätigen stieg in den 50er Jahren um 20 % (um 3 % in den 60er Jahren), insgesamt von 22 Millionen 1950 auf rund 27 Millionen 1970, sie hat also erheblich zugenommen. Dies liegt einmal an der Reduzierung der Arbeitslosigkeit, aber auch an dem bis 1961 (Bau der Berliner Mauer) anhaltenden Flüchtlingsstrom aus der DDR und an einer erhöhten Beteiligung der Frauen am Erwerbsleben. „Mit dem Versiegen des Zustroms aus der DDR, der sich verschlechternden Altersstruktur sowie den verlängerten Ausbildungszeiten begann seit 1960 die Zahl der einheimischen Erwerbstätigen zu stagnieren und konnte nur noch durch den verstärkten Einsatz ausländischer Arbeitskräfte kompensiert werden.“[61]

Das Wachstum des Produktionspotentials in den 60er Jahren wäre nicht möglich gewesen, wäre es nicht gelungen, die Übernachfrage nach Arbeitskräften durch die Anwerbung ausländischer Arbeitskräfte zu kompensieren. So hat sich die Anzahl der ausländischen Arbeitskräfte von 1960 mit 329.000 auf rund 2,5 Millionen Anfang 1973 (mit Familienangehörigen rund 3,5 Mio.) erhöht, d.h. heute ist ungefähr jeder 10. Erwerbstätige Ausländer. Daß diese „Gastarbeiter“ eine von der deutschen Gesellschaft stark vernachlässigte Randgruppe darstellen, ist landläufig bekannt; dies ist wohl auch in der deutschen Tradition begründet, der Tradition der mangelnden Solidarität mit Minderheiten nämlich! Als symptomatisches Zitat soll hier folgende Äußerung des Sachverständigenrates stehen, die zeigt, wie sehr Gastarbeiter in der BRD nur als ökonomisch verwertbare Objekte angesehen werden (die Bezeichnung Ausbeutung ist hier wahrhaftig zutreffend!): „Wer argumentiert, durch die Anwesenheit der Gastarbeiter entstünden zusätzliche soziale Kosten für die Allgemeinheit – Kosten für Schulen und andere Infrastrukturinvestitionen – übersieht, daß Gastarbeiter, abgesehen davon, daß sie Steuern zahlen, auch Vorteile für die gesamte Volkswirtschaft bringen:

- Bei den ausländischen Arbeitskräften handelt es sich zu einem großen Teil um ungelernte Arbeiter, die weniger produktive, aber nicht weniger notwendige Tätigkeiten übernehmen. Dies ermöglicht es den deutschen Arbeitnehmern, in qualifizierte Berufe aufzusteigen.
- Die ausländischen Zuwanderer decken einen großen Teil des Bedarfs der Wirtschaft an regionaler Mobilität.“[62]

Das Erreichen der Vollbeschäftigung bedeutete für die Position der Gewerkschaften einen wichtigen Schritt zur Stärkung ihrer Stellung gegenüber den Arbeitgebern. Seit diesem Datum begann ein härterer Verteilungskampf. Das für den wirtschaftlichen Aufschwung geradezu paradiesisch ruhige soziale Klima begann sich zu verschärfen. Aber im Vergleich mit anderen Ländern des europäischen Kontinents fallen auch die 60er Jahre, was den harten verteilungspolitischen Kurs der Gewerkschaften betrifft, harmlos aus: Streiks in nennenswertem Umfang finden auch in dieser Zeit kaum statt. Die stärkere Position der Gewerkschaften hat jedoch zweifellos die materielle Situation der Arbeitnehmer verbessert: Während die rechnerische Lohnquote 1950 von 65,5 % auf 78,8 % (1960) sank, stieg sie in den 60er Jahren wieder auf 62,5 % (1970).[63] Anders ausgedrückt: Von 1950–1960 stieg das Einkommen pro Lohnabhängiger schwächer als das Volkseinkommen je Erwerbstätiger und danach umgekehrt.

Die außenwirtschaftliche Verflechtung

Die außenwirtschaftliche Verflechtung der BRD steht mit den Chancen und Möglichkeiten der Demokratie in der Wirtschaft hauptsächlich in einem negativen Zusammenhang. Der erste Aspekt dieses Zusammenhangs ist der hohe Exportanteil am Bruttosozialprodukt. Zwar hat die Exportproduktion sich bisher, von einigen Ausnahmen abgesehen, wegen des Ausbleibens einer weiteren großen Weltwirtschaftskrise sehr fördernd auf die Konjunktur und das Wachstum ausgewirkt, aber die dadurch entstandene Abhängigkeit der deutschen wirtschaftlichen Wohlfahrt von den Absatzmöglichkeiten im Ausland tendiert, die politische und wirtschaftliche Unabhängigkeit der BRD einzuschränken. Was unter den deutschen Gegebenheiten, über die noch ausführlich zu sprechen sein wird (vor allem also der inneren Schwäche des Demokratiebewußtseins, dem Nicht-Gewohntsein an demokratischem Sich-Verhalten und demokratischen Methoden, dem traditionellen Sich-Unterordnen usw., vgl. dazu vor allem Abschnitt IV), der demokratischen Entwicklung in der BRD nicht förderlich sein kann.[64]

Der zweite Aspekt in diesem Zusammenhang ist das Entstehen von multinationalen Unternehmen. Der dritte Aspekt ist die wirtschaftliche Integration Europas. Diese europäischen Integrationsbemühungen stellen u.E. faktisch hauptsächlich Bemühungen dar, den Anforderungen heutiger industrieller und westlicher Produktionsweise zu genügen. Diese These, daß die bisherige Integration Europas hauptsächlich nur Ausdruck der Anforderungen westlich-industrieller Produktionsweise ist, wird unterstützt durch die Tatsache, daß eine politische Einigung Europas auch heute noch in fast unerreichbarer Ferne liegt. Der erste Schritt zur wirtschaftlichen Integration wurde am 18. April 1951 mit der Begründung der Europäischen Gemeinschaft für Kohle und Stahl unternommen. Nach dem Eintritt der BRD in die NATO wurde am 25. März 1957 mit den Verträgen von Rom die Europäische Wirtschaftsgemeinschaft (EWG) und die Europäische Gemeinschaft für Atomenergie (Euratom) gegründet und damit der entscheidende Schritt zur wirtschaftlichen Integration getan. Darauf folgte 1967 die Einrichtung einer Zollunion, die Aufhebung der Binnenzölle, die Einführung eines gemeinsamen Außentarifs gegenüber Drittländern und einer gemeinsamen Agrarpolitik; es folgten der Beschluß, ein einheitliches Mehrwertsteuersystem einzuführen, und die Zusammenlegung der bisherigen Institutionen, so daß die Europäischen Gemeinschaften (EG) fortan eine gemeinsame Kommission, einen Ministerrat und ein Europäisches Parlament besaßen. Diese wirtschaftliche Integration Europas bedeutet für die BRD Abgabe wirtschaftspolitischer, insbesondere außenwirtschaftlicher Souveränitätsrechte. Dies bedeutet wiederum eine zunehmende Einschränkung der wirtschaftspolitischen und gerade der grundsätzlich-wirtschaftspolitischen Aktionsmöglichkeiten. Darüber hinaus bedeutet die wirtschaftliche Integration Europas auch eine Fortsetzung der weiter unten ausführlich darzustellenden Konzentrationsentwicklung (weil für die Demokratie von eminenter Bedeutung) in der BRD auf europäischer Ebene. „Angesichts von Fusionen auf verschiedenen Ebenen der größten Industrieverbände, zum Beispiel in der Automobil- und Flugzeugproduktion, liegt es auf der Hand, daß weitere Teile des Kapitals im Hinblick auf eine Wirtschafts- und Währungsunion verschmelzen *müssen.*"[65] So wurden laut "Die Industriepolitik der Gemeinschaft. Memorandum der Kommission an den Rat", Brüssel 1970, im Zeitraum von 1961 bis Mitte 1969 zwischen Unternehmen in mehreren EG-Ländern 1258 Kooperations- bzw. Fusionsabkommen geschlossen.

Drittes Kapitel

Wirtschaft, Gesellschaft und Demokratie in der Bundesrepublik

Bei der Behandlung der Auswirkungen und des Einflusses der Wirtschaft und der wirtschaftlichen Entwicklung auf die Gesellschaft und auf die Demokratie innerhalb der gesamten Gesellschaft in der BRD soll hier zuerst ein Teil der vielfältigen Einflüsse der Wirtschaft auf die Gesellschaft mit ihren Folgen für die Demokratie dargestellt werden. Darüber hinaus soll gezeigt werden, daß das bereits oben erwähnte Primat der Wirtschaft tatsächlich wichtige Entscheidungen der Gesellschaft der BRD beeinflußt. Als zweiten Aspekt des Primats der Wirtschaft wird dann an Beispielen der Wirtschaftspolitik das Verhältnis von Wirtschaft und Staat in der BRD behandelt. Drittens soll die die wirtschaftliche Entwicklung begleitende politisch-dogmatisch herrschende und verkündete „Theorie" der Wirtschaftsgesellschaft am Beispiel der formierten Gesellschaft, der Sozialen Marktwirtschaft und der Konzertierten Aktion dargestellt werden. Diese „Theorie" der Wirtschaftsgesellschaft stellt sozusagen die ideologische Verpackung der wirtschaftlichen Entwicklung in der BRD; sie vermittelt die Suggestion der Integration, legitimiert die bestehenden ökonomischen Verhältnisse und verschleiert mit beidem damit die eigentlichen Bedingungen für Demokratie in der Wirtschaft und in der Gesellschaft; deshalb muß sie in diesen Funktionen aufgedeckt und offen gelegt werden.

Nur nebenbei sei auch hier vermerkt, daß von „allgemeiner Marktwirtschaft" ja weder zu Beginn noch später die Rede sein konnte. Leo Brawand z.B. führt unter den Bereichen, die vom „Spiel der Marktkräfte" ausgenommen waren, auf: die gesamte Landwirtschaft, den Wohnungsmarkt, den Verkehr, den Energiebereich mit dem Kohlenbergbau an der Spitze, die Kredite aus der Marshallhilfe – die staatlicher oder halbstaatlicher Lenkung unterlagen –. (Leo Brawand, a.a.O., S. 88) Aber Erhards neoliberales Experiment, diese Gleichung mit so vielen Unbekannten, gelang ohne Zweifel, als Methode des wirtschaftlichen Wiederaufbaus – aber auch *nur* da!

In jeder Periode, die mit Recht „die zweite Gründerzeit" genannt worden ist, wurde in direkter Umkehrung des Satzes, der 12 Jahre lang in deutsche Gehirne getrommelt worden war, daß also Gemeinnutz vor Eigennutz ginge, eine neue Gesellschaft und ein neuer Staat aufgebaut, denen entscheidende Teile der Infrastruktur fehlten, vor allem auf den Gebieten der Schule und Hochschule, worüber in diesem Buch noch manches zu sagen sein wird, aber auch auf den Gebieten der Krankenpflege, der Altersversorgung, des Kinderschutzes, des Verkehrs usw. Diese Gebiete der Infrastruktur gehören zu denjenigen, die für ihr Funktionieren Planen und gezielte Maßnahmen der Gesellschaft und ihrer Organe erfordern. Sie lassen sich durch noch so rücksichtslose Wahrnehmung des Eigennutzes nicht aufbauen.

Hier – und allmählich auf dem Gesamtgebiet der gesellschaftlichen Funktionen – zeigte sich alsbald die zweite tiefgreifende und bleibende Wirkung des Erhardschen Experimentes: die Schaffung einer Ideologie, beschrieben durch zwei Worte: „soziale Marktwirtschaft", deren *realen* Inhalt nicht einmal die Beredsamkeit

Ludwig Erhards, geschweige denn seiner Anhänger erklären konnte. Aber wie alle echte Ideologie beeinflußten – und hemmten – sie die Entwicklung in der BRD und stellten sich damit (was für unseren Zusammenhang am bedeutungsvollsten ist) der demokratischen Entwicklung in den Weg. Darüber soll in diesem Kapitel zunächst einiges gesagt werden.

Auf dem Weg zur Wohlstands- und Konsumgesellschaft

Der Weg zur *Wohlstandsgesellschaft* bedeutet an sich einen für die materielle Grundlage der Möglichkeiten für die Demokratie sehr günstigen Weg. Gemeint ist damit die eigentlich recht simple Aussage, daß eine Demokratie im Wohlstand sicherlich erheblich leichter zu praktizieren ist als ohne einen solchen. Aufzeigen kann man den tatsächlich eingetretenen Wohlstand in der BRD auf der individuell-materiellen Ebene der einzelnen Bevölkerungsgruppen, die die materiellen *Möglichkeiten* des Einzelnen kennzeichnen, Demokratie zu praktizieren; dies soll am Schluß dieses Kapitels geschehen. Für die Demokratie wichtig ist aber auch der öffentliche Wohlstand, denn dieser steckt den Aktionsrahmen für die Anforderungen einer Demokratie auf gesamtgesellschaftlicher Ebene ab, wie z.B. die *Möglichkeiten*, ein Bildungssystem, Schulen, Kindergärten, Hochschulen und andere Ausbildungsstätten zu bauen und zu finanzieren. Als Maßstab für einen solchen öffentlichen Wohlstand kann die Höhe der Staatsausgaben gelten: Während Bund, Länder und Gemeinden 1950 nur insgesamt 27,9 Milliarden DM ausgaben, betrugen die gesamten öffentlichen Ausgaben im Jahr 1972 immerhin schon 249,7 Mrd. DM. Berücksichtigt man die Preisentwicklung, kommt man auf eine etwa 5 bis 6fache reale Ausgabensteigerung der öffentlichen Hand in diesem Zeitraum. Dies bedeutet eine sehr beträchtliche Ausweitung des Aktonsrahmens der öffentlichen Hand; insofern hat die wirtschaftliche Entwicklung große Möglichkeiten und Chancen für die Demokratie eröffnet. Bisher sind aber diese Möglichkeiten in der BRD nicht genutzt worden. So wurden z.B. in einer OECD-Studie der BRD schlechte Noten erteilt, worüber weiter unten mehr.

Das Vorherrschen von wirtschaftlichen Rentabilitätsgesichtspunkten, das, was wir oben das „Primat der Wirtschaft" genannt haben, kann in der Entwicklung der BRD auf ihrem Weg zur „Konsumgesellschaft" auf den verschiedensten Bereichen nachgewiesen werden. Wir begnügen uns hier mit der Darstellung einiger weniger und beginnen mit jenem Teil der Gesetzgebung, den Hans-Hermann Hartwich zum Gegenstand seiner Untersuchung der Gesetzgebung von 1950–1960 gemacht hat. Hartwich [66] kommt zum Ergebnis, daß der Art. 2 des Grundgesetzes, die Garantie der individuellen Freiheit der Person, im Untersuchungszeitraum von der Gesetzgebung sehr extensiv ausgelegt wurde. Dies schlägt sich hauptsächlich in der Individualisierung des allgemeinen Gewerbe- und Berufsrechts durch die Bundesgesetzgebung nieder. Der Art. 12, die Garantie der Berufsfreiheit, wurde danach ausgesprochen ständisch ausgelegt, was sich in einer Fülle von mittelständischen Gewerbe- und Berufsordnungen auswirkte. Der „Art. 14 GG schließlich, d.h. Eigentum und Erbrecht, werden besonders bevorzugte Objekte der Bundesgesetzgebung.

Art. 15 GG (Sozialisierung) findet keine Beachtung". Dies schlägt sich hauptsächlich auf die gesetzliche Wiederherstellung und Erhaltung vorkonstitutioneller Eigentumsverhältnisse (Revision besatzungsrechtlicher Eingriffe, eigentumerhaltende Ausgestaltung des Lastenausgleichs), auf die zahlreichen Förderungen neuer privater Eigentumsverhältnisse, auf die Wiederherstellung der freien Verfügungsgewalt über Eigentum durch Abbau der Wohnungszwangswirtschaft, auf das Verhältnis zwischen Eigentum und unternehmerischer Freiheit (Umwandlungsgesetzgebung) und auf die öffentliche Bindung von Privateigentum nieder.[67] Insgesamt lehnt sich diese Gesetzgebung der allgemeinen Entwicklungstendenz in der BRD an eine stark liberale Wirtschaftssystemauffassung an, sie macht aber zugunsten des „Mittelstandes" privilegierende Ausnahmen.

Als zweites Beispiel für die „Ökonomisierung der Gesellschaft" wählen wir das Automobil. Es ist überall in der Welt in offenbar unaufhaltsamen Vordringen, aber es ist ja nicht nur ein Verkehrs- und Transportmittel. Es verleiht zugleich Sozialprestige, schafft Umweltprobleme und ist nicht zuletzt eine Mordwaffe.

Jährlich werden im Straßenverkehr in der BRD die Einwohner einer mittleren Kleinstadt, nämlich ca. 20.000 Menschen, ausgerottet. Trotzdem hatten die Autoproduzenten lange Zeit weiterhin hohe Wachstumszahlen zu verzeichnen. Dieser Tatbestand wird in der Öffentlichkeit kaum wahrgenommen, geschweige denn die enge Verknüpfung des Sozialprestiges mit diesem faktisch massenhaften Mordinstrument reflektiert. Die Vermutung liegt nahe, daß gerade diese Verknüpfung die Anzahl der Verkehrstoten gar nicht ins Bewußtsein dringen läßt.

Als drittes Beispiel sei die Lehrlingsausbildung genannt, die ja in der BRD nicht in der Hand von gesellschaftlichen Institutionen, sondern fast völlig in den Händen der privaten Unternehmer liegt. Das Prinzip der ökonomischen Verwertbarkeit und der Gewinnmaximierung gilt auch bei der „Ausbildung" des Arbeitnehmernachwuchses nahezu unumschränkt, ein Prinzip, das sicherlich nicht den Bedürfnissen und Problemen, die in diesen Bereichen zu befriedigen und zu lösen sind, gerecht wird. Es ist aber ein Anzeichen, wie stark die Ökonomisierung der Gesellschaft in der BRD fortgeschritten ist und wie wenig man in diesem Lande diese Problematik reflektiert, wie hoch die Bewußtseinsschwelle liegt, solche Probleme überhaupt zu sehen und zu bedenken, und wie gering die Bereitschaft für eine demokratische Lösung dieser Problematik ist.

Die Bedeutung der Wirtschaftspolitik für die Entwicklung der Bundesrepublik

Aus dem Bereich der Wirtschaftspolitik im engeren Sinne könnten natürlich eine große Menge von Themen zur Erörterung gestellt werden, um zu demonstrieren, was oben „Primat der Wirtschaft" genannt worden ist. Wir begrenzen unsere Darstellung hier – schon aus Platzmangel – im wesentlichen auf zwei grundlegende Fragen: die Steuerpolitik und die Wettbewerbspolitik (mit der sog. „Marktwirtschaft mit Globalsteuerung").

Untersucht man die Steuerpoltik von 1948 bis 1961, so lassen sich drei Phasen feststellen: In der ersten Phase von 1948 bis 1952 sollte das wirtschaftliche Wachstum mit allen Mitteln angekurbelt werden. Da die Alliierten nicht bereit waren, die hohen Einkommenssteuertarife zu senken, griff deshalb der Wirtschaftsrat und dann anschließend die gewählte Bundesregierung unter dem Wirtschaftsminister Ludwig Erhard zu massiven Sondervergünstigungen. Wer bereits Kapital besaß und dieses investierte oder wer aufgrund der hohen Gewinnspannen es erwarb und wirtschaftlich einsetzte, wurde steuerlich hoch begünstigt. „Damit wurden die erzielten Gewinne vor der Strenge des steuerlichen Zugriffs bewahrt und über die Selbstfinanzierung extensive Chancen der Kapitalakkumulation eröffnet.“ [68] Die meisten steuerlichen Vergünstigungen wurden durch den Komplex des § 7 des Einkommenssteuergesetzes und durch Sonderabschreibungen ermöglicht. Insgesamt wurden in diesem Zeitraum acht wesentliche gesetzliche Änderungen vorgenommen. Die zweite Phase von 1953–1954 war geprägt durch hohe Steuertarifsenkungen. Dies hatte die Wirkung, daß sie durch die hohen Sonderabschreibungen in die Zukunft hinausgeschobene Steuerschuld der Unternehmen erheblich verkleinert wurde. Unternehmer und Investoren wurden damit durch die Inanspruchnahme von Sondervergünstigungen geradezu nachträglich belohnt. Darüber hinaus brachten die Steuertarifsenkungen für die hohen Einkommen eine erheblich größere Entlastung als für kleinere Einkommen. Insgesamt wurde damit der Tarifhöchstsatz von 95 % auf 56 % gesenkt. Faktisch bedeuteten diese beiden Phasen einen Steuerverzicht der Allgemeinheit zugunsten privater Vermögensakkumulation auf der Basis bestehender oder in der ersten Phase entstandener Vermögen.
Einen guten Überblick über die Entwicklung von 1946 bis 1954 gibt die folgende Grafik aus der Bundestagsdrucksache 48 1/2 (S. 48).

Hier wird auch sehr deutlich die *viel höhere Entlastung der oberen Einkommensklassen* durch die Steuertarifsenkungen als die verhältnismäßig geringe Entlastung der unteren Einkommen.

Die gewünschte Wirkung, eine hohe Selbstfinanzierungsquote der Betriebe, Firmen und Unternehmen, als wichtiger Finanzierungsfaktor des wirtschaftlichen Wiederaufbaus, wurde damit erreicht. Die dritte Phase von 1955–1961 ist geprägt durch eine verstärkte steuerliche Unterstützung des Mittelstandes und einige Förderungsmaßnahmen zugunsten niedrigerer Einkommen. Allerdings waren letztere meist eng verknüpft mit steuerlichen Verwaltungsvereinfachungen, was das geringe direkte Interesse an diesen Einkommensgruppen deutlich macht. Die steuerliche Begünstigung des Mittelstandes zeigt, daß die Steuerpolitik nicht nur an den Bedürfnissen des volkswirtschaftlichen Produktionsfaktors Kapital ausgerichtet sein mußte – obgleich sein Einfluß zweifellos groß war –, sondern auch gesellschaftliche Sonderinteressen durchsetzbar waren. Die Prioritäten der Steuerpolitik waren in diesem Zeitraum also erstens „die Nutzung der gegebenen Besitzverhältnisse, um die Wirtschaft anzukurbeln. Die Steuerpoltik der Selbstfinanzierung ermöglichte, um Anreize für den schnellen Wirtschaftsaufschwung zu schaffen, bewußt eine starke Vermögensakkumulation. Die Förderung der großen Vermögen bleibt auch nach

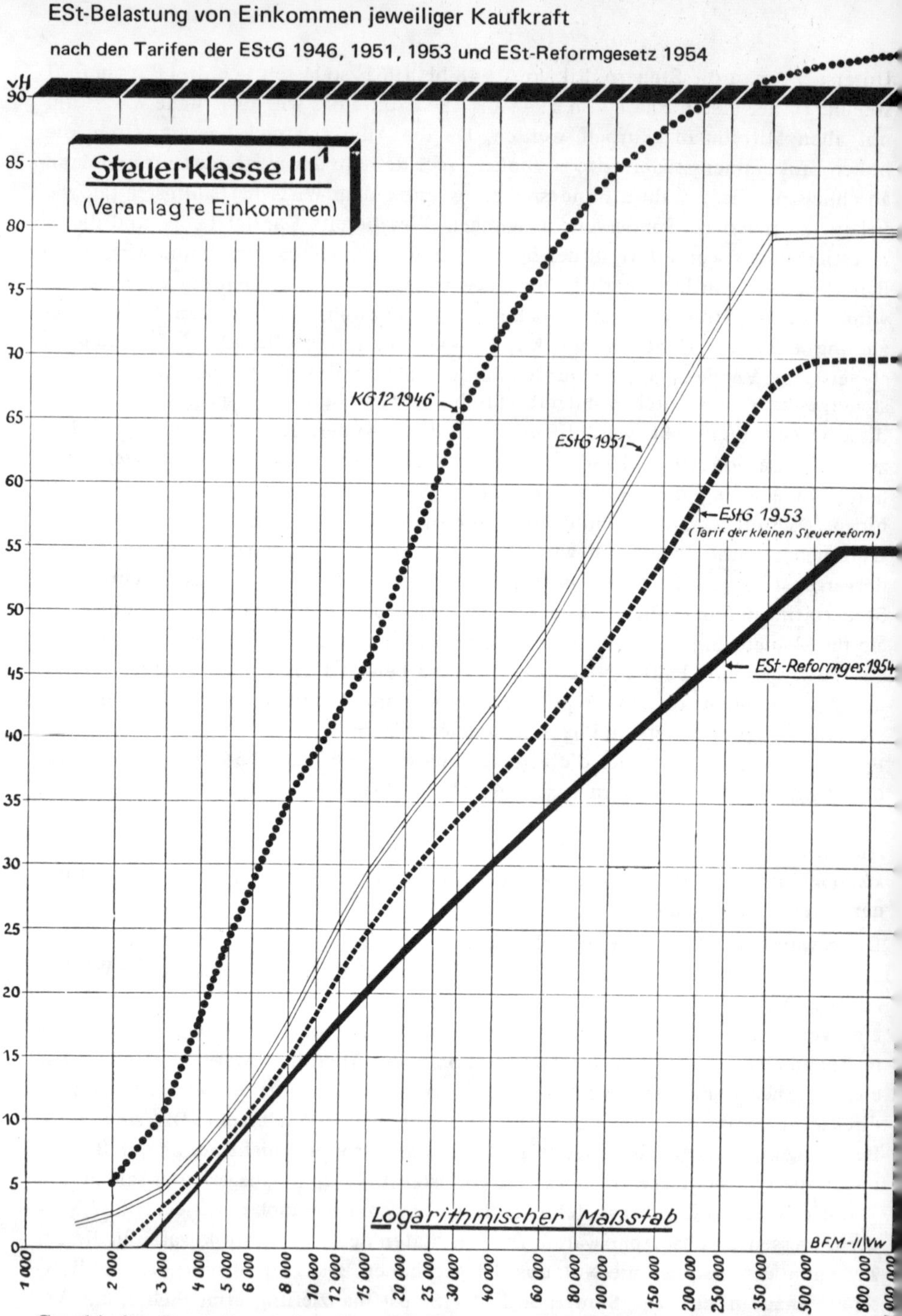

Graphische Darstellung der Steuerbelastung von Einkommen nach den Steuertarifen 1946, 1951, 1953 und nach dem Regierungsvorschlag von 1954.
Quelle: BT-Drucksache 48 1/2. WP., S. 71.

Abschluß der ersten Phase des wirtschaftlichen Wiederaufbaus erhalten ... . An zweiter Stelle steht die steuerliche Förderung des selbständigen Mittelstandes ... . Die niedrigen Einkommen werden deutlich vernachlässigt."[69]
Ein weiteres Kennzeichen der Steuerpolitik in der BRD ist, daß der Anteil der indirekten Steuern mit 60 % (1971) stets höher war als der Anteil der direkten Steuern am gesamten Steueraufkommen. Darüber hinaus ist allgemein anerkannt, daß „das deutsche Steuersystem seit Jahrzehnten im großen und ganzen ... die Unternehmenskonzentration überwiegend privilegiert." [70] Zum Schluß sei noch die Höhe der 1972 von der gesamten öffentlichen Hand geleisteten Subventionen genannt, die auch einen Teil der Steuerpoltik darstellen. 1972 wurden etwa 25 Milliarden DM Subventionen von der öffentlichen Hand gewährt, mehr als 10 % aller öffentlichen Ausgaben in diesem Jahr. Darüber hinaus ist in diesem Anteil ein Teil der von den Ländern und Gemeinden geleisteten Subventionen noch nicht enthalten.[71]
Auch an der sog. „Marktwirtschaft mit Globalsteuerung" scheiterte dic „Soziale Marktwirtschaft" und siegten die Interessen der Großen. Bisher stand die Wirtschaftspolitik grundsätzlich unter dem Motto „Wettbewerb soviel wie möglich, Planung so wenig wie nötig". Das bedeutete, daß die Wirtschaftspolitik grundsätzlich nur auf das wirtschaftliche Geschehen reagierte, falls Fehlentwicklungen eintraten, Mißstände durch den Markt nicht behoben wurden oder bestimmte Entwicklungen induziert werden sollten. Kein langfristiges Planungskonzept, sondern hauptsächlich einzelne und nachträgliche Korrekturmaßnahmen bestimmten die Wirtschaftspolitik bis zur Rezession 1966/67. Doch dann kam sehr plötzlich die vom Kartellamt formulierte Erkenntnis, daß „die wirtschaftspolitische Steuerung moderner Industriegesellschaften Probleme aufwirft, die über das Wettbewerbsprinzip allein nicht lösbar sind." [72] Diese neue Erkenntnis wurde in Form des sog. Stabilitätsgesetzes vom Juni 1967 in die wirtschaftspolitische Tat umgesetzt. Von nun war es in der BRD die Aufgabe der Wirtschaftspolitik, für die Aufrechterhaltung der Vollbeschäftigung, für Wachstum und Preisstabilität zu sorgen. „Wir versuchen mit diesen neuen Entwürfen den Freiburger Imparativ des Wettbewerbs mit der Keynesianischen Botschaft der Nachfragesteuerung oder Globalsteuerung zu verbinden." [73]
Mit diesem Gesetz war also die Verpflichtung der Wirtschaftspolitik festgelegt, in Form einer systematischen kurz- bis mittelfristigen Gesamtplanung für Vollbeschäftigung und Wirtschaftswachstum zu sorgen. Wichtiges Mittel der Steuerung sollte die *Nachfrage*steuerung sein, d.h. im Zweifelsfalle war diese Seite die leidtragende, die Angebotsseite sollte einer direkten Steuerung weiterhin entzogen sein. Zugespitzt kann man das dahin formulieren, daß nicht nur eine gewisse staatliche Garantie des Arbeitsplatzes (eine wichtige sozialstaatliche Garantie) gegeben war, sondern auch eine gewisse staatliche Garantie für die Gewinnchancen bei weiterhin vollständiger Entscheidungsfreiheit der Unternehmen. Die Wirtschaftspolitik war damit gesetzlich beauftragt, noch stärker als früher für die privatwirtschaftliche Wohlfahrt Sorge zu tragen, d.h. hauptsächlich wegen der zentralen Rolle der Investitionen für die wirtschaftliche Entwicklung für ausreichende Gewinn-

chancen für Investoren zu sorgen. Wie zentral die Rolle der Investitionen und damit der Investoren im Wirtschaftsprozeß ist und daß diese führende Rolle auch von der Wirtschaftspolitik anerkannt wird, zeigt sehr deutlich die Rezession: „Aufgrund eines Rückganges der privaten Investitionen, der im Frühjahr 1965 einsetzte, geriet die Gesamtwirtschaft in eine Krise mit einer Arbeitslosenquote von etwa 4 %, mit Kurzarbeit und Entlassung von Gastarbeitern. Durch massive Investitionsanreize wurden die Profite und die Profiterwartungen erhöht, die Investitionsbereitschaft verstärkt und damit die Wirtschaft aus der Krise herausgeführt.“ [74] Grosser schildert diese Abhängigkeit anschaulich: „Vollbeschäftigung hängt weitgehend von der Investitionsbereitschaft privater Unternehmer ab; diese wiederum wird weitgehend von den Gewinnerwartungen bestimmt. Eine staatliche Wirtschafts- oder Sozialpolitik, die von den Unternehmern als Gefährdung vitaler Interessen aufgefaßt wird, kann daher negative Auswirkungen auf Vollbeschäftigung und Wachstum haben; die wahrscheinliche Folge wäre eine Wahlniederlage der regierenden Partei. Dieser Zwang zur Rücksichtnahme auf das Gewinninteresse der Unternehmer, unter dem die Wirtschaftspolitik jeder demokratischen Regierung in einer kapitalistischen Wirtschaft steht, ist überaus schwer zu durchbrechen und gibt den Unternehmern ein weitaus höheres politisches Gewicht, als sie es aufgrund ihrer Stimmenzahl oder ihrer finanziellen Zuwendungen an Parteien hätten“. [75]

Hier erweist sich deutlich: soll die Vollbeschäftigung und das Wachstum in diesem System nicht in Gefahr geraten oder wieder erreicht werden, ist eine starke Unterstützung der Investoren und die *Anerkennung ihrer führenden Position* für die Wirtschaftspolitik unumgänglich. Und diese Position ist wirklich „führend“, denn von ihr aus wird offensichtlich über das wirtschaftliche Wohlergehen wesentlich bestimmt. Die Frage der Demokratie ist damit direkt angesprochen.

Auch die wirtschaftliche Integration der BRD in die Europäischen Gemeinschaften kann hier als ein Beispiel angeführt werden. Der Vollzug der deutschen Integration in die Europäischen Gemeinschaften bedeutet für unsere Fragestellung letztlich die Durchsetzung der Anforderungen und Notwendigkeiten industrieller und marktwirtschaftlicher Produktionsweise in Außenwirtschafts- und Außenpolitik.

Die folgenreichsten Wirkungen für die Demokratie hat jedoch das Scheitern der Wettbewerbspolitik gebracht. Primat der Wirtschaft bedeutet hier, daß die Wirtschaftspolitik in diesem wichtigen Bereich sich bisher nicht durchsetzen konnte, daß die Wettbewerbspolitik bisher „ganz und gar unzulänglich“ [76] war; obwohl nach der Theorie der sozialen Marktwirtschaft „im Mittelpunkt der Ordnungspolitik die ständige Verwirklichung und Sicherung eines funktionsfähigen Leistungswettbewerbs und einer entsprechenden Preisbildung“ steht.

Trotz des Gesetzes gegen Wettbewerbsbeschränkungen (1957) konnte die Wettbewerbspolitik nicht verhindern, daß es im Laufe der wirtschaftlichen Entwicklung der BRD zu einer mächtigen Konzentrationsentwicklung im Kapitel- und Produktionsbereich der BRD kam. (Diese wird uns wegen ihrer großen Bedeutung für die Demokratie weiter unten noch ausführlich beschäftigen). Dies hatte aber nicht nur zur Folge, daß sich Oligopolmärkte bildeten, d.h. daß die Versorgung der Bevölkerung mit wirtschaftlichen Gütern gemäß der Theorie des vollständigen Wettbewerbs nicht mehr optimal vonstatten ging, sondern vor allem, daß sich eine starke Zusammenballung sozio-ökonomischer Macht herausbildete. Damit ist nicht nur „das Problem der wirtschaftlichen Macht ... im Rahmen der Politik der Sozialen Marktwirtschaft bislang weder bevorzugt behandelt noch gar gelöst worden“ [77], sondern es hat sich mit dieser Entwicklung ganz wesentlich verschärft. Ein Hauptproblem von Wirtschaft und Demokratie ist damit nicht nur nicht gelöst, sondern in Bezug auf seine Lösung sehr erschwert worden, nämlich: „Ob der Prozeß der Auflösung *aller* Privilegien, die sich vor den Prinzipien der modernen Demokratie nicht rechtfertigen lassen, fortgesetzt werden soll, oder ob er vor einigen zentralen ökonomisch-sozialen Machtpositionen seine Grenze findet.“ [78]

Ideologien über Ideologien: „Formierte Gesellschaft“, „Soziale Marktwirtschaft“, „Konzertierte Aktion“

Die Konzeption der „Sozialen Marktwirtschaft“ wird in der deutschen Öffentlichkeit allgemeinhin als die eigentliche Ursache für den raschen wirtschaftlichen Aufstieg der BRD angesehen. Das Faktum, daß sich diese Ansicht nur teilweise nachweisen läßt, ist nicht zur Kenntnis genommen worden. Nach Schachtschabel „kann das zentrale Kriterium ihrer allgemeinen Anerkennung sowie ihrer unleugbaren Wirkung auf breiteste Bevölkerungsschichten darin gesehen werden, daß die auf ihren Grundlagen praktizierten wirtschaftspolitischen Methoden und die damit erreichten Ziele immer wieder und allenthalben das gesellschaftliche Bewußtsein vehement zu stärken vermochten, das vielzitierte ‚Wirtschaftswunder‘ in Form einer *sozialeffizienten Wohlstandsgesellschaft* perfekt realisiert zu haben.“ Hartwich beschreibt die sich im Laufe der Entwicklung der BRD herauskristallisierende „sozialeffiziente Wohlstandsgesellschaft“ genauer: „Die unbestreitbar enormen Sozialleistungen haben angesichts der einseitigen gesellschaftspolitischen Orientierung der Bundesgesetzgebung in den behandelten Jahren (1949–1961, d. Verf.) den Charakter einer umfassend angelegten „sozialen Integration“ der ‚breiten Massen‘ in ein Gesellschaftssystem, das auf dem bewußt erhaltenen Status quo der Besitz- und Privilegienverhältnisse beruht und durch politische Maßnahmen in Richtung auf eine immer schrankenlosere Ausnutzung der durch Eigentum, Verfügungsgewalt über die Produktionsfaktoren und Privilegien gegebenen Positionen ausgestaltet wurde.“ [79] Die leitenden Prinzipien der konkreten Ausgestaltung der „Sozialen Marktwirtschaft“ in der BRD sind stichwortartig zusammengefaßt: Förderung des Privateigentums, Autonomie der Wirtschaftsprozesse im Rahmen der staatlichen Wirtschaftsordnung- und -lenkungsmaßnahmen, besondere Förderung des selbständigen Mittelstandes, Anerkennung des Status quo auch in der Sozialpolitik, nachträglich sozialpolitische Korrekturen, Unternehmerverantwortung, betriebliche Partnerschaft und keine einheitliche Sozialversicherung. „Dieses Sozialstaatmodell kann unter gesellschaftspolitischem Aspekt in bewußter Abkehr vom politischen Slogan ‚Soziale Marktwirtschaft‘ als Modell eines ‚sozialen Kapitalismus‘ bezeichnet werden.“ (a.a.O., S. 57)

Neben dem, was sich tatsächlich unter dem Motto „Soziale Marktwirtschaft" in Deutschland realisierte, wurde als ideologische Ergänzung die „Theorie der sozialen Marktwirtschaft" entwickelt und ausgebaut. Diese „Theorie" erlebte eine kleine Renaissance mit der Veröffentlichung des „Manifest 1972"[80] durch den geistigen Vater der sozialen Marktwirtschaft Müller-Armack und deren politischen Träger Ludwig Erhard. Soziale Marktwirtschaft wird darin als „Antwort auf die Herausforderung unserer Zeit" angesehen, denn: „Soziale Marktwirtschaft ist auch Friedensordnung", sie „sichert Arbeitsplätze und freie Entfaltung im Beruf", ist „eine existenzielle Voraussetzung für die Gewerkschaften". So ist „Bildungsförderung nur auf der Basis einer funktionierenden Marktwirtschaft möglich", die „Soziale Marktwirtschaft dämpft die Bodenpreise und schafft Grundeigentum für alle Bürger", sie ist ein „weltoffenes System" und obendrein als Konzept" auch für Entwicklungsländer brauchbar". „Die Soziale Marktwirtschaft schafft Vermögen für breite Schichten" und „sorgt für breite Streuung des Produktivkapitals". Daß dies diametral im Gegensatz zur Wirklichkeit steht, ficht die Autoren nicht weiter an, denn: „Die Politiker, nicht die Verfechter der Sozialen Marktwirtschaft haben versagt". Und so zieht Erhard den zwar nicht logischen, aber doch bezeichnenden Schluß: „Bei alldem ist nicht ernsthaft zu bestreiten, daß die Soziale Marktwirtschaft als die einzige realistische Alternative zum Kommunismus und den verschiedenen Spielarten des Sozialismus – wie etwa das ... jugoslawische, aber auch das finnische und schwedische Modell (!!) – gelten kann."
Das Verhältnis der „Sozialen Marktwirtschaft" zur Demokratie, insbesondere zur Demokratisierung der Wirtschaft, hat dann zwar grob, aber eindeutig die Düsseldorfer „Industriekurier" formuliert:
„Die Demokratisierung der Wirtschaft ist so unsinnig wie eine Demokratisierung der Schulen, der Kasernen und der Zuchthäuser."
Im Gegensatz zu der eben skizzierten Ideologie der Sozialen Marktwirtschaft stellt die „Formierte Gesellschaft" viel stärker den Versuch dar, sich der tatsächlichen Entwicklung anzupassen. Im Zuge der sich verstärkenden Konzentration und der Einflußnahme von Gruppen, die in Wirtschaft und Politik um die Macht ringen, wurde das Dilemma des liberal ausgerichteten Wirtschaftssystems immer deutlicher: Ist im *theoretischen* Fall vollständiger Konkurrenz die Versorgung mit Gütern optimal gewährleistet und *gleichzeitig auch das Problem der Macht gelöst,* stellte sich in der Wettbewerbs*praxis* heraus, daß dieser Fall nur sehr begrenzt und in der zeitlichen Abfolge immer schwerer in der BRD realisiert werden konnte. Das bedeutet nicht nur, daß die materielle Güterversorgung nicht mehr in optimaler Weise vor sich ging, sondern daß ein „ungehemmter Pluralismus" vielfältige Einflußnahme praktizieren konnte und daß darüber hinaus hauptsächlich nur individuelle Bedürfnisse befriedigt wurden, kollektive dagegen (Schulen, Krankenhäuser, Kindergärten) nur wenig Berücksichtigung fanden. Erhards „Formierte Gesellschaft" sollte dies Dilemma so lösen: „Die Formierte Gesellschaft ist das Gegenteil einer uniformierten Gesellschaft sozialistischer Prägung oder kollektivistischen Geistes. Sie ist nicht mehr von sozialen Kämpfen geschüttelt und von kulturellen Konflikten zerrissen; sie besteht überhaupt nicht mehr aus kämpfenden Gruppen oder Klassen, die ein-

ander ausschließende Ziele durchsetzen wollen. Ihrem wahren Wesen nach ist sie vielmehr *kooperativ,* das heißt auf ein Zusammenwirken aller Gruppen und Klassen ausgerichtet. Das Ergebnis dieser Formierung ist ein vitales Verhältnis zwischen sozialer Stabilität und wirtschaftlicher Dynamik, kurz, eine Gesellschaft des dynamischen Ausgleichs." Die „Wucherungen des Pluralismus" sollen eingeschränkt und eine Gesellschaft geschaffen werden, die sich auf am „Gemeinwohl" orientierte Gruppen stützt (das ja bekanntlich schon vor 40 Jahren vor „Eigennutz" gegangen ist!); die wirtschaftliche Grundordnung allerdings soll bestehen bleiben, was dies „Gemeinwohl" wiederum ganz wesentlich, auf die Interessen der in der Wirtschaft hauptsächlich bestimmenden Gruppe und damit einer Minderheit in der Bevölkerung reduziert. Mehr Demokratie?

Gewiß, wenn sich alle Voraussetzungen für das Funktionieren der deutschen Wirtschaft und Gesellschaft geändert haben werden, wenn sie im Gegensatz zu allem, was bisher selbstverständlich war, von demokratischer Einsicht und demokratischer Praxis geprägt sein werden – *dann* wird es auch mehr Demokratie geben, wie in diesem Buch zu zeigen sein wird. Zunächst aber zitieren wir (und versichern, daß wir nicht Carl Schmitt, sondern Ludwig Erhard zitieren!): „Gesellschaft formiert sich aus der Einsicht, daß jenseits der Gruppeninteressen und der daraus resultierenden Meinungsverschiedenheiten ... unsere Gesellschaft als Ganzes in der Lage sein (muß) ..., ihre Solidarität über Partikularinteressen zu stellen und im Bewußtsein der Abhängigkeit aller von allen eine Soziale Ordnung hohen Grades zu errichten."[81]

Die Formierte Gesellschaft beruht auf „der Überzeugung, daß die Menschen nicht nur durch Gesetze, sondern aus Einsicht das ihrem eigenen Wohle Dienende zu tun bereit sind."[82] Ließ sich die gesellschaftliche Harmonie nicht durch die Predigt vom Gleichgewicht der gesellschaftlichen und wirtschaftlichen Kräfte herbeiführen, so wird hier nichts weiter versucht, als auf dem Wege allgemeiner menschlicher Einsicht *ohne* vorhergehende Demokratisierung jene nun doch noch zu erreichen. Dabei wird noch der Anspruch erhoben, daß die Basis einer solchen Gesellschaft, der „verständnisvolle Ausgleich", ein „gutes Mittel demokratischer Politik" sei.

Deutlich findet sich dieses Gedankengut in der Konstruktion der „Konzertierten Aktion" wieder. Diese war nach dem Rücktritt Erhards, der Bildung der Großen Koalition, der Verabschiedung des Stabilitätsgesetzes (1967) und damit im Rahmen des Übergangs der Wirtschaftspolitik der punktuellen Eingriffe zur systematischen Globalsteuerung der gesamtwirtschaftlichen Entwicklung eingerichtet worden. Sie wurde als notwendiges Instrument der Globalsteuerung angesehen, die nur im Zusammenwirken aller wirtschaftlich einflußreichen Gruppen (Staat, Gewerkschaften, Arbeitgeberverbände) erfolgversprechend zu sein schien, sozusagen als „Tisch der kollektiven Vernunft" (Schiller). In ihr sollte ein „gesellschaftlicher Integrationsprozeß" stattfinden. „Konflikte würden gemindert, der Funke aggressiver Unruhe könne wegen des ständigen sozialen Dialogs nicht auf die Wirtschaft und die Arbeitnehmerschaft überspringen." „Der aktuelle Sinn der *Kooperation* des Staates mit den organisierten Gruppen liege darin, das *gemeinsame Interesse aller* verständlich zu machen."[83] Die Analogie zur „Formierten Gesellschaft" ist offensichtlich.

Die Erfahrungen mit der „Konzertierten Aktion“ zeigten sehr schnell, daß die „Sozialpartner“ grundsätzlich verschiedene Interessenpositionen einnahmen: Während die Gewerkschaften in der Konzertierten Aktion nicht ein „Stabilitätsmittel, sondern ein Instrument zur Veränderung des Status quo“[84a] sahen, vertrat die Bundesvereinigung der deutschen Arbeitgeberverbände die Ansicht, daß die Konzertierte Aktion nach dem gesetzlichen Auftrag lediglich konjunkturpolitische Ziele habe. Das Bundesministerium für Wirtschaft wiederum war der Meinung, sie diene auch dazu, zentrale wirtschafts- und gesellschaftspolitische Ziele zu erreichen. Die Konzertierte Aktion war und ist also weder in der Lage, „Aktion“ zu sein, noch findet diese „konzertiert“ statt.

Chancen für die Demokratie im gesellschaftlichen „Mikrobereich“

Die Chancen für die Demokratie werden auch durch die Bedingungen bestimmt, die für die individuelle Lage der Gesellschaftsmitglieder gelten. Hier werden diese Bedingungen lediglich für die größte Gruppe der Erwerbstätigen in der BRD, die Arbeiter (1971 – 46,7 %) dargestellt.[84]

Die Bruttowochenverdienste der Industriearbeiter haben sich in der Zeit von 1950 bis 1971 fast verdreifacht. Die realen Nettowochenverdienste stiegen in dem gleichen Zeitraum um 150 %, d.h. also auf das Zweieinhalbfache (der Anstieg des Volkseinkommens betrug zur gleichen Zeit real über das dreifache). Differenziert man nach Geschlechtern, dann ergibt sich, daß 1971 Industriearbeiterinen durchschnittlich weniger als 2/3 des Verdienstes eines männlichen Industriearbeiters erhielten. Vergleicht man diese Lohnentwicklung mit der Gehaltsentwicklung der Angestellten, dann stellt sich heraus, daß die 1950 starken Einkommensunterschiede sich verkleinert haben, allerdings sind Angestellte „gegenüber Arbeitern aber weiterhin in mehrfacher Hinsicht privilegiert: Ihre Einkommen sind nicht so rezessionsanfällig, im Alter ist ihre Einkommenshöhe gesicherter als die der Arbeiter.“ Noch aussagefähiger für unsere Fragestellung ist das Einkommen der Arbeiter*haushalte*. Von 1950 bis 1970 erhöhte sich das durchschnittliche reale monatliche Nettoeinkommen der Arbeiterhaushalte von 331 DM auf 968 DM und stieg damit wesentlich mehr als das reale, individuelle Nettoeinkommen der Arbeiter.

Die durchschnittliche wöchentliche Arbeitszeit reduzierte sich von 46 Std. (1950) auf 40,2 Std. (1970). Die tatsächlich geleistete Arbeitszeit liegt allerdings höher: Die durchschnittlich bezahlten Wochenarbeitsstunden der Industriearbeiter betrugen 1950 49,0 Std. und 1970 44,8 Std.

Dies bedeutet seit der Einführung der 5-Tage-Woche (1956) einen knapp 9-stündigen Arbeitstag. Daraus ergibt sich neben der Tatsache, daß eine solche Arbeitszeitdauer vom arbeitsmedizinischen Standpunkt aus „auf die Dauer höchst bedenklich“[85] ist, eine recht geringe und beschränkte Freizeit an einem Werktag: Es entfallen durchschnittlich bei einem abhängig Beschäftigten an einem Werktag 42 % des Tages auf „Arbeit und arbeitsverbundene Tätigkeiten“ (Arbeit, Wegzeit), 44 % auf „physiologische Notwendigkeiten“ (Schlaf, Essen, Hygiene) und damit 14 % auf die Freizeit.[86] Die Freizeit an Werktagen reduziert sich also auf 3–4 Stunden (an Feiertagen sind es ca. 12 Std.). Davon wird etwa ein Drittel zur Sicherung des materiellen Lebensunterhalts (produktive Funktionen des Haushalts, Do-it-yourself, Schwarzarbeit) benötigt. Die verbleibende Zeit reicht sicher nicht aus, über die Pflege von Hobbys und sonstigen Interessen hinaus eine für das Praktizieren von Demokratie selbstverständliche und wichtige Voraussetzung zu erfüllen, sich nämlich wirklich über die Geschehnisse und Probleme in Politik, Wirtschaft und im Sozialbereich zu informieren oder informieren zu lassen, ganz zu schweigen von der Teilnahme an Partei- und Gewerkschaftsversammlungen, Betriebssitzungen und an anderen denkbaren Versammlungen, in denen Demokratie in allen Bereichen der Gesellschaft *praktiziert* werden könnte. Die Ausgaben für Information, Bildung und Weiterbildung betragen bei Arbeitern etwa 6 % (bei Angestellten etwa 7 %) des Einkommens. 72 % der Arbeiter lasen fast täglich eine Zeitung (Angestellte und Beamte einfacher und mittlerer Laufbahn zu 84 %; alles 1969); dabei ist bezüglich der Interessengebiete bei der Lektüre von Tageszeitungen ein deutlich geringes Interesse der Arbeiter an Politik, Kultur, Feuilleton und Wirtschaft festzustellen, sie haben dagegen ein höheres Interesse an Sport, Lokalnachrichten, Mode, Rezepten, Ratschlägen, Humor, Verbrechen, Unfälle und Gerichtsverhandlungen. Bücher zur Weiterbildung werden von Arbeitern zu 15 % (von Angestellten und Beamten einfacher und mittlerer Laufbahn zu 29 %) gelesen.

Untersuchungen zur subjektiven Einstellung von Arbeitern zu ihrer Arbeit haben folgendes ergeben: Je höher der Rationalisierungsstand des Arbeitssystems und der Produktion, d.h. je geringer der Anteil der „Fließband"-Arbeit ist, desto positiver ist die subjektive Arbeitseinstellung.[87] Ein zweites wichtiges Ergebnis ist, daß je höher die eigenen Dispositionschancen, je höher also die eigene Beeinflussungsmöglichkeit des Arbeits- und Produktionsablaufs ist, desto mehr wächst die Arbeitszufriedenheit. Es besteht also durchaus, wenn auch in Grenzen, das Interesse und Bedürfnis, sich selbst zu verwirklichen.

Allerdings werden z.B. „die Implikationen der ‚Automation' von der Arbeiterschaft in engem Zusammenhang mit den eigenen Interessen gesehen. Nur eine Minderheit stellt unmittelbar eine Verbindung her zu gesamtgesellschaftlichen, die Arbeiter nicht direkt und ausschließlich betreffenden Perspektiven. ‚Automation' meint für die meisten in erster Linie Veränderungen von industrieller Produktionstechnik und Industriearbeit; deren Konsequenzen für die allgemeine gesellschaftliche Entwicklung bleiben bei einer ersten Reflexion über den Begriff weitgehend ausgespart."[88] Besonders deutlich wird die starke individuelle und auf persönlichen Erfahrungen beruhende Ausrichtung des Handelns (nicht nur des Verhaltens) bei der Untersuchung der Frage, inwieweit die Arbeiter in der BRD ihre Stellung innerhalb der Gesellschaft reflektieren und daraus politisch-praktische Konsequenzen ziehen. Wie schon in früheren Untersuchungen[89], stellt auch der RKW-Berichtsband fest, daß „die Differenzen in der gesellschaftlichen Perspektive, wie sie in der Arbeiterschaft anzutreffen sind, in keinem nachweisbaren Zusammenhang stehen mit der sozial-statistisch faßbaren sozialen Situation des Arbeiters."

Insgesamt kann also festgestellt werden, daß im Rahmen der wirtschaftlichen Entwicklung der BRD die erfolgten Einkommenssteigerungen und gewisse Aspekte der

subjektiven Arbeitseinstellung der Arbeiter sowohl materiell als auch bewußtseinsmäßig Chancen und unmittelbare Ansatzpunkte für die Demokratie darstellen. Der aber noch sehr große Teil des wachen und bewußt erlebten Lebens der erwerbstätigen Bevölkerung, der ausschließlich unter dem Prinzip der ökonomischen Verwertbarkeit und Effizienz der Produktion steht, und das stark individualistisch ausgerichtete Handeln stellen in der Größe ihres Ausmaßes schwere behindernde Bedingungen für die Demokratie in der BRD und ihre zukünftigen Chancen dar.
Dieses Thema wird in den folgenden Abschnitten des Buches von den darin behandelten Fragestellungen aus immer wieder aufgenommen werden.

Viertes Kapitel

Die Situation Anfang der 70er Jahre
Die Einkommens- und Vermögensverteilung

Die Einkommens- und Vermögensverteilung bietet infolge ihrer Ungleichheit ein trübseliges Bild. Doch ist es wichtig, sie näher darzustellen, da die Einkommensverteilung Auskunft gibt sowohl über die „Demokratisierung“ des Konsums als auch über die Möglichkeit der verschiedenen Bevölkerungsgruppen, Ersparnisse und Vermögen zu bilden. Die Vermögensverteilung wiederum gibt Auskunft über den finanziellen Rückhalt verschiedener Bevölkerungsteile und damit z.B. auch über die Stärke des Zwanges, die eigene Arbeitskraft dem volkswirtschaftlichen Produktionsprozeß zur Verfügung zu stellen; aber sie läßt auch die Verteilung des Produktivvermögens erkennen, also des Teiles des Vermögens, das das eigentliche im Wirtschafts- und Produktionsprozeß arbeitende und damit für das Funktionieren der Gesamtwirtschaft wichtigste Vermögen darstellt. In der Produktivvermögensverteilung wird damit ein zentraler Ansatzpunkt für die Frage nach der Macht in der Wirtschaft und damit auch für die Frage nach der Demokratie in Wirtschaft und Gesellschaft gesehen.
Die Einkommensverteilung war 1950 besonders krass verschoben, da, wie bereits geschildert, kräftige Herabsetzungen der Einkommenssteuersätze, hohe Gewinne und vielfältige Steuererleichterungen diese „Schiefheit“ noch verstärkten; so war 1950 die Einkommenspyramide dergestalt, daß 50 % der Einkommensempfänger mit den niedrigsten Einkommen insgesamt 16 % des volkswirtschaftlichen Gesamteinkommens erhielten und die 5 % der Einkommensempfänger mit den höchsten Einkommen 27 % des Volkseinkommens erhielten.[90] 1962/63 und 1969 dagegen erhielten 50 % der privaten Haushalte mit den niedrigsten Einkommen etwa 30 % des Volkseinkommens, die 5 % der privaten Haushalte mit den höchsten Einkommen erhielten etwa 20 % des Volkseinkommens. Allerdings muß man dabei beachten, daß die Verteilung der Haushaltseinkommen gleichmäßiger ist als die Verteilung des Einkommens nach Einkommensempfängern. Insgesamt bedeutet die Entwicklung der Einkommensverteilung aber eine Abschwächung der ungleichen Einkommensverteilung von 1950–1962/63, während „im Vergleich zu den Jahren 1962/63 die Haushaltseinkommen 1969 kaum anders verteilt waren“. Differenziert man die Einkommensschichtung der privaten Haushalte nach der sozialen Stellung des Haushaltsvorstandes, so stellt man fest: „Auch in den einzelnen sozialen Gruppen veränderte sich die personelle Einkommensverteilung im Verlauf der sechziger Jahre nicht nennenswert.“[91] So verdienten 1962/63 über DM 1200 netto: Insgesamt 19 % aller privaten Haushalte, 51,5 % der Selbständigenhaushalte, 39,5 % der Beamtenhaushalte, 31,8 % der Angestelltenhaushalte, aber nur 7,3 % der Arbeiter. 1969 sieht dies Bild nicht viel anders aus.[92] Alles in allem verdient ein Selbständigenhaushalt ziemlich genau das Doppelte (netto) wie ein Arbeiterhaushalt.[93] Hiermit wird deutlich, daß nicht nur die Einkommensverteilung ungleich ist, sondern diese Ungleichheit an bestimmten Berufsgruppen festzumachen ist. Festzustellen ist somit, daß Arbeiter er-

heblich weniger verdienen als Selbständige und auch innerhalb der Gruppe der abhängig Beschäftigten an niedrigster Stelle stehen. Das Einkommensniveau der Rentner liegt aber noch tiefer. Das bedeutet, daß die Gruppe der Renter, Arbeiter und auch der kleinen und mittleren Angestellten und Beamten ihr Einkommen hauptsächlich für Konsum verbrauchen und weniger Mittel für Sparleistungen aufbringen[94a] als die Gruppe der Selbständigen und der höheren Angestellten und Beamten. Letztere Gruppe ist nicht nur in der Lage, absolut mehr zu sparen; sie konnte auch einen höheren Anteil ihres Einkommens für Sparleistungen aufbringen. Dies resultiert fast ausschließlich aus der Höhe des Einkommens. Gerade an der Ersparnisbildung, die den Übergang zur Vermögensverteilung darstellt, kann die Ungleichheit der Einkommensverteilung deutlich illustriert und gleichzeitig die heute bestehende enorme Ungleichheit der Vermögensverteilung erklärt werden. Von 1950–1960 war der Ersparnisbildungsprozeß der Selbständigen und Unternehmen überproportional groß. So stellt R. Exo fest, daß „die Ersparnisbildung der Selbständigen und Unternehmen mit einem Anteil von durchschnittlich rund 47 % an der gesamten Ersparnisbildung tatsächlich die Hauptquelle der volkswirtschaftlichen ‚Kapitalbildung' darstellte und daß die Gesamtsparquote der Selbständigen mit 25 bis 43 % beträchtlich, nämlich um das Fünf- bis Achtfache, größer war als die der Unselbständigen."[94] Von 1960–1967 nahm dann, allerdings mit großen Schwankungen, die Sparquote der Selbständigen von 34 % auf 23 % ab, die Sparquote der Arbeitnehmer stieg inzwischen von 7 % auf 11 %. Dabei muß beachtet werden, daß selbst eine „nur" doppelt so hohe Sparquote, angewandt auf ein im Verhältnis zum Arbeitnehmereinkommen höheres Einkommen, natürlich eine absolut noch viel höhere Ersparnis ergibt. Auch in den einzelnen Sparformen kann man eine starke Ungleichheit feststellen; so sind in den Haushalten mit einem abhängig Beschäftigten als Vorstand die einfachen Formen der Geldanlage üblich (z.B. Sparbuch, Postsparbuch), die im Durchschnitt eine niedrige Rendite erbringen, in Haushalten mit einem beruflich selbständigen Haushaltsvorstand sind dagegen die komplizierteren Formen häufiger (Bau-, Versicherungs- und Wertpapiersparen).[95] Dazu kommt, daß sowieso einerseits „hohe Sparguthaben in den oberen Einkommensklassen überproportional vertreten sind" und andererseits eine „extrem ungleiche Verteilung der Wertpapierbestände auf die Arbeiter auf der einen und auf die Freien Berufe auf der anderen Seite" herrscht. Daß die Höhe des Einkommens maßgeblich ist für die Ersparnisbildung,wird auch daran deutlich, daß z.B. Haushalte mit einem Haushaltsvorstand mit Hochschulausbildung (d.h. stets gleich höheres Einkommen) 1968 etwa dreimal soviel sparten wie Haushalte mit Vorständen mit Volksschulabschluß, Haushalte mit weiblichen Vorständen erheblich weniger sparen (1968) als Haushalte mit männlichen Vorständen und daß Nichtsparer fast ausschließlich in den untersten Einkommensklassen wiederzufinden sind. Huffschmid stellt bezüglich der Arbeitnehmerhaushalte zutreffend fest, indem er eine Untersuchung der Deutschen Bundesbank für 1960–67 zusammenfaßt: „1. Die Haushalte der Arbeitnehmer stellen etwas mehr als die Hälfte der Gesamtersparnis aller privaten Haushalte; ihr Anteil an den Haushalten entspricht dem Anteil der Gesamtersparnis. 2. Das verfügbare Einkommen der Arbeitnehmer liegt um rund 50 % unter dem der Selbständigen (die zudem schon Vermögen haben), so daß der

Anteil ihres Einkommens, der in den Verbrauch geht, notwendigerweise höher sein muß als der Anteil der Einkommen der Selbständigen; die Sparquote der Selbständigen ist daher fast doppelt so hoch wie die der Unselbständigen. 3. Der kumulative Effekt der Ersparnisbildung besteht darin, daß die Selbständigen nicht nur aus einem höheren Einkommen den gleichen Teil sparen wie die Unselbständigen – dann bliebe die Struktur der Vermögensbildung die gleiche wie die Struktur der Einkommensverteilung –, sondern daß sie einen höheren Teil des höheren Einkommens sparen, wodurch sich die Proportionen der Vermögensbildung um ein weiteres Mal zu ihren Gunsten verschiebt: eine doppelt so hohe Sparquote, angewandt auf ein eineinhalbmal so großes Einkommen, ergibt eine dreimal so hohe absolute Ersparnis. 4. Für Rentner gelten diese Benachteiligungen in noch stärkerem Maße."[96]

Was mit diesen Ausführungen über die Einkommensverteilung und die Sparfähigkeit gezeigt werden sollte, war erstens, daß von einer Demokratisierung des Konsums kaum eine Rede sein kann. Wenngleich die Einkommensverteilung in der BRD im Vergleich mit vielen europäischen Ländern relativ gut abschneidet, sind doch die Einkommensunterschiede zwischen Rentner und Arbeitnehmern einerseits und den Selbständigen andererseits beträchtlich. Und daß zweitens nach einer Phase ganz krasser Ungleichheit Anfang der sechziger Jahre die Einkommensverteilung zwar ausgeglichen wurde, aber *seitdem sich nicht mehr wesentlich veränderte.* Und schließlich drittens, daß wegen der krassen Einkommensungleichheit in den 50er Jahren und der seit 1962/63 sich nicht mehr verbessernden Einkommensverteilung inzwischen durch die verschiedenen Ersparnismöglichkeiten bzw. Nicht-Möglichkeiten eine Vermögensverteilung gebildet hat, die in ihrer Ungleichheit bei weitem die Ungleichheit der Einkommensverteilung übersteigt. Dabei verlief diese Entwicklung hauptsächlich zugunsten der selbständigen Berufe, der höheren Beamten und Angestellten und zu Ungunsten von Arbeitnehmern und Rentnern und der anderen niedrigen Einkommensbezieher.

Die Vermögensverteilung ist neben der Einkommensverteilung in ihrer starken Ungleichheit ein entscheidender Preis, den das „deutsche Wirtschaftswunder" kostete. Die Konsequenzen für die Demokratie im wirtschaftlichen Bereich und darüber hinaus sind gravierend. Bezeichnenderweise existieren für das Gebiet der Vermögensverteilung fast überhaupt keine Statistiken, geschweige denn amtliche. Nur einige wenige Untersuchungen gibt es über dieses Gebiet, die bekannteste und wichtigste ist die von W. Krelle[97]; seit 1969 gibt es sogar einen amtlichen Versuch auf diesem Gebiet, die sog. Einkommens- und Verbrauchsstichprobe. Aber alle Statistiken leiden unter zahlreichen, noch nicht lösbaren Erhebungsfehlern, so daß ihr Wert mehr in der Darstellung der Entwicklung der Vermögensverteilung über mehrere Jahre hin liegt als in der konkreten Prozentangabe zu einem bestimmten Zeitpunkt, ohne daß durch diesen Mangel die Aussagefähigkeit der statistischen Angaben ganz aufgehoben wurde. Vermögen bedeutet sicherlich finanziellen Schutz und Rückhalt und damit auch einerseits vermehrte Möglichkeiten, Ausbildung und Fortbildung für sich selbst und die eigene Familie, und andererseits Verminderung des Zwangs, seine eigene Arbeitskraft und die der übrigen Familie unter allen Umständen dem volkswirtschaftlichen Produktionsprozeß zur Verfügung zustellen. Insofern ist also ein gewisser „Vermögensschutz" der Demokratisierung sicherlich förderlich.

Doch beginnen wir mit der Darstellung der Verteilung des Vermögens im allgemeinen. Zwischen 1950 und 1969 wurde in der BRD insgesamt ein Nominalvermögen von rund 1.000 Milliarden DM gebildet. An diesem Vermögenszuwachs waren im Durchschnitt die privaten Haushalte mit rund 34 %, die Unternehmen mit 37 % und die öffentliche Hand mit 29 % beteiligt. Genaueren Aufschluß über die Vermögensverteilung für die Zeit vom 1950–1965 gibt eine Berechnung von B. Gleitze, nach der der Anteil der Arbeitnehmer am Realvermögen in der BRD 1950 34,7 % betrug und bis 1965 auf 17,2 % sank, der der Rentner und Pensionäre 1950 5,1 % betrug und auf 2,6 % (1965) sank, der Anteil der Selbständigen und Unternehmungen von 45,7 % (1950) sich auf 46,6 % leicht erhöhte (1965) und der Anteil der öffentlichen Haushalte sich ebenfalls von 14,5 % (1950) auf 33,6 % (1965) erhöhte.[98]

Die Pro-Kopf-Vermögensbildung 1950–1963 beträgt für

Unselbständige		3 200,– DM
davon:	Arbeiter	2 100,– DM
	Angestellte	4 800,– DM
	Beamte	6 800,– DM
	Rentner	2 900,– DM
Selbständige		12 700,– DM
davon:	Landwirte	3 400,– DM
übrige Selbständige		22 000,– DM

In diesen Zahlen zeigt sich sehr deutlich die Ungleichheit der Vermögensbildung besonders zugunsten der Selbständigen (ohne Landwirte)[99].

Krelles Bestandsaufnahme lautete *1960: 1,7 % aller Haushalte in der Bundesrepublik verfügen über 35 % des gesamten Vermögens, während 98,3 % der Haushalte nur 65 % des Vermögens besitzen.* Damit hatte sich in Zehnjahresfrist die relativ breit gestreute Vermögensmasse zugunsten der genannten 1,7 % aller Haushalte verschoben. Untersucht man nun die Verteilung des Produktivvermögens im selben Zeitraum, so hat dort eine noch viel mächtigere Verschiebung stattgefunden: Während 89 % des landwirtschaftlichen Vermögens, 84 % des Grundvermögens und 79 % des Geldvermögens, also der allergrößte Teil der frei unproduktiven und wenig ertragreichen Vermögensarten, den Haushalten zuzurechnen sind, die weniger als 100.000 DM Vermögen haben, so gehören diesen 17,6 Millionen Haushalten, das sind 98,3 % der Haushalte in der BRD, nur jeweils 30 % des Betriebs- und Kapitalvermögens (= Produktivvermögen). Die übrigen 305.000 oder 1,7 % Haushalte, denen 35 % des gesamten Vermögens gehört, besitzen jeweils *70 % des Betriebs- und Kapitalvermögens* und damit 70 % des gesamten Produktivvermögens. „Vor allem in diesen Konzentration des Eigentums an Unternehmen ist die Kritik an der gegenwärtigen Vermögensverteilung begründet."[100]

Diese Berechnungen wurden bis 1966 fortgeführt und das Ergebnis war, daß sich die Konzentration des Produktivvermögens verstärkt hat, die gesamte Vermögensvertei-

lung hat sich aber andererseits leicht ausgeglichen. So besaßen *1966 1,7 % aller Haushalte 74 % des Produktivvermögens,* während *1,7 % aller Haushalte 1966* „nur" *noch 31 % des gesamten Vermögens* besaßen.[101] Diese Zahlen demonstrieren eindrücklich, daß die Vermögensverteilung in der BRD unter einem starken Ungleichgewicht leidet, das weit größer ist als das Ungleichgewicht der Einkommensverteilung.
Neuere Berechnungen liegen nur noch für einzelne Vermögensarten vor, die keine wesentliche Tendenz eines Ausgleichs der Vermögensverteilung andeuten. So sind die Sparbucheinlagen noch relativ weit gestreut: 88 % der Haushalte besaßen 1969 Geldvermögen auf Sparbüchern, 20 % der Haushalte besaßen über 65 % dieses Vermögens. Krasser ist die Verteilung wieder bei Aktien und festverzinslichen Wertpapieren. So besaßen 1969 überhaupt nur 9 % der Haushalte Aktien und 1,4 % der Haushalte 82,9 % des gesamten Aktienvermögens und überhaupt nur 6 % der Haushalte festverzinsliche Wertpapiere und 2,7 % der Haushalte 81 % des Vermögens an festverzinslichen Wertpapieren.[102] Auch die staatliche Sparförderung hatte keine wesentliche Auswirkung auf die Vermögensverteilung; bisher wurde durch die staatliche Sparförderung nur die vermehrte Bildung von Kleinvermögen (3.000–5.000 DM) erreicht. In Anbetracht dieser Vermögensverteilung wirken die Vermögensbildungsbeschlüsse des SPD-Parteitages im April 1973, die eine Produktivvermögensbildung von etwa 200 DM pro Jahr für einen Arbeitnehmer vorsehen, die stets nur aus dem neu hinzukommenden Vermögens*zuwachs* verteilt wird und in zehn Jahren alles in allem höchstens ein Vermögen von 5.000 DM ansammelt, wenig überzeugend. Allerdings muß der im Hintergrund bestehende Konflikt gesehen werden, der besonders die Gewerkschaften in ihren Vermögensbildungsplänen bisher nicht sehr tatkräftig sein ließ: eine konsequente Vermögenspolitik würde alle Arbeitnehmer zu kleinen Kapitalisten machen, was sicherlich nicht im Sinne der deutschen Gewerkschaften ist.[103]

Konzentration im Kapitalbereich

Der Besitz von Produktivvermögen bedeutet zweifellos auch Besitz von Macht. Dies ist der Kern des Problems der Konzentration des Produktivvermögens in Hinsicht auf die Demokratie in der BRD, nämlich „der Konzentration gesellschaftspolitisch relevanter Verfügungsmacht über unternehmerisch genutztes, d.h. zum Zwecke privatwirtschaftlicher Kapitalverwertung eingesetztes Produktivvermögen. Weder das Sparguthaben noch das Einfamilienhaus einzelner Personen und Haushalte vermitteln derartige Verfügungsmacht."[104] Deshalb sind die oben gemachten Angaben über die Vermögensverteilung von gesellschaftspolitischer Relevanz. Allerdings bedeutet das nicht, daß nur der der Produktivvermögen besitzt, über wirtschaftliche Macht verfügt; hier muß zwischen Besitz und Verfügung unterschieden werden. Darauf hier näher einzugehen, dürfte die Grenzen dieses Teils der Untersuchung überschreiten. „... Wichtig ist es aber, festzuhalten, daß im Kapitalbereich eine Konzentrationsentwicklung stattgefunden hat, die gekennzeichnet ist dadurch, daß 1960 1,7 % der Haushalte in der BRD insgesamt 70 % des Betriebs- und Kapitalvermögens (= Produktivvermögen) und diese 1,7 % 1966 74 % des Produktivvermögens besaßen; d.h. es hat eine Konzentrationsentwicklung stattgefunden, die sich *im Zeitverlauf verstärkt hat.* Eine wesentliche Änderung dieses Trends kündigt sich nicht an. Dies wird auch belegt durch neuere Ergebnisse, daß z.B. 1,4 % der Haushalte 1969 82,9 % des gesamten Aktienkapitals in den Händen von Privatpersonen besitzen: Lediglich für einen kleineren Bereich von etwa 10 % des personenbezogenen Aktienkapitals, das sich jedoch auch nur in den Händen eines geringen Prozentsatzes aller Haushalte befindet, kann von einer breiteren Streuung die Rede sein. Die Verfügungsmacht über dieses Kapital liegt aber überwiegend bei den Banken, die in ihren Depots faktisch das gesamte Aktienkapital in Händen von Privatpersonen verwahren und über den größten Teil des Streubesitzes mit Hilfe der Depotstimmrechte disponieren."[105]

Konzentration im Produktionsbereich

Die festzustellende Konzentration im Produktionsbereich der Wirtschaft der BRD stellt eine wesentliche Ergänzung der Konzentration im Kapitalbereich dar. Gerade die Kombination dieser beiden Konzentrationsentwicklungen ist das gravierendste Resultat der wirtschaftlichen Entwicklung der BRD für die Chancen der Demokratie in der Wirtschaft und des heutigen Zustandes der Demokratie in der gesamten Gesellschaft.

Es gibt eine Reihe von Möglichkeiten, die Konzentration im Produktionsbereich der BRD darzustellen; um die Konzentrationsverhältnisse zu veranschaulichen, soll hier die Konzentration in der Gesamtwirtschaft und in Branchen, auf der Ebene der Betriebe, Unternehmen und Konzerne,[106] und am Beispiel der Banken gezeigt werden. Sinnvolle Indikatoren des Konzentrationsgrades sind die getätigten Umsätze und die Beschäftigtenzahlen. Die Entflechtungsmaßnahmen der Alliierten in den ersten Nachkriegsjahren hatten versucht, auf dem Hintergrund der Konzentrationsentwicklung in der Weimarer Republik andere Leitbilder zu setzen. Sie vermochten indes die erneute Konzentrationsbewegung nicht verhindern. Deutlich wird dies auch am Beispiel der Großbanken, die unmittelbar nach dem Krieg zahlreiche regional begrenzte Nachfolgeinstitute zersplittert wurden. Aber „vier Jahre später schlossen sich die nie ganz selbständig gewordenen Splitter der Großbanken wieder zusammen, zunächst innerhalb jeder der drei Besatzungszonen. Nach fünf weiteren Jahren waren die drei Großbanken in alter Herrlichkeit und unter altem Namen wiedererstanden."[107]

So gehörten auch bereits elf der 15 größten bundesrepublikanischen Unternehmen und Konzerne vor dem Kriege in diese oberste Spitzengruppe.[108] Der Anteil der 50 größten Industrieunternehmen hat sich von 1954 bis 1967 am gesamten industriellen Umsatz von 25,4 % (1954) auf 33,5 % (1960), 36,2 % (1963), 38,9 % (1966), und auf 42,2 % (1967) erhöht. Damit hat sich in diesem Zeitraum ihr Anteil nahezu verdoppelt.

Unter den raren offiziellen Statistiken stammen die wichtigsten Zahlen aus der sog. Konzentrationsenquete, die von 1961 bis 1963 unter „mißlichen Umständen und unzumutbaren Bedingungen"[109] im Auftrage der Bundesregierung durchgeführt wurde. Sie betreffen die Zeit von 1954 bis 1960. 30 Branchen wurden untersucht und der Konzentrationsgrad (definiert als der Marktanteil der jeweils größten zehn Unternehmen an den Gesamtumsätzen einer Branche) gemessen. In 21 der Fälle ist der Konzentrationsgrad gestiegen, d.h. die Marktanteile gestiegen, nur in neun Fällen ist er zurückgegangen. Die Branchen, in denen dann 1968 die Konzentration der Produktion besonders hoch war, sind: das Nahrungs- und Genußmittelgewerbe; hier hatten 7 Konzerne und Unternehmen einen Marktanteil von 93,5 %; die Eisen- und NE-Metallerzeugung und -bearbeitung: 18 Konzerne und Unternehmen besaßen hier 87,8 % des Marktanteils; die Chemische Industrie usw.: 19 Unternehmen und Konzerne besaßen 60,3 % Marktanteil; die Energiewirtschaft und Wasserversorgung: 6 Unternehmen und Konzerne haben 51,6 % Marktanteil; und die Elektrotechnik, Feinmechanik, Optik usw.: hier schließlich besaßen 16 Unternehmen und Konzerne 50 % des Marktanteils.[110]

Die Konzentration zeigt sich auch in der Zunahme der abhängig Beschäftigten an der Gesamtzahl der Erwerbstätigen: Ihr Anteil wuchs von rund 68 % im Jahr 1950 auf 83,5 % im Jahr 1971. Die Zahl der Selbständigen ging in diesem Zeitraum relativ und absolut zurück.

Angesichts dieser Entwicklung zieht bereits 1965 das Kartellamt in seinem Tätigkeitsbericht die Schlußfolgerung: „Marktbeobachtungen und Marktuntersuchungen lassen erkennen, daß die strukturelle Veränderung der Märkte in Richtung auf oligopolitische Marktformen in der Bundesrepublik fortschreitet.“

Damit ist auch der materiell leidtragende Teil dieser Konzentrationsentwicklung genannt: Die Konsumenten. Der Oligopolpreis ist nämlich höher als der Preis eines Gutes in der Situation vollständiger Konkurrenz. Damit ist auch die bei vollständiger Konkurrenz möglich geglaubte optimale Güterversorgung der Konsumenten weitgehend außer Kraft gesetzt.

Wichtig ist aber festzuhalten, daß, wie bei der Entwicklung der Vermögensverteilung bzw. der Produktivvermögensverteilung, die Entwicklung der Konzentration im Produktionsbereich der Wirtschaft *anhält.* Diese Entwicklung ist durch die von 1969–1972 vorgenommenen zahlreichen Fusionen eher weiter verstärkt denn abgeschwächt worden. Aber um sich ein Bild über das tatsächliche Ausmaß der inzwischen erreichten Konzentrationsverhältnisse zu machen, müssen diese noch etwas differenzierter dargestellt werden: Auf der Ebene der Betriebe herrschten 1968 folgende Konzentrationsverhältnisse: Es gab zu diesem Zeitpunkt knapp 100.000 Industriebetriebe, in den rund 8,2 Mill. Personen beschäftigt waren.

97,2 % der Betriebe waren Betriebe mit weniger als 500 Beschäftigte, ihr Umsatzanteil am Gesamtumsatz aller Industriebetriebe betrug 46,1 %. Es entfielen auf sie 48,7 % der Beschäftigten. *Auf die restlichen 2,8 % der Betriebe (mit 500 und mehr Beschäftigten) entfielen 51,3 % des Umsatzes und 53,9 % der Beschäftigten* aller Industriebetriebe.[111] Auf der Ebene der Unternehmen[112] ist 1968 die Situation derart, daß *2,8 % der umsatzsteuerpflichtigen Unternehmen über einen Anteil von 69 % des Umsatzes verfügen.* In dem Bereich der Großunternehmen und Konzerne entstand 1968 „mehr als ein Fünftel des Bruttoinlandsprodukts in nur 130 Konzernen und Unternehmen. *80 Industriekonzerne und -unternehmen der verarbeitenden Indu-*

strie erbrachten mehr als 41 % des hier erzeugten Bruttoinlandsprodukts, was einem Anteil von über 14 % an dem gesamten Bruttoinlandsprodukt entspricht (jeweils ohne Umsatzsteuer). Dabei verteilen sich die bei Erzeugung des BIP anfallenden Umsätze auf *1 652 408* natürliche und juristische umsatzsteuerpflichtige Personen." In nur drei Industriezweigen liegt der Anteil der Großkonzerne am Bruttoinlandsprodukt unter einem Zehntel (Holz-, Papier- und Druckgewerbe; Leder-, Textil- und Bekleidungsgewerbe; Baugewerbe).

„Innerhalb der Industrie einschließlich Energiewirtschaft und Bergbau und ohne Baugewerbe (bei den Betrieben: auch ohne Energiewirtschaft) haben einen Umsatzanteil von jeweils rund 50 % an der betreffenden Umsatzgröße:

2713 Betriebe mit 500 und mehr Beschäftigten (d.h. 2,73 % von insgesamt 99 483 Betrieben),

484 Unternehmen mit 100 Mill. DM und mehr Umsatz (d.h. 0,47 % von insgesamt 103 058 umsatzsteuerpflichtigen Unternehmen in diesem Bereich),

88 Konzerne und Unternehmen mit 500 Mill. DM und mehr Umsatz (d.h. 0,09 % von insgesamt 103 058 umsatzsteuerpflichtigen Unternehmen in diesem Bereich) ...

Die obigen Zahlen zeigen deutlich das Ausmaß der Verdichtung der Konzentration von der Betriebsebene über die Unternehmensebene zur Konzernebene."[113]

Berücksichtigt man noch die Vielzahl der mittleren und kleineren Unternehmen, die Zuliefererbetriebe und -unternehmen sind, dann erhöht sich der oben genannte Konzentrationsgrad noch einmal erheblich. „Diese spezielle Abhängigkeit der kleinen Betriebe von den großen ist in der Bundesrepublik weit verbreitet."[114] So hatten 1965 die AEG 30.000 Zulieferer, Siemens 30.000, Krupp 23.000 und Daimler Benz 18.000 Zulieferer. Diese Zuliefererbetriebe sind wegen ihrer Spezialproduktion und, da ein großer Teil ihres Absatzes nur einen Abnehmer hat, in ganz hohem Maße von dem belieferten Unternehmen abhängig. Zum juristischen Aspekt dieses Abhängigkeitsverhältnisses macht H. Arndt die Bemerkung: „Daß in der BRD nur relativ wenig Fälle von Abhängigkeit in der Öffentlichkeit bekannt werden, liegt ausschließlich am Versagen der Rechtsordnung. Gegen den Mächtigeren zu klagen, bietet – nicht nur wegen der Höhe der Prozeßkosten und der Länge der Prozeßdauer – wenig Aussicht auf Erfolg, so daß die betroffenen Unternehmer in der Regel hiervon absehen."[115]

Bedeutsam ist auch die Konzentration im Banksektor. 3 % der Geschäftsbanken vereinigten ca. 35 % des gesamten Geschäftsvolumens dieses Sektors 1966 auf sich. Die drei Großbanken (Deutsche Bank, Dresdner Bank, Commerzbank) vereinigten fast ein Sechstel des gesamten Geschäftsvolumens auf sich, mehr als ein Fünftel der gesamten Einlagen und Darlehen, mehr als ein Drittel der gesamten Sichteinlagen und rund 40 % der Termineinlagen im deutschen Bankgeschäft.[114] Wichtig für die Stellung der Banken ist auch ihr Besitz und ihre Verfügung über Beteiligungen an anderen Unternehmen. So befanden sich laut Konzentrationsenquete schon 1960 70 % des Aktienkapitals von 425 börsennotierten Aktiengesellschaften, auf die 75 % des Grundkapitals aller börsennotierten Aktiengesellschaften entfiel, im Eigenbesitz der Banken oder in ihren Kundendepots. Nahezu zwei Drittel des auf den Hauptver-

sammlungen repräsentierten Grundkapitals war dadurch von den Banken vertreten worden; 45 % des repräsentierten Grundkapitals der untersuchten Aktiengesellschaften wurde von den drei Großbanken vertreten. Sehr hoch einzuschätzen ist auch die personelle Verflechtung der Banken mit anderen Unternehmen.
Bezüglich der Frage, inwieweit Besitz gleich unmittelbare Verfügung und Kontrolle bedeutet, kann festgestellt werden: Von den 100 größten deutschen Unternehmen des Jahres 1967 wurden mindestens 20 von Privatpersonen kontrolliert. Da weitgehend Interessengleichheit vorausgesetzt werden kann, ist eine Unterscheidung von Besitzer und Manager kaum sinnvoll. Für die Frage nach der mit Besitz und Verfügungskompetenz verbundenen Macht und damit auch für unsere Frage nach der Demokratie kommen beide in Betracht.
Hier ist nun ein Ansatzpunkt für den weiteren Gang der Darstellung der These, daß gerade die Kombination der Konzentration von Produktivvermögen und Produktionsbereich eine der gravierendsten Folgen der wirtschaftlichen Entwicklung der BRD für die Demokratie in diesem Lande, genauer für die Chancen und Möglichkeiten der Demokratie in der Wirtschaft und für den heutigen Zustand der Demokratie in der Gesamtgesellschaft darstellt.
So wie sich die Entwicklung in der zweiten deutschen Demokratie vollzogen hat und angesichts der Untätigkeit der gesellschaftlichen Organe und der mangelhaften Übung der wirtschaftlichen Machtfaktoren an – irgendwie geartete – demokratische Umgangsformen (um nun nicht zu sagen: ihre Abneigung gegen solche Umgangsformen) mit solchen Personen oder Institutionen, die sie als „Gegner“ definieren, darf die Bedeutung dieser Machtzusammenballung weder von der Öffentlichkeit noch von den politischen Organen weiter unterschätzt werden. Die Ballung der wirtschaftlichen Macht schafft im eigentlichen Sinne eine "counterpower", eine Gegenmacht gegen die Möglichkeiten und Chancen der Entfaltung der schwer vorbelasteten zweiten deutschen Demokratie. „Eliten-Demokratie“ in allen Ehren – über Prämissen und Bedeutung dieses Ausdrucks werden wir weiter unten ausführlich sprechen –, aber wenn schon diese Form der Demokratie, dann nicht nur „Eliten“, sondern auch „Demokratie“.

Die deutsche Wirtschaftselite

Unser Interesse soll hier nur noch der personellen Verflechtung des Kapital- und Produktionsbereiches gelten und den wirtschaftlichen Verbandssystem, das im wesentlichen kapitalorientierte Interessen vertritt, insbesondere seiner Einflußmöglichkeit auf den Gang der Politik.
Wie die Darstellung der Konzentration im Produktionsbereich gezeigt hat, ist dort auf der Ebene Großunternehmen, Konzerne und Banken der Schwerpunkt sozioökonomischer Macht dieses Bereiches angesiedelt. Deshalb soll auch die hier herrschende personelle Verflechtung gezeigt werden: einmal die personelle Verbindung von Banken und Nichtbanken und umgekehrt und zweitens die personelle Verbindung der Unternehmen außerhalb des Bankenbereichs.

Untersucht man zunächst die personelle Verflechtung aus der „Perspektive der Banken, so erscheint es zweckmäßig, das Problem der Verfügungsmacht über Kapital darzustellen. Hierbei wird sich eine dominierende Rolle des Bankensektors im allgemeinen und der drei Großbanken ‚Deutsche Bank AG', ‚Dresdner Bank AG' und ‚Commerzbank AG' im besonderen ergeben, die ihre Entsprechung in der Ämterhäufung der Mitglieder von Leitungsorganen dieser Banken findet. Dabei ist es in diesem Zusammenhang gleichgültig, ob die personellen Beziehungen durch Eigentumsrechte oder Depotstimmrechte begründet sind."[116]
Auch hier wieder stellt die gründlichste Untersuchung die Konzentrationsenquete dar. Danach gab es 1960 in der BRD 661 börsennotierte Aktiengesellschaften, 619 davon wurden untersucht, der Rest bestand überwiegend aus kleineren Unternehmen. In diesen 619 Aktiengesellschaften standen 3014 Aufsichtsratsposten zur Verfügung, 27,5 % davon hatten die Banken inne. Zieht man die Unternehmen mit Aufsichtsräten ohne Bankenvertreter ab, so war für Aktiengesellschaften mit Bankenvertreter im Aufsichtsrat jedes dritte Aufsichtsratmitglied ein Bankenvertreter. Für Banken-AG's mit Bankenvertreter im Aufsichtsrat war der Anteil noch höher, nämlich 39,6 %.[117] An dieser Besetzung waren etwa 100 Banken beteiligt, doch *nur auf 11 Banken entfielen 586 oder fast 75 % aller von den Banken gestellten Aufsichtsratmitglieder.* Auf die drei Großbanken entfielen 423 Mandate, das sind über 53 % aller von den Bankenvertreter besetzten Aufsichtsratsitze. Zudem stellten diese 423 fast zur Hälfte Aufsichtsratvorsitzende oder deren Stellvertreter dar. Diese Zahlen gelten alle für das Jahr 1960. Die Untersuchungen für spätere Jahre (z.B. „Capital"-Untersuchung für 1969/70 und „Spiegel"-Bericht für 1970) beziehen sich nur auf Teilaspekte, sind weniger repräsentativ und bzgl. Überprüfbarkeit und Umfang unzuverlässig. Aber: Es kann gesagt werden, daß keine neueren Zahlen bekannt sind, die auf eine grundsätzliche Änderung dieser Art von personeller Verflechtung schließen lassen. Doch gilt diese personelle Verflechtung auch in umgekehrter Richtung: So ist in der Konzentrationsenquete zu lesen, „daß der überwiegende Teil der Mitglieder in den Aufsichtsräten der Großbanken, den Großunternehmen, der Industrie, des Handels und der Versicherung angehören, und daß die Großbanken auch ihrerseits sehr stark in diesem Unternehmenskreis vertreten sind. Von den 72 in den Aufsichtsräten der drei Großbanken vertretenen Unternehmen gehören 41 mittel- oder unmittelbar zu den größten 100 Unternehmensverbindungen der Industrie, drei zu den größten Handelsunternehmen und vier zu den großen Versicherungen[118]. Damit kamen also 1960 zwei Drittel der Aufsichtsratmitglieder der drei Großbanken aus dem Bereich der Wirtschaft, der auch im Rahmen der Konzentration des Produktionsbereiches eine überragende Stellung einnahm. Durch das 1965 verabschiedete neue Aktiengesetz wurde die Zahl der von einer Person zu besetzenden Aufsichtsratmandate auf maximal 10 begrenzt. Allerdings ist weiterhin die Anzahl der Aufsichtsratmandate einer Gesellschaft unbegrenzt. Neben einigen Umorganisationen der Gesellschaftsorgane der Banken konnte damit die personelle Verflechtung aufrechterhalten werden. Damit „gelten für die Besetzung der Großbanken-Kontrollorgane dieselben Bedingungen wie im Jahr 1960"[119]. Die personellen Verflechtungen zwischen den Unternehmen außerhalb des Bankensektors sind nach Koubek am besten

bei der Großversicherungswirtschaft deutlich. So soll der Aufsichtsrat der Allianz-Versicherung AG das „exclusivste Gremium" der deutschen Industrie sein, dessen zehn Kapitalvertreter 1968/69 einen Umsatz von 50 Milliarden DM und eine Beschäftigtenzahl von über 800.000 Personen repräsentierten. „Wegen der regen Nachfrage hat die Allianz ... das Oberhaus der Aufsichtsräte erweitert: durch 154 Posten für regionale Beiräte" (Capital, 1/1971, S. 27f). In diesem Sektor besteht nämlich für die Finanzierung der wirtschaftlichen Tätigkeit der Unternehmen die Möglichkeit, die Kapitalverschaffung mittels Schuldscheindarlehen (Verpflichtungen gegenüber Versicherungen) außerhalb des allgemeinen Kapitalmarktes vorzunehmen, d.h. unter Umgehung der ohnehin mageren öffentlichen Kontrolle (bzw. Kontrollmöglichkeiten), und damit ist diese Form der Kapitalbeschaffung auch weitgehend den Wirkungsmechanismen der Wirtschaftspolitik entzogen. „Aufgrund der personellen Besetzungen der Leitungsorgane in den großen privatwirtschaftlichen Versicherungen können die Vertreter der Großindustrie diese Finanzierungsmittel für Investitionen somit in einer Art ‚privatem Kapitalmarktausschuß' unter Ausschluß der Öffentlichkeit verteilen"
Die durch die Konzentrationsentwicklung im Produktivvermögens- und im Produktionsbereich der Wirtschaft der BRD für die sozialökonomische Macht entscheidende Ebene der Großunternehmen, Konzerne und Banken ist also *durch eine enge personelle Verflechtung gekennzeichnet.* Diesem sehr begrenzten Personenkreis fällt ganz wesentliche wirtschaftliche, sozialökonomische und, in Verbindung mit den Wirtschaftsverbänden politische Macht zu. *Damit wäre die deutsche Wirtschaftselite lokalisiert.* Doch bevor wir uns mit dieser etwas näher beschäftigen, soll noch die personelle Verknüpfung der Ebene Großunternehmen / Konzerne / Banken mit den Wirtschaftsverbänden (außer den Gewerkschaften) einerseits und deren politische Einflußmöglichkeiten auf den Bundesgesetzgeber andererseits aufgezeigt werden.
Die wichtigsten wirtschaftlichen Spitzen- und Dachverbände sind die Bundesvereinigung der Deutschen Arbeitgeberverbände (BDA), der Bundesverband der Deutschen Industrie (BDI), der Bundesverband der Deutschen Banken, der Deutsche Industrie- und Handelstag (DIHT) und der Bundesverband des Deutschen Groß- und Außenhandels. Daneben gibt es noch zahlreiche andere Spitzenverbände und eine sehr große Anzahl von Regional- und Fachverbänden. So sind im BDI allein 39 Oberverbände zusammengeschlossen, die ihrerseits wiederum über 400 Fachverbände bzw. Fachgruppen und 216 Landes- bzw. Regionalverbände umschließen[120]. Diese Wirtschaftsverbände, insbesondere die eben genannten 5 wichtigsten, vertreten ohne Ausnahme kapitalorientierte Interessen. Sie sind gekennzeichnet durch einen hohen Organisationsgrad und durch eine im wesentlichen hierarchisch ausgebildete Struktur, die sich auch darin ausdrückt, daß die von uns bisher analysierte Ebene der Großunternehmen, Konzerne und Banken auch im Bereich der Spitzen- und Dachverbände einen entscheidenden Einfluß hat[121]: So sind z.B. im dreißigköpfigen Präsidium des BDA Großunternehmen bzw. Konzerne und mittlere Unternehmen im Verhältnis 1:1 beteiligt, wobei Großunternehmen und Konzerne nur einen ganz geringen Anteil an der Gesamtzahl aller Unternehmen besitzen. Im fünfunddreißigköpfigen Präsidium des BDI sind zwanzig Vertreter der Großindustrie und der Groß-

banken, während 15 Vertreter aus dem Bereich der mittleren Unternehmen kommen. Im Bundesverband Deutscher Banken haben insgesamt 11 Banken entscheidenen Einfluß. Diese nehmen auch 75 % aller Aufsichtsratsmandate der Banken ein[122] (50 % davon die drei Großbanken).

Es ist kein Zufall, daß dieses knappe Dutzend Banken in den Leitungsgremien des Bundesverbandes Deutscher Banken fast allein entscheidend ist. Damit verfügen diese privaten Banken neben ihrer großen Zahl von Aufsichtsratsmandaten über ein Instrument im Prozeß der Willensbildung, das für die koordinierte Ausnutzung ihrer Machtfunktion in der Wirtschaft von entscheidender Bedeutung ist.[123]

Die Funktion der Einflußnahme auf politische Instanzen ist es, die einen Verband als wirtschaftspolitischen kennzeichnet. Diese Tätigkeit ist besonders bei den Spitzen- und Dachverbänden ausgeprägt. Ihre Einflußmöglichkeiten auf die Bundesgesetzgebung sollen kurz geschildert werden, weil an dieser wichtigen Stelle die Umsetzung von ökonomischer Macht in die politische Tat stattfindet. Der Bundesverband Deutscher Banken und der BDI vertreten hauptsächlich die nationalen und internationalen Interessen ihrer Mitglieder, der BDA dagegen mehr die sozial- und tarifpolitischen Interessen seiner Mitglieder. Im Jahr 1950 schon wurde der „Gemeinschaftsausschuß der Deutschen Gewerblichen Wirtschaft" zu dem Zweck ins Leben gerufen, für die Behandlung übergeordneter wirtschafts- und sozialpolitischer Fragen, die alle Wirtschaftszweige betreffen, ein repräsentatives Gremium zu schaffen. Dieses Gremium stellt nach Buchholz „ein jederzeit intaktes Koordinierungsinstru-1. für die Politik der Wirtschaftsverbände untereinander und 2. für die Politik zwischen den Wirtschaftsverbänden und Staat"[124] dar. Eigentliches Ziel der Interessenvertretung der Wirtschaftsverbände gegenüber den staatlichen Instanzen ist eine Veränderung der Einkommensverteilung zugunsten der Verbandsmitglieder. Besonders wichtig für die Interessenvertretung der Wirtschaftsverbände ist, ihren Einfluß bei der Vorbereitung von für ihre Mitglieder wichtigen Gesetzen, Rechtsverordnungen und allgemeinen Verwaltungsvorschriften geltend zu machen. Da die Ministerien die Mehrzahl der Gesetzesentwürfe und alle Rechtsverordnungen und Verwaltungsvorschriften vorzubereiten haben, müssen die Wirtschaftsverbände durch schriftliche Eingaben und mündliche Rücksprachen vor allem dort anzusetzen versuchen, eine in übrigen durchaus legitime Aufgabe in einer Demokratie, die selbstverständlich für alle Spitzenverbände sowohl der Unternehmer wie der Arbeitnehmer offen steht und – ebenso selbstverständlich – vor allem mit der gleichen Effektivität und dem gleichen Nachdruck gelöst werden muß. Der Zugang dazu wird u.a. durch Geschäftsordnungen geregelt, insbesondere der § 23 der „Gemeinsamen Geschäftsordnung der Bundesministerien" ist in diesem Zusammenhang wichtig. Danach können zur Beschaffung von Unterlagen für die Vorbereitung von Gesetzen die Vertretungen der beteiligten Fachkreise, in der Regel die Spitzenverbände, herangezogen werden. Dies ist auch bei vertraulichen Entwürfen möglich. Außerdem gelten diese Bestimmungen auch für die Vorbereitung von Rechtsverordnungen und allgemeinen Verwaltungsvorschriften. Eine weitere Form der Einflußnahme ist die Vertretung der Wirtschaftsverbände in Beiräten und Sachverständigenausschüssen. Erst nach der Beratung mit den Verbänden geht ein solcher Gesetzesentwurf ins Kabinett, und „erst wenn das Kabinett den Gesetzesentwurf verabschiedet hat, dürfen Parlamentarier, Parteien und Presse unterrichtet werden. *Das erste Wort hat also der Verband, das Parlament das letzte, aber eben das letzte*".[125] Diesem Zustand kommt entgegen die Verlagerung der ursprünglich dem Parlament zugewiesenen eigentlichen Entscheidungsvorgänge in Expertenkreise. Die eigentliche inhaltliche Festlegung des Wortlautes von Gesetzestexten findet schon lange nicht mehr im Bundestag statt. Für den politischen Einfluß der Wirtschaftsverbände bedeutet dies: „Die Verlagerung des Schwergewichtes der parlamentarischen Tätigkeit auf die arbeitsteilig organisierten Ausschüsse und die auf die Ausschußberatungen gerichtete politische Willensbildung in den Fraktionen erleichtert es den Verbänden, dort ihre Auffassungen zur Geltung zu bringen."[126] Somit ist festzustellen, daß die Spitzenverbände bei der Vorbereitung von ihre Mitglieder betreffenden Gesetzen, Rechtsverordnungen und allgemeinen Verwaltungsvorschriften, die von der Bundesregierung bzw. vom Bundestag erlassen oder verabschiedet werden, eine überaus wichtige Beratungs- und Planungsfunktion übernehmen und damit ein entscheidender Ansatzpunkt für sie gegeben ist, ihren Einfluß geltend zu machen, *falls* sie gehört werden.

Bisher wurde dargestellt, daß gerade die Kombination der Konzentrationsentwicklungen im Kapital- und im Produktionsbereich der Ebene der Großunternehmen, Konzerne und Banken zu einer zentralen Stellung in der Wirtschaft der BRD verholfen haben, die sich auch im Bereich der kapitalorientierten Wirtschaftsverbände durchsetzen konnte, und es wurde weiterhin gezeigt, daß auf dieser Ebene innerhalb der wichtigsten drei Wirtschaftsbereiche eine enorme personelle Verflechtung festzustellen ist, und daß diese damit erfaßte Gruppe als die deutsche Wirtschaftselite bezeichnet werden kann. Diese Elite hat nicht nur große wirtschaftliche und sozialökonomische Macht, d.h. die Verfügung über wesentliche Teile des gesamten deutschen Wirtschaftsapparates, sondern auch gewichtige Möglichkeiten, im politischparlamentarischen Raum ihren Einfluß zur Geltung zu bringen.

Versucht man die deutsche Wirtschaftselite quantitativ abzuschätzen, so liegen hier bereits drei Untersuchungsergebnisse vor: Koubek[127] kommt zu dem Ergebnis, daß es sich etwa um 520 Personen handelt, bei Riester[128] sind es 1500 und bei Pentzlin[129] nur 200. Ganz gleichgültig gleich welche Schätzung der richtigen Zahl am nächsten kommt, kann festgestellt werden: „Selbst unter Berücksichtigung von jeweiligen Bandbreiten bei den geschätzten Zahlen wird damit ausgedrückt, daß *wesentliche Teile der mit der Vertretung und Durchsetzung kapitalorientierter Interessen verbundenen Macht in unserer Gesellschaft in den Händen von wenigen hundert Personen liegt.*"[130] Das Ausmaß der Verfügungs- und Entscheidungskompetenz dieser Gruppe soll noch einmal am Beispiel der Investitionen demonstriert werden: Investitionsentscheidungen gehören zweifellos zu den *wichtigsten Entscheidungen* in der Wirtschaft bezüglich ihrer Bedeutung für die Gesellschaft, da sie

– entscheidend die Struktur einer Wirtschaft prägen (z.B. bezüglich des regionalen Aspekts: Ob die Wahl auf das Ruhrgebiet oder das Zonenrandgebiet fällt; daß die Folgen von Investitionsentscheidungen über rein ökonomische weit hinausgehen, ist hier ganz offensichtlich)
– und diese mittel- bis langfristig anlegen.

- grundsätzliche Korrekturen sind meist unmöglich; damit wird auch ohne direkte Einflußnahme ein Teil der Politik in bestimmte Bahnen gelenkt.
- Investitionen haben zentralen Einfluß auf die aktuelle Lage der Konjunktur und damit der Beschäftigung
- sie werden primär unter dem Kriterium der ökonomischen Verwertbarkeit gefällt, was besonders bezüglich ihrer Auswirkungen auf die Gesellschaft zu beachten ist.

Von den in diesem Zusammenhang ganz besonders wichtigen Anlageinvestitionen des Jahres 1970 in Höhe von 181 Mrd. DM wurden 29,6 Mrd. DM vom Staat und 151,4 Mrd. DM von Unternehmer vorgenommen. Das ist ein Verhältnis der privaten Anlageinvestitionen zu den öffentlichen von 5:1. Macht man sich nun klar, daß die deutsche Wirtschaftselite wesentlich bei der Bestimmung dieses großen Anteils der Anlageinvestitionen von 1970 (1960 war das Verhältnis sogar 6:1) beteiligt war, so hat man vielleicht eine gewisse konkrete Vorstellung von dem machtpolitischen Einfluß erhalten, den die Wirtschaftselite in der BRD ausübt.

Was bedeutet dies nun für die Demokratie?

Die in dieser Frage enthaltene Kritik ist primär an einer fehlenden demokratischen Selbstverständlichkeit anzusetzen: nämlich an der *Tatsache der fehlenden bzw. unzulänglichen Öffentlichkeit und der fehlenden öffentlichen Kontrolle.* „Die Interessen und Ziele dieser Funktionselite bleiben weitgehend unerkannt bzw. im Halbdunkel sogenannter Sachzwänge“[131]. In der BRD besteht heute eine gewichtige Zusammenballung von ökonomischer, sozialökonomischer und politischer Macht, die keiner wesentlichen Offenlegung und öffentlicher Kontrolle unterliegt. Damit sind Entscheidungen, die nicht nur für den Bereich der Wirtschaft, sondern auch für die Gesamtgesellschaft wichtige und große Bedeutung haben, der Öffentlichkeit und ihrer Kontrolle nicht zugänglich; *dies ist aber eine für das wirkliche Funktionieren einer wie immer gearteten Demokratie grundlegende Voraussetzung.*

Dritter Abschnitt

Die kollektiven Organisationen

Erstes Kapitel

Gewerkschaftliche Probleme

Nach dem Zusammenbruch der nationalsozialistischen Diktatur, die nach dem ausgesprochenen Willen ihrer verbrecherischen Führergarnitur und Funktionäre identisch sein sollte mit dem totalen Zusammenbruch Deutschlands, standen die Gewerkschaften „vor fast unlösbaren Aufgaben". Ich habe dieser Formulierung Dieter Schusters[1] nichts hinzuzufügen. Sie ist keine Übertreibung.

Wenn aber das, was seitdem in über drei Jahrzehnten geschehen und nicht geschehen ist, verständlich werden soll, wenn man im Ernst begreifen will, weshalb auf den Tätigkeitsgebieten der deutschen Gewerkschaftsbewegung neben allen imponierenden Leistungen so vieles ungeschehen geblieben ist, woher die von fast allen beklagte Schwerfälligkeit, ja Unhantierlichkeit des Apparats kommt, die sogar von Außenstehenden bemerkt wird, und woher die Langsamkeit und Unbeholfenheit der Reaktionen stammt, die sich auf bestimmten Gebieten wie ein Echo der Zeit vor 40, ja 60 Jahren anhören, auch wenn sie mit lauter Stimme und jenem Applomb vorgetragen werden, wie sie nur ein deutscher Gewerkschaftsfunktionär aufbringt, – dann kommt man nicht darum herum, daran zu erinnern, daß dem 2. Mai 1933, also der Besetzung der Gewerkschaftshäuser und -büros durch die SA und der Ermordung einer großen Zahl von leitenden Gewerkschaftsfunktionären ein „1. Mai 1933" als Symbol für eine innere Aufweichung und äußere Kapitulation des doch so viel beweglicheren und weniger durchorganisierten Allgemeinen Deutschen Gewerkschaftsbundes (ADGB) vorangegangen war, dessen Führung alle unsere jahrelangen Warnungen fast ärgerlich in den Wind geschlagen hatte. Daran vierzig Jahre später zu erinnern darf wohl nur jemand wagen, der mit anderen warnte und der die „Eroberung" durch die Nazis in Düsseldorf erlebte.

Ich habe einiges darüber in meinen Lebenserinnerungen erzählt.[2] Hier kommt es mir darauf an, darauf aufmerksam zu machen, daß auch wir, die damals jung waren, ebenso wie die Älteren an die Stelle des demokratischen Handelns die gut klingende Formel oder sagen wir ruhig: Phrase setzten: „In den Händen der Gewerkschaften liegt die Zukunft der deutschen Republik!" (so schließt einer meiner besten Beiträge 1929). Natürlich lag sie in diesen Händen. Da lag sie gut und schlummerte! Wie tief, das zeigte die deprimierende Diskussion um den sogenannten WTB-Plan (*W* für Wladimir Woytinsky, Statistiker der Forschungsstelle der Gewerkschaften, der direkten Vorgängerin des WSI also, *T* für Fritz Tarnow, Vorsitzender der Holzarbeiter, und *B* für Fritz Baade, damals Agrarsachverständiger der Forschungsstelle der Gewerkschaften und Reichtagsabgeordneter der SPD).

Für Einzelheiten verweise ich noch einmal auf die zitierten Seiten meiner Autobiographie. Die deutsche Gewerkschaftsbewegung hat sich immer energisch und ehrlich zur Demokratie bekannt, aber vom Bekenntnis zum Handeln ist in Deutschland der Weg weit, vom demokratischen Bekenntnis zum demokratischen Handeln nämlich. Das wissen wir doch seit 1848! Für die liberalen Demokraten jenes letzten Versuchs einer rein bürgerlichen Revolution in Deutschland stand nur ihr individuelles Leben auf dem Spiel. Für ihre rechtmäßigen Erben, die deutsche Gewerkschaftsbewegung, stand vor 40 Jahren viel mehr auf dem Spiel: gewiß ihr Leben, aber auch ihre Organisationen und ihr Apparat, worauf sie (mit Recht) stolz waren und woran sie – um es zugespitzt zu formulieren – zuerst dachten, bevor sie nachdachten.
Die Gewerkschaftsbewegung der BRD hat es in vieler Hinsicht anders gemacht als ihre Vorgängerin in der Weimarer Republik. Über einen Abschnitt dieses „Andersmachens" werde ich sofort noch einiges zu sagen haben. Hier sei nur festgestellt, daß die Bewegung auch insofern eine deutsche Bewegung geblieben ist, als sie – gewiß von den Nöten und schweren Problemen der Zeit getrieben – den organisatorischen Aufbau und den Streit um das Verhältnis und die Verteilung der Kompetenzen zwischen Zentrale und den angeschlossenen Gewerkschaften viel gründlicher und energischer diskutiert und jeweils in die Praxis umzusetzen versucht hat als die Bewältigung der immer schwieriger werdenden Probleme der Demokratie in den letzten Jahrzehnten des 2. Jahrtausends, also einer Form des gesellschaftlichen Zusammenlebens, in der – wie schon einleitend vermerkt – die deutschen Staatsbürger verzweifelt wenig geschichtliche Erfahrung besaßen.
Das scheint mir bis zum heutigen Tage eine Erklärung für die Überorganisation – das übermäßige Interesse für die (jeweils) bestmögliche Organisationsform – und die daraus resultierende Schwerfälligkeit und Unelastizität der Gewerkschaftsbewegung zu liefern, eine durchaus deutsche Krankheit, wenn man nun dieses abwertende Wort dafür verwenden soll, was wohl nicht ganz gerecht wäre, denn das Bemühen um die bestmögliche Organisation kommt ja auch den Bedürfnissen und Wertungen der gewerkschaftlichen Zielsetzungen entgegen.[3]

Demokratie schreibt man nicht und Demokratie redet man nicht, Demokratie kann man nur tun!

Diesen Satz werde ich im Verlauf meiner Darstellung noch einige Male wiederholen. Er muß zuerst im Zusammhang mit der Diskussion über die Probleme der deutschen Gewerkschaftsbewegung angesprochen werden. Das demokratische Leben und Zusammenleben selbst aber kann auch durch noch so ehrlich und ernst gemeinte Deklarationen nicht ersetzt werden.
Ich werde einen ganzen Abschnitt dieses Buches dazu verwenden, um die Probleme des „demokratischen Tuns" zu diskutieren, ihre theoretischen Hintergründe, ihre historische Entwicklung und ihren aktuellen Inhalt in der BRD. Hier beschränke ich mich auf einige kurze Feststellungen.
Die praktische Verwirklichung der Demokratie in der den Flug des reinen Gedankens störenden Wirklichkeit ist eine Frage des Sich-Verhaltens, des Sich-Verhaltens

zum „Nächsten“, dem Nachbarn, dem „Anderen“, und zur Gesamtheit der „Anderen“, also zur Gesellschaft. Es ist also *nicht* eine Frage an den Gesetzgeber, nicht primär jedenfalls, *nicht* eine Frage der (mehr oder weniger) guten Verfassung.
Für die Gewerkschaftsbewegung, gleichgültig welchen Landes, aber nun ganz besonders für die deutsche Gewerkschaftsbewegung, ist die demokratische Aufgabe besonders schwer, und zwar, wie mir scheint, aus zwei Gründen.

Die Frage nach der „richtigen“ Organisation

Es ist eine der Prämissen dieser Arbeit, daß die Sicherheit und Selbstverständlichkeit der Demokratie nur gewährleistet ist, wenn die Demokratie nicht nur – wie ich und mit mir ungezählte Deutsche einmal angenommen haben – „in den Händen der Gewerkschaftsbewegung ruhen“, sondern durch eine starke und demokratiebewußte Gewerkschaftsbewegung *leben* und *effektiv* werden kann. Demokratie – um auch das zu wiederholen – ist eine schwere Aufgabe (wobei sowohl „schwer“ wie „Aufgabe“ zu betonen wären). Ihre Verwirklichung und Effektivierung ist sei langem und ganz besonders spätestens seit den 1970-er Jahren und den in diesem Jahrzehnt unverkennbar zutage tretenden Komplikationen des industriellen Kapitalismus eine Erziehungsarbeit, eine Arbeit der *gegenseitigen* Erziehung, z.B. der Gewerkschaftsführung als Sprecherin einer maximierten Anzahl von organisierten Arbeitnehmern *aller* Kategorien einerseits und der politischen Elite, vor allem also der Führung der im Staate organisierten gesellschaftlichen Kräfte, andererseits, aber auch der Gewerkschaftsführung einerseits und der Gewerkschaftsmitglieder andererseits, der Regierung in einer Demokratie und der Parteileitungen einerseits, der Staatsbürger und der Parteimitglieder andererseits. Es folgt aus dieser Forderung nach dem unaufhörlichen Dialog als Grundlage der modernen Demokratie, daß die autoritäre „Eliten-Demokratie“ ein Widerspruch in sich selbst ist, allen sachverständigen politologischen Theoretikern zum Trotz! Darüber später mehr.
Ein solcher, die Demokratie sichernder, unaufhörlicher Dialog ist aber nur möglich, wenn die Beteiligten, also das ganze Volk, sich über die Entwicklung und die einzelnen Etappen dieser gegenseitigen Erziehungsarbeit im klaren sind und sie nicht zu dem einen oder anderen Zwecke „umdenken“.
Es sei zur Ehre der Gewerkschaftsbewegung der BRD gesagt, daß sie sich der sonst im Lande herrschenden antihistorischen oder noch wenigstens unhistorischen Geisteshaltung weitgehend hat entziehen können. Sie verdrängt nicht, was vor 1945 war. Sie verleugnet nicht das Erbe aus der Weimarer Republik. Aber das Erbe aus der Weimarer Zeit ist alsbald nach dem Zusammenbruch des Nationalsozialismus auf eine fatale Weise umgedeutet und ausgelegt worden.
Ich bin offenbar einer der wenigen Überlebenden aus jener Zeit, die damals schon eng mit der Bewegung verknüpft waren und sich heute noch äußern können. Ich habe die Absicht, es hier zu tun. Es ist nicht opportun, ich weiß es, aber Diplomatie und wissenschaftliche Aussagen schließen einander aus.
Es wird, insbesondere von den Männern, die irgendwie dem alten Deutschen Metallarbeiterverband nahe standen, seit den 40er Jahren die Mär verbreitet (die ja nun

anerkannte Lehrmeinung in der BRD geworden ist), daß die deutsche Gewerkschaftsbewegung, die sich etwa seit den 1920er Jahren mit der Frage nach der „richtigen" gewerkschaftlichen Organisation beschäftigte, sich zu Ende der Weimarer Republik zugunsten des Industriegewerkschaftsprinzips entschieden habe. Man habe also nur an die Erfahrung der Weimarer Zeit anzuknüpfen gehabt. Das ist bekanntlich auch geschehen.

Diese seit den Tagen Hans Böcklers von den meisten prominenten deutschen Gewerkschaftsführern wiederholte These ist falsch. Das kann jeder feststellen, der sich selbst ein wenig mit der Geschichte der Gewerkschaften nach 1918 beschäftigt. Von den bedeutenderen Gewerkschaftsführern in der Weimarer Republik hat faktisch nur *Wilhelm Dittmann,* der Vorsitzende des Metallarbeiterverbandes, die „Einheitsgewerkschaft" für Arbeiter *und* Angestellte verfochten, was ihn übrigens nicht gehindert hat, in der Praxis freundschaftlich und kameradschaftlich mit den im Allgemeinen Freien Angestelltenbund (AfA-Bund) zusammengefaßten selbständigen freien Angestelltengewerkschaften zusammenzuarbeiten.

Diese selbständige, aber mit dem ADGB durch einen Zusammenarbeitsvertrag nahe verbundene Spitzenorganisation der Angestelltengewerkschaften, also der AfA-Bund, hat in der Entwicklung der schwachen ersten deutschen Demokratie eine bedeutende positive Rolle gespielt. Ihr Vorsitzender vom ersten bis zum letzten Tag, Siegfried Aufhäuser, war als Reichstagsabgeordneter der SPD Vorsitzender des mächtigen Sozialpolitischen Ausschusses des Reichstages. Die dem AfA-Bund angeschlossenen Gewerkschaften – ich nenne hier nur als Beispiele den Deutschen Werkmeisterverband (DWV), den Bund der technischen Angestellten und Beamten (BUTAB), den Zentralverband der Angestellten (ZdA) und den Bankangestelltenverband – haben Entscheidendes und für die weitere Entwicklung und für die theoretische und praktische Verbreitung des Gedankens der gewerkschaftlichen Organisation unter den Angestellten geleistet. In den späteren Jahren der Weimarer Republik wurde die enge Zusammengehörigkeit der freigewerkschaftlichen Spitzenorganisationen dadurch demonstriert, daß sie gegenseitig in den Vorstand der anderen Spitze je einen Vertreter delegierten.

Wozu diese historische Erinnerung? Ich bilde mir nicht ein, damit das Industriegewerkschaftsprinzip der BRD ändern zu können. Ich habe weder die Absicht noch den Ehrgeiz, dahin zu kommen. Das Industriegewerkschaftsprinzip steht als gewerkschaftliche Organisationsform in der BRD fest. Aber zweierlei muß zur Diskussion dieser Frage gesagt werden.

Das erste ist nichts als eine Wiederholung der Antwort, die den eifrigen und eifernden Bemühungen Dittmanns schon vor fast 50 Jahren gegeben worden ist. Die Frage nach der „richtigen" gewerkschaftlichen Organisationsform ist falsch gestellt. Hier kann es kein Prinzip geben, das richtiger ist als ein anderes. *Richtig ist die gewerkschaftliche Organisation, die der Gewerkschaft eine Maximierung ihrer Mitgliederzahl ermöglicht.* Die Gewerkschaftsbewegung hat eine einzige Aufgabe: die Verteidigung und den Ausbau der wirtschaftlichen und sozialen Positionen und Rechte der Arbeitnehmer. Die Organisationsform, die diesem Zwecke am besten dient, ist die „richtige". Je stärker die Gewerkschaft ist, d.h. je mehr Mitglieder sie hat, desto besser kann sie ihre Aufgabe erfüllen. Die „Richtigkeit“ der gewerkschaftlichen Organisationsform kann also an ihrer Repräsentativität gemessen werden.

Für den schwedischen Soziologen mit unverändert nahen Beziehungen zur Gewerkschaftsbewegung ist das eine Banalität. Meine erste Frage bei der Aufnahme meiner Forschungsarbeiten in der BRD in den 60er Jahren war daher die Frage nach der Repräsentativität der deutschen Gewerkschaften. Zu meinem maßlosen Erstaunen konnte ich keine befriedigende Antwort auf diese Frage bekommen. Sowohl das Statistische Bundesamt wie der DGB verwiesen mich auf die *Gesamtzahl* der in der BRD beschäftigten Arbeitnehmer. Ich aber wollte keine Durchschnittszahlen, die immer irreführend, zumindest aber nichtssagend sind. Das mir faktisch zu Beginn vorgehaltene Argument, der DGB mit seinen damals etwa 6 Mill., heute über 7 Mill. Mitgliedern sei doch auf jeden Fall die größte Organisation in der westdeutschen Gesellschaft, hat auf mich nur einen komischen Eindruck gemacht. Wie sollte denn die Spitzenorganisation der weitaus größten Bevölkerungsgruppe der Bundesrepublik, der Arbeitnehmer, es „vermeiden“ können, die größte Organisation der BRD zu sein. Auf solche Selbstverständlichkeit bezog sich meine Frage nicht. Ich wollte ganz einfach wissen, wie stark die Gewerkschaften nach dem Zusammenbruch von 1933 in den verschiedenen Gruppen der arbeitenden Bevölkerung wieder Fuß gefaßt hatten. Diese Frage war für mich nach 40 Jahren schwedischer Erfahrung identisch mit der Frage nach der Selbstverständlichkeit und Sicherheit der Demokratie.

Bevor ich nun selbst versuche, die von mir vor vier Jahren gestellte Frage zu beantworten, liegt mir daran zu erklären, daß der mir nicht selten entgegengehaltene Einwand, die Bedeutung der Gewerkschaftsbewegung sollte nicht an ihrer „quantitativen“, sondern an ihrer „qualitativen“ Stärke gemessen werden – an der Stelle also, die die Gewerkschaftsbewegung aus dem einen oder anderen Grunde sich in der Gesellschaft hat verschaffen können, und an der Rolle, die sie aufgrund dieser Stellung spielen kann – am Kern der Frage vorbeigeht. Es ist mir bekannt, daß die Gewerkschaftsbewegung der BRD infolge der geschichtlichen Entwicklung der Nachkriegszeit eine bedeutende und einflußreiche Stellung in der westdeutschen Gesellschaft einnimmt. Aber ich (und nicht nur ich!) habe gelernt, daß die Frage nach der Bedeutung der Gewerkschaften für die Entwicklung, *insbesondere die demokratische Entwicklung* der zweiten deutschen Demokratie nicht mit einer Momentphotographie aus dem Jahre 1970 oder 1975 beantwortet werden kann. Die deutschen Gewerkschaften hatten eine sehr bedeutsame Stellung in der Weimarer Republik im Jahre 1928. Wir hätten jedem, der unter Hinweis auf die relativ schwache Repräsentativität der Gewerkschaften (die immer noch besser war als die heutige) und auf die damalige sog. „weltanschauliche“, also politische Zersplitterung an der Stärke und Verteidigungskraft der Gewerkschaften gezweifelt hätte, verächtlich den Rücken gekehrt. Fünf Jahre später war von dem stolzen Bau kein Stein mehr übrig. Die heutige Gewerkschaftsbewegung hat die politische Zersplitterung überwunden. Für ihren Mitgliederbestand hat das erstaunlich wenig bedeutet. Die Gründe dafür sollten von allen Demokraten analysiert werden. Es erscheint mir unzulässig

und leichtfertig, anstatt das Problem zu analysieren es mit ein paar Fremdwörtern wegraisonieren zu wollen.
Das schlagendste Gegenargument gegen diesen Versuch, dem entscheidenden Problem aus dem Wege zu gehen, wird aber vom DGB selbst geliefert, der seit 1963 INFAS, das Institut für angewandte Sozialwissenschaft in Bad Godesberg, so etwas wie einen „Sympathiespiegel“, also das Bild von der Gewerkschaft in der Bevölkerung (und ihren Untergruppen), anfertigen läßt. Die Befragten (in repräsentativer Auswahl) werden gebeten, auf folgende Frage zu antworten:

„Ich hätte gern von Ihnen gewußt, was Sie von den Gewerkschaften, etwa dem Deutschen Gewerkschaftsbund (DGB) halten. Wo stufen Sie den ein? Geben Sie mir bitte die Stufe an.“

Dabei wird ihnen eine von +5 über 0 bis −5 reichende Skala vorgelegt und aus den Einstufungen das arithmetische Mittel errechnet.
Bei allen Vorbehalten gegen Antworten auf Meinungsbefragungen, worauf weiter unten ausführlicher eingegangen werden wird, sollte doch der Auftraggeber nicht völlig an den Resultaten seines Auftrags vorbeigehen.
Ich gebe hier nur die Zahlen des „Sympathiespiegels“ der Gesamtbevölkerung wieder.

Jahr und Jahreszeit

	19 . .									
	Winter 63/64	Sommer 64	Winter 64/65	Sommer 65	66	67	68	69	70	71/72
Bevölkerung insges.	+ 1.2	1.5	1.5	1.7	1.4	1.1	1.7	1.6	1.4	1.6

Also: Maximum + 1.7 in der 10-gradigen Skala im Sommer 1965, Minimum im Herbst 1967 (mitten in der Rezession) + 1.1, im übrigen etwa 1/3 des möglichen poisitven Maximums von + 5. Angesichts dieser Zahlen sollte man schon aus mathematischen Gründen nicht von „qualitativer Stärke“ sprechen!
Die Antwort auf meine eigene Frage, die ich nun in den nachstehenden Übersichten gebe, befriedigt mich immer noch nicht. Es ist mir z.B. nicht gelungen, für alle Beschäftigungszweige eine Spezifizierung der Beschäftigungszahlen oder auch nur die statistischen Angaben für ein und dasselbe Jahr zu erhalten, aber ich kann dem Leser eben nicht mehr bieten, als ich habe, und das ist auf jeden Fall nicht unwesentlich mehr als die „Globalzahlen“, mit denen bis jetzt in der Diskussion gearbeitet wird. Ich bin dem Forschungsinstitut des DGB, dem WSI, herzlich dankbar für die Vorarbeiten, die dort auf meine Bitte gemacht worden sind.
Ich habe nun nachstehend die Übersichten [4] über die organisatorische Repräsentativität der dem DGB angeschlossenen Gewerkschaften nach drei Gesichtspunkten geordnet:

erstens nach der Repräsentativität der Gesamtgewerkschaft, also dem Verhältnis aller Mitglieder zur Gesamtzahl der Beschäftigten im Bereich, der zur „Jurisdiktion" der betreffenden Gewerkschaft gehört. Diese Zahlen konnten für alle DGB-Gewerkschaften errechnet werden;

zweitens nach der Repräsentativität der in den einzelnen Industriegewerkschaften organisierten *Arbeiter* zur Zahl der beschäftigten Arbeiter im Organisationsbereich der betreffenden Gewerkschaft. Diese Zahlen konnten bisher zuverlässig nur für 7 der DGB-Gewerkschaften ermittelt werden;

drittens nach der Repräsentativität der in den einzelnen Industriegewerkschaften organisierten *Angestellten* zur Zahl der beschäftigten Angestellten im Organisationsbereich der betreffenden Gewerkschaft. Diese Zahlen konnten zuverlässig oder mit annähernder Zuverlässigkeit dank dem intensiven Interesse der Angestellten-Abteilung des DGB ebenfalls für 7 Gewerkschaften ermittelt werden.

III: 1. Die Repräsentativität der Gewerkschaften in der Bundesrepublik, berechnet nach der *Gesamtzahl der Mitglieder* (gewerkschaftlich Organisierte in % der Gesamtzahl der beschäftigten Arbeitnehmer, 1970)

Nr.	IG's bzw. Gew.	Beschäftigte (Tsd.)	gew. Organisierte	%
1	Gew. der Eisenbahner Deutschland	432	413.087	95,62 % [1]
2	Deutsche Postgewerkschaft	428	360.961	84,34 % [1]
3	IG Bergbau und Energie	505	392.571	77,74 % [1]
4	IG Chemie-Papier-Keramik	1.114	613.057	54,94 % [2]
5	Gew. Holz und Kunststoff	238	129.830	54,54 % [2]
6	IG Metall	4.531	2.312.294	51,04 % [2]
7	Gew. Leder	130	59.066	45,44 % [2]
8	Gew. Öffentliche Dienste, Transport und Verkehr[3]	2.776	977.031	35,19 % [1]
9	Gew. Textil-Bekleidung	847	287.388	33,93 % [2]
10	IG Bau-Steine-Erden	1.736	511.699	29,48 % [2]
11	IG Druck und Papier	536	150.831	28,14 % [2]
12/13	Gew. Erziehung und Wissenschaft	807	153.876	19,07 % [1]
14	Gew. Nahrung-Genuß-Gaststätten	1.596	247.163	15,49 % [1]
15	Gew. Handel, Banken und Versicherungen	4.300	157.671	3,67 % [1]
16	Gew. Gartenbau, Land- und Forstwirtschaft	2.402	46.085	1,92 % [1]

1 Nach Mikro-Zensus 1970

2 Industrie- und Bauwirtschaftsberichterstattung des Statistischen Bundesamtes

3 (siehe Seite 78)

III: 2. Die Repräsentativität der Gewerkschaften in der Bundesrepublik Deutschland, berechnet nach der Zahl der organisierten ***Arbeiter*** (gewerkschaftlich organisierte Arbeiter in % der Gesamtzahl der beschäftigten Arbeiter, 1970)

Nr.	IG's bzw. Gew.	beschäftigte Arbeiter (Tsd.)	organisierte Arbeiter	%
1	IG Chemie-Papier-Keramik	754	526.095	69,77 % [2]
2	Gew. Holz und Kunststoff	189	122.818	64,98 % [2]
3	IG Metall	3.284	2.087.887	62,36 % [2]
4	Gew. Leder	109	57.184	52,46 % [2]
5	IG Druck und Papier	277	139.506	50,34 % [2]
6	Gew. Textil-Bekleidung	688	269.530	39,18 % [2]
7	IG Bau-Steine-Erden	1.470	482.696	32.84 % [2]

2 Industrie- und Bauwirtschaftsberichterstattung des Statistischen Bundesamtes

III: 3. Die Repräsentativität der Gewerkschaften in der Bundesrepublik Deutschland, berechnet nach der Zahl der organisierten *Angestellten* (gewerkschaftlich organisierte Angestellte – im DGB – in % der Gesamtzahl der beschäftigten Angestellten, 1970)

Nr.	IG's bzw. Gew.	beschäftigte Angestellte (Tsd.)	im DGB org. Angestellte	%
1	IG Chemie-Papier-Keramik	360	86.962	24,16 % [2]
2	IG Metall	1.247	264.407	21,20 % [2]
3	Gew. Holz und Kunststoff	49	7.012	14,31 % [2]
4	Gew. Textil-Bekleidung	159	17.858	11,23 % [2]
5	IG Bau-Steine-Erden	266	29.003	10,90 % [2]
6	Gew. Leder	21	1.882	8,96 % [2]
7	IG Druck und Papier	259	11.325	3,96 % [2]

2 Industrie- und Bauwirtschaftsberichterstattung des Statistischen Bundesamtes

3 Dank dem Entgegenkommen der Gewerkschaft Öffentliche Dienste, Transport und Verkehr (ÖTV) ist es mir möglich, die Repräsentativität des „Ö" in ÖTV, also im Organisationsbereich Öffentliche Dienste, somit vornehmlich Kommunal-, Landes- und Bundesverwaltungen etc., wenigstens annähernd zu berechnen.
Im Bereich Öffentliche Dienste gibt es ungefähr 2.213.000 Beschäftigte, von denen 897.000 der Gewerkschaft angehören, also 40,53 %. Das bedeutet, daß die ÖTV auch nach Abzug von Transport und Verkehr ihre 8. Stelle in der Übersicht III: 1 behalten würde.
Von den im Organisationsbereich Öffentliche Dienste beschäftigten Arbeitern (insgesamt 663.000) hat die ÖTV 500.000 organisiert, das sind 74,21 %. Die Gewerkschaft würde also in der Übersicht III: 2 an die erste Stelle gehören, noch *vor* IG Chemie-Papier-Keramik.
Von den hier beschäftigten Angestellten (insgesamt etwa 848.000) hat die ÖTV 300.000, also 35,38 %.
Diese Repräsentativität ist weit besser als die irgendeiner anderen Gewerkschaft im DGB (vgl. Übersicht III: 3).
Danach ist es klar, wo die gewerkschaftliche Schwäche der ÖTV liegt, die sie trotz führender Position bei den Arbeitern und Angestellten im Gesamtbild (Übersicht III: 1) auf die 8. Stelle drückt: bei den Beamten. Von den etwa 885.000 Beamten im Organisationsbereich gehören der ÖTV nur 111.493 an oder 12,6 %.

Das wäre also das erste, was ich zur Diskussion über die „richtige“ Organisationsform beizutragen hätte. Mir scheint, die obigen Mitgliederzahlen sprechen an sich eine deutliche Sprache. Ihnen ist schwerlich mit den Formeln von „Quantität“ und „Qualität“ beizukommen. Sie sind in jeder Hinsicht ungenügend. Aber eines sollte nun klar sein: Wir haben im vorigen Kapitel von der schnellen Veränderung der Gesellschaftsstruktur der BRD gesprochen und gezeigt (was ja aus vielen früheren Publikationen bekannt ist), daß die Angestelltenschaft in der Arbeitnehmerschaft rapide zunimmt. Sie ist überhaupt die am schnellsten wachsende Sozialschicht im Lande. Der DGB hat mit dieser Entwicklung nicht Schritt gehalten. Ich empfinde unter diesen Umständen die Parole von der Industriegewerkschaft oder, anders ausgedrückt, die Forderung: „Ein Betrieb – eine Gewerkschaft!“ im besten Fall als eine Hoffnung der Gewerkschaften, als eine Art futurologischer Ankündigung, im schlechtesten Fall eben lediglich als eine Parole. Unter allen Umständen aber scheint mir – bei der wirklichkeitsnahen Haltung, die die Gewerkschaften sonst stets für sich in Anspruch nehmen – daraus zu folgen, daß außerordentliche Anstrengungen gemacht werden müßten, um der eignen Forderung und dem eigenen Gesellschaftsbild gemäß zu leben und zu handeln. Daß die gewerkschaftliche Organisation der Angestellten gewisse Probleme aufwirft, ist nicht unbekannt. Im Falle der Angestellten kommt man bestimmt nicht weiter mit der phraseologischen Unterscheidung zwischen „quantitativer“ und „qualitativer“ Stärke, so schwach, wie man in jeder Hinsicht auf diesem Gebiete ist. Was also geschieht seitens der Gewerkschaften an „Besonderem“ für die Gewinnung oder richtiger Wiedergewinnung der Angestellten für den demokratischen Gedanken der gewerkschaftlichen Organisation?
Mein Eindruck nach langjährigem Studium gerade dieser Frage, (Weimarer Republik, in Schweden, in der Schweiz und in Österreich) ist, daß viel zu wenig geschieht, daß die Probleme der gewerkschaftlichen Gewinnung der Angestellten und damit auch der Ausbreitung und Sicherung des demokratischen Gedankens in der BRD sozusagen „nebenbei“, eher von selbst mitlaufen müssen und daß es immer noch ein wenig „unter der Würde“ der Industriegewerkschaften und anderer Gewerkschaften ist, das Problem anzuerkennen und wirklich ernst zu nehmen. Es gibt Ausnahmen, aber es sind eben Ausnahmen.
Ist nicht auch das ein Teil der „Deutschen Tradition“ (in diesem Fall: der deutschen gewerkschaftlichen Tradition)?
Hier sei zunächst noch eine Bemerkung gestattet, die auf einen verwirrenden Umstand hinweist, der mir auch von großem soziologischen Interesse zu sein scheint. Die faktische Entwicklung der gewerkschaftlichen Organisation der Angestellten in der Bundesrepublik hat es unmöglich gemacht, der Organisationsform die Schuld an dem mangelnden gewerkschaftlichen Interesse der Angestellten zuzuschieben. Seit der Spaltung der einheitlichen Gewerkschaftsbewegung zu Ende der 40er Jahre und der Konstituierung einer selbständigen Gewerkschaft nur für Angestellte, der Deutschen Angestelltengewerkschaft (DAG), haben die beiden Typen, die „Einheitsgewerkschaft“ und die spezielle Angestelltengewerkschaft, nebeneinander und gegeneinander gearbeitet. Sicher hat der Kampf der beiden feindlichen Brüder, die ja beide, wenn auch auf verschiedenen Wegen, dem gleichen Ziele zustreben, viele

der Zögernden und Zaghaften und Unentschlossenen davon abgehalten, sich einer der beiden Seiten anzuschließen. Für manche war dieser Kampf um die „richtige“ Organisation wohl auch ein willkommener Vorwand, um sich *nicht* entscheiden zu müssen. Aber die Tatsache, daß *beide* Organisationstypen, das (kurz gesagt) Industriegewerkschaftsprinzip und das Berufsverbandsprinzip, keinen entscheidenden Erfolg hatten, daß DGB und DAG zusammen nicht mehr als 20 % der deutschen Angestellten erfaßt haben und daß die Prozentzahl gegenwärtig (infolge des offenbaren Abbröckelns der DAG-Seite) eher rückläufig ist, kann nur so erklärt werden, daß es keiner Seite gelungen ist, die Angestellten *wirklich anzusprechen, wirklich zu und mit den Angestellten* zu sprechen. Das ist zu Beginn der 1970er Jahre und angesichts des rapiden Anwachsens der Zahl der Angestellten in der BRD eine höchst bedenkliche Tatsache. Ich denke in diesem Zusammenhang nicht einmal an Schweden, wo sich die demokratische Grundhaltung des Volkes *auch* in einem (auch bei den Angestellten fast restlosen) Anschluß an die zuständige Gewerkschaft ausdrückt. Ich denke auch an Österreich, dessen historisches Schicksal ja in vieler Hinsicht dem der BRD ähnlicher ist. In Österreich hat eine vorausschauende Planung der Organisationsarbeit und die richtige „Sprache“ zu den Angestellten und der in allem Wesentlichen gemeinsame Einsatz der Gewerkschaften des Österreichischen Gewerkschaftsbundes dazu geführt, daß die dem Gewerkschaftsbund angeschlossene Gewerkschaft der Privatangestellten ihr Organisationsgebiet fast ebenso restlos deckt wie die entsprechenden Gewerkschaften in Schweden.

Aber weder in Schweden noch in Österreich dürfte es *nur* das bessere Demokratieverständnis oder die bessere Planung oder die „ansprechendere“ Sprache gewesen sein, die den Erfolg herbeiführten. Es war ohne Zweifel auch die rationellere Strategie bei der Organisationsarbeit. Es gehört zur gewerkschaftlichen Tradition, daß man „von unten nach oben“ organisiert. Jedenfalls hat man es so seit dem Beginn der Gewerkschaftsarbeit getan. Man hat dieses sogenannte Prinzip ohne nachzudenken auch in die Arbeit übernommen, die der gewerkschaftlichen Organisierung der Angestellten galt. In der Zeit der Weimarer Republik sind leise Zweifel an der Unfehlbarkeit dieses damals selbstverständlichen Dogmas festzustellen, vor allem bei den Gewerkschaften, die wie der Deutsche Werkmeisterverband und der Bund technischer Angestellter und Beamter vor die Aufgabe gestellt waren, auch höher qualifizierte Angestellte (in der BRD heißen sie heute „Leitende Angestellte“, vgl. nächstes Kapitel) zu gewinnen. In Schweden und Österreich hat man fast gleichzeitig, aber ohne jeden Kontakt miteinander, mit dem alten Prinzip gebrochen. Man organisiert, so weit es nur geht, *von oben nach unten,* die höheren Angestellten (und Beamten) zuerst, dann die unteren. Mit der alten Methode errichtet man sich selbst eine Barriere: man bekommt das Personal in den untersten Positionen – und *deswegen* nicht die höheren und leitenden Stellungen. Es ist deutlich, daß man ähnliche Erfahrungen in der BRD gemacht hat. Der kühne Vorstoß des DGB in das Gebiet der leitenden Angestellten eröffnet auch einen neuen und nach aller Erfahrung richtigen Weg zu den Angestellten, die sich nicht in leitenden Positionen befinden. Der Problemkomplex wird im nächsten Kapitel bei der Diskussion der Probleme der Leitenden Angestellten noch einmal aufgenommen werden.

Wir können also schon zwei Erscheinungen verzeichnen, welche die in der Einleitung aufgestellte Behauptung von einer „charakteristisch deutschen“ Färbung der entscheidenden Umwandlungsprozesse in der neuesten Geschichte belegen: das *Tempo* der Umstrukturierung der Gesellschaft vor einer noch vor weniger als 25 Jahren zu 25 % landwirtschaftlichen Bevölkerungsstruktur zu einer zwei Jahrzehnte darauf zu weit mehr als 40 % „dienstleistungsbestimmten“, ein Tempo, aus dem sich zu erheblichem Teil direkt die sozialen (und politischen) Probleme ergeben, die die BRD und ihre Infrastruktur heute plagen. Um Probleme der Sozialstruktur bewältigen zu können, erfordert es Menschen, die sie zunächst einmal erkennen und formulieren können. Daran hat es lange in der BRD gefehlt. Das ist kein Vorwurf, nur die Feststellung eines nahezu selbstverständlichen Faktums, das schon aus dem Zusammenbruch der deutschen sozialwissenschaftlichen Forschung und Lehre nach 1933, dann aber auch aus dem allzu schnellen Übergang vom chaotischen Trümmerfeld, von akuter Not und politischem Ausgeschlossensein zur wirtschaftlichen Großmacht, zu rapider Kaufkraftsteigerung und Bereicherung sowie einem politischen Umworbensein zu folgen scheint, das man hierzulande noch nie gut ertragen hat.
Dazu kommen dann die soeben angedeuteten merkwürdigen Versuche, die Probleme der Sozialstrukturveränderung auch mit „Ernennungen“ anzugehen, die nichts kosten dürfen, die aber (so hofft man) die Eitelkeit von Nicht- oder Noch-nicht-Angestellten kitzeln können. Völlig selbstverständlich gehen die Betriebe, in denen dieses Spiel getrieben wird, davon aus, daß ein „Angestellter“ etwas „Höheres“ und „Besseres“ sei als ein Arbeiter. Die beiden Gruppen in der Arbeitnehmerschaft unterscheiden sich nach dieser Auffassung, die schon vor 40 Jahren in Deutschland kaum noch laut geäußert werden durfte, nicht etwa durch ihre verschiedenen Aufgaben, sondern durch ihre Stellung in der sozialen Hierarchie.
Zum „deutschen Tempo“ der sozialen Umstrukturierung: Nachholbedarf und – um ein farbloses Wort zu gebrauchen – „Anpassung“ sorgen für dieses Tempo, das, mit amerikanischen Dollars ermöglicht, von den geldgebenden Amerikanern dann als das „deutsche Wunder“ bezeichnet wurde. Es war alles andere als ein Wunder. Es war u.a. die fast selbstverständliche Ausnutzung einer wirtschaftlichen, vor allem weltwirtschaftlichen Chance, und ungestört war ihr Weg auch nicht, wie oben gezeigt worden ist. An der Umstellung nach dem Marshall-Plan war gerade so viel Wunder wie an der sehr schnellen Umstellung der deutschen Wirtschaft in der ersten Rationalisierungswelle nach 1925. Im Grunde verwendete man sogar die gleiche Ankurbelungstechnik, nämlich ausländische Anleihen, die mehr oder weniger – meist weniger! – zurückgezahlt wurden. Auch diesmal waren es wieder topmoderne Maschinen, eine neue Arbeitstechnik und Betriebsorganisation, die der deutschen Wirtschaft einen bedeutenden Vorsprung vor den Konkurrenten auf dem Weltmarkt sicherten, was diese ärgerte, zumindest aber verwunderte.
Auch mit den offiziellen Mitgliederzahlen des DGB und seiner angeschlossenen Gewerkschaften kann man interessante Einblicke in bestimmte Entwicklungstendenzen gewinnen und auf Fragen stoßen, die ich nicht bereit bin, jetzt schon zu beantworten. Ich gebe nachstehend einige dieser Zahlenreihe wieder, die eines detaillierteren Studiums wert wären. Es handelt sich um die Entwicklung der Mitglieder-

zahlen des DGB insgesamt, der im DGB organisierten Angestellten, der Gesamtzahlen der IG Metall, der IG Chemie und der Gewerkschaft Handel, Banken und Versicherungen (HBV). Alle Zahlen umfassen die Jahre 1951–1972.
Es sind die Prozentzahlen der fünf Kolumnen, die ein näheres Studium verdienen:

III: 4. Übersicht über die Mitgliederentwicklung des DGB, der im DGB organisierten Angestellten, der IG Metall, der IG Chemie-Papier-Keramik und der Gew. Handel, Banken und Versicherungen

31.12. Jahr	DGB (Tsd.)	%	davon Ang. (Tsd.)	%	IGM (Tsd.)	%	IG Chemie (Tsd.)	%	HBV (Tsd.)	%
1951	5980	100	639	100	1576	100	460	100	88	100
1955	6105	102	642	100	1658	105	457	99	110	125
1960	6378	106	722	113	1843	117	520	113	131	141
1965	6574	110	835	131	2011	127	542	118	129	147
1966	6537	109	861	135	2024	128	537	117	133	151
1967	6408	107	879	138	1958	124	528	115	137	156
1968	6376	107	896	140	1965	125	534	116	142	161
1969	6482	108	930	146	2071	131	553	120	148	168
1970	6713	112	986	154	2223	141	599	130	158	180
1971	6869	115	1066	166	2312	147	613	133	171	194
1972	6986	117	1141	179	2355	148	627	138	191	217

Wie ersichtlich, hat sich die *Gesamtmitgliedschaft* des DGB in den zwei Jahrzehnten von 1951–1972 um 17 % erhöht. Nach einer sehr langsamen Erhöhung um 9 % bis 1965 gerieten die Mitgliederzahlen in den Sog der Rezession. Sie begannen erst in den 1970er Jahren wieder deutlicher zu steigen.
Bei den *Angestellten-Mitgliedern* ist dagegen ein nicht gebrochener Anstieg zu verzeichnen, der sich während der Rezession verlangsamt, dann aber um so kräftiger wird. Die Entwicklung seit 1969 auf diesem Sektor ist bemerkenswert mit 8 Prozenteinheiten Gewinn von 1969–1970 und sogar von 12–13 Prozenteinheiten von 1970–1972. Gewiß, das Reservoir ist hier praktisch unbegrenzt groß, und 1,1 Millionen Mitglieder in Angestelltenstellungen gibt wenig Anlaß zum Frohlocken, aber alle positiven Entwicklungstendenzen sind auf diesem Gebiet willkommen, besonders wenn man die Entwicklung vom Gesichtspunkt der demokratischen Stabilität der BRD bemißt. Die *IG Metall* hat, wie unsere Übersicht zeigt, nach einem sehr schnellen und kräftigen Start (ab 1951) in den 15 Jahren bis 1965 (wo die Mitgliederzahl schon 27 % über 1951 lag) lange unter der Rezession und ihren Nachwirkungen gelitten. Erst 1969 kann ein neuer Ruck nach oben festgestellt werden, der sich dann bis 1971 beschleunigt fortsetzt.
Bei der *IG Chemie-Papier-Keramik* war der Start nach 1951, was die Mitgliederzahlen betrifft, offensichtlich nicht leicht. Erst 1960 war man 13 % über dem hier als Basis gewählten Jahr 1951 und gewann weitere 5 Prozenteinheiten bis 1965, um dann bis 1969 fast still zu stehen. In den 1970er Jahren erfolgt aber ein veritabler Sprung, der die IG Chemie bis auf 138 im Jahre 1972 (im Vergleich zum Basisjahr) führt.

Die *Gewerkschaft Handel, Banken und Versicherungen* ist mit den Großgewerkschaften nicht ohne weiteres vergleichbar. Sie hat es, wie alle Gewerkschaften der Handelsangestellten in der Welt, schwer, in ihrer Branche Fuß zu fassen, obwohl die Zugehörigkeit von Banken und Versicherungen zu ihrem Organisationsbereich ihre Arbeit im Vergleich etwa zu Schweden und Österreich nicht unwesentlich erleichtern sollte. Bei den Zahlen für HBV sollte man sich nicht so sehr um die ersten 15 Jahre unserer Übersicht kümmern. Dazu sind die absoluten Zahlen zu gering. Bemerkenswert ist aber doch, daß diese Gewerkschaft, die mit großen Anfangsschwierigkeiten zu kämpfen hatte und wohl als einzige auf der ganzen Front der direkten Konkurrenz der DAG ausgesetzt war, seit 1968 so bedeutende Fortschritte hat machen können: plus 7 Prozenteinheiten von 1968–1969, plus 12 Prozenteinheiten von 1969–1970, plus 14 Prozenteinheiten von 1970–1971 und sogar 23 Prozenteinheiten von 1971–1972.

Ob es realistisch ist, aus den in unserer Übersicht aufgezeigten Tendenzen optimistische Schlußfolgerungen für die weitere Mitgliederentwicklung im DGB zu ziehen, lasse ich nach den bisherigen Erfahrungen dahingestellt. Ohne außerordentliche und gezielte Anstrengungen, also auf die besonders ernste Lücke im Organisationsbild der Angestellten gezielte Anstrengungen, wird es bestimmt nicht gehen. Die Initiative der Angestellten-Abteilung des DGB, sich direkt an die sog. Leitenden Angestellten zu wenden, gab Anlaß zu Optimismus. Das allzu schnelle Abbremsen der ersten Initiative, aufgrund des offensichtlich von alter Gewerkschaftstradition diktierten Zauderns der DGB-Leitung und einiger Industriegewerkschaften, scheint einer pessimistischeren Einschätzung recht zu geben.

Ehe ich das Kapitel über die Probleme der deutschen Gewerkschaftsbewegung verlasse, muß eine andere Frage wenigstens angerührt werden, die zu behandeln wenig opportun ist, aber unmöglich aus „diplomatischem Takt" oder wie man eine solche Haltung sonst nennen will, beiseitegeschoben werden kann, da sie unmittelbar die Existenzbedingungen und die Zukunftschancen der Gewerkschaftsbewegung berührt.

Bei den Gewerkschaften und nicht zuletzt bei ihrer Spitzenorganisation, dem DGB, hat die sachlich und faktisch unvermeidliche Herausbildung einer Führungsschicht und die starke Heranziehung von Experten für alle Gebiete gewerkschaftlicher Tätigkeit, kurz: die Bildung einer führenden und dirigierenden Elite, in der deutschen Atmosphäre und unter den Bedingungen der deutschen Eliten-Demokratie zu einer sich ständig verbreiternden Kluft geführt zwischen der sachverständigen und kenntnisreichen „Elite" der Führung, die sich zudem ihrer Verantwortung gegenüber Regierung und Volk voll bewußt war, und den unzureichend informierten Mitgliedern, der viel zu schmalen Basis der Gewerkschaftsbewegung. Dieser Trennungsgraben ist, so scheint es dem Beobachter von außen, heute so breit, daß es fast unmöglich geworden ist, miteinander zu sprechen. Die Versäumnisse vieler Jahre, in denen die Fragen des Aufbaus der neuen Gewerkschaftsbewegung und der Wiederherstellung der ökonomischen und sozialen Positionen der Gewerkschaftsmitglieder ganz und gar im Vordergrund standen, haben zu so großen Verständigungsschwierigkeiten geführt, daß es in Krisenzeiten oft scheint, als spräche man verschiedene

Sprachen. Auch die Informationswege von unten nach oben und von oben nach unten scheinen verstopft: die Führung (auf allen Niveaus) hört und sieht und erfährt nicht, was weiter unten geschieht, und die Mitglieder sind ungenügend oder gar nicht informiert, sie verstehen nicht, was geschieht oder unterlassen wird – und brechen aus. Was fehlt, ist *Vertrauen* der Mitglieder zur „Elite", also zur Führung, der Führung zu den Mitgliedern. Und in das so entstandene Vakuum strömt sofort die Deutsche Tradition: „die da oben! ..." – „die da unten, die ja nicht verstehen, worum es geht ...!"

Nein, sie verstehen wirklich nicht! Denn in einer Eliten-Demokratie ist ein solches gegenseitiges Mißtrauensverhältnis *immer die Schuld der Elite.* Ich werde es noch wiederholen müssen, aber sage es hier schon mit aller Eindeutigkeit: wenn schon „Eliten-Demokratie", dann bitte nicht nur „Elite", sondern auch „Demokratie". Natürlich ist das eine schwere Aufgabe, sogar in einer Eliten-Demokratie, und sogar in einem Volk wie dem deutschen, das aus Tradition bereit ist zu folgen und zu gehorchen, aber Demokratie ist eben eine schwere Aufgabe. Wie in einer Demokratie einmal verlorenes Vertrauen in die Demokratie und ihre Repräsentanten wieder gewonnen werden kann, auf diese Frage weiß ich keine Antwort! Gibt es einen Demokraten, der sie weiß?!

Zweites Kapitel

Die Frage der „Leitenden Angestellten"

Unglaublicherweise spielt die Frage der sogenannten „Leitenden Angestellten" in den 1970er Jahren eine große Rolle in der gewerkschaftlichen Diskussion in der Bundesrepublik Deutschland. Daß es soweit kommen konnte, beruht auf einer Reihe von Umständen, die in der Hauptsache schon in der vorhergehenden Darstellung angedeutet worden sind. Sie sollen aber nun in einer zusammenfassenden Diskussion des Themas noch einmal wiederholt werden.

Bei der Darstellung der Prämissen der Diskussion könnte ich es mir leicht machen: Ich könnte mit einem Achselzucken auf mein Buch von 1962 „Soziologie der Angestellten" [5] verweisen und ohne Übertreibung feststellen, daß die Prämissen der *heutigen* Diskussion und der *heutigen* Probleme der Gewerkschaftsbewegung der Bundesrepublik Deutschland dort ja schon ausgeführt, zumindest skizziert worden sind. Aber das wäre angesichts des Ernstes, mit dem die Diskussion nun wieder geführt wird, zu wenig. Ich bitte also um Entschuldigung, wenn ich mich wiederhole.

Trotz der Behauptung des Gegenteils, die ich verschiedene Male gelesen und gehört habe, ist die Frage der „Leitenden Angestellten" kein „weltweites", sondern ein deutsches Problem. Selbst der, der nichts von gewerkschaftlichen Fragen im Ausland weiß, müßte das bei einiger Sprachkenntnis verstehen: der Begriff „Leitender Angestellter " – mit diesem *spezifischen* Inhalt – ist unübersetzbar. Man kann „cadres" auf französisch sagen, aber das trifft ja nicht die deutsche Begriffsbildung. Danach ist man schon am Ende. Natürlich gibt es in allen Personalstrukturen der Wirtschaftsordnungen der 1970er Jahre, gleichgültig ob sie „kapitalistisch" sind oder eine andere Überschrift tragen, höhere oder beförderte oder qualifizierte Angestellte, – und sie sind fast in allen kapitalistischen Wirtschaften mehr oder weniger „Problemkinder" der gewerkschaftlichen Arbeit. Die Bezeichnung „Leitende Angestellte" aber setzt eine bestimmte Vorstellung von der Wirtschafts- und Gesellschaftsstruktur voraus, eine vertikale nämlich, die aus übergeordneten und untergeordneten Schichten und Positionen besteht. Diese Vorstellung ist im Bereich des deutschen Denkens entstanden. Sie hat in diesem Lande die soziologische Diskussion um die Angestellten von Beginn an unendlich erschwert. Man hat darauf bestanden – und ist bei dieser falschen Fixierung der Erörterungen über die Gesellschaftsstruktur durch die Schaffung einer besonderen Angestelltenversicherung von politischer Seite bewußt und energisch unterstützt worden! –, daß die Angestellten „an und für sich" etwas „Höheres" oder „Besseres" seien als die Arbeiter, *denn* sie seien die „Gehilfen" oder „rechten Hände" des Chefs, des Arbeitgebers, *also* könnten sie doch erstens nicht zur gleichen Sozialversicherung gehören wie die „anderen" und zweitens käme für sie auch die Zugehörigkeit zu einer gewerkschaftlichen Organisation nicht in Frage.

Ich habe nun zu zeigen versucht, daß die Angestellten, seitdem es sie gibt, seit dem Beginn der entwickelten Phase der kapitalistsichen Wirtschaftsordnung – sagen wir hierzulande: seit dem letzten Jahrzehnt des vorigen Jahrhunderts – nicht etwa deswegen sich einer besonderen sozialen Wertung erfreut haben, weil sie Vorgesetzte, also in diesem Sinne „Leitend“ gewesen wären (wenn wir hier der Kürze halber einmal von dem bis vor ganz kurzer Zeit ausschließlich aus der Arbeiterschaft aufsteigenden Werkmeister absehen). Sie verdanken ihre Entstehung und ihre Hochschätzung vielmehr der Delegation von Funktionen, die ursprünglich alle beim Arbeitgeber – Chef konzentriert waren, aber von ihm – mit dem Anwachsen des Betriebes und der damit gegebenen Notwendigkeit für den Unternehmer, sich auf die eigentlichen Führungsaufgaben zu konzentrieren – an nachgeordnete oder untergeordnete Arbeitskräfte delegiert werden mußten. Das war einmal, wenn man will, auch eine Form der Arbeitsteilung.

Auf die Vorstellung, die rechte oder linke Hand des Chefs zu sein (weil die Angestellten einen Teil der Funktionen, die ihr Chef oder sein Vorgänger oder dessen Vorgänger einmal selbst ausführten, nun als Arbeit zugewiesen bekommen hatten), wollten die größten Angestelltenverbände des Kaiserreichs und auch noch der Weimarer Republik ihr soziales „Leitbild“, ihre „Ideologie“ aufbauen. Aus Gründen, die im Verlauf der folgenden Darstellungen verständlicher werden dürften, ist es der deutschen Gewerkschaftsbewegung nie gelungen, die Mehrheit der deutschen Angestellten von der Sinnwidrigkeit dieser Vorstellung zu überzeugen und eine rationale, umfassende Gewerkschaftsbewegung der Angestellten ins Leben zu rufen.

Nach der Entstehung der Angestelltenschaft setzt sich dann die Arbeitsteilung in den Angestelltenstäben weiter fort, und zwar sowohl horizontal (nicht mehr ein Buchhalter, sondern mehrere Buchhalter, nicht mehr eine Schreibkraft, sondern mehrere Schreibkräfte) wie vertikal (nicht mehr ein Buchhalter, sondern ein Oberbuchhalter und – ihm unterstellt – andere Buchhalter mit ihren Gehilfen, nicht mehr ein Konstrukteur, sondern ein Konstruktionschef und – ihm unterstellt – ein oder mehrere Konstrukteure und ihnen zuarbeitend die Zeichner usw.). Daneben gab es auch solche Angestellte, die sich einbildeten, sie hätten Untergebene, und bei dem Gedanken glücklich waren.

Als die Unternehmen wuchsen, also Produktion und Umsatz zunahmen, erwies es sich als zweckmäßig, die wichtigsten Resorts klar voneinander zu scheiden, also die Aufgaben, die einmal alle in der Person des Chefs vereinigt waren, säuberlich zu trennen und an die Spitze jedes Resorts (unter dem Chef, mag er Unternehmer oder schon Generaldirektor gewesen sein) einen verantwortlichen Souschef oder Direktor oder was für einen feinen Titel er nun bekommen haben mag, zu setzen. Das waren also wirkliche „leitende“ Angestellte, sie leiteten ganze Resorts, also z.B. den Inlandsverkauf, den Export, die Finanztransaktionen, die Produktion, das Personal, usw.

Sie waren, wenn man so will, die Feldwebel der Kompanie oder – wenn das zu respektlos klingt – die Hauptleute des Bataillons.

Aus diesen „leitenden“ Herren wurde nur selten etwas mehr. So große Unternehmen holten sich in der Regel ihre wirklichen Führungskräfte, also den Nachwuchs der Chef-Etage, von außen, was zweifellos unrecht gegen die „leitenden“ Angestellten war, aber wohl der Einsicht entsprang, daß zur Leitung größerer Unternehmen mehr gehörte als genaue Kenntnisse gerade dieses Unternehmens oder oft

sogar gerade dieser Branche. Oder anders ausgedrückt: die Chefstellung kann nur selten erdient werden.
(Was – nebenbei gesagt – mit eine Erklärung dafür sein dürfte, daß so viele unbalancierte Typen so oft in den *beinahe* höchsten Stellungen der Unternehmen anzutreffen sind, wo sie festgefahren sind und vergebliche Versuche machen, über die ihnen deutlich spürbaren Hindernisse hinwegzukommen, indem sie sich „zu Tode arbeiten".)
Man kann gegen diese Skizze der wachsenden Betriebsorganisation eventuell einwenden, daß sie zu schematisch sei. Sie ist bewußt verkürzt. Die Entwicklungs*tendenz* gibt sie auf jeden Fall richtig wieder.
Nun aber geschah etwas, was den ganzen, an sich einfachen und logischen Unternehmensleitungsaufbau außerordentlich komplizierte. Irgendwie, fürchte ich, in Anlehnung an den Prozeß der Funktionsdelegation, der einmal im Verlauf der Entwicklung der Unternehmensorganisation zur Entstehung der Angestelltenschaft geführt hatte, begannen nun auch die echten „Leitenden" Angestellten, also die Chefs der Hauptresorts, Aufgaben nach „unten" zu delegieren. Sie setzten es durch, daß sie z.B. einen „zweiten Mann" bekamen, und dieser erreichte es, daß er einen „Assistenten" bekam, und dieser, daß er einen Mitarbeiter bekam, der bald so viel zu tun hatte, daß er ... usw. usw. Irgendwo auf diesem neuen Wege der „Delegation", konnte aber einer auch auf die Idee kommen, daß seine Abteilung von so eminenter Bedeutung war und so intensive Gehirnarbeit erforderte, daß er unter keinen Umständen mehr als 5 Mitarbeiter haben wolle, was selbstverständlich sofort zu einer Verdoppelung des Arbeitseinsatzes – und der Zahl der Abteilungsleiter führte.
Alles dies mag sachlich richtig und berechtigt gewesen sein, und auch noch in der letzten Instanz dieser „Funktionsdelegation" mag es sich um qualifizierte Angestellte gehandelt haben – oder handeln, aber *nur* in der deutschen Wirtschaft ist man auf die Idee verfallen, daß bei diesen Funktionsaufteilungen jedesmal auch ein mehr oder weniger großes Stückchen Leitungsfunktion oder Leitungsbefugnis oder „Führungsqualität" mitfolgen könne.
Auf andere Weise ist es unerklärlich, daß es heute eine ganze Armee von sogenannten „Leitenden Angestellten" in der deutschen Wirtschaft geben soll. Je weiter man hinabkommt, desto weniger „leiten" sie zwar, aber sie sind „Leitende Angestellte". Ich bin vor dem Bild, daß die Angestellten nicht nach Qualitäten unterscheidet, nicht nach *Leistungs*kompetenzen, sondern nach *Leitungs*kompetenzen, versucht, an das erhabene militärische Vorbild zu denken. Auch da ist ja auch noch der Gefreite letzten Endes irgendwie eine Befehlsperson. Was von der Angestelltenschaft übrig bleibt, wenn man die „Leitenden" Angestellten abgezogen hat, ist, scheint mir, die große Masse jener Arbeitnehmer, die von der Automationswelle der 1970er Jahre bereits erfaßt sind oder im Laufe des Jahrzehnts noch erfaßt werden dürften. Die unteren und Zwischenränge der „Leitenden" Angestellten werden dann um 1980 die Computer und Automaten „leiten", ehe die Automation auch sie erfassen wird.–
Es ist unter diesen Umständen nicht weiter verwunderlich, wenn man in der Diskussion um die „Leitenden Angestellten" teils die Behauptung antrifft, es handele

sich bei ihnen um einen Personenkreis, der zur Unternehmerseite, also zur Arbeitgeberseite, zu rechnen sei, teils die gegenteilige Behauptung, es handele sich bei ihnen um nichts weiter als eben um Angestellte, mehr oder weniger qualifizierte Angestellte. *Beide* Behauptungen sind richtig, es kommt eben nur auf den Standpunkt an, von dem aus man urteilt, und es kommt darauf an, worüber man eigentlich redet.

Lange bevor in deutschen Unternehmungen die Unsitte um sich griff, Arbeiter zu Angestellten zu „ernennen", hatten die Unternehmensleitungen begonnen, die Angestellten in Funktionen, die auf die geschilderte Weise durch vertikale Arbeitsteilung entstanden waren, samt und sonders zu „Leitenden Angestellten" zu ernennen. Das schmeichelte sowohl dem infragekommenden Chef wie den betroffenen Angestellten. Es klang viel besser, 20 „Führungskräfte" unter sich zu haben als 20 Angestellte, auch wenn diese noch so tüchtig und qualifiziert waren. Für die sogenannten „Leitenden Angestellten" war die Einordnung in die Unternehmensleitung natürlich ganz besonders erstrebenswert und manchmal sogar viel Geld wert. Hier wiederholte sich, was zu Beginn der Geschichte der Angestelltenschaft die Diskussion und die Haltung der Angestellten selbst zu ihrem eigenen Schaden so unheilvoll verwirrt hatte: die Produktion des Aberglaubens, daß man etwas „Besseres" oder „Höheres" sei als andere im Unternehmen Beschäftigte.

Vor einigen Jahrzehnten unterschied den Angestellten vom Arbeiter in der Angestelltenideologie nicht die andere Funktion, sondern der höhere „Rang". Heutzutage unterscheidet den „leitenden" Angestellten vom „gewöhnlichen" Angestellten in ihrer Ideologie nicht die Qualität oder Bedeutung der ausgeführten Arbeit, sondern – bis auf jene wenigen Ausnahmen, die *wirklich* leiten – ein Titel, bildlich gesprochen: ein mehr oder weniger langes Stück roten„Generalsstreifens" am Hosenbein.

Es war unerhört schwer, die soziale Ideologie vom „höheren Rang" der Angestellten zu durchbrechen und die Angestellten mit der Realität der modernen Wirtschaft und Gesellschaft zu konfrontieren. Nach den miserablen Organisationsverhältnissen der Angestellten in der Bundesrepublik Deutschland zu urteilen, ist der Durchbruch hier immer noch erst teilweise gelungen.

Unterdessen aber hat sich zu dem alten Problem des sozialen Selbstverständnisses der Angestellten das neue und viel kompliziertere Problem des sozialen Selbstverständnisses der „Leitenden" Angestellten gesellt, während gleichzeitig ein bedeutender Teil der ehemaligen Angestelltenarbeit durch die Automaten ersetzt worden ist und durch den gleichen Rationalisierungsprozeß sich die Zahl der Angestellten auf einer höheren Ebene, also der qualifizierten Angestellten, vermehrt hat.

Jede Gewerkschaftsbewegung wird durch diese Entwicklungslinien und Entwicklungstendenzen vor ernste Probleme gestellt. Für die deutsche Gewerkschaftsbewegung in ihrer gegenwärtigen Gestalt und Haltung scheinen mir diese Probleme nahezu unlösbar zu sein. Ich muß hier aus naheliegenden Gründen mich kurz fassen und mich auf Andeutungen beschränken. Es handelt sich ja primär um organisationspolitische Fragen, deren Beantwortung kaum in eine Arbeit wie die vorliegende gehört.

Die außergewöhnlichen Schwierigkeiten, vor die die moderne Entwicklung auf dem Angestelltensektor die deutsche Gewerkschaftsbewegung stellt, dürften in der Hauptsache in drei Fakten begründet sein.

1. Der Deutsche Gewerkschaftsbund hat sich von Beginn an außerstande gezeigt, zu den Angestellten eine realistische Haltung zu beziehen. Eine Bewegung, deren Stolz – und Existenzbedingung – es ist, ihre Verhaltensweise und ihre Aktionen so wirklichkeitsnahe wie nur möglich zu gestalten und jedes Wunschdenken abzulehnen, hat bei der Behandlung der „Angestelltenfrage" und der Angestelltenfragen irreale Vorstellungen und aus unklaren Prämissen hergeleitete fromme Wünsche über Zustand und Entwicklung der Wirtschafts- und Gesellschaftsstruktur nach dem 2. Weltkriege zur Grundlage ihres Handelns gemacht. Das hat natürlich für die Anziehungs- und Werbekraft der Bewegung, die unter so viel günstigeren Bedingungen entstehen konnte als alle ihre Vorgängerinnen im Kaiserreich und in der Weimarer Republik – keine Zersplitterung in politisch oder religiös gefärbte Konkurrenzorganisationen! – unerwünschte Konsequenzen gehabt: man zeigte sich außerstande, zu den Massen der Angestellten zu sprechen, von denen es unterdessen an die 10 Millionen im Lande gibt und deren Zahl ständig steigt. Man war und wurde nicht „ansprechend" für die Angestellten. Der neuerdings des öfteren gehörte Hinweise, man habe doch immerhin nun über 1 Million Mitglieder in Angestelltenstellungen, ist wohl kaum eine Antwort wert. Das ist keine Rechtfertigung, sondern eine Selbstbeschuldigung!
2. Im direkten Zusammenhang mit dem bisher Gesagten steht der Bruderzwist im Angestelltenlager, die Spaltung der Bewegung ausgerechnet bei den Angestellten, und die seitdem tobende, erst neuerdings leise abklingende „Kriegsführung" zwischen DGB und DAG. Ich möchte auf dieses traurige Kapitel der deutschen Sozialgeschichte der Nachkriegszeit nicht näher eingehen. Ich kenne die Akten. Ich wage daher zu sagen, daß selten eine die weitere Entwicklung einer Bewegung, ja des ganzen Landes bestimmende wichtige Frage mit so viel Voreingenommenheit, Vorurteilen, Mißverständnissen und mangelhaften Kenntnissen entschieden worden ist wie dieser sogenannte Konflikt. Da kaum etwas schwerer beizulegen ist als Konflikte zwischen Organisationen, die das gleiche Ziel verfolgen, ist es allen Versuchen zum Trotz immer noch nicht gelungen, eine im Interesse der Gesamtbewegung liegende praktische Lösung zu finden, obwohl man sich in allen Lagern, z.B. der gewaltigen Problematik der „Leitenden Angestellten" durchaus bewußt ist.
3. Bereits am Anfang dieses Abschnitts ist festgestellt worden, daß die offenbar von Hans Böckler herrührende Information über die „Überwindung" der „Spaltung" in Arbeiter- und Angestelltengewerkschaften zu Ende der Weimarer Zeit falsch ist. Unterdessen hat man vielerorts unter Beweis gestellt, daß die angebliche „Spaltung" der Effektivität, der Repräsentativität und dynamischen Kraft der Gewerkschaftsbewegung ausgezeichnet bekommt, *wenn* sich nur alle Beteiligten über Ziel und Methoden einig sind. Ich will gar nicht wieder auf Schweden hinweisen, obwohl die schwedische Gewerkschaftsbewegung teils der Arbeiter (LO), teils der Angestellten und Beamten (TCO) immer noch das überzeugendste

Gegenbeispiel gegen die deutsche Voreingenommenheit auf diesem Gebiete ist. Es genügt ja, wie gesagt, Österreich zu nennen, wo – wie alle wissen – die Gewerkschaft der Privatangestellten zu den 16 satzungsmäßigen Gewerkschaften des Österreichischen Gewerkschaftsbundes (ÖGB) gehört, im Bund jetzt *vor* den Metallarbeitern an 1. Stelle rangiert und in Wien ohne Konkurrenz an der Spitze aller Gewerkschaften steht. Der Vorsitzende der Gewerkschaft der Privatangestellten ist in dieser Eigenschaft, und natürlich als Abgeordneter, vom ÖGB in die Regierung Kreisky entsandt worden, wo er die Stellung als Vizekanzler bekleidet.

Auch wieder ein „Sonderfall"? Keineswegs, sondern die praktische Ausführung einer von Anfang an richtigen Konzeption, die sich – ebenfalls von Beginn an – vom deutschen Gewerkschaftsdogma von der „Einheitengewerkschaft" vorteilhaft durch ihre Wirklichkeitsnähe und Überzeugungskraft unterschied.

Ich habe glücklicherweise keine andere Aufgabe, als über die Bundesrepublik Deutschland zu *schreiben* und ihre Probleme zu *analysieren.* Ich habe keine Problem*lösungen* zur Verfügung zu stellen, selbst wenn ich dazu imstande sein sollte. Ich habe aber bereits betont, daß mir ein Verzicht auf das Dogma der Industriegewerkschaft in der BRD nach 25 Jahren praktischer Anwendung unwahrscheinlich erscheint. Also müssen Lösungen im Rahmen dieser selbstauferlegten Beschränkung gefunden werden. Die selbstverständliche und nächstliegende ist ein ganz bewußtes und zielbewußtes Setzen auf die Angestelltenarbeit beim Deutschen Gewerkschaftsbund und bei den Industriegewerkschaften und größtmögliche Bewegungsfreiheit für die auf diesem für die Gesamtbewegung entscheidenden Arbeitsfeld Tätigen, das an vielen Stellen unerlaubt vernachlässigt worden ist.

Von der Angestelltenarbeit her werden die wirklich ernsten Probleme auf die deutsche Gewerkschaftsbewegung zukommen. Es ist unzulässig, sich einbilden zu wollen, sie an zwei verschiedenen Zentralpunkten, noch dazu etwa mit verschiedenen Zielvorstellungen, lösen zu können. Die Wiedervereinigung von DGB und DAG ist eine selbstverständliche Voraussetzung für jede sinnvolle Gewerkschaftsarbeit unter den Angestellten, also auch den Gruppen, die auf deutsch „Leitende Angestellte" heißen, deren Probleme eben nicht nebenbei oder mit Intuition gelöst werden können. Die Leitenden Angestellten sind *das* große Problem der Bundesgewerkschaftsbewegung in ihrer Gesamtheit. Man hat auch hier aus alter Routine – wie schon oben betont – an den Organisationsmethoden der Vor-Hitler-Zeit festgehalten, anstatt das Ruder herumzuwerfen und wenigstens den Versuch zu machen, die Organisationsarbeit bei den qualifizierten Angestellten zu beginnen. Nun muß man den Preis für dieses Versäumnis zahlen.

Es gibt keine Alternative![6]

Drittes Kapitel

Gegenbeispiel Schweden: Die Arbeit der Kollektivorganisationen

Bevor nun im nächsten Kapitel die Probleme der politischen Kollektivorganisationen in der BRD ausführlicher diskutiert werden, soll hier – im Text wie in der Sache – *zwischen* gewerkschaftlicher und politischer Bewegung darauf aufmerksam gemacht werden, daß in der BRD im Bilde der Kollektivorganisationen im Vergleich zu dem vorbildlichen Land der kollektiven Organisierung und damit der kollektiven Sicherung der modernen Demokratie, also Schweden, eine gewaltige Lücke klafft. Selbst wenn man so großzügig ist, die bundesdeutschen Gewerkschaften mit ihrer Spitzenorganisation, dem DGB, als kollektive „Bewegungen" anzuerkennen (was sie leider nicht sind) und die Parteien als kollektive politische „Bewegungen" (was sie noch weniger sind), so ist es doch definitiv unmöglich, von den Konsumläden (CO OP-Läden) als einer kollektiven „Bewegung" oder auch nur Kollektivorganisation zu sprechen. Von einer „Erwachsenenbildungsbewegung" in der BRD zu reden, ist schon deswegen ausgeschlossen, weil es die entsprechenden ganz Schweden deckenden Großorganisationen des Arbeiterbildungsverbandes (ABF) und des Angestellten- und Beamtenbildungsverbandes (TBV) hier einfach nicht gibt. (Das „Berufsfortbildungswerk" des DGB in diesem Zusammenhang zu nennen, wäre nicht nur vermessen, sondern auch sachlich falsch.)
Deswegen sollen hier in einer kurzen Übersicht zur Information, zum Anreiz oder zur Provokation (wie man will) ein paar Fakten über diese für die Ausbreitung und die Stabilisierung des Gedankens der kollektiven Organisation und der kollektiven Sicherung der Demokratie so bedeutungsvollen Bewegungen mitgeteilt werden. Dabei beschränke ich mich bei den Erwachsenenbildungsbewegungen auf den ABF, um die Darstellung nicht allzu sehr durch Anhäufung von Material zu belasten.

Die Konsumvereine und ihre Spitzenorganisation, der Kooperative Verband (KF)

Zunächst ein paar Zahlen. Die Verkaufssumme von KF und den ihm angeschlossenen Konsumvereinen belief sich 1972 – ohne Mehrwertsteuer – auf über 10 Milliarden Kronen. Die Zahl der Angestellten in den direkt an KF angeschlossenen Betrieben überstieg 25.600, in den Konsumvereinen betrug sie 38.500, zusammen also über 64.000. Die Zahl der Verkaufsstellen erreichte zu Ende 1972 fast 2.600. Die Zahl der Mitglieder in den Konsumvereinen war 1972 1,7 Millionen. Bei einer Familiengröße von durchschnittlich 4 Personen ergibt das rechnerisch, daß fast alle Schweden „ihren" Konsumvereinen angehörten. Diese 1,7 Millionen Mitglieder wählen dann satzungsgemäß jeweils ihre Vorstandsmitglieder, ihre Mitglieder in den Verwaltungsräten, ihre „Bevollmächtigten", ihre „Mitgliederräte" oder „Ladenräte". Auf die Befugnisse oder Aufgaben dieser demokratischen Repräsentanten braucht hier nicht eingegangen zu werden. Sie praktizieren Demokratie, und sie erziehen zu demokratischer Selbstbetätigung, vor allem die Hausfrauen, ihre wichtigsten täglichen Direktkunden.

Über die Bedeutung der „Konsumentenkooperation“, also der Konsumorganisation als „Volksbewegung“, lasse ich zwei sachverständige Schweden sprechen, den Vorsitzenden des Schwedischen Gewerkschaftsbundes Gunnar Nilsson und den Vorsitzenden der SAP (Sozialdemokratische Arbeiterpartei), Ministerpräsident Olof Palme. Beide waren als Vertreter ihrer Organisationen auf dem Kongreß von KF im Juni 1973.

„Ich möchte an die Berührungspunkte zwischen unseren beiden ‚Volksbewegungen‘ erinnern“, sagte Gunnar Nilsson in seiner Ansprache an den Kongreß. „Wir können ohne weiteres feststellen, daß unsere beiden Bewegungen einander ergänzt haben, zwei Seiten ein und derselben Aktivität gewesen sind, beide mit dem Ziel, den Standard der Mitglieder zu erhöhen. Die Gewerkschaften versuchen, dieses Ziel durch Erhöhung der Arbeitseinkommen zu erreichen, die Bewegung der Konsumenten durch ihre Preispolitik und Anleitung zu vernünftiger Haushaltsführung, die die Einkommen so kaufkräftig wie nur möglich machen sollen. *Mit Solidarität kann man eben große Dinge ausrichten.* Unsere beiden Bewegungen werden auf breiter Front von den gleichen Menschen getragen. Diese Einheitsfront von Arbeitnehmern und Konsumenten hat in wichtigen Kommissionsgutachten und Gesetzgebungsarbeiten häufig konkrete Gestalt angenommen.“

Der Ministerpräsident unterstrich in seiner Rede, daß die „konsumentkooperative“ Bewegung bewiesen habe, daß es möglich sei, wirtschaftliche Produktion ohne Gewinninteresse und Machtausübung und Dividendenausschüttung an einige wenige Kapitalbesitzer zu organisieren. Die „kooperative“ Bewegung sei stets ein stimulierender Faktor gewesen, um die Demokratie im Lande zu erweitern und zu festigen. Eine immer intensivere Zusammenarbeit zwischen der „Volksbewegung“ der Konsumenten und den staatlichen Organen sei eine Methode, die die größten Aussichten habe, gute Resultate zu erzielen.

In beiden Reden klang ein Gedanke an, der von großer Bedeutung für das Verständnis der Struktur und die innere Festigkeit der modernen schwedischen Demokratie ist, die Feststellung nämlich, daß diese Demokratie ihre Festigkeit nicht zuletzt den „Querverbindungen“ zwischen den mächtigen Volksorganisationen verdankt und der weitgehenden Personalunion ihrer Funktionäre und Mitglieder. Das gilt für die Gewerkschaften, die Sozialdemokratische Partei (SAP) und die Organisation der Konsumenten. Es gilt auch für die Organisationen der (freiwilligen) Erwachsenenbildung.

Die Organisationen der Erwachsenenbildung (ABF und TBV)

Diese beiden Spitzenorganisationen der Erwachsenenbildung sind in enger Zusammenarbeit mit „ihrer“ gewerkschaftlichen Spitzenorganisation entstanden, stehen aber völlig selbständig neben dem Gewerkschaftsbund (ABF – Arbeiterbildungsverband) resp. TCO (TBV – Bildungsverband der Angestellten und Beamten). Der ABF ist natürlich der ältere, über 60 Jahre alt, der TBV stammt aus den 30er Jahren, ist also erst etwa 40 Jahre alt. Beide Bewegungen arbeiten in der Regel mit Studienzirkeln und spannen über alle Wissensgebiete.[7]

Beide Verbände befinden sich, besonders seit den 50er Jahren, in sehr raschem Vormarsch, ein Ausdruck für das markante Bildungs- und Weiterbildungsinteresse der schwedischen Bevölkerung und vor allem der schwedischen Arbeitnehmerschaft, für die das Schlagwort vom „lebenslangen Lernen" immer deutlicher zu einer realistischen Forderung wird.

Allein im Jahre 1971/72 stieg im ABF die Zahl der Studienzirkel um 11 % auf etwa 76.000 und die Zahl der Teilnehmer um 10,3 % auf über 726.000 oder nahezu 10 % der Gesamtbevölkerung Schwedens, alle Kleinkinder, Schulkinder und Pensionäre eingerechnet. Es gibt übrigens im ABF eine bedeutende Sektion „Kindergruppen" mit gegenwärtig etwa 75.000 Teilnehmern (= Kindern). Um eine Vorstellung von der das ganze Land umspannenden und für *alle* offenen Tätigkeit des ABF, der hier also als Beispiel für beiden Spitzenorganisationen der Erwachsenenbildung dienen mag, zu geben, rechne ich jetzt nur die Hauptgebiete auf, auf denen die 76.000 Studienzirkel tätig sind:

Philosophie, Psychologie, Erziehung, Religion, schwedische Sprache und alle fremden Sprachen, Literatur, Kunst (Theorie und Praxis), Theater, künstlerischer Tanz, Film, Musik (Theorie und Praxis des Instrumentenspiels), Geschichte, Geographie, Soziologie, Internationale Fragen, Gesellschaftskunde, Rechtswissenschaft, Gewerkschaftliche Fragen, Alkohol- und Narkotikafragen, Gesundheitslehre, Medizin, Technik, Verkehr, Navigation, Nationalökonomie, Betriebswirtschaftslehre, Buchführung, Stenographie und Maschinenschreiben, „Heim und Haushalt", Naturwissenschaften, Mathematik, Statistik.

Die größte Studiengruppe ist die Sprachengruppe mit rund 230.000 Teilnehmern, davon 140.000 Frauen, die zweitgrößte die Gruppe für Gesellschaftswissenschaften usw. mit 150.000 Teilnehmern, davon 51.000 Frauen.

Die drei größten Organisationen, die diese umfassende Bildungsorganisation tragen, sind der Schwedische Gewerkschaftsbund, KF und die SAP.

Die Kursteilnehmer zahlen nur unbedeutende Beiträge für ihre Kurse. Die Finanzierung der Gesamttätigkeit erfolgt hauptsächlich durch Staatsbeiträge (fast 54 Millionen Kronen im Jahre 1971/72), durch Beiträge der betr. Provinzen und Städte (zusammen 55 Millionen Kronen) und der Mitgliedsorganisationen (zusammen 700.000 Kronen).

Außerdem erhält der ABF jährlich erhebliche Zuschüsse z.B. von den Gewerkschaften für die gewerkschaftlichen Kurse (über 400.000 Kronen im Jahre 1971/72), von KF für die konsumentinformierenden Kurse (225.000 Kronen) usw.

Viertes Kapitel

Die politischen Parteien in der Bundesrepublik – Träger der Demokratie?

Es ist sicherlich kein Zufall, daß die BRD – neben Italien, das aber hier aus der Diskussion herausbleiben muß – das einzige europäische parlamentarisch regierte Land ist, das den politischen Parteien den Rang von verfassungsmäßigen Institutionen verliehen und ihnen im Grundgesetz spezifische Aufgaben zugeteilt hat. In der BRD war das der Versuch, nach dem Zusammenbruch der faschistischen Diktatur das politische Agieren und das politische Leben überhaupt auf eine völlig neue Grundlage zu stellen, ein Versuch, der in jeder Hinsicht der tradierten deutschen Auffassung über Sinn und Zweck von politischen Parteien widersprach, die Demokratie sichern und auf diesem Wege das Aufkommen neuer antidemokratischer Bewegungen verhindern sollte. Daß moderne Demokratie und moderner Parlamentarismus ohne politische Parteien weder denkbar noch praktikabel sind, deckt sich jetzt mit der herrschenden Meinung.

„Parteien sind die Conditio sine qua non sowohl des modernen Parlemantarismus wie der modernen Demokratie ... . Der Zustand der Parteien und des Parteiensystems sagt über den Zustand eines politischen Systems mehr aus als alle formalen Betrachtungen von Verfassung und Institutionen, mit denen Juristen oder Philosophen die Staaten zu definieren und kategorisieren suchen.“[8]

„Da unter der Herrschaft einer repräsentativen Demokratie ein Parlament nur dann politisch wirksam funktionieren kann, wenn seine Mitglieder zu Parteien zusammengefaßt sind ..., hängt in der Gegenwart der repräsentative Charakter des Parlaments maßgeblich davon ab, daß ... die Wähler sich ... bei der Auswahl der Parteikandidaten beteiligen.“[9]

Auf dem Papier der Verfassungsurkunde ist damit in der BRD mit einem bedeutungsvollen Stück der Deutschen Tradition gebrochen worden, einem Stück, das durchaus jener Zeit der deutschen Geschichte entsprach, in dem auf deutschem Boden sich politische Parteien bildeten und entwickelten: der Zeit der feudalen Gesellschaftsstruktur, die es zulassen mußte, daß in ihr, wie in bürgerlichen oder bürgerlicheren Gesellschaften der Zeit, kapitalistische Unternehmer, kapitalistische Betriebe und kapitalistische Arbeitsverhältnisse tonangebend wurden. In diesem Buche ist schon davon gesprochen worden, daß dieser offenbare Widerspruch zwischen feudaler Gesellschaftsstruktur, feudalen Machtverhältnissen und feudalen Wertungen auf der einen Seite sowie einem „dynamischen“, expansiven und nach außen strebenden Kapitalismus auf der anderen Seite zu in sich widerspruchsvollen und bis zur Lächerlichkeit unversöhnlichen sozialen Attitüden führen mußten. Es zeugt sicher von einer erstaunlichen Anpassungsfähigkeit sowohl auf feudaler wie auf bürgerlich-kapitalistischer Seite, daß es überhaupt möglich war, diese an sich unvereinbaren Gegensätze in ein und demselben Lande gleichzeitig nebeneinander zu ertragen, wenngleich es wohl deutlich ist, daß der „Verlierer“ hierbei bis 1945, zumindest aber bis 1933, die bürgerlich-kapitalistische Seite war. Sie durfte zwar Geld verdienen, viel Geld sogar, aber in der Politik und auf dem Felde der sozialen Wertungen hatte sie wenig oder nichts zu bestellen. Die deutsche Einstellung zu den politischen Parteien ist ja nur ein Ausdruck für diese soziale Ambivalenz. Ein Parlament ohne politische Parteien war im 19. Jahrhundert noch undenkbar (es ist dem Faschismus vorbehalten geblieben, dieses politische Monstrum zu erfinden!). Die bürgerlichen Revolutionen in Frankreich, England und den Vereinigten Staaten ließen die Parteien als Träger verschiedener politischer und sozialer Wertungen entstehen und um die Macht, in der Regel um die Mehrheitsverhältnisse im Parlament, ringen. Der Gedanke muß dem preußisch-deutschen Feudalismus, der mit „Blut und Eisen" politische Herrschaft vor und nach der Einigung des „Reichs", vor allem nach der ersten Teilung Deutschlands, verteidigte, zutiefst zuwider gewesen sein. Völlig vermeiden konnte er in der zweiten Hälfte des 19. Jahrhunderts politische Parteien nicht, aber er konnte versuchen, ihre Zahl zu beschränken, indem er die Sozialisten verbot, und als das mißlang, auf der bürgerlichen Seite die eine oder andere Partei ideologisch-politisch zu korrumpieren, was meisterlich gelang. Auf jeden Fall aber gelang es, die allgemeine Einstellung zu politischen Parteien so zu zersetzen, daß „Partei" im Denken und im Munde der erwachsenen, aber politisch unmündigen Deutschen fast ein Schimpfwort wurde. Die politischen Parteien waren in deutscher Vorstellung nicht die Voraussetzung für eine Gesellschaft, die sich „demokratisch" nannte und eine „demokratische" Verfassung hatte – eine billige Konzession an den kapitalistischen „Untertan" dieses Feudalstaates, der ja als gleichwertiger Wettbewerbspartner auf dem Weltmarkt anerkannt werden wollte –, die Parteien waren geradezu die Feinde einer „vernünftigen Politik". Wir werden den Satz gleich noch einmal zitieren: ‚Politisches Handeln ist entscheiden und nicht diskutieren ...'[10] Das ist die Losung des Kasernenhofs. Politische Parteien heißt Gerede, Geschwätz, Gezänk über die mehr oder weniger großen Fragen der Gesellschaft und der Nation – wo doch alles mit einer „Entscheidung", einem Befehl erledigt werden könnte ... . Das ist preußisch-militärischer Geist, traditionelles obrigkeitsstaatliches Denken, romantische Wirklichkeitsverkennung, wenn man will. Jedenfalls ist es Geist vom Geist der Deutschen Tradition.

Nachdem das Land mit den obrigkeitlichen „Entscheidungen" und den geringgeschätzten politischen Parteien zweimal in einer Generation den verachteten, „geschwätzigen", diskutierenden Nationen auf dem ureigensten deutschen Gebiete, dem militärischen, unterlegen war, beim zweitenmal zerschlagen bis zur tödlichen Ermattung, zogen die Väter des Grundgesetzes der BRD die Konsequenz aus den bitteren Lehren der Geschichte. Sie errichteten eine neue „demokratische und soziale" Demokratie, die auf den Parteien aufbaute. Nachdem sie die verachteten Prügelknaben der Nation gewesen waren, wurden die Parteien mit dem „Parteienprivileg" des Artikels 21 des Grundgesetzes ausgestattet, sie wurden die entscheidenden Institutionen des neuen Staates.

Die Verfasser des Grundgesetzes erwarteten von den politischen Parteien sehr viel: ‚Die Parteien wirken bei der politischen Willensbildung des Volkes mit. Ihre Gründung ist frei.' (Art. 21 GG)

Das war ein totaler Bruch mit allem, was bis dahin in deutschen Köpfen über „politische Parteien" gedacht worden ist. Was hat man in der BRD getan, um diese ebenso großartige wie selbstverständliche neue Konzeption demokratischer Politik an

die Stelle der feudalistisch-verächtlichen, herablassenden, ungeduldig-undemokratischen, durch viele Generationen vererbten Haltung zu setzen?
War es nicht eine typisch deutsche Illusion zu glauben, man müsse nur im Grundgesetz die Demokratie im Lande und in der inneren Ordnung der Parteien *anordnen*, um sie zu haben?
Spricht es nicht Bände, daß es erst eines ultimativen Einspruchs des Bundesverfassungsgerichts bedurfte, um die Parteien des Bundestages zu veranlassen, im Parteiengesetz sich selbst eine gesetzliche Ordnung zu schaffen? Also wieder einmal: „Mehr Demokratie per Dekret?“[11]
Die Parteien sollen bei der politischen Willensbildung des Volkes mitwirken, aber dazu sind sie ja viel zu klein. Um diese Funktion einigermaßen erfüllen zu können, müßten sie wirklich repräsentativ für dieses Volk sein. Wie groß eine Partei sein müßte, um diese Aufgabe erfüllen zu können, ist nicht leicht zu sagen. Als „Partei“ im Sinne „Parteiorganisation“ existierte in der BRD bis vor ganz kurzem nur eine, die SPD.[12] Ihre Mitgliederzahl bewegt sich seit einiger Zeit um eine Million. Das ist genau die Mitgliederzahl der Sozialdemokratischen Partei Schwedens (SAP) – bei einer Bevölkerung, die etwa ein Achtel der Bevölkerung der BRD ausmacht und die noch dazu (wie immer wieder hervorgehoben wird – wenn es paßt!) in einem weit ausgedehnten Lande lebt, in dem Großstädte selten sind. Um also auch nur das schwedische politische Organisationsniveau zu erreichen, müßte die SPD etwa achtmal soviel Mitglieder haben wie gegenwärtig.
Der zweite hier zu behandelnde Punkt wäre der Hinweis darauf, daß eine Partei primär eine Institution zur Durchsetzung von sozialen Wertungen, von Wertvorstellungen darüber ist, wie die Gesellschaft aussehen soll.
Und der dritte Hinweis: Diese Wertvorstellungen werden natürlich in ein und derselben Partei nicht unbedeutend variieren. Eine bestimmte ideologische Bandbreite muß somit gewährt sein, aber sie darf nicht überschritten werden, wenn die Partei nicht funktionsuntauglich, „zerredet“ werden soll. Es gibt keine Partei, die jedem einzelnen zusagt. Man kann sich „seine“ Partei nicht zuschneidern lassen, aber man muß in der Partei, der man angehört, die Chance haben, seine gesellschaftliche und politische Wertung zu vertreten und durchzusetzen.
Damit ist das Problem der „Parteiendemokratie“, d.h. der Demokratie innerhalb der Partei, gestellt, ein für die BRD recht heikles Problem.
Die praktische Arbeit an der Verwirklichung eines politischen Zieles kann in einer Demokratie mit Parteienprivileg, wie die BRD es ist, nur in einer politischen Partei erfolgen. Diese Selbstverständlichkeit stellt nun auch die Frage der innerparteilichen Demokratie auf ihre Spitze. Es muß garantiert sein, daß ein Staatsbürger, wie schon vorher angedeutet, die Chance hat, seine Anschauungen in seiner Partei geltend zu machen und nicht etwa z.B. wegen einer „unbequemen“ Ansicht von Funktionären „abgedrängt“ zu werden. Die „Teilnahme an der Willensbildung“ der Partei muß garantiert sein, es müssen die „Mitbestimmungschancen des Bürgers“, wie B. Zeuner das nennt[13], gewährleistet sein. Was das konkret bedeutet, ist nicht leicht zu formulieren, vor allem „praktisch“, also konkret für das demokratische Handeln. Auch das ist letzten Endes wieder eine Frage der (demokratischen) Wertung. Ist man

der – wie ich meine – abenteuerlichen Auffassung, daß auch in der modernen Gesellschaft und auch bei einem Volk von über 60 Millionen „eigentlich" die direkte Demokratie das leitende Postulat zu sein hat und jede Art von Repräsentation durch Vertreter „eigentlich" eine Verletzung des Geistes der „Demokratie" darstellt, wird man auch politische Parteien nur als „Notbehelfe" anerkennen und die „Befriedigung der Bedürfnisse der Parteimitglieder" durch die Partei zum höchsten Wert erheben. Hält man dagegen die Partei für eine für die Existenz und Sicherung der Demokratie unentbehrliche *kollektive* Organisation, deren politische Zielsetzung den Vorrang vor den Plänen, Zielen und Wünschen des einzelnen haben muß, der zu ihren Formulierungen und Feststellungen selbst beigetragen hat – er ist ja Mitglied der Partei, um diese Zielsetzung zu beeinflussen –, wird die Beurteilung im Einzelfall völlig anders ausfallen.

Keine Partei kann demokratischer sein als das Volk, in dem und für das sie wirkt. Die Popularität des Schlagwortes von „innerparteilicher Demokratie" ist ein schlechtes Zeichen. Gäbe es sie, brauchte man nicht soviel darüber zu reden oder zu schreiben. „Demokratie kann man nur tun!" Auch Parteidemokratie kann man nur tun!

Wie aber „tut" man Parteidemokratie? Meine Antwort ist einfach: ebenso wie im weiteren Rahmen der Gesellschaftsstruktur. Es ist eine naive Illusion, sich einzubilden, eine Partei könne ohne eine sog. Elite auskommen und arbeiten. Sie kann es ebenso wenig wie die Gesellschaft. Die „Profis" der Parteienelite braucht man ebenso nötig wie die Experten im allgemeinen Wirken einer Demokratie. Es kommt „nur" darauf an, welche Stellung sie haben, wieviel unkontrollierte „Macht" sie ausüben können, wie der Nachwuchs geregelt ist. Eliten-Privilegien darf es in einer Partei ebenso wenig, ich möchte sagen: noch weniger geben als in der Sozialstruktur, und nun ganz besonders, wenn erkannt und im Grundgesetz festgelegt ist, daß moderne Demokratie ohne die im Grundgesetz festgestellte Monopolstellung der Parteien bei der politischen Willensbildung nicht möglich ist.

Die Entwicklung der BRD war für das „automatische" Entstehen von demokratisch-organisierten Parteien denkbar ungünstig. Das gilt auch für die Partei mit der offenbar ungebrochensten demokratischen Tradition, also für die SPD, trotz des heroischen Widerstandes gegen Bismarck und das Sozialistengesetz, trotz der demokratischen Opposition gegen das Kaiserreich, trotz des Widerstandes gegen den Nazi-Terror, trotz des Aushaltens in den schweren Jahren der Emigration. Über all dies, auch über die hier absichtlich ausgelassene Weimarer Zeit, wird im Kapitel über die Deutsche Tradition im 4. Abschnitt des Buches noch manches zu sagen sein. Aber alles dies kann ja nicht die Tatsache aus der Welt schaffen, daß es die alliierten Besatzungsmächte waren, die im Juni 1945 feststellten, daß es „in Deutschland keine zentrale Regierung und Behörde (gäbe), die fähig wäre, die Verantwortung für die Aufrechterhaltung der Ordnung, für die Verwaltung des Landes und für die Ausführung der Forderungen der siegreichen Mächte zu übernehmen". Es gab einfach nach den 12 Jahren nationalsozialistischer Diktatur keine funktionierende politische Partei mehr auf deutschem Boden. Die Parteien wurden von den Alliierten neu zugelassen, ihre Neugründung wurde sogar gefördert, von Zone zu Zone verschieden. Vom Beginn an konnten das keine „demokratischen" Organisationen sein, so wenig wie das Militärregime in den Zonen demokratisch war. Vor den politischen Parteien der Weimarer Republik hatten sie nur eines voraus: sie waren weniger an der Zahl.[14] Beim Wiedererwecken und Wiedererwachen des politischen Lebens in der BRD spielten nun diese Parteien eine immer wichtigere Rolle.

Ganz abgesehen von der soeben erwähnten Konzentration auf die „entscheidenden" politischen Wertungen, die als Reaktion auf die schlechten Erfahrungen mit der Aufsplitterung von verschiedenen Varianten der gleichen politischen Grundwertungen in verschiedene Parteien betrachtet werden kann, beeilten sich die beiden großen Parteien, in großen programmatischen Forderungen bereits auf ihren Parteitagen von 1946 und 1947 zu formulieren, wie sie sich die Zukunft des neuen Landes vorstellten, die SPD auf ihrem Parteitag 1946 in Hannover, die CDU in ihrem „Ahlener Programm" von 1947. Beide Programme waren ganz diktiert von Reaktionen auf die Katastrophe der Weimarer Republik. Beide verschwanden schnell unter dem Druck der Notwendigkeit, „hier und heute" politische Entscheidungen treffen zu müssen. Das „Ahlener Programm" ging vor dem Schlagwort Ludwig Erhards von der „sozialen Marktwirtschaft" unter. Die quasi-marxistischen Formulierungen des SPD-Programms von Hannover scheiterten an dem politischen Willen der Partei, nicht nur zu reden, sondern ihre Anschauungen in der Führung der neuen Republik praktisch zur Geltung bringen zu können. Dem mußten auch die höchst zweifelhaften „Erklärungen" des Sieges des Nationalsozialismus und des Untergangs der Weimarer Republik geopfert werden, aber nicht geopfert wurde die Zielvorstellung einer starken und kampfbereiten Demokratie, nicht geopfert wurde die Feststellung: „Es gibt keinen Sozialismus ohne Demokratie, ohne die Freiheit des Erkennens und die Freiheit der Kritik. Es gibt aber auch keinen Sozialismus ohne Menschlichkeit und ohne Achtung vor der menschlichen Persönlichkeit."

Nicht geopfert wurde weiter die Feststellung: „Der Weg zu diesem Ziel kann nur eine starke und kampfbereite Demokratie sein. Es gibt nur eine Demokratie. Es gibt keine bürgerliche und keine proletarische Demokratie, aber ebenso wenig wie es für die heutige Sozialdemokratie einen reformistischen oder einen revolutionären Sozialismus gibt. Jeder Sozialismus ist revolutionär, wenn er vorwärtsdrängend und neugestaltend ist." Nicht geopfert wurden die stolzen Formulierungen vom „Charakter der deutschen Sozialdemokratie, die auf ihrem kompromißlosen Willen zu Freiheit und Sozialismus besteht." „Die deutsche Sozialdemokratie ist stolz darauf, daß sie die einzige Partei in Deutschland war, die unter den größten Opfern für die Ideen der Demokratie, des Friedens und der Freiheit eingetreten ist. Sie ist auch heute die Partei der Demokratie und des Sozialismus in Deutschland."

Übereinstimmend zogen beide Parteien, also auch die CDU/CSU, aus dem Zusammenbruch der Weimarer Republik und der nationalsozialistischen Diktatur den Schluß, daß die bisherige Wirtschafts- und Eigentumsordnung revidiert werden müsse. Aber schon bei der Benennung des Zieles schieden sich die Geister:

Bei der SPD hieß das Ziel „demokratischer Sozialismus", bei der CDU gab es keinen „Namen", sondern nur eine Häufung von antikapitalistischen Forderungen: Vergesellschaftung, Genossenschaftsbildung, Planung usw.

Dann aber kamen 1949 die ersten Bundestagswahlen und mit ihnen jene „unerklärliche Überraschung", die allen „Erkenntnissen" ins Gesicht zu schlagen schien: Der CDU-Sieg über die SPD, die theoretisch das größere Wählerpotential hatte („die" Arbeitnehmerschaft), die die ältere und gefügtere Partei war und die bei den vorausgegangenen Landtagswahlen zusammengerechnet die CDU/CSU hinter sich gelassen hatte. Theoretisch war das alles unbestreitbar, nur hieß der Führer der CDU/CSU Konrad Adenauer, und er, die Vater- oder Großvater-Figur des deutschen Volkes, spielte für die Entscheidung der deutschen Wähler eine viel wichtigere Rolle als „bürgerliche" oder „nicht-bürgerliche" Programmatik.
Dieser Wahlausgang bestimmte die Entwicklung der BRD für zwei Jahrzehnte. Er bestimmte damit nicht nur die Auslegung des Grundgesetzes. Er bestimmte mit dieser an eine politische Führerpersönlichkeit gebundenen unpolitischen Entscheidung auch die Entwicklung der Parteien und ihrer Strukturen. Sie können ja nicht anders sein als das Volk, in dem und für das sie wirkten und wirken wollen. „Parteidemokratie" ohne echte, gelebte, nicht nur formale Demokratie ist ein löbliches, aber unsinniges, irreales Ziel. Die Entwicklung in der BRD hat das, scheint mir, überzeugend demonstriert. Das bedeutet natürlich nicht, daß man aufhören sollte, an der „Demokratisierung" der Parteien zu arbeiten, nur daß man sich darüber klar sein sollte, daß Fortschritte bei dieser Arbeit immer nur bescheiden sein können. Solange die BRD eine Eliten-Demokratie par excellence ist, werden ihre Parteien, auch die SPD, Elitenparteien sein und sein müssen. Die Idee, an diesem selbstverständlichen Zusammenhang etwas zu ändern, indem man neue Parteien gründet oder alte zersplittert, ist infantil und völlig wirklichkeitsfremd. Solange die BRD ist, wie sie ist, also die konsequenteste Eliten-Demokratie, die sogar darauf stolz ist und mit Recht darauf, ein Rechtsstaat zu sein, soll man glücklich darüber sein, an der Spitze der politischen Elite des Landes einen aufrechten und überzeugten Demokraten zu haben, der weiß – oder doch wissen sollte –, wohin der Weg geht. Über dieses zentral wichtige Thema wird an anderer Stelle dieses Buches ausführlicher zu sprechen sein.

Vierter Abschnitt

Die Demokratie als politologisches und soziologisches Problem

Erstes Kapitel

Demokratie – Ideologie und Wirklichkeit

Von Beginn an ist die Entwicklung der Demokratie gekennzeichnet vom Gegensatz zwischen Theorie und Praxis, oder deutlicher: zwischen Ideologie und praktischer Verwirklichung.

Der Gegensatz zwischen den Fanfarenstößen des Naturrechts und der Aufklärung, etwa in Jeffersons „Virginia Bill of Rights" von 1776 oder der Erklärung der Menschen- und Bürgerrechte der französischen Revolution von 1789, und der unvermeidlichen Technik, der Art, diese umwälzenden Gedanken in die politische Wirklichkeit umzusetzen, enthält im Kern bereits die Problematik der Demokratie unserer Tage. Über die von Geburt an gegebene Freiheit und Gleichheit aller Menschen, die „Volonté générale", den „allgemeinen Willen", der im Gesetz nur seinen Ausdruck findet, ließ – und läßt sich hochgestimmt reden, nur: wie macht man das, wie verwirklicht man sie, wie macht man „Demokratie"? Von Beginn an, als Manifestation des selbständig- und mündiggewordenen „Volkes", war es im Kampf gegen die Usurpatoren der Un-Gleicheit, gegen die eigenmächtigen Feudalherren und die Vertreter der Kolonialherrschaft, selbstverständlich, daß das Volk zur Verwirklichung seiner Forderung nach Freiheit und Gleichheit *seine* Repräsentanten wählte. Diese Vertreter der freien und gleichen Menschen waren ebenso selbstverständlich die Kenntnisreichen und Gebildeten, die Vornehmen und die Reichen. Sie gehörten zum Volke, aber sie ragten weit aus ihm heraus.

Es ist ein Drama von gewaltiger weltgeschichtlicher Bedeutung, das hier abrollt: die Siegesgewißheit der demokratischen Provokation, die „Herrschaft des Volkes", der feste, naturrechtlich begründete Glaube an die Unwiderstehlichkeit der Demokratie [1] – und die Technik, zu dem damaligen Zeitpunkt und unter den damaligen Bedingungen – nur ein gewisser Wohlstand garantierte in dieser Periode ein ausreichendes Maß an Bildung, aber auch ganz einfach an Zeit, um die Aufgaben, die mit der Funktion eines Volksvertreters verbunden waren, wahrnehmen zu können – die einzig denkbare und praktikable Art der *Verwirklichung* dieser Gleichheit und Freiheit durch die „Wahl von Vertretern des Volkes".

Die mit solcher Glut beschworene Freiheit ist immer die Freiheit von Willkür, von der Willkür des Machtmißbrauchs, der absoluten Despotie, der Herrschaft Einzelner, der Unterdrückung. In immer neuen Wendungen laufen die amerikanischen und französischen „Menschenrechtserklärungen" Sturm gegen die „unrechtmäßige" Bevorrechtung der autokratischen und feudalen Herrschaft, der unverantwortlichen Ausübung von Macht. „Adel, Hochadel, erbliche und Standesvorteile, Feudalherrschaft", usw. usw. werden durch die französische Verfassung von 1791 abgeschafft.

Die unverantwortliche Macht wird verantwortlich, „repräsentativ“ gemacht, ihre Inhaber müssen gewählt und können abgewählt werden.
Damit meint man das Übel beseitigt, den Einfluß des Volkes gesichert zu haben. Hier ist nicht der Platz, die widerspruchsvollen und großartigen Formeln der „klassischen“ Demokratie-Ideologie im einzelnen darzustellen. Mir liegt nur daran festzuhalten, was so gerne übersehen wird, daß die Schwierigkeiten, in die die Demokratie unserer Tage offensichtlich geraten ist, ihren Grund haben in der (unvermeidlichen) Methode, mit der man sie zu verwirklichen begann. Nur da, wo es sich um geografisch kleinste Einheiten handelte – in bestimmten Communities Neuenglands oder den kleinsten Kantonen der Schweiz – war die „Herrschaft des Volkes“ als Herrschaft des ganzen (anwesenden) Volkes überhaupt denkbar. Sonst gab es eben keinen anderen Weg als den der Vertretung durch freigewählte Repräsentanten. Damit aber war der Weg zur elitären Auswahl geöffnet, und was im 18. und 19. Jahrhundert geradezu als eine Empfehlung für das Herrschaftssystem der Demokratie empfunden werden konnte, die Leitung und Regierung durch die „Gebildeten“, „Fähigsten“, die doch am besten wissen mußten, was der allgemeine Wille wollte und verlangte, – es wurde mehr und mehr eine Belastung für das Prinzip der Demokratie, in neuester Zeit stellenweise eine Belastung bis zur Zerreißprobe.
Wie sich die politologische Theorie dieser Verlagerung der demokratischen Wertung anzupassen verstanden hat, wird im zweiten Kapitel ausführlicher dargestellt werden. In einem besonderen Kapitel wird dann gezeigt werden, welchen Ausweg wir aus dem Dilemma der Theorie und Praxis der repräsentativen Demokratie sehen.
Besonders ausführlich muß natürlich der Zusammenstoß zwischen den historischen Phänomenen der Eliten-Demokratie und der „Deutschen Tradition“, also der speziellen Entwicklung auf deutschem Boden, behandelt werden. Das geschieht im vierten Kapitel: Die Deutsche Tradition.
Bei der Darstellung der klassischen Lehre von der Demokratie können und müssen wir uns kurz fassen. Wir beschränken uns im wesentlichen auf jene Teile der Lehre, die für unsere Analyse hier noch von Bedeutung sind. Wir legen uns also wissentlich eine ganz bestimmte Beschränkung auf: aus dem weiten Gebiet der klassischen Demokratie-Doktrin nur die Gedankengänge auszuwählen, die ein Licht auf das Thema dieser Untersuchung, die Demokratie in der Bundesrepublik Deutschland, werfen können. Auch bei solcher bewußten Begrenzung sind natürlich bestimmte doktrin-historische Diskussionen unvermeidlich. Sie gehören, wie sich zeigen wird, zum Thema.
Dagegen scheint es uns unwesentlich zu sein, in unserem Zusammenhange klarzulegen, auf welche philosophischen Prämissen sich die „klassische“ Lehre einmal gründete, deren Widerlegung, ob nun bei John Locke oder Jean Jaques Rousseau, ob als Ultilitarismus oder als rationalistischer Humanismus heute eine relativ einfache Aufgabe wäre – ohne aber damit das bewußt idealistische Ziel des demokratischen Postulats, wir können auch sagen, das Fundamentale im Menschenbild des demokratischen Postulats, zu berühren.
Die klassische Demokratietheorie ist inhaltlich charakterisiert durch ein bestimmtes Menschenbild und durch die daraus folgenden Annahmen über die bestmögliche Organisation des Zusammenlebens. Ihr zentraler Leitgedanke ist die Idee von der

allgemeinen Gleichheit der freien Menschen. Das ist, wie zur prinzipiellen Begründung der „neuen“ Demokratietheorie, also der demokratischen „Elitentheorie“, oft behauptet wurde (und wird), keine quantitative Aussage, sondern eine qualitative: niemandes Urteil über eine Frage der Gemeinschaft oder auch über einen moralischen Sachverhalt ist höher zu bewerten als das eines Anderen. Die Idee von der „allgemeinen Gleichheit“ der Menschen ist also keine empirische Aussage darüber, daß alle Menschen gleich seien. Sie besagt vielmehr, daß alle Menschen in einem Gesellschaftsverband „gleich“ seien, was die Bedeutung und den Rang ihrer Urteile über die Organisation und die Werte der Gemeinschaft angeht. Oder mit anderen Worten: Auch für den Demokraten, der auf dem Boden der „klassischen“ Theorie steht, ist es selbstverständlich, daß die Menschen in ihren natürlichen und erworbenen Anlagen verschieden sind oder sein können. Daraus folgt für ihn aber keineswegs, daß den Werturteilen und den einzelnen politischen Entscheidungen, die aus ihnen folgen, verschiedene Qualität zukommen. Hier gilt das Prinzip der Gleichheit.
Ausgehend von ihrem Menschenbild besteht die klassische Auffassung der Demokratie darauf, daß der Mensch sich nicht nur im Privatleben, sondern gerade im öffentlichen Leben verwirklichen wird und kann. Es ist keine Voraussetzung dieser Selbstverwirklichung, daß alle über alle Details des öffentlichen Lebens Expertenkenntnisse besitzen, wohl aber daß sie aktiv und verantwortungsbewußt an der Durchsetzung und Durchführung dessen, was sie selbst, jeder Einzelne von ihnen, als richtig und erstrebenswert ansehen, arbeiten und mitarbeiten. In der klassischen Auffassung ist die Demokratie selbst ein *Ziel*.
Was diese entscheidende Formulierung konkret beinhaltet, darüber wird weiter unten noch zu sprechen sein.
Wir sind heute, in den 1970er Jahren nicht nur in der Bundesrepublik Deutschland noch weit von der Verwirklichung des in der Formulierung enthaltenen Postulats entfernt. Es ist eine idealistische Provokation. Die klugen Wortführer des anderen Lagers haben daher oft ein diabolisches Vergnügen daran, die Schalen ihres Spottes und ihrer Ironie über so viel Wirklichkeitsverkennung auszugießen. Ich kann nicht finden, daß die Resultate ihrer, der entgegengesetzten Demokratietheorie, Anlaß zu triumphierendem Jubel geben können. Im Gegenteil! Diese bedauernde Feststellung scheint mir auch und ganz besonders für die Bundesrepublik Deutschland zu gelten. Aber ehe wir uns ernsthaft einer Konfrontation der klassischen und der Eliten-Theorie der Demokratie zuwenden, müssen wir uns näher mit der Frage beschäftigen, wie es zu dieser, heute in weitem Umfang die Welt, die Politik, die Politikwissenschaft und die Haltung großer Kreise „gewöhnlicher“ Staatsbürger beherrschenden elitären Theorie gekommen ist.
Zuvor sei nur noch festgestellt, daß es sich bei diesem Streit um das „Wesen“ der Demokratie keineswegs nur oder in erster Linie nur um wissenschaftliche Feinheiten, theoretische Haarspaltereien oder gar um semantische Willkürlichkeiten handelt. Die Haltung der Menschen zu dem, was Demokratie ist oder sein soll, konstituiert die entscheidende Prämisse für das soziale Zusammenleben, für die Art, wie die Menschen miteinander leben können oder wollen, über alle gegensätzlichen Auffassungen im einzelnen hinweg, also auch über alle sogenannten „weltanschaulichen“, sprich: politischen Differenzen hinweg.

Zweites Kapitel

„Eine andere Theorie der Demokratie"

Die Überschrift dieses Kapitels ist ein Zitat. Zitiert wird die Überschrift des 22. Kapitels des Buches von Joseph A. Schumpeter: Kapitalismus, Sozialismus und Demokratie. Wohl kaum in der Geschichte der Politikwissenschaft hat jemals ein einzelnes Kapitel eines Buches einen ähnlich großen Einfluß auf eine ganze Epoche wissenschaftlichen Denkens in einem bestimmten Land ausgeübt. Nahezu das gesamte Vokabular, einschließlich der zum Markenzeichen gewordenen Bezeichnung „realistisch", findet sich schon hier bei Schumpeter.

Was ist an dieser Theorie realistisch? Was ist an ihr theoretisch? Gegenüber welcher Theorie ist sie die andere? Die „andere" Theorie der Demokratie, die sich selbst als die „realistische" bezeichnet, ist es, die wir als die elitäre Demokratietheorie bezeichnen. Wir gelangen zu dieser Wertung und Bezeichnung, wenn wir sie der konfrontieren, gegenüber der sie selbst sich als die realistische Alternative abzuheben versucht: die klassische Demokratietheorie.

Dabei wird von bestimmten Wertsetzungen ausgegangen, wenn es um unsere Vorstellung von Demokratie geht. Eine wesentliche für unseren Zusammenhang ist die folgende: es gibt eine deutliche und nicht wegzudiskutierende Unterscheidung zwischen demokratischer und Elitentheorie in Bezug auf ihre Wertungen. Selbst wenn eine Elitentheorie sich demokratisch nennt, ist ihre Wertung von der der Demokratie in einem typischen, zentralen Aspekt verschieden, nämlich in der Auffassung über das, was Demokratie ihrem Wesen nach ist. Die Entwicklung der amerikanischen Demokratietheorie seit Schumpeter kann unter dem einen Aspekt gesehen werden, wie nämlich versucht wird, Elitentheorie und Demokratietheorie so zurechtzubiegen, daß sie zusammengehen. Nach unserer eigenen Auffassung wird dabei Unmögliches versucht.

In der klassischen Demokratietheorie ist, wie oben gezeigt wurde, Demokratie durch ein bestimmtes Menschenbild, das Bild von den freien und in der Bedeutung ihres Urteils über die „öffentlichen Angelegenheiten" *gleich*wertigen Menschen gekennzeichnet, die sich gerade im öffentlichen Leben selbst verwirklichen.

Der Elitentheoretiker, gleich ob reaktionär, liberal oder revolutionär, wird von der Feststellung, die Menschen seien verschieden, herleiten, daß auch nur wenige in der Lage seien, sogenannte richtige Entscheidungen zu treffen, daß aber die Mehrzahl der Menschen geführt, geleitet, gelenkt oder regiert werden muß und will. Das ist der fundamentale Unterschied im Menschenbild zwischen Eliten- und Demokratietheorie.

Die Elitentheoretiker behaupten nun von sich, ihre Theorie sei eine empirische Theorie, was wohl so viel bedeuten soll, daß ihre Theorie die Wirklichkeit richtig wiederspiegele. Nur eine Theorie, die von der Wirklichkeit ausgehe, sei realistisch genug und verfalle nicht irgendwelchen idealistischen Träumereien.

Eine Demokratietheorie muß aber gerade auf bestimmten inhaltlichen Aussagen und Wertungen bestehen, selbst oder gerade weil diese „idealistisch" sind. Erst mit diesen Wertungen ausgestattet, ergibt die Analyse der Wirklichkeit ein interpretierbares Bild, und erst von diesen Wertungen her läßt sich nicht nur eine Diagnose stellen, sondern auch eine Therapie verordnen.

Im Hinblick auf die bereits erläuterte Wertprämisse der im obigen Sinne verstandenen Gleichheit aller wird z.B. gerade die Feststellung, daß dieses Postulat in der empirischen Wirklichkeit noch nicht überall seine Verwirklichung gefunden hat, von grundlegender Bedeutung für eine Analyse der betreffenden Gesellschaft sein können und zudem eine Orientierung, die dem praktischen Handeln gegeben werden kann.

Dieser Unterschied im Menschenbild findet seinen direkten Ausdruck in den unterschiedlichen Auffassungen darüber, was Demokratie sei.

Die klassische Theorie wird, wie schon erörtert, darauf bestehen, daß der Mensch, das zoon politikon des Aristoteles, sich gerade im öffentlichen Leben verwirklicht. Die Elitentheorie dagegen wird dem politischen Prozeß im Hinblick auf die Verwirklichung des Einzelnen keinerlei Bedeutung zumessen. Unter dem Gesichtspunkt ihrer Demokratieauffassung wird sie lediglich entscheidendes Gewicht darauf legen, daß die Herrschaft nicht despotisch ausgeübt, nicht entgegen den geäußerten Interessen einer Mehrzahl von einer Minderheit mißbraucht wird. Um das zu garantieren, wird sie Methoden ersinnen, die verhindern können, daß sich die Herrschaft in bestimmten Händen zur Ruhe setzt, wird sie Methoden ersinnen, die die Herrschaft bzw. die Herrschenden zwingen, in gewissem Maße auf die Bedürfnisse der Beherrschten Rücksicht zu nehmen.

Die Methoden, die dieses garantieren sollen (z.B. Wahlen), werden von den elitären Demokratietheoretikern mit den Wertungen selbst *identifiziert. Die Demokratie wird zur Methode.* Zur Methode etwa, mit der man auf die gerechteste Weise den Machtkampf von Eliten, den man dann demokratisch nennt, organisiert.

„Die Demokratie ist eine politische *Methode,* d.h.: eine gewisse Art institutioneller Ordnung, um zu politischen – legislativen und administrativen – Entscheidungen zu gelangen, und daher unfähig, selbst ein Ziel zu sein, unabhängig davon, welche Entscheidungen sie unter gegebenen historischen Verhältnisse hervorbringt.“

Dieser entscheidenden Feststellung von Schumpeter wird noch einmal die Auffassung der klassischen Demokratietheorie konfrontiert, in der die Demokratie selbst das Ziel ist: dies ist nur möglich, weil der Begriff *inhaltlich* definiert wird, weil er nicht nur auf eine abstrakte Methode, auf irgendwelche Spielregeln reduziert ist, wie in dem obigen Zitat sich klar zeigt.

Die Beteiligung der Bürger an den öffentlichen Entscheidungen ist für den Demokraten also nicht lediglich negativ begründet, indem sie der Abwehr von Diktatur oder ähnlichem dienen soll, sondern sie dient in einem positiven Sinne der Emanzipation des Einzelnen, von Beschränkungen seines Bewußtseins und seiner realen materiellen Freiheit, die im Laufe der Geschichte stets darin begründet lagen, daß andere für ihn dachten, daß andere für ihn entschieden, daß er bestenfalls noch selbst aussuchen durfte, *wer* für ihn denken sollte, *wer* für ihn entscheiden sollte.

Oben ist die ironische Haltung der Elitentheoretiker gegen jeden Anhänger der klassischen Demokratieauffassung notiert worden. Peter Bachrach, einer der klügsten Kritiker jener überwältigenden Anzahl von Elitentheoretikern in der amerikanischen Politologie, hat in seinem 1967 erschienenen Buch[2] richtig darauf hingewiesen, daß jemand, der diese – die klassische These von Demokratie – vertritt und als Ziel der Politik und als politisches Ziel ausgibt, von den Realisten für einen hoffnungslosen Träumer im rauhen Alltag der modernen Wirklichkeit gehalten wird. Es gehe gar nicht anders, als daß eine kleine Minderheit allein noch den Überblick behielte über das, was gut sei und nützlich, daß man Spezialisten für Politik brauche, genau wie es in einer arbeitsteiligen Gesellschaft notwendig sei, Spezialisten für die Reparaturen von Kraftfahrzeugen zu haben. „Angesichts des dramatischen Machtzuwachses der Eliten erscheint den meisten führenden Theoretikern ... der Weg demokratischer Selbsttätigkeit als Anachronismus ...: die einzige Alternative sei eine Neudefinierung der Demokratie, die die Betonung lege auf den stabilen, verfassungsmäßigen und liberalen Charakter des Systems des Elitenpluralismus; auf das Konkurrenzverhältnis der politischen Eliten, ihre Verantwortlichkeit gegenüber der Wählerschaft bei den periodischen Wahlen; auf die vielfältigen Einflußmöglichkeiten gegenüber der Elitenmacht, die ja all jenen offenstehen, die die Mühe nicht scheuen, ihre Beschwerden und Forderungen organisiert vorzubringen. In dieser Sicht werden die Eliten zum Kern einer demokratischen, oder wenn man den Terminus vorzieht, polyarchischen Theorie. Gewiß spielt der einfache Mann noch eine Rolle in einem solchen System, da er die Freiheit hat zu wählen und Druck auf die Eliten auszuüben und selbst versuchen kann, in eine Elitenposition aufzusteigen. Aber im großen und ganzen bleibt er relativ passiv, und dies wird auch von ihm erwartet – tatsächlich hängt die Stabilität des Systems davon ab ...“[3] Und als Ergebnis des Zusammengehens von Demokratie- und Elitentheorie faßt Bachrach dann zusammen, was er „Theorie demokratischer Elitenherrschaft“ genannt hat und was den Inhalt seiner Untersuchung ausmacht:

„Das Verhältnis von Eliten und Massen ist gegenüber der klassischen Theorie wesentlich umgekehrt worden. Die Massen, nicht die Eliten werden zur potentiellen Bedrohung für das System, und die Eliten, nicht die Massen sind seine Verteidiger.“

Diese Neudefinierung der Demokratie, von der Bachrach spricht, beginnt offensichtlich mit der Überschrift von Schumpeter, die ich auch diesem Kapitel als Ganzem vorangestellt habe. Die Darstellung und Kritik einer „anderen Theorie der Demokratie“ muß deshalb bei Schumpeter beginnen.

Obwohl Joseph Schumpeter eigentlich Nationalökonom war und auf diesem Gebiet ohne Zweifel große wissenschaftliche Leistungen vollbracht hat, ist es kaum zu bezweifeln, daß seine immense Bekanntheit und Bedeutung auf dem ganzen Feld der Sozialwissenschaften ausgelöst wurde durch ein Werk, mit dem er nach eigenem Eingeständnis die engen Grenzen seiner Disziplin verließ, um, wie er selbst sagt „... die Summe einer beinahe vierzigjährigen Gedankenarbeit, Beobachtung und Forschung über das Thema des Sozialismus in eine lesbare Form zu gießen.“ Dabei habe „... sich das Problem der Demokratie ... den Platz, den es nun in diesem Buch einnimmt, dadurch erzwungen, daß es sich als unmöglich erwiesen hat, meine Absichten über die Beziehung zwischen sozialistischer Gesellschaftsordnung und demokratischer Regierungsform ohne eine ausführliche Analyse der Letzteren darzulegen.“[4]

Das ganze Unternehmen läßt sich, mit Einwilligung und Zugeständnis Schumpeters, in die stattliche Reihe der Versuche einordnen, einen sogenannten „Dritten Weg" aufzuzeigen. Ohne Zweifel ist es einer der aufrichtigsten und interessantesten Versuche. In unserer Fragestellung interessant ist dabei der Abschnitt, der sich, in der eigentlichen Argumentation des Buches nur am Rande befindlich, mit einer kurzen Analyse der modernen Demokratie beschäftigt.
Der neue Ansatz von Schumpeter ist in der Politikwissenschaft unter dem Namen „Konkurrenztheorie der Demokratie" sehr schnell bekannt und von einer Mehrzahl der amerikanischen Politologen auch ziemlich unbeanstandet übernommen worden.
Die wesentlichen Gedanken stellen sich dabei folgendermaßen dar:
Schumpeter bezweifelt in seiner Kritik der klassischen Theorie der Demokratie die Fähigkeit des Volkes, in politischen Entscheidungen „rational" zu handeln.
Andererseits hält er aber die Masse der Wählerschaft für intelligent genug, eine „vernünftige" Auswahl zwischen zur Verfügung, d.h. zur Wahl stehenden Kandidaten zu treffen.
„Wir nehmen nun den Standpunkt ein, daß die Rolle des Volkes darin besteht, eine Regierung hervorzubringen oder sonst eine dazwischengeschobene Körperschaft, die ihrerseits die nationale Exekutive der Regierung hervorbringt."
Schumpeter selbst glaubte, damit nur eine kleine unwesentliche Veränderung, eine Akzentverschiebung gegenüber der klassischen Theorie vorgenommen zu haben. Die Auswahl der Repräsentanten bekommt gegenüber der Entscheidung von politischen Fragen die Priorität, während dieses Verhältnis vorher umgekehrt war.
Tatsächlich ist die daraus resultierende Demokratie nunmehr auf einer ganz anderen begrifflichen und sachlichen Ebene angesiedelt worden. Demokratie, in der klassischen Theorie selbst Idee und Ziel, gedanklich – inhaltlicher Maßstab zur Bewertung empirischer Gegebenheiten in der wissenschaftlichen Analyse und im politischen Handeln ethische Norm, wird bei Schumpeter eine rationale unter anderen weniger rationalen Möglichkeiten der Rekrutierung von Führungskräften.
„Die demokratische Methode ist diejenige Ordnung der Institutionen zur Erreichung von politischen Entscheidungen, bei welcher Einzelne die Entscheidungsbefugnis vermittels eines Konkurrenzkampfes um die Stimmen des Volkes erwerben."
Demokratie ist also nunmehr lediglich eine mögliche Methode der Organisation von Entscheidungen, die noch überhaupt nichts aussagt über die Werte, an denen sich diese Entscheidungen orientieren könnten. Demokratisch ist alles, was durch einen Mehrheitsbeschluß herbeigeführt wurde. Schumpeter läßt keinen Zweifel daran aufkommen, daß er seine Ausführung genau so verstanden haben will (vergleiche sein schon mehrmals angeführtes Zitat: „Die Demokratie ist eine politische Methode"), und wenn man seine vorhergehenden Erläuterungen mit berücksichtigt, in denen er zu verstehen gibt, daß seine Auffassung von Demokratie, wir würden lieber sagen: seine Interpretation der bestehenden demokratischen Verhältnisse, eine rein formale ist, deren einziges Kriterium das Zustandekommen von Entscheidungen durch Mehrheitsbeschlüsse ist.
Offenbar hat Schumpeter (wie andere) bei dem Versuch einer Darstellung der modernen Demokratie immer auf ein idealtypisiertes Bild der englischen Demokratie

zurückgegriffen. Die normativen Vorstellungen ergeben sich aus der Analyse *dieser* Wirklichkeit.

So ist seine Haltung, wenn auch nicht überall ganz kritiklos, auch von führenden skandinavischen Politikwissenschaftlern, wie Herbert Tingsten (Demokratiens Problem – Probleme der Demokratie – Erstauflage 1945) und Alf Ross (Hvarfor Demokratie? Lyngby 1946, hier zitiert nach der schwedischen Ausgabe 1948) übernommen worden. Demokratie, sagt z.B. Alf Ross, „hat als Maßstab ... das Prinzip, daß der durch Abstimmung ausgedrückte Wille der Mehrzahl ausschlaggebend bei politischen Entscheidungen ist, oder mit einem Wort, das Majoritätsprinzip."[5]

Schumpeters Demokratievorstellungen in die Praxis umgesetzt bedeuten die Herrschaft von aufgeklärten Eliten über ein apathisches Volk.

„Herrschaft über ein apathisches Volk"? Ist das nicht eine zu harte Zuspitzung der Gegensätze? Ist das eine gerechte Wiedergabe der elitären Theorie? Ich glaube schon. Es ist so von ihren Vertretern selbst formuliert worden.

Für die klassischen Demokratietheoretiker war die allgemeine Anteilnahme des Volkes am politischen Geschehen, die breitestmögliche Partizipation, der zentrale Wunsch.[6]

Es ist ihr Gegensatz, eben die Apathie, der von den „Revisionisten" der klassischen Demokratietheorie seit den 1950er Jahren eine entscheidende Bedeutung, und zwar gerade für die Bewahrung der Demokratie zugeschrieben wird. Die politische Apathie, die politische Abstinenz, außer in Form (gemäßigter) Teilnahme an Wahlen oder ähnlichem, von den Anhängern der klassischen Ideetradition als das größte Übel in einer Demokratie aufgefaßt und mit Mißtrauen betrachtet, wird nun bei den „Revisionisten" als der wichtigste Schutz des demokratischen Systems angesehen. Gleichzeitig verändern sie total die Rolle der Eliten im demokratischen System. Einer ihrer hervorragendsten Vertreter, Giovanni Sartori, formuliert es so: es ist nicht das Vorkommen von Apathie, sondern das Mißtrauen gegen die Eliten, das heutzutage das große Problem der liberalen Demokratie ist. Solange sich die Demokratie in Opposition gegen ein autoritäres System befindet, müssen wir danach streben, die demokratischen Werte zu maximieren. Das gilt aber nicht mehr, sagt Sartori, nachdem die Demokratie gesiegt hat. Dann kann ein fortgesetztes Streben nach Maximierung der Beteiligung des Volkes am Beschlußprozeß in entgegengesetzter Richtung wirken: die Demokratie kann untergraben werden, wenn das Streben einseitig auf Partizipation, nicht auf Entscheidung durch Eliten ausgerichtet ist. „Mißtrauen gegen und Furcht vor Eliten ist ein Anachronismus, der uns blind macht vor dem Problem der Zukunft ... was uns in Wirklichkeit droht, ist ..., daß die Reaktion gegen die Tatsache der Herrschaft uns zum anderen Extrem, dem Mangel an jeglicher Führung, führen kann."[7]

Schon vorher (1954) hatte Bernard R. Berelson im Schlußkapitel der zweiten Auflage der berühmten Untersuchung über die Meinungsbildung in einer Präsidentenwahl sein Verdammungsurteil über die demokratische Wählerschaft gefällt:

„Wenn das demokratische System ausschließlich auf den Qualifikationen des einzelnen Wählers beruhen sollte, ist es bemerkenswert, daß es Demokratien gibt, die Jahrhunderte überlebt haben. Wenn man die einzelnen Daten geprüft hat, die zeigen,

wie die Individuen die politische Wirklichkeit mißverstehen und wie sie auf irrelevante soziale Einflüsse reagieren, kann man sich nur wundern, wie eine Demokratie jemals ihre politischen Probleme löst“ und: „wo der rationale Mitbürger offensichtlich abtritt, scheinen Engel an seine Stelle zu treten.“[8]
Ich komme noch darauf zurück, aber wieder muß an dieser Stelle ein Vorbehalt bezüglich der Ausführlichkeit und Intensität dieser Darstellung gemacht werden. Hier kann also – leider – keine Dogmen- oder Ideologiegeschichte der amerikanischen Demokratielehre geschrieben werden. Das primäre Ziel dieser Darstellung ist vielmehr, aus den Gedankengängen und theoretischen Darstellungen der maßgebenden amerikanischen Politologen nach 1942 so viel herauszuarbeiten, daß die erstaunliche Breiten- und Tiefenwirkung Schumpeters deutlich wird. Auch dies geschieht nicht „um ihrer selbst willen“, also (deutlicher gesagt) nicht aus theoriegeschichtlichen Gründen, sondern im Hinblick auf die Zielsetzung dieser Arbeit: die Entwicklung der amerikanischen Demokratietheorie ist von entscheidendem Einfluß auf die europäische und damit auch, ja in erster Linie, auf die deutsche „Definition“ von Demokratie gewesen.

Aus diesem Grunde zeichne ich noch einmal das Grundmuster der nun seit 1942 „herrschenden“ Demokratieauffassung auf. Sie ist natürlich nicht von Schumpeter „entdeckt“ worden,[9] aber von ihm in bewußter provokatorischer Formulierung ausgesprochen worden. Ihr überwältigendes Ergebnis kann kaum anders als eine „AHA-Reaktion“ bezeichnet werden: die Politik- und Sozialwissenschaftler, erst Amerikas, dann der Welt, schlugen sich vor die Stirn und dachten: aber natürlich ...! Das, was der Politologie über zwei Jahrzehnte (ganz gewiß auch unter dem Einfluß der faschistischen und nationalsozialistischen Ungeheuerlichkeiten) als „natürlich“ erschien, kann auf drei Thesen konzentriert werden:

1. Demokratie ist kein *Wert* an sich, sondern eine *Methode* zur Rekrutierung und Bestimmung von Führungskräften in einem Gemeinwesen.
2. Demokratisch ist diese Methode, wenn unter den *Bedingungen des freien Wettbewerbs* mindestens zwei „Eliten“ (z.B. Parteiführungen) um die Führung konkurrieren.
3. Das „Volk“, in der Regel also die Wählerschaft, ist nicht in der Lage, konkrete politische Entscheidungen rational selbst zu fällen, es kann aber rational zwischen zwei konkurrierenden Führungsgruppen wählen.

Aus dieser Sicht hat also die Demokratie aufgehört, primär ein sozialer oder politischer Prozeß zu sein. Sie ist eben zu einer politischen „Methode“ degradiert worden, also im wesentlichen zu einem rein technischen Geschehen, das identisch ist mit Wahlen von Repräsentanten. Ist die Demokratie einmal auf diese Weise etabliert worden, muß sie „nur“ noch gesichert werden. Die moderne und realistische Theorie der Demokratie, um Schumpeters Lieblingsworte zu verwenden, ist, kurz gesagt, eine konservierende, eine konservative Theorie. Ihre Analogie zum Modell der liberalen Marktwirtschaft ist konsequent allerdings erst bei Schumpeters Nachfolgern klar ausgesprochen worden.

Genau wie in der liberalen Marktwirtschaft wird dann – was bei Schumpeter nur angedeutet ist – die Konkurrenz (= Möglichkeit der freien Wahl) als Garantie dafür

angesehen, daß das „Bessere" das „Schlechtere" verdrängt, und daß das ganze System sich deswegen so gut bewährt, weil jeder Teilnehmer im politischen „Konkurrenzkampf" (geführt von politischen Parteien und/oder Eliten) gezwungen (!) ist, dem „Verbraucher", in diesem Fall dem Wähler, den besten – politischen – Service oder das beste – politische – Produkt zu offerieren.[10]
Eine Beweisführung durch simple Analogie ist immer gefährlich. Sie ist selten so weit getrieben worden wie in der hier in Kürze zitierten Darstellung, die ja nichts weiter klarlegt als die zugrundeliegende nicht-explizite Wertung des Verfassers. Ein anderer Wissenschaftler der Nach-Schumpeter-Schule treibt die Analogie zur liberalen Marktwirtschaft so weit, daß er – wie auf wirtschaftlichem Gebiet – auch auf politischem Gebiet einen Gleichgewichtszustand, ein Äquilibrium, verlangt und aus diesem scheintheoretischen Grunde jegliche Planung auch im Politischen ablehnt.[11]
„Partizipation" kontra „Apathie" – das sind die beiden Extreme, in die sich die Diskussion um die Demokratie und ihre Verwirklichung seit 30 Jahren gespalten hat. Im gleichen Maße, in dem die Probleme von Staat und Gesellschaft immer komplizierter wurden, wurde auch die Überzeugung stärker, daß der einzelne Staatsbürger in einer Demokratie, der einzelne Wähler also, „davon" ja doch nichts verstünde. Nicht aktive Anteilnahme der Wähler am politischen Geschehen, sondern Beauftragung konkurrierender Eliten durch weitestmöglich freie Wahlen und Expertenherrschaft zwischen den Wahlen, Herrschaft politischer und fachlicher Experten.
Jede dieser Demokratieauffassungen baut auf einem Modell auf.[12] Die einen, die „Normativisten" (so genannt, weil sie für die Organisation der Gesellschaft Richtlinien, normative Sätze, verwenden. Sie haben bestimmte Wünsche für das Ziel ihrer demokratischen Bemühungen, also vor allem höchstmögliche aktive, politische Teilnahme) formulieren ihr Modell etwa so: Demokratie ist mehr als eine bloße Regierungsform mit bestimmten Institutionen, sie ist vielmehr weit darüber hinaus die institutionalisierte Kundgebung eines bestimmten Willens ihrer Mitglieder, die in freier kollektiver Selbstbestimmung eine bewußte und an bestimmten Werten orientierte Gestaltung ihrer öffentlichen Angelegenheiten vornehmen. Das Modell setzt bei den „Betroffenen", den Wählern, voraus: Aktivität, Kompetenz und Kenntnis des gesellschaftlichen Systems (Lewin spricht von „Systemorientierung"), in dem sie leben.
Das Modell der anderen, „neuen" Demokratieauffassung wäre: Demokratie ist eine Regierungsform, durch die die Eliten durch Konkurrenz um die Stimmen der Wähler das Recht zu politischen Entscheidungen erhalten.
Die Voraussetzung für das Funktionieren dieses Modells ist also die – demokratisch gesicherte – Konkurrenz zwischen mindestens zwei Eliten, die „Kompetition" (um den englischen Ausdruck zu verwenden). Daher heißt das Modell in der Fachsprache auch das „Kompetitionsmodell". Irgendeine Norm für den Grad des Wettbewerbs gehört naturgemäß nicht zu diesem Modell. Es registriert nur den herrschenden Zustand, es versucht, ihn wiederzugeben, ohne ihn ändern zu wollen, konstatiert nahezu durchweg eine weitgehende Begrenzung der aktiven Anteilnahme der Wähler, also der „Partizipation" – und beantwortet die Frage, welche *Funktion* diese

Apathie im demokratischen System habe, dahin, daß die Apathie eine „konstruktive Funktion“ für den Fortbestand der Demokratie habe, geradezu ihre Voraussetzung sei. Da diese Frage auf ein funktionalistisches Erklärungsmodell hinzielt, hat Leif Lewin diese immer noch weitaus größere Gruppe „Funktionalisten“ genannt.

Ich habe oben von einer „AHA-Reaktion“ gesprochen, die in der wissenschaftlichen *und* politischen Welt durch Schumpeters „Ansatz“, sein nüchternes und scheinbar un-ideologisches Konstatieren: so ist es, alles andere ist Gerede, hervorgerufen wurde. Man darf nie vergessen, *wann* die Schumpetersche Darstellung entstand: in der qualvollen Zeit der beginnenden 1940er Jahre, als Europa an die faschistischen und nazistischen Diktatoren verloren schien. Da waren die Politikwissenschaftler, und nicht nur sie, ganz offensichtlich erleichtert durch den –naiven – Glauben, nunmehr einen ganzen Wust von Normen und idealistischen Vorstellungen über Bord werfen zu können, die sich bei empirischen Untersuchungen den Versuchen einer exakten Operationalisierung und Messung immer wieder hindernd in den Weg gestellt haben. Nun konnte man – so bildete man sich ein – die „Wirklichkeit“ erforschen, wie sie „in Wirklichkeit“ war, frei von allen Wertungen und Normen oder – in der töricht-provokatorischen Formulierung von D. Boorstein – frei von der „... unamerikanischen (!) Forderung nach einer Philosophie der Demokratie.“[13]

Nun entstanden auch die großen und großartigen Untersuchungen über das Wählerverhalten mit der Pionierleistung von Paul F. Lazarsfeld, Bernard R. Berelson und Hazel Gaudet: „The People's Choice“, dessen erste Auflage 1944 erschien, an der Spitze. In ihr fehlt jeglicher Nachweis der demokratie-theoretischen Prämissen der Untersuchung, aber es wird im Verlauf der Darstellung ganz deutlich, daß sich die Autoren bei der Konstruktion ihrer Indizes, beim Aufbau der Gesamtuntersuchung und bei der Frage, welche Interpretation die gefundenen Ergebnisse erlauben würden, auf ein Konkurrenzmodell der Demokratie stützen. Getestet und untersucht wird die Auswirkung des Konkurrenzkampfes der Parteien auf den potentiellen Wähler. Dabei stehen im Vordergrund die Fragen, ob es bei diesem Kampf um die Gunst des Wählers auch fair zugehe, ob alle die gleichen Chancen haben und welche Faktoren unter Umständen diese Chancengleichheit verhindern usw.

10 Jahre später ist dann Berelson in dem schon erwähnten Schlußkapitel einer neuen großen Untersuchung („Voting“ 1954) fertig, die klassische Demokratietheorie zu modifizieren, so daß die gefundenen Ergebnisse über die Passivität und die Uninformiertheit der Wähler, über ihre mangelnde Bereitschaft zur Überprüfung und eventuellen Änderung des eigenen Standpunktes und der eigenen Entscheidung die klassische Theorie „modernisieren“. Die klassische Theorie, die eine normative Theorie ist, wird mit anderen Worten aufgrund der empirischen Untersuchungsergebnisse so umgestaltet, daß sie mit diesen Ergebnissen „besser übereinstimmt“, methodisch und wissenschaftstheoretisch ein unsinniger Gedanke. Aber wer kümmert sich schon um Logik bei einer solchen wünschenswerten Totalrevision der Demokratietheorie! Und hier kommt nun auch ausdrücklich der Aspekt der „Apathie“, der mangelnden Beteiligung der Wähler am öffentlichen Leben, in die Dis-

kussion um die Demokratie hinein. Die Apathie wird entgegen allen bisherigen Vorstellungen über die Demokratie zu einem stabilisierenden Element. Oder mit Berelsons eigenen Worten: damit „leistet eine individuelle ‚Unzulänglichkeit' ... dem System einen positiven Dienst."[14]

Die Apathie, das politische Desinteresse, hört also auf, ein Warnungszeichen für den mangelhaften demokratischen Zustand der Bevölkerung zu sein. Sie besagt in dieser Auffassung nicht mehr, daß eine „Demokratisierung" der Bevölkerung noch gar nicht (oder nicht mehr) erreicht ist. Im Gegenteil! Es ist nicht mehr die Emanzipation des *Einzelnen,* sondern die Stabilität des *Systems,* die anzustreben ist, und sie kann durch „zu hohe" Partizipation nur gefährdet werden.

Man traut mit anderen Worten der Wählerschaft nicht, man sieht in ihr eher das Gegenteil eines Garanten für den Fortbestand der Demokratie. Alle Eliten-Theoretiker sind vor allem Pessimisten, politische Pessimisten. Sie sind pessimistisch bezüglich des Volkes. Es taugt im Grunde nichts, damit ist jedenfalls politisch nichts oder nur wenig anzufangen. Oben ist schon gesagt worden: es sind die „Massen", die nun eine Gefahr für die Demokratie darstellen, sie sind die Autoritärgesinnten, am konsequentesten in den Arbeiten von Seymour M. Lipset, mit der zum Schlagwort gewordenen Kapitelüberschrift „Working Class Authoritarism", autoritäre Gesinnung der Arbeiterklasse. Am aufdringlichsten kann man es bei dem einst Radikalsten von ihnen lesen, bei C. Wright Mills („Power Elite"): die Masse bestimmt zwar die Politik der Nation, aber sie ist verantwortungslos, unmoralisch und unwissend. Man *müßte* sie beseitigen – aber man *kann* sie nicht beseitigen – denn wer wäre dazu in der Lage? Die „einfachen Leute" sind nach Mills sogar unfähig, ihre eigenen Sorgen als „soziale Fragen" zu verstehen. Die große Mehrheit ist politisch zersplittert, passiv und machtlos.

Man kann sagen, daß Wissenschaftler wie C. W. Mills und ähnliche Extreme einer Gedankenentwicklung darstellen, die wegen ihrer Überspitzung nicht mehr typisch sind. Das mag zutreffen, aber das Argument gilt gewiß nicht für einen international so bekannten und vielgelesenen Autor wie Seymour M. Lipset. Worauf es uns hier ankommt, ist außerdem in erster Linie der Hinweis, daß das Aufgeben des normativen Gehalts der klassischen Demokratietheorie nur scheinbar erfolgt, während es sich in Wahrheit darum handelt, die empirisch erfaßte Wirklichkeit zugleich zu einer neuen Norm auszugestalten. Die Wirklichkeit, also die bestehenden Verhältnisse, werden zum Wert, die Theorie zur Akklamation und Bestätigung, das daraus folgende politische Handeln zum Konservieren und Stabilisieren. Das Verlassen der klassischen Demokratieauffassung und der damit verbundene Ersatz des Individuums, also des demokratischen Menschenbildes, durch die „Sicherung des demokratischen Systems" unter der Leitung von „erfahrenen und verantwortlichen Eliten" (Sartori) muß aber die Vorstellungen von der Demokratie in nahezu unentwirrbare Selbstwidersprüche verwickeln. Der fast an Verzweiflung grenzende Ausbruch bei Mills scheint mir nur das Suchen nach einem Ausweg aus diesem Dilemma anzuzeigen.

Ein anderer Versuch, einen Ausweg zu finden, wäre die von dem jungen Karl Mannheim, also noch aus den 1920er Jahren stammende Idee, den Intellektuellen, der

„freischwebenden Intelligenz", Sorge und Verantwortung für die Entwicklung der Demokratie, ihre Rettung vor der „Radikalisierung der Massen" aufzubürden. Karl Mannheim selbst gab allmählich diese ganz aus der Atmosphäre Heidelbergs jener Jahre stammende Vorstellung von der demokratischen Führerrolle der Intelligenz auf, aber sie sprach offenbar vor allem einige der durch den Nationalsozialismus entwurzelten Wissenschaftler an. So möchte ich z.B. die erstaunliche Tatsache erklären, daß ein Mann wie Franz Neumann zu den „Forschern, Lehrern, Intellektuellen und Künstlern" als Retter der Demokratie seine theoretische Zuflucht nahm, als das „Proletariat" beim Einbruch des Nationalsozialismus den an es von Soziologen gestellten Forderungen nicht entsprach, sich dem Nationalsozialismus zu widersetzen.

Bevor ich nun versuche, in großen Zügen darzustellen, wie die schwedische Demokratie unserer Tage die auch ihr wahrlich nicht fremden Probleme der elitären Demokratie durch bewußtes Wiederanknüpfen an die tragenden Gedanken und Normen der klassischen Demokratietradition in praktischem Handeln anzugreifen versucht, um danach mit einem kühnen Sprung ins andere Extrem die Hauptfragen der „Deutschen Tradition" in Geschichte und Gegenwart zu behandeln, soll hier zunächst noch einmal die theoretische Entwicklung zur „funktionalistischen" Demokratieauffassung mit ihren praktischen Konsequenzen komprimiert zusammengefaßt werden.

Die Voraussetzung für diese Entwicklung ist das Verlassen des klassischen Gedankens von der Demokratie als Bewegung auf einen gesellschaftlichen Idealzustand hin, in dem die Menschen über sich selbst bestimmen. Statt dessen entsteht der Funktionalismus im wesentlichen als ein Produkt zweier Trends:

1. des politisch bedingten Verlangens nach Sicherung des „demokratischen" *Systems,* eine Sicherung, die mit den aktuellen Kenntnissen, Kräften und Kompetenzen der Wähler offensichtlich nicht zu erreichen war. Man zog also aus der Feststellung eines unerwünschten Zustandes, den zu ändern man nicht bereit war (wie es der klassischen Demokratieauffassung entsprochen hätte), den entgegengesetzten Schluß: die Demokratie hat es bisher nicht erreicht, die Wähler zu ändern, *also* muß *sie* den Tatsachen der Unkenntnis und der politischen Interessenlosigkeit entsprechend umgebildet werden. Nicht die Masse, nicht die Wähler schlechthin, sondern die Elite, die Kenntnisreichen, Interessierten und politisch Führenden, müssen die Demokratie garantieren.

   Zu Beginn der demokratischen Entwicklung kann, wie wir angedeutet haben, die Wahl von Reichen und Kenntnisreichen zu Repräsentanten des „Volkes" als historisch bedingt und unvermeidlich angesehen und für die Verlagerung des politischen Schwergewichts von den Wählern zur Elite „verantwortlich" gemacht werden. Spätestens mit Schumpeter aber wurde die Verantwortung der Elite für das Wohl der Demokratie zu einer „Erkenntnis": niemand anders als die Elite konnte die Demokratie tragen. Daran knüpft dann die „Lösung" Schumpeters unmittelbar an. Demokratie gibt es nur, wenn Kompetition unter den Eliten herrscht. Aus den großen Wahluntersuchungen „folgte" das natürlich nicht. Sie zeigten als empirische Untersuchungen ja nur das Bild dessen, was war. Sie konnten nicht zeigen, was sein *sollte*. Aber solche idealistische Forderung, die Aufrechterhaltung des Prinzips, daß Demokratie weiter politische Erziehung der Staatsbürger zu sein habe, schien dem Zeitgeist zu widersprechen. Die Forderung als solche war zwar erhaben, – aber dazu war die Lage zu gefährlich!

2. Diese weitgehend unbewußte politische Kapitulation, die ich soeben zu skizzieren versucht habe, entsprach nun einer mächtigen Tendenz in der Staats- und Politikwissenschaft, nach der auch dieser Wissenschaftszweig nach dem Muster und Vorbild der Naturwissenschaften zu formen sei. Gegenstand auch der Politikwissenschaft seien, so hieß es, die Regel- bzw. die Gesetzmäßigkeiten des politischen Geschehens, des politischen Sich-Verhaltens usw. Nur noch mit beobachteten Fakten solle sich der Politikwissenschaftler beschäftigen. Die Ergebnisse der Politikwissenschaft sollten, soweit nur möglich, quantifizierbar sein und quantifiziert werden. Wertungen, so meinte man, hätten in der Politikwissenschaft nichts zu suchen. (Daß eine solche unkritische Haltung den nichtexpliziten Wertungen das Tor öffnete, verstand man nicht.)

Die meisten dieser „behaviouristischen" Thesen können leicht widerlegbar erscheinen. Aber nicht zu „widerlegen" war die einmal getroffene Entscheidung über Sinn und Ziel der Demokratie.

War die Demokratie nichts als eine Methode, gab es offenbar keinen anderen Weg zu ihrer Verwirklichung als die Elitendemokratie. Es war dann nur konsequent, einen „normalen" Zustand von Apathie zu bewahren und sich damit zu begnügen, das mangelnde Interesse und die mangelnden Kenntnisse der Wähler von Untersuchung zu Untersuchung zu *konstatieren*. An Stoff und Material zu solcher Feststellung mangelte und mangelt es nicht.

War aber die Demokratie ein Ziel, dann stellte sie eine Aufforderung zur Selbstaktivität und zur Selbstverwirklichung des Staatsbürgers dar. Dann aber erhob sich unsere Frage auch in der politischen Realität: Wie macht man das? Hier und heute?

Ganz abgesehen von allen theoretischen Erwägungen erscheint es erstaunlich, daß die mit Schumpeter einsetzende Entwicklung zur reinen Elitendemokratie auch durch die schlechten Erfahrungen, die man mit dieser Art von Demokratie gemacht hat, nicht aufgehalten worden ist. Es sind natürlich sehr starke Interessen, denen an der Bewahrung und Ausgestaltung der Elitenherrschaft unter den demokratischen Formen des politischen Wettbewerbs gelegen ist. Es ist auch eindeutig klar, daß es eine sehr komplizierte Aufgabe ist, die klassische Demokratieauffassung mit ihrer zentralen Forderung nach höchstmöglicher Partizipation in die Wirklichkeit der repräsentativen Demokratie der letzten Jahre des 20. Jahrhunderts umzusetzen. Aber spätestens seit den schwedischen Versuchen, also seit den 1960er Jahren, sollte man verstanden haben, daß es neue Methoden und gangbare Wege dafür gibt, die auszubauen wären. Seit mindestens der gleichen Zeit weiß man auch, daß die Erfahrung mit der Elitenherrschaft in der ältesten Demokratie der modernen Welt, in den Vereinigten Staaten, schlecht sind und geradezu die Tendenz zeigen, sich weiter zu verschlechtern. Und daß die Erfahrungen mit der Elitendemokratie in der jüngsten Demokratie der modernen Welt, also in der Bundesrepublik Deutschland, vorsichtig ausgedrückt, nicht gut, mindestens aber problematisch sind.

Was sind das für schlechte Erfahrungen?

Die Elitendemokratie, die Demokratie als „Methode", schaltet bewußt den Wähler von aller Partizipation, auf wirtschaftlichem Gebiet sagt man „Mitbestimmung", aus und begrenzt seine politische Mitwirkung auf die Teilnahme am Wahlakt, also an der Wahl zwischen konkurrierenden Eliten. Auch in Demokratien mit entwickeltem Parteileben wird die Information und Instruktion der Wählerschaft fast ausschließlich auf die kurze Zeit der eigentlichen Wahlagitation beschränkt und unterliegt in dieser Zeit ebenso unvermeidlich der primären Forderung des Wahlkampfes, also der Forderung, die Wahl zu gewinnen, was keineswegs immer mit den primären Forderungen der politischen Information und Instruktion, d.h. der Vollständigkeit und Richtigkeit, übereinstimmen muß. Ist das primäre Ziel des Wahlganges erreicht und die Wahl abgeschlossen, erlischt weitgehend auch das Interesse an der politischen Aktivität der Wähler. Die Übergabe an die „Eliten", an die politischen und anderen Experten, ist erfolgt. Der Wähler hat seine Funktion erfüllt. Er hat abzutreten.
Es ist nahezu selbstverständlich, daß dieses Wechselbad zwischen der heißen Wahlpropaganda und der kalten und nüchternen Atmosphäre der Nach-Wahlzeit eine Identifikation der eben noch politisch erregten Wählerschaft mit „ihrem" Staat, „ihrer" Demokratie fast unmöglich macht, auf jeden Fall auf das Äußerste erschwert. Widerspricht dann die tatsächlich geführte Politik nach der Wahl noch dazu den Parolen, mit denen die Wahl bestritten und gewonnen worden ist, kann sich in der demokratischen Wählerschaft nicht nur Müdigkeit, sondern auch Empörung ausbreiten, die – wie in den USA – bis zu Zusammenstößen, und zwar gerade mit den jungen und aktivsten Demokraten führen kann. Je bestimmter die Ablehnung von Partizipation, die der Eliten-Demokratie ein Greuel ist, desto geringer die Chance zu einem politischen Konsens, der aktive Teilnahme am politischen Mitgestalten-Können geradezu zur Voraussetzung hat. Der einzelne Staatsbürger in einer Demokratie, die die klassische Forderung nach Maximierung der Partizipation aufgegeben hat, die das Verhältnis von „Massen" und „Eliten" im wesentlichen umgekehrt hat: die Massen, nicht die Eliten bilden nach herrschender Auffassung eine potentielle Bedrohung der Demokratie, die Eliten, nicht die Massen sind ihre Verteidiger, der einzelne Staatsbürger also, dem nach dem System der Eliten-Demokratie gar nichts anderes übrig bleibt als passiv zu werden – und von dem dies auch erwartet wird, denn davon hängt, nach herrschender Meinung, die Stabilität des Systems ab –, er wird in seiner eigenen Demokratie heimatlos und aufgabenlos.

Seine Kontakte mit seiner Gesellschaft und mit dem politischen Leben sind in der Regel lose. Selbst wenn er einer Partei angehört, selbst wenn er in ihr tätig ist, muß es ihm schwerfallen, sich selbst als einen Vollstrecker des „Volkswillens" aufzufassen, ja auch nur ein politisches Ziel konkret zu sehen. Sein Weg zur politischen Einflußnahme ist weit und lang, auch zeitlich. Er führt über die Parteiinstanzen und (oft) die Parteibürokratie. Er stellt große Anforderungen an Stehvermögen, moralische Integrität und charakterliche Zähigkeit, vor allem an jenes Maß von gesellschaftlicher Sozialisation und spezifischer Bildung, das in den meisten Demokratien immer noch einer Minderheit vorbehalten bleibt, nicht zuletzt in der BRD, wie noch zu zeigen sein wird. Die offizielle Ideologie von der Gleichheit der Bildungschancen für alle Bürger wird durch die Wirklichkeit der Eliten-Demokratie schlagend widerlegt, denn ihre primäre Voraussetzung ist die Verwirklichung des allgemeinen Anspruchs auf Bildung für jeden Bürger, unabhängig vom Wohlstand und gesellschaftlichen „Rang" seiner Eltern und vom Lebensalter.

Mit einem Wort: der Wähler *identifiziert* sich nicht oder nur äußerst selten mit einem demokratischen System, das um seine Aktivität zwar mit Worten bittet, ihr aber nur zögernd und oft mit Widerstand Raum gibt. Unter den Spannungen, die in modernen wirtschaftlichen und sozialen Verhältnissen allzu leicht entstehen, bedeutet dieser gewollte und akzeptierte Ausschluß von der Partizipation, wie abermals die tragischen Ereignisse in den USA zeigen, eine direkte Gefährdung des demokratischen Systems.

Könnte ein Weg gefunden werden, der den politischen Einsatz der Einzelnen und Interessierten und Wachen vereinfacht, der den Wähler enger an ein politisches Ziel bindet, indem dessen Erreichung mit von seiner Aktivität abhängig wird, wäre Außerordentliches gewonnen, auch die Öffnung eines Weges aus der politischen Einsamkeit, der Isolierung der Wähler von den politischen Problemen, der Sprengung der Schranke zwischen den Experten und den Trägern der Demokratie, den Einzelnen.

Gibt es einen solchen Weg?

Meine Antwort ist: Ja, es gibt ihn, nicht fertig asphaltiert, aber deutlich erkennbar bereits. Es gilt, ihn auszubauen. Aber wir wollen uns ihm langsam nähern. Die Widerstände, die inneren Widerstände der politischen Eliten in der modernen Demokratie, sind erheblich, wie eben alle Widerstände gegen das Selbstverständliche.

Es gilt also, den aktiven Einsatz der interessierten Individuen zu vereinfachen, den Bürger an ein politisches Ziel zu binden, dessen Erreichung von seiner Aktivität abhängig ist.

Das sind deutlich Formulierungen, die an die Tradition der klassischen Demokratieauffassung wieder anknüpfen.

„Demokratie" soll also wieder „Selbsthandeln", „Selbstaktivität" werden, nicht nur alle drei oder vier oder fünf Jahre mit der (nicht zu verachtenden) Abgabe eines Stimmzettels für eine konkurrierende Partei (= politische Elite) in Erscheinung treten. Auch und gerade zwischen den Wahlen soll die Aktivität und der Einfluß der Einzelnen sichergestellt werden.

Dabei darf keines der wertvollen Resultate verloren gehen, die in der historischen Entwicklung der Demokratie gewonnen werden konnten. Unter keinen Umständen darf die repräsentative Demokratie in Gefahr geraten oder auch nur in Frage gestellt werden.

Unter keinen Umständen darf der neue Weg in die Abgründe der Volksabstimmungsdemokratie, der sogenannten „direkten" Demokratie führen, die demokratiefeindlichen Demagogen die Tore öffnet. Was anzustreben ist, möchte ich der Einfachheit halber in drei Programmpunkten zusammenfassen:

1. Die unentbehrlichen Formen der repräsentativen Demokratie bleiben erhalten;
2. die Apathie, das Desinteresse am Ergehen und an der Gestaltung der Gesellschaft und des Staates, in denen man selbst lebt, also der *eigenen* Gesellschaft und des

eigenen Staates, muß soweit wie möglich und so schnell wie möglich beseitigt werden;

3. anders ausgedrückt (oder als Konsequenz des zweiten Programmpunktes): die Partizipation, also die Selbstaktivität und Selbstverantwortung der Staatsbürger, ihr Wille und Wunsch nach Mitwirkung bei der Lösung aktueller Probleme, also nach *Teilnahme* an der praktischen Gestaltung und dem Ausbau des eigenen Gemeinwesens, muß so groß wie möglich werden, „maximiert" werden.

Unsere drei Programmpunkte bedürfen einiger Vervollständigungen.

Sie knüpfen bewußt an die Prämissen der klassischen Demokratieauffassung an. Demokratie soll nach ihnen wieder ein Ziel werden, nicht nur eine Methode der Wahl zwischen alternativen Eliten bleiben. Die drei Punkte sind im Gegensatz zur herrschenden Auffassung und Praxis diktiert vom Vertrauen zum Volke, nicht vom ängstlichen Mißtrauen gegen es. Damit setzen sie voraus, daß die Demokratie ein gewaltiger politischer Erziehungsprozeß werden muß, der sich nach dem Menschenbild der klassischen Demokratieauffassung ausrichtete, nach dem Willen zur Selbstverwirklichung durch die Tätigkeit für die Gemeinschaft. Nur sehen wir die Größe und Schwierigkeit der demokratischen Erziehung, der Erziehung zur Demokratie, heute viel genauer als die klassischen Demokratietheoretiker des 18. und 19. Jahrhunderts.

Demokratie ist eine Frage des Sich-Verhaltens *und* eine Frage der Kenntnisse, des Informiertseins. Demokratie ist also gleichzeitig eine moralische *und* eine intellektuelle Frage. Beide Seiten des Problems sind durch die moderne Entwicklung so kompliziert geworden, daß man die Zweifler begreifen muß, die die Durchführbarkeit der klassischen Auffassung heute mehr den je für unmöglich halten, für eine unrealistische Illusion, und, erschreckt von der Größe der Aufgabe, sich in die weniger abenteuerlichen Gefilde der Eliten-Demokratie flüchten.

Dazu wäre zu sagen:

1. Es ist eine Frage der Wertung, ob man Demokratie als Gesellschaftsform mit maximierter Partizipation versteht oder als Gesellschaftsform der Herrschaft und Vorherrschaft von Eliten, was identisch ist mit der „freiwilligen" Unterordnung der „breiten Masse".
2. An und für sich ist es daher unmöglich zu entscheiden, welche Alternative „recht" hat, aber es wird immer deutlicher, daß ein demokratischer Zustand, der die Demokratie nur als Methode (der Rekrutierung von Führungskräften) auffaßt und nicht als Hoffnung und Ziel, sich selbst in Frage stellt und offenbar in Gefahr gerät, allmählich oder plötzlich beseitigt zu werden. Oder anders ausgedrückt: nur die *idealistische* Fundierung der Demokratie auf der Forderung nach höchstmöglicher Partizipation kann *realistisch* den Bestand der Demokratie garantieren.
3. Die Frage der Anwendung und Einschaltung von Experten, also der sachverständigen Behandlung und Erledigung der Probleme des Gemeinwesens, hat überhaupt nichts mit den hier diskutierten Alternativen zu tun. Selbstverständlich muß auch ein modernes Gemeinwesen mit maximierter Partizipation sich auf allen Gebieten der Experten bedienen. Die Frage ist tatsächlich nicht *ob*, son-

dern *wie*, in *welchen sozialen Funktionen und Stellungen* die Sachverständigen angewendet werden, und darüber hinaus: was eigentlich „Sachverstand" ist. Wie noch zu zeigen sein wird, ist es ein großer und charakteristischer Irrtum anzunehmen, daß Expertise in jedem Fall und in jeder Situation ein theoretisches Studium (möglichst mit abgeschlossenem Examen) voraussetzt.

Das wird hier aufgrund der schwedischen Erfahrungen festgestellt, die sich in dieser Hinsicht sicherlich nicht prinzipiell von denen anderer Länder unterscheiden, und in Kenntnis der Ergebnisse der bisher in der Welt durchgeführten empirischen Untersuchungen über den Informationsstand der Staatsbürger. Diese Ergebnisse sind von der Art, daß sie die Aufgaben der politischen Information und Instruktion zum Kardinalproblem der modernen Demokratie machen sollten. Die Resultate sind einer Demokratie unwürdig, *also* müssen *sie* geändert werden, nicht die Demokratie!

Eine Demokratie muß *gelebt* werden. Es genügt also nicht, daß sie in vorzüglichen juristischen Formulierungen im Grundgesetz oder in der Verfassung niedergelegt ist. Eine „gelebte Demokratie" bedeutet – um eine Formulierung von Leif Lewin zu gebrauchen – eine „reflektierte Wertgemeinschaft" [15], also das Gegenteil eines sogenannten Konsens, der die *Nicht*-Teilnahme breiter Massen des Volkes zur Voraussetzung hat. Diese „reflektierte Wertgemeinschaft" muß geschaffen werden durch demokratische Erziehungs- und Informationsarbeit. Sie bildet die Grundlage für die freie intellektuelle Entwicklung aller Staatsbürger. Sie ist die „Utopie der Klassiker", um noch einmal Leif Lewin zu zitieren.

Ein paar besondere Themen, die in den bisher geführten Gedankengang über die auf höchstmöglicher Partizipation ruhende Demokratie hineingehören, sollen hier noch kurz behandelt werden. Sie sind während der Niederschrift in der Bundesrepublik Deutschland aus bestimmten Anlässen erörtert worden, ohne daß die Erörterungen mehr getan hätten als die Verwirrung zu erhöhen. Das Phänomen der verwirrten Erörterungen ist aber beileibe nicht auf die Bundesrepublik Deutschland beschränkt.

Das erste dieser Themen wäre das Verhältnis der Demokratie zur „Wahrheit". So moralisch ist es in der deutschen Diskussion formuliert worden. Dabei handelte es sich gar nicht um „Wahrheit", sondern um etwas – von *unserer* Prämisse her – bedeutend Einfacheres, nämlich um vollständige Information. In einer Eliten-Demokratie mit minimaler Partizipation ist es allerdings ein Problem für die Elite, wieviele ihrer Kenntnisse sie jeweils der „Masse" mitteilen soll. Für den Feudalismus und seine Politiker oder Politologen, für – sagen wir – Machiavelli und Metternich, existierte das Problem nicht: ein Herrscher und Fürst muß im Leben ein Fuchs sein, die Abwesenheit moralischer Skrupel, die Bereitschaft, Information in kleinen Dosen zuzumessen, wie es den von ihm definierten Regierungszielen entsprach, war ein Zeichen seiner politischen Begabung.

Das Nichterteilen von Information wurde hinter dem durchsichtigen Schleier der „Staatsraison" verborgen. Da, wo die feudale Tradition noch lebendig ist, oder aber die sogenannte Staatsraison als billiger persönlicher Vorwand herhalten muß, um kritische, diplomatische Schachzüge oder auch ganz einfach politischen Ehrgeiz zu verbergen, hat sich der Geist (oder Ungeist) der Herren Machiavelli und Metternich

bis in unsere Tage erhalten. Voraussetzung ist jeweils, daß von gelebter Demokratie (trotz demokratischer Verfassung) keine Rede sein kann. Ein geglücktes Experiment in modernem Machiavellismus war offenbar die Algerienpolitik des General de Gaulle. Er tat nach seinem Machtantritt das Gegenteil von dem, was er vorher gesagt hatte und womit er zur Macht gekommen war, weil *er* wußte, daß eine andere Entscheidung für Frankreich eine Katastrophe bedeutete. Ein mißglücktes Experiment in modernem Metternichanismus war die Politik Henry Kissingers gegenüber Nord-Vietnam, die zu einer auf absehbare Zeit irreparablen Erschütterung der Glaubwürdigkeit der amerikanischen Außenpolitik geführt hat. Diese Art von Problemen mit ihren diplomatischen Schachzügen und inneren Widersprüchen sind unter demokratischen Verhältnissen nur in einer Elitendemokratie möglich. Das bedeutet nicht, um diesen billigen Einwand sofort zu beseitigen, daß eine Demokratie mit hoher Partizipation alle ihre sogenannten Staatsgeheimnisse auf der Straße herumreden würde, wohl aber, daß sie durch Information und Diskussion eine „reflektierte Wertgemeinschaft" ihrer Staatsbürger herbeiführt und diese nicht vor vollendete Tatsachen stellen würde, die sie allein auszubaden hätten. Wir sind damit wieder zurück an einem Punkt, der schon oben eine Rolle in der Diskussion gespielt hat: ist eine Demokratie denkbar und auf die Dauer durchführbar, die nicht vom Mißtrauen gegen den „Souverän", also das Volk, beseelt ist?
Das zweite Thema wäre das Thema der Gleichheit. Dazu habe ich mich bereits geäußert und festgestellt, daß es sich bei der demokratischen Forderung oder Prämisse der „Gleichheit" nicht um die „quantitative Gleichheit", sondern um die „qualitative Gleichwertigkeit" handele. Es gibt kaum ein Thema in der Diskussion über Demokratie, über das so viel Unsinn geschwätzt wird wie die „Gleichheit". Hört man den Diskussionen, auch in Parlamenten und auch bis in die allerjüngste Gegenwart, über die Frage der „Gleichheit" zu – was allerdings viel verlangt ist –, muß man den Eindruck bekommen, daß die europäische Kultur und Zivilisation von der Un-Gleichheit abhängt, der wirtschaftlichen Un-Gleichheit nämlich. Gäbe es keine Einkommensunterschiede oder noch deutlicher gesagt: gäbe es nicht (wenigstens) die Einkommensunterschiede der 1970er Jahre, gäbe es auch keine Kultur mehr. Deshalb wird jede soziale Einkommenssteuer, jedes (noch so bescheidene) Zusammenpressen der Einkommensdifferenzen als menschen-, kultur- und nationfeindlich verteufelt. Ich weiß nicht, ob die Eiferer gegen eine soziale Einkommenspolitik sich richtig darüber im Klaren sind, *wie* alt ihre sogenannten Argumente sind. Mir genügt es darauf hinzuweisen, daß in deutscher Sprache niemand das „Argument" kürzer und schlagender vorgetragen hat, als Heinrich von Treitschke vor gut 100 Jahren:

„Keine Cultur ohne Dienstboten."[16]

Da die „Dienstboten" im Bereich nicht nur der deutschen, sondern auch der (meisten) anderen entwickelten Wirtschaften verschwunden sind, müßte daraus folgen, daß es „Cultur" weder in Europa noch in Nord-Amerika mehr gibt.

Was Treitschke meinte, ohne es zu sagen, ja ohne es zu wissen, war die Kultur der „oberen paar Tausend", der Elite, die wahrlich nicht identisch ist mit der Kultur eines Volkes.

Es dürfte unter Sozialpsychologen und Soziologen Einigkeit darüber bestehen, daß Jugend nur dann, aber dann auch völlig, für eine Demokratie gewonnen werden kann, wenn man sie „anspricht", d.h. wenn die Argumente für die Demokratie sie emotional und intellektuell ansprechen. Das bedeutet in der Praxis vor allem, daß ihre Aktivität ermöglicht und Selbstverantwortung, eben Partizipation, gewährt wird. Die Jugend verlangt Information, *um* sich aktiv beteiligen zu können. Die Prinzipien der Elitenherrschaft, der Vormacht der Experten, die nicht diskutieren, sondern Recht haben, sind ihr von Natur aus zuwider. Nichts ist unangebrachter als der ironische Hinweis auf die von ehrlicher demokratischer Überzeugung und Haltung geprägten Jungen, die es dann so eilig haben, selbst „Experten" zu werden und in die Elite aufzusteigen. Was sollen sie denn machen? Welche andere Alternative bleibt ihnen offen, wenn sie aktiv mitarbeiten wollen?

Wer die Jugend für die Demokratie gewinnen und der Demokratie ihren Nachwuchs sichern will, kann nur den Weg der klassischen Demokratieauffassung gehen. Es gibt auch hier keinen anderen Weg als die maximierte Partizipation.

Drittes Kapitel

Schwedische Experimente in Demokratie

Ich habe dieses Kapitel mit voller Absicht „Experimente" genannt. Dies dürfte auch der offiziellen schwedischen Auffassung über die Arbeiten und Versuche auf diesem Gebiete des Aufbaus der repräsentativen Demokratie entsprechen. Diese Versuche, in der Hauptsache im Jahre 1965 begonnen, erheben nicht den Anspruch, eine *definitive* Antwort auf die Fragen gefunden zu haben, die von der Entwicklung der Demokratie an die Vertreter einer demokratischen Auffassung gestellt worden sind. Ganz gewiß aber stellen sie eine Antwort dar. Sie zeigen einen Weg auf, der aus der Misere der Elitendemokratie herausführen kann, ohne dabei die Vorteile der repräsentativen Demokratie zu opfern. Sie unternehmen den Versuch, mit unserem Leitsatz: „Demokratie kann man nur *tun*!" Ernst zu machen, ohne dabei in die Fallgruben der „direkten" Demokratie zu stürzen, d.h. praktisch vor allem, ohne auf die Experten und auf die Verantwortlichkeit der Führungsgruppe an den politischen und administrativen Beschlüssen zu verzichten. Wenn man will und Paradoxe liebt, kann man das, was nun in Schweden angelaufen ist, als den Versuch bezeichnen, eine Elitendemokratie ohne Eliten zu machen – oder einen immer größeren Teil des Volkes zu mobilisieren für eine Demokratie nach klassischer Auffassung – mit Eliten. Aber das sind mehr oder weniger Spiele mit Worten. Worauf es in der Sache ankommt, ist das Faktum, daß in Schweden eine Revolution in Gedanken und Handlungen stattgefunden hat *gegen* die „Apathie" als Grundlage der Demokratie, *gegen* die politische Abstinenz der Staatsbürger als Voraussetzung für die Stabilität der Demokratie und *für* den Kerngedanken der klassischen Auffassung von der größtmöglichen Partizipation der Staatsbürger am politischen Handeln und der politischen Ausgestaltung *ihres* Staates und *ihrer* Gesellschaft. Dabei soll nicht vergessen werden zu notieren, daß dieser Neubeginn, dieses Wiederanknüpfen an klassische Leitbilder, eigentlich so gut wie ohne vorhergehende theoretische Diskussionen erfolgt ist.

Man hat es eben nur „getan". Man hat den klassischen Gedanken der Maximierung der Partizipation als Grundlage der Demokratie nur noch einmal gedacht, weil er offensichtlich im Zug der gesellschaftlichen Entwicklung des Landes lag. Die Selbstverständlichkeit, mit der man dann von der Einsicht in die Notwendigkeit der Selbstverantwortung und Selbstbetätigung, also kurz der Partizipation, dazu überging zu versuchen, das als richtig Erkannte zu verwirklichen und nicht als schönen Glaubenssatz irgendwo in der Luft schweben zu lassen, kann man wohl als „typisch schwedisch" bezeichnen, was unter keinen Umständen als eine Konzession an den Unsinn von Nationalcharakteren gedeutet werden soll, eher als ein Ausdruck für „schwedische Tradition". Darüber später mehr.

Hier sei zunächst nur festgestellt, daß die Wissenschaft von der Politik, also die Politologie, in Schweden nicht die Breiten- und Tiefenausdehnung hat wie in vergleichbaren anderen modernen Staaten – wenngleich eine Arbeit wie „Das Volk und die Eliten" von Leif Lewin, die oben bereits genannt wurde, unserer Behauptung deutlich widerspricht. Statt dessen aber hat die Politik selbst, die „Kunst“ der Politik, des Kompromisses, der Bereitwilligkeit zur Diskussion (was stets den Willen und die Fähigkeit voraussetzt, sich auf den Standpunkt des anderen zu stellen) und des gleichzeitigen Mutes zur eigenen Überzeugung genügend praktische Beweise in der Geschichte des modernen Schwedens geliefert. Alles dies scheint mir schwer verständlich zu sein, wenn man sich nicht die Rolle der kollektiven Organisationen klarmacht, die einen ganz entscheidenden Einfluß auf die Entwicklung der schwedischen Gesellschaft, auf die Ausgestaltung des modernen demokratischen Schwedens und ganz gewiß auch auf das Zustandekommen und die Durchführung der „Experimente in Demokratie“ gehabt haben, die in diesem Kapitel beschrieben werden sollen.

Es wäre eine reizvolle Aufgabe zu untersuchen, woher eigentlich diese – im Vergleich zu allen Ländern des europäischen Westens – unerhört viel größere Bereitwilligkeit kommt, sich einer kollektiven Organisation, sei es „seiner“ Gewerkschaft, „seiner“ politischen Partei, einer Konsumgenossenschaft, einer freiwilligen Bildungsorganisation usw. anzuschließen.[17]

Es ist klar, daß diese schwierige Aufgabe hier nicht nebenbei gelöst werden kann. Es muß genügen festzustellen, daß ohne diese kollektiven Organisationen, in erster Linie also die Gewerkschaften und die Parteien, nicht nur die moderne schwedische Gesellschaft unverständlich bleibt. Auch Art und Inhalt der aktuellen politischen Fragestellungen können nur auf dem Hintergrund der machtvollen und – was die Gewerkschaften betrifft – praktisch vollständigen Kollektivorganisationen begreiflich werden. Das gilt ohne Einschränkung auch für das Thema dieses Kapitels. Vielleicht ist es am wichtigsten festzustellen, daß die Demokratie, und zwar sowohl als Staatsform wie als eine Art des Sich-Verhaltens, eine Selbstverständlichkeit in Schweden ist, die ich fast unreflektiert nennen möchte. Daher kommt sicherlich auch das mangelnde Interesse an theoretischen Systemanalysen und ein weitverbreitetes Mißtrauen gegen abstrakte Theorien über Wesen, Sinn und Inhalt verschiedener Demokratiealternativen.

Demokratie wird als eine Aufgabe betrachtet, die zu lösen ist. Demokratie kann man nur *tun*. Und getan werden kann sie nur vom ganzen Volke. Diese Grundhaltung ist sicher ein bedeutender Teil der „schwedischen Tradition“, allen Unterbrechungen bei den ersten Versuchen mit der repräsentativen Demokratie zum Trotz, und sie hat es der elitären Demokratieauffassung so schwer gemacht, in Schweden Fuß zu fassen. Gewiß, Staatswissenschaftler und Politologen, die die deutschen und amerikanischen Theorien kannten, sind als Vertreter elitärer Demokartietheorien aufgetreten, wobei auch die Doktrin von der Notwendigkeit der politischen Abstinenz nicht vergessen wurde, aber über den Kreis der Theoretiker ist sie kaum hinausgedrungen, und ein aktiver Politiker hätte sich ohne Zweifel das Genick gebrochen, wenn er solche Auffassung auch nur andeutungsweise vertreten hätte. Der Wunsch, das demokratische System zu „reformieren“, war in Schweden ebenso lebendig wie anderswo, nur dürften die Reformvorschläge viel deutlicher als anderswo in „klassischer“ Richtung gegangen sein, also in Richtung auf eine engere Bindung zwischen Wählern und Gewählten, eine Tendenz, die übrigens angesichts der

Existenz der großen nicht-parteipolitischen Kollektivorganisationen nahezu selbstverständlich ist. Diese in ungewöhnlich hohem Grad für ihr Organisationsgebiet repräsentativen Kollektivorganisationen, in erster Linie die Gewerkschaften, dürften auch das ihrige dazu beigetragen haben, um einen auf den ersten Blick frappierenden „Widerspruch" in der schwedischen Demokratiestruktur möglich zu machen: auf der einen Seite eine – bei der Effektivität der (im hohen Grade gewerkschaftlich organisierten) Beamten und der bekanntlich weitestgehend rationalisierten Wirtschaft unvermeidliche – „Expertokratie", die eigentlich sonst als ein unfehlbares Zeichen für eine Elitenherrschaft angesehen wird, – auf der anderen Seite seit fast einem halben Jahrhundert eine im Vergleich zu den meisten westlichen Ländern weitgehende Identifizierung der Staatsbürger mit „ihrem" Staat und „ihrer" Gesellschaft, nahezu unabhängig davon, wie kritisch man z.B. aus politischen Gründen der Regierung und einzelnen Regierungsmaßnahmen gegenüberstehen mag.

Es sollten noch ein paar Faktoren aufgezählt werden, die es mir verständlicher zu machen scheinen, daß die im folgenden mehr im Detail beschriebenen Experimente in Demokratie nicht zufälligerweise gerade in Schweden versucht worden sind.

Ich sprach soeben von einem weitverbreiteten Mißtrauen gegen abstrakte Theorien. Das gilt nun nicht nur für das Gebiet der Demokratietheorien, sondern weitgehend für die Sozialwissenschaften überhaupt. Ich wage diese Behauptung trotz der außerordentlichen Entwicklung der Nationalökonomie, die in der sog. „Stockholmer Schule" (unter Gunnar Myrdal und Bertil Ohlin) wesentliche Teile des theoretischen Systems von Keynes vorweggenommen hat. Will man ein Indizium dafür haben, braucht man nur den in einem hochentwickelten europäischen Industriealismus recht einzigartigen geringfügigen Widerhall zu registrieren, den der Marxismus in Schweden gefunden hat. Noch in den 1930er Jahren wurde scherzhaft behauptet, es gäbe im ganzen Lande nur einen Menschen, der „Das Kapital" gelesen habe – und das sei sein Übersetzer, der spätere Außenminister Rickard Sandler. Das hat sich nun nicht zum wenigsten dank einem modernisierten Universitätsunterricht geändert und gebessert, aber als Doktrin oder gar als Glaubensbekenntnis, das alle Rätsel der Welt zu lösen imstande sei, hat der Marxismus nie existiert in Schweden. Man war, möchte ich sagen, an *realistischen* Theorien interessiert, also an Abstraktionen aus der Beobachtung der Wirklichkeit, nie an Spekulationen über die Wirklichkeit. Es ist daher marxistischer Voreingenommenheit nie gelungen, notwendige Reformen oder Verbesserungen, auch an der demokratischen Verfassung oder Haltung, zu verdächtigen oder gar aufzuhalten. Ich möchte auch das erstaunlich geringe Echo der internationalen Studentenunruhen bei der an sich gern zum Widerspruch bereiten und bewußt antiautoritär eingestellten akademischen Jugend in Schweden auf diesen Mangel an marxistisch-verkleidetem Ideologieschutz zurückführen – und natürlich die viel weniger als anderswo verhärtete Starrheit des Universitäts- und Unterrichtssystems, die demokratische Grundhaltung der Universitätslehrer, ihre ganz bewußte „Nähe" zu den zu Unterrichtenden.

Weiter muß auf die allbekannte Tatsache hingewiesen werden, daß Schweden seit 1932, also seit über 40 Jahren, eine sozialdemokratische oder sozialdemokratisch geführte Regierung besitzt. (Bis auf 4 Sommermonate des Jahres 1936, wo die – damalige – Bauernpartei allein die Regierung bildete, die wegen der unglücklichen Jahreszeit ihres Wirkens seitdem nicht anders heißt als „die Urlaubsregierung".) Im Gegensatz zu allen – verständlichen – Befürchtungen hat diese Konstanz der politischen „Einfärbung" und dieser Mangel an Wechsel in der politischen Führung *nicht* zu einer Schwächung der Demokratie geführt. Richtiger wäre, vom Gegenteil zu sprechen, was ohne Zweifel auf das schnelle Anwachsen der Gewerkschaftsbewegung und das starke Selbstbewußtsein und Demokratiebewußtsein der schwedischen Staatsbürger zurückzuführen ist. Diesem starken demokratischen Selbstbewußtsein der Staatsbürger entspricht eine nicht weniger erstaunliche Bereitschaft zu ehrlicher Selbstkritik bei der Regierung, die es also nicht bei schönen Deklamationen bewenden läßt. Ich werde im folgenden wenigstens ein Beispiel dafür anführen.

Der letzte Faktor, der in dieser Reihe genannt werden soll und der allen Ideologien über die Verhaltensweise der Führungsgruppe in einer Elitendemokratie ins Gesicht schlägt, ist der Artikel in der neuen Verfassung, der die Wahl zum Reichstag auf alle 3 Jahre (statt bisher alle 4 Jahre) feststellt und die Abhaltung von Wahlen zu den Provinz- und Kommunalparlamenten (Stadtverordnetenversammlungen usw.) gleichzeitig mit der Wahl zum Reichstag stipuliert. Das ist ein bewußter Schritt in Richtung einer engsten Verbindung zwischen Volksopinion und Repräsentation. Größer konnte dieser Schritt schon aus technischen Gründen einfach nicht gemacht werden. Er kündigte bereits, scheint mir, unmißverständlich die schwedische Absicht an, die Polarität von Eliten- (Sachverständigen-) Demokratie und Partizipationsdemokratie, soweit es eben geht, zu beseitigen. Es hat also seit vielen Jahren und besonders nachdrücklich nach dem 2. Weltkrieg kein Zweifel darüber bestanden, daß die – wirklich sehr alte – Verfassung vom Jahre 1809 reformbedürftig war, *also* geändert werden mußte. Mit der Reformarbeit ist eine große Sonderkommission des Reichstags beauftragt worden, die in langen Diskussionen die schwierige Aufgabe, einem gleichzeitig traditionsbewußten und vitalen, reformfreudigen Land ein neues Grundgesetz zu geben, Schritt für Schritt zu lösen begonnen hat.

Dabei kann man auf dem uns hier in erster Linie interessierenden Gebiet feststellen, daß der mit so viel intellektueller Anstrengung herausgearbeitete Gegensatz zwischen „klassischer" Demokratieauffassung mit ihrer Forderung nach maximierter Partizipation und „elitärer" Demokratieauffassung (mit ihrer Forderung nach „Apathie" der Staatsbürger zwischen den – seltenen – Wahlvorgängen) in Schweden offensichtlich so geringen Eindruck gemacht hat, daß man völlig respektlos vor der theoretischen Analyse und voll ernsthaften Respekts vor den Fakten der Wirklichkeit und der eigenen Wertung es nun unternimmt, die repräsentative Demokratie mit dem ursprünglichen, dem „klassischen" Inhalt der Parole Demokratie, also der Partizipation, zu erfüllen.

Die „Experimente in Demokratie", die hier behandelt werden sollen und die direkt zur Frage Ausgestaltung der repräsentativen Demokratie gehören, begannen im Jahre 1965. Damals wurde – noch recht zaghaft – der erste Versuch gemacht, im Rahmen der für die Politik des Landes entscheidenden politischen Elitengruppe, der

Sozialdemokratischen Partei (S.A.P.), eine Stellungnahme von politisch interessierten Parteimitgliedern durch direkte Fragen zu bedeutungsvollen Problemen, die die Erörterungen jener Zeit in Schweden beherrschten, zu erzielen und die Entscheidungen der sozialdemokratischen Regierung nach diesen Antworten auszurichten.
Dank der Genauigkeit, mit der über die Verteilung nach Parteidistrikten, die Sachgebiete der Antworten usw. Buch geführt worden ist, können wir heute sagen, daß insgesamt 2 138 Gruppen bei der Befragung mitwirkten, die aus sämtlichen 28 Parteidistrikten stammten. Die Technik war denkbar einfach. Die Parteileitung respektive die interessierten Minister stellten ihre Fragen an die über 2 000 Gruppen mit über 20 000 Mitgliedern – also etwa 10 Mitglieder pro Gruppe – schriftlich (nebenbei: umgerechnet auf die Einwohnerzahl würde das in der BRD etwa 16 000 Gruppen mit 160 000 Mitgliedern entsprechen). Man kann natürlich sagen, daß dieser Beginn nichts weiter war als die politische Stellungnahme von Studienzirkeln, die man politisch ernster genommen hat, als es sonst der Fall ist. „Nichts weiter" – nein, gewiß nicht, wenn man davon absieht, auf welchem Hintergrund die Aktion startete, welches die bewußten Ziele der Parteileitung waren und was sich dann daraus entwickelt hat.
Die Parteileitung hat es erfreulicherweise für so interessant gehalten, was sich da zu entwickeln begann, daß der verantwortliche Sachbearbeiter (Bo Elmgren) von Anfang an sachliche und statistische Aufzeichnungen machte und dann 1969 – zusammen mit Inga-Lena Nau – eine ausführliche Dokumentation mit dem Titel „Schöpferischer Dialog" vorlegen konnte. Ich folge hier dieser Dokumentation, der später weitere folgten, über die noch zu berichten sein wird, so nahe wie möglich, schon um nicht in den Verdacht zu geraten, in die neuen Maßnahmen der S.A.P. Absichten oder auch nur Gedanken hineingedeutet zu haben, die der das Land seit 1932 regierenden Partei ferngelegen haben. Dank den gedruckten Rapporten an den Parteikongreß 1972, vor allem über „Parteidemokratie" und über „Wirtschaftspolitik", und der ihm folgenden ausführlichen Dokumentation vom März 1973 über die bisher größte „Befragung" über die Probleme des „Arbeitsmilieus" (mit über 85.000 Teilnehmern) sind wir nun zudem in der Lage, eine kurzfristige Berichterstattung und Stellungnahme für die Jahre 1965–1969 und eine „mittelfristige" für die Jahre bis 1973 vergleichen und ausnutzen zu können. In den Berichten ist ohne Zögern ausgesprochen worden, welche Absichten mit diesen „Befragungen" verbunden waren und welche Erfolge man dabei erzielt hat.
Der Bericht von 1969 beginnt mit der eindeutigen und vielversprechenden Frage: „Auf welche Weise kann die Sozialdemokratische Partei ein Instrument für das aktive Mitwirken der vielen Menschen bei der Ausgestaltung der Politik sein" ... . „Jetzt im Sommer 1969", heißt es dann weiter, „können wir die Debatte darüber aufgrund unserer Erfahrungen von der Beratungstätigkeit nach 1964 führen und auf dem Hintergrund der schnell wachsenden Forderungen großer Gruppen nach einem erweiterten und lebendigen Einfluß auf die Entwicklung der Gesellschaft."
Ehe ich den Bericht fortsetze, scheinen mir hier zunächst ein paar sprachliche Bermerkungen am Platze:

1. Das neue „Organ“, durch das in Schweden dieser praktisch wie theoretisch bedeutungsvolle Einfluß auf die Aus- und Umgestaltung der repräsentativen Demokratie gewonnen werden soll – wir können heute wohl schon sagen: gewonnen worden ist –, heißt auf schwedisch samråd (sprich: samrod). Das heißt auf deutsch sowohl Beratung wie Ratschlag. Der samråd der S.A.P. ist beides.
   Den „samråd“ ein „Organ“ zu nennen, ist an sich nicht völlig zutreffend. Er ist es, und er ist es nicht. Ein „samråd“ wird zur Beratung und zur Abgabe eines Votums von Fall zu Fall gebildet. Er besteht keineswegs immer aus den gleichen Menschen, eher im Gegenteil. Der „samråd“ sollte also besser ein institutionalisierter Prozeß als ein Organ genannt werden.
   Der samråd ist also keineswegs identisch mit den seit jeher praktizierten einfachen Befragungen der Mitglieder, die auch jetzt noch nicht nur in Schweden vorkommen und deren (schriftliche oder mündliche) Resultate dann mehr oder weniger hochachtungsvoll in eine Schublade gelegt werden. Ich komme darauf noch zurück.
2. Fast überall da, wo im deutschen Text von „Staat“ die Rede sein würde, spricht man im schwedischen Text von „Gesellschaft“. In schwedischer Vorstellung ist die Gemeinschaft der Staatsbürger – auch dieses Wort gibt es im Schwedischen *nicht,* es heißt „Mitbürger“! – die Gesellschaft. Ihre Verwaltung (nach innen wie nach außen) ist der Staat.

„Die Revolte der jungen Generation ist eine internationale Erscheinung, die nicht nur in den Industrieländern Westeuropas vorkommt. Das Gefühl von Machtlosigkeit im Rahmen des jetzigen Systems, die Forderung nach Veränderung einer Gesellschaftsordnung, die von Kommerzialisierung, Konkurrenz, Erfolgsidealen und einer antiquierten Gedankenwelt in einem immer mehr überalterten Establishment gesteuert wird – alles dies schafft eine höchst skeptische Einstellung zu den Möglichkeiten der Arbeit in politischen Parteien, parlamentarischen Organen, der Gewerkschaftsbewegung usw. Die jetzigen Parteien und Organisationen sind einfach zu lahm und schwer beweglich. Die Kritik trifft auch kommunistische Parteien.“

Nach dieser deutlichen Proklamation ein wichtiger Zusatz im Bericht:

Es handelt sich ja hier nicht nur, sagt der Bericht, um eine Jugendrevolte, eine neue Art „Klassenkampf“ zwischen Jungen und Alten, auch wenn meistens gut ausgebildete junge Menschen an der Spitze der Revolte standen. Auch z.B. die Vorortsbevölkerung um die großen Städte herum hat begonnen, gegen das Milieu zu protestieren, in dem sie leben muß, und direkte Aktionen versucht, um diese Bedingungen zu verbessern. „Auch insoweit ist das Interesse, die gesellschaftlichen Verhältnisse zu beeinflussen, in der allerletzten Zeit merkbar gestiegen – das Leben ist auf eine völlig neue Weise politisiert worden.“

Immer mehr Menschen beginnen zu entdecken, daß „Politik“ praktisch alles ist, was das tägliche Leben jedes Individuums berührt. „Die große Gefahr besteht nun darin, daß die Menschen die Parteien nicht als Träger verschiedener Ideen über die gesellschaftliche Entwicklung auffassen, sondern als eine Art von politischen Gemischtwarenfirmen, die in ihren Zielsetzungen und Wertungen sich kaum voneinander unterscheiden, die aber miteinander darum konkurrieren, mit größtmöglicher Effektivität eine Gesellschaft verwalten zu dürfen.“

Und damit ist der Rapport von 1969 bereits bei seiner Programmerklärung:
„Die einzelnen müssen die Chance bekommen, nicht nur zwischen bestimmten Paketen von Politik und Politikern bei den Wahlen zu entscheiden – alle, die wollen, müssen auch die Chance haben, auf den Inhalt des Pakets Einfluß zu nehmen. Wir müssen dafür sorgen, daß es nicht in erster Linie eine gutausgebildete Elite ist oder andere, denen es leicht fällt, sich Gehör zu verschaffen, die in der Diskussion zu Worte kommen. Die Meinungsbildung darf weder geleitet noch dominiert werden von einer Art ‚Elite'."
Ich habe soeben davon gesprochen, daß die sensationelle schwedische Aktion für eine Aktivierung und Erweiterung der Demokratie mit ihrer bewußten Wiederanknüpfung an die Forderungen der klassischen Demokratieauffassung ohne größere theoretische Diskussionen oder Vorbereitungen begann. Die Theorie kam sozusagen „hinterher". Das ist kein Vorwurf, eher ein Kompliment. Als führende Politiker ihre Auffassung zu Papier brachten, zeigte es sich, auf wie sicherem Boden die „samråds"-Aktion auch theoretisch und wertungsmäßig ruhte. Gegen Ende des Jahres 1972 erschien ein Buch [18], in dem im Kreise einiger Theoretiker auch der Ministerpräsident und Vorsitzende der S.A.P. Olof Palme einen Beitrag publizierte unter der bezeichnenden Überschrift: „Demokratie heißt, die soziale Wirklichkeit verändern."
Der Beitrag schließt mit folgenden Sätzen:
„Wir sind vom Material der Experten abhängig. Wir haben es als solches zu respektieren. Aber die entscheidenden Beschlüsse beruhen in Wirklichkeit auf Wertungen über eine angestrebte Gesellschaftsentwicklung, wobei keine Elite sich auf die Privilegien und höhere Weisheit berufen kann. Politik ist zugänglich für jeden. Jeder kann sie beeinflussen. Das ist der tiefste Sinn der Demokratie."
„Der tiefste Sinn der Demokratie" – die „Beratungs"-Aktionen wirkten wie ein Stein, den man ins Wasser wirft: Von Jahr zu Jahr wurden die Kreise größer und umfassender.
Die „Beratung" 1965 war eine direkte Folge des Aktionsprogramms, das der Parteikongreß von 1965 angenommen hatte. Den Gruppen dieser „Beratung" wurden 5 Themen angeboten, also Arbeitskreise, zu denen die Interessierten sich anmelden konnten, nämlich

a) wirtschaftliche und sozialpolitische Themen,
   spezifiziert als Lohn und Preis, Krankenversicherung,
   Arbeitszeit usw.,
b) Umsiedlung und Gesellschaftsplanung,
c) Ausbildungsfragen,
d) Familienpolitik,
e) Hilfe für die unterentwickelten Länder.

Dazu meldeten sich, wie gesagt, über 20 000 Teilnehmer, die in über 2 000 Arbeitsgruppen arbeiteten. 86 % von ihnen waren Parteimitglieder, 14 % – also jeder Siebente – gehörten *nicht* der S.A.P. an. Das weitaus größte Interesse gewann die Arbeitsgruppe a) – (fast 45 % der Gruppen arbeiteten an einer Stellungnahme zu diesem Problem).

Die Arbeit wurde bewußt als ein Dialog angelegt, der sich über 2 Jahre erstreckte. Die Antworten auf der Seite der Teilnehmer wurden stets in den Gruppen erarbeitet und von den Gruppen erteilt. Vier Minister beteiligten sich aktiv am „Dialog": der Finanzminister Sträng, der Sozialminister Aspling, der Innenminister Johansson und der Unterrichtsminister Edenman. Alle 4 Minister stellten die Arbeitsgruppen vor aktuellen Fragen aus ihrem Tätigkeitsbereich, Fragen, die noch nicht entschieden waren und die zum größten Teil dann von der Reichstagsfraktion, dem zuständigen Minister und dem Reichstagsplenum nach weiteren Diskussionen im Sinne der Antworten der Beratungsgruppen entschieden wurden. Da es aus verständlichen Gründen unmöglich ist, hier alle Themen und Fragen im einzelnen zu behandeln, wähle ich als Beispiel die sog. „Ministerfrage" des Sozialministers.
Sozialminister Aspling stand mitten in der Arbeit an einer umfassenden Reform der staatlichen Krankenversicherung. Er stellte an die Gruppen zwei wirklich komplizierte Fragen, nach landläufiger Ansicht ganz und gar „Experten"-Fragen.

Die erste lautete:
„Wie will die Gruppe in einer kommenden Versicherungsreform die beabsichtigten Verbesserungen verteilen *teils* auf die Karenztage, *teils* auf den Kompensationsgrad [19], *teils* auf die Einführung einer Zahnbehandlungsversicherung [20], *vorausgesetzt,* daß die Gruppe für eine solche Reform
a) 1 000 Mio. Kronen
b) 500 Mio. Kronen
zur Verfügung hätte?"
Das waren also echte und nicht fingierte Ministerentscheidungen, die hier verlangt wurden – von Nicht-Experten. Die Gruppen bekamen zu ihrer Hilfe eine Tabelle, die genau auswies, was es kosten würde, 1 bis 3 Karenztage abzuschaffen, den Kompensationsgrad von (damals) 65 % auf 75 % oder 85 % oder 95 % zu erhöhen und/oder die Zahnbehandlung in die Versicherung einzubeziehen.
Die Gruppen verteilten sich auf die „500-Mio.-Alternative" und auf die „Milliarden-Alternative".
Zusätzlich muß noch erwähnt werden, daß bis dahin die Forderungen nach einer Reform der Krankenversicherung in Schweden sich überwiegend auf die Abschaffung *aller* (drei) Karenztage konzentriert hatten.
Aus den Antworten der Gruppen, die mit der „500-Mio.-Alternative" arbeiteten, ergab sich zunächst einmal, daß bedeutend über ein Drittel von ihnen den ihnen zur Verfügung stehenden Kostenrahmen überschritten, damit also dokumentierten, daß mehr als eine halbe Milliarde Kronen für eine Krankenversicherungsreform erforderlich waren.
Die Forderung nach völliger Abschaffung der Karenztage sammelte nur noch eine ganz kleine Minorität, die dafür dann sowohl auf die Erhöhung des Kompensationsgrades wie auf die Einführung einer Zahnbehandlungsversicherung verzichtete. Weit mehr als die Hälfte der Gruppen wollten es bei den 3 existierenden Karenztagen belassen, statt dessen aber den Kompensationsgrad auf 75 % erhöhen und in der überwiegenden Mehrzahl auch die Zahnbehandlungsversicherung einführen. Einige

Zwischenlösungen kamen vor. Im Gegensatz zu der vorher üblichen Vereinfachung in der öffentlichen Diskussion, alle Karenztage abzuschaffen, konstruierte die große Majorität der Gruppen Modelle einer Reform, die verschiedene Kombinationen von Verbesserungen zeigten. Besonders deutlich wurde dieses sachlich und politisch völlig richtige Verfahren bei den Gruppen, die mit der Milliarden-Alternative arbeiteten.

Ganz kurz noch die zweite Frage des Sozialministers:

„Wie soll die Verbesserung der Krankenversicherungsreform finanziert werden, wie bisher (d.h. eine Kombination aus eigenen Beiträgen, Arbeitgeberbeiträgen und Steuermitteln) oder ausschließlich durch Arbeitgeberbeiträge oder ausschließlich durch Steuerfinanzierung?"

Auch hier schieden sich die Geister: Fast die Hälfte wollte die bisherige Finanzierungsart behalten, knapp ein Drittel wollte die Reform durch Arbeitgeberbeiträge finanzieren und ein Sechstel durch Steuererhöhungen.

Am 1. Januar 1967 trat eine umfassende Reform der Krankenversicherung in Kraft. Sie enthielt unter anderem:

1. Der Kompensationsgrad wurde von 65 % auf 80 % erhöht, in den unteren Krankengeldklassen sogar noch mehr;
2. zwei der bis dahin geltenden drei Karenztage wurden abgeschafft;
3. die Finanzierung der Reform sollte nach den gleichen Grundsätzen erfolgen, wie das bis dahin der Fall war, also durch eine Kombination von Arbeitgeberbeiträgen, Steuern und Beiträgen der Versicherten selbst.

Die „Befragung" von 1965 hatte sich also an allen wesentlichen Punkten als sachlich und politisch richtungsweisend erwiesen.

Ähnliche positive Erfolge hatten die Antworten auf die anderen „Ministerfragen". (Der Finanzminister fragte z.B., ob die Gruppen bereit seien, auf ihre Möglichkeit einer Standarderhöhung zu verzichten, um die Investitionsrate zu erhöhen, – und bekam 76 % Ja-Antworten darauf. Auf seine Frage, welche wirtschaftlichen Sektoren dabei prioritiert werden sollten, wurden von den Gruppen die Industrie und der Wohnungsbau an erster Stelle genannt.)

Bereits 1967 wurde dann die Methode der Befragung geändert. In diesem Jahr war die Teilnehmerzahl auf 25 000 angewachsen (umgerechnet auf die BRD also fast 200 000). Die Fragen wurden nun von einer zentralen Kommission gestellt, die von der S.A.P. und der Gewerkschaftsbewegung gemeinsam gebildet war, um dem Extra-Kongreß 1967 ein neues Wirtschaftsprogramm vorlegen zu können. Nach dem Extra-Kongreß, der im Prinzip den so erarbeiteten Richtlinien für das Wirtschaftsprogramm zustimmte, startete man eine das ganze Land umfassende Studientätigkeit über die wirtschaftspolitischen Probleme. Die Resultate waren: ein vertieftes und verbreitertes Engagement der aktiv mitwirkenden 25 000, ein einmütiges Ja des Kongresses zu dem erarbeiteten Programm – und ein großer Wahlsieg der S.A.P. 1968. 25 000 Teilnehmer sind gewiß nur ein halbes Prozent der Wähler, aber, sagt der Rapport, die Tätigkeit hatte nun die Aktivsten an sich gezogen, die die Botschaft weiterführen konnten, „und das muß als ein interessanter Beginn betrachtet werden".

„Es hat sich gezeigt. daß es praktisch möglich ist, eine größere Anzahl Menschen direkt an der Einwirkung auf politische Entscheidungen zu beteiligen, auch wenn die politische Verantwortung für die Beschlüsse bei Regierung und Parlamentsmajorität verbleibt. Man kann nun Gesichtspunkte der Beratungs-Teilnehmer erhalten und benutzen, was von großer praktischer Bedeutung ist, und gleichzeitig haben die Teilnehmer Gelegenheit, eine wichtige Frage durchzudiskutieren, *bevor* der Beschluß gefaßt wird."

Ich verlasse damit den Rechenschaftsbericht über die „Experimente" 1965 bis 1969, um wenigstens noch einige Sätze über den gedruckten Rapport an den Parteikongreß von 1972 und über den Bericht von 1973 über die Probleme des Arbeitsmilieus sagen zu können. Der Rapport von 1972 trägt den Titel „Parteidemokratie", was nicht völlig mit dem deutschen Inhalt des Wortes übereinstimmt, sondern wesentlich darüber hinausgeht. Der Begriff beinhaltet im Schwedischen in diesem Zusammenhang vor allem Demokratie *durch* die Partei sowie Demokratie *in* der Partei.

Ich folge in meiner Darstellung wiederum nahe dem schwedischen Text.

Die Partei (also die S.A.P.) wuchs auf, sagt der Rapport an den Kongreß, in einer Elitengesellschaft. Die bürgerlichen Parteien jener Zeit waren kleine Elitenorganisationen, die an die Reichstagsarbeit gebunden waren. Sie waren eher Wahlorganisationen, nicht unähnlich den noch existierenden Parteien in den Vereinigten Staaten. Sie waren ein recht genaues Spiegelbild der bürgerlichen Auffassung von der Rolle der Eliten auch als Sachwalter der Gesellschaft.

„Gegen diese Auffassung stellte die Sozialdemokratie die Volksbewegung (schwedisches Wort: folkrörelsen), deren Aufgabe es sei, auf verschiedenen Wegen die Gesellschaft zu verändern." Die Ungerechtigkeiten, von denen große Teile des Volkes betroffen wurden, sagt der Bericht weiter, konnten nur vom Volke selbst in organisierten Formen bekämpft werden.

Erst die Partei als Bewegung gab ihnen das notwendige kollektive Bewußtsein. „Die Partei wurde der Kitt in der Gemeinschaft, die Form für das organisierte Bewußtsein. Erst mit der Bewegung wurden die Arbeiter eine soziale Macht." Daran schließt sich – auch das scheint mir typisch für die schwedische Art, politisch zu denken, zu sein – sofort die Selbstkritik an.

„Unsere Organisation ist aber in hohem Grade noch auf die gleiche Weise aufgebaut wie unter den gesellschaftlichen Verhältnissen, die wir nun hinter uns gelassen haben. Sie muß an die neuen Voraussetzungen angepaßt werden. Wir müssen an vielen Punkten neue Organisationsformen schaffen, an die bedeutend größere Forderungen gestellt werden als früher, um den Kitt zu behalten und zu verstärken, also die Gemeinschaft zwischen den vielen Mitgliedern der Bewegung. Diese Umorganisation ist ein Teil der Arbeit, Formen zu finden, um noch mehr Menschen mit unserer Politik, mit den verbesserten Schulungs- und Informationstätigkeiten und den damit gegebenen größeren Möglichkeiten für die Mitglieder in Kontakt zu bringen, an der Ausgestaltung der Politik der Partei teilnehmen zu lassen, um also mehr Menschen zu erreichen."

Eine intensive Entwicklungsarbeit mit den neuen Tätigkeitsformen hat auch vielerorts begonnen. Man hat kleine Parteigruppen in den Wohngebieten aufgebaut, man hat kommunale Debatten über Vorlagen und Antworten darauf und Versammlungen in Teilgebieten von Kommunen organisiert. Die Organisation an den Arbeitsplätzen ist erneuert worden, lokale Informationsgruppen haben begonnen zu arbeiten, man hat auch angefangen, das methodische Aufsuchen von Menschen zu prüfen, um sie zur Studienarbeit zu veranlassen, und die Partei selbst hat seit dem Herbst 1972 eine umfassende Studien- und Informationskampagne durchgeführt mit dem Titel „Solidarität um der Sicherheit willen". In 5 Städten des Landes werden außerdem besondere „Entwicklungsprojekte" vorbereitet.

Neue Formen von demokratischer Teilnahme an der Tätigkeit

Die Bestrebungen nach einer immer vitaleren Tätigkeit haben sich in der Partei unter anderem in den Versuchen gezeigt, neue Wege zu finden, um mehr Menschen bei der Ausgestaltung der Politik zu engagieren. In jenen Tätigkeiten vom Typ „Beratungen" schuf man seit 1965 auch die Möglichkeit, Nichtmitglieder teilnehmen zu lassen, bei einigen Gelegenheiten mit direkter Mitwirkung der Gewerkschaftsbewegung. Etwa 40 000 Menschen (auf die BRD umgerechnet sind das nun schon fast 350 000!) haben gleichzeitig an konstruktiven Diskussionen über die Ausgestaltung von politischen Maßnahmen oder Aktivitätsprogrammen teilgenommen. Diese Beratungstätigkeit hat sowohl bei anderen Organisationen in unserem Lande wie auch auf internationaler Ebene Beachtung gefunden. Sie ist ein neues Mittel für den Einfluß der Mitglieder auf gewerkschaftliche und kooperative Organisationen geworden. Es gibt sogar andere Parteien, die die Idee akzeptiert haben.
In den letzten Jahren ist die Beratungstätigkeit weiter ausgebildet worden. Ein solcher neuer Beitrag sind z.B. die „Schnellremissen". Dieses Wort bedarf einer näheren Erklärung. Es wirft ein interessantes Licht auf das Funktionieren der schwedischen Demokratie. Es dürfte in allen demokratischen Ländern selbstverständlich sein, daß die großen Spitzenorganisationen (in der BRD z.B. der DGB, die Bundesvereinigung der Arbeitgeberverbände, der Industrieverband usw.) Gelegenheit erhalten, sich zu Gesetzgebungsplänen oder -vorschlägen der Regierung oder Regierungen zu äußern. In Schweden ist dieses demokratische Mitspracherecht, das sog. Remißverfahren, das auf keiner gesetzlichen Grundlage ruht, außer eben dem Gewohnheitsrecht, bis zum Äußersten entwickelt. Das gilt sowohl bezüglich der zu „remittierenden" Materien wie der „remißberechtigten" Organisationen. Nicht nur Gesetzgebungspläne und Gesetzesvorschläge, sondern auch z.B. alle Resultate aller von Regierung oder einzelnen Ministern mit oder ohne Auftrag des Parlaments eingesetzten Sachverständigenkommissionen, oft Bücher von Tausenden von Seiten, gehen auf „Remiß". Dabei ist die Zahl der zu solchen „Remiß-Antworten „Berechtigten" nahezu unbegrenzt. Das Verfahren, das die Anhörung der durch die kollektiven Organisationen auf allen Gebieten des Lebens der Gesellschaft repräsentierten Ansichten des Volkes garantiert und bei dem die Verheimlichung oder das Verschwinden einer Frage in den Schreibtischkästen der Staatsbürokratie schon einfach durch die grundgesetzlich gesicherte Öffentlichkeit *aller* Akten *aller*

öffentlichen Organe unmöglich gemacht ist, beschäftigt bei den Ministerien, den Kollektivorganisationen und anderen Verbänden einen großen Stab von Experten und Sekretären. Die „Remiß"-Antworten sind Bestandteile des Gesetzgebungswerks und erscheinen als Beilagen zu den Gesetzgebungsvorschlägen usw. der Regierung und der Kommissionen. Sie veranlassen häufig Änderungen der Gesetzgebungsvorschläge schon in den Vorlagen und im Parlament. Diese Methode der „Remiß"-Antworten ist nun also auch auf die samråds-Arbeit überführt worden.

Während des Winters 1971 wurde z.B. an die Parteiorganisationen zur Stellungnahme der Hauptinhalt des Ministerialmemorandums ausgeschickt, das Vorschläge für eine neue Gesetzgebung enthielt, um die Stellung der älteren Arbeitnehmer auf dem Arbeitsmarkt zu verstärken. Der endgültige Gesetzesvorschlag wurde im hohen Grade von den Gesichtspunkten der samråds-Mitglieder beeinflußt. Es zeigte sich, daß es möglich war, trotz der kurzen Zeit und obwohl die Fragen kompliziert waren, eine große Masse von Gesichtspunkten für einen konkreten Reformvorschlag zu sammeln – Gesichtspunkte, die auf den *eigenen praktischen Erfahrungen* der Mitglieder im Arbeitsleben beruhten und die an wichtigen Punkten den Ministerialvorschlag verbesserten. Die vom Parteivorstand eingesetzte Arbeitsgruppe unter Leitung des Parteisekretärs hat nun Vorschläge eingebracht über die Gebiete der Parteitätigkeit, auf denen eine Fortentwicklung geschehen soll. Man hat weiter vorgeschlagen, und zwar mit Billigung des Parteivorstandes, daß diese Arbeit von der Arbeitsgruppe ausgeführt werden soll, die gemäß Beschluß des Parteivorstandes eingesetzt worden ist mit der Aufgabe, eine durchgreifende Übersicht über die nach innen und nach außen gerichteten Tätigkeiten der Partei und der Nebenorganisationen vorzunehmen.

Neue Forderungen an die Parteiorganisation

Das politische Engagement in der Bevölkerung, insbesondere unter den Jüngeren, hat sich in letzter Zeit vertieft. Der Kampf gegen den Krieg der USA in Vietnam, um die Gleichheitsforderung, gegen die Entvölkerung großer Teile des Landes und die Bevölkerungskonzentrationen in anderen, Proteste gegen die Schattenseiten der Konsumgesellschaft, die Forderung, die Milieuzerstörung aufzuhalten und menschlichere Verhältnisse am Arbeitsplatz und in den Wohngebieten zu erzielen – das sind einige Beispiele für dieses vertiefte Engagement.

„In weitem Maße knüpfen die Forderungen an die Politik der Partei und das Streben der gesamten Arbeiterbewegung der letzten Jahrzehnte an. Aber ebensosehr, wie sie eine Herausforderung darstellen, so enthalten sie eine große Chance für die Partei. Jetzt werden sozialistische Lösungen verlangt. Keine bürgerliche Partei könnte die Forderungen weiter verfolgen.

Die Partei hat ständig daran gearbeitet, das politische Interesse und Engagement auf immer neue Gruppen auszudehnen. Das galt gerade für diese Fragen. Nun beginnt das Engagement sich immer kräftiger zu zeigen. In dieser politischen Bewußtheit großer Gruppen des Volkes liegt eine entscheidende Möglichkeit für die Sozialdemo-

kratie, ihre Ideen schneller zu verwirklichen, als wir es früher für möglich gehalten haben.
Die Partei hat in großem Ausmaße ‚recht behalten' in der ideologischen Debatte, die während der ganzen Nachkriegszeit geführt worden ist, in der die Sozialdemokratie erhöhte Einsätze der Gesellschaft gefordert hat, um wichtige gemeinsame Aufgaben lösen zu können bei einer Begrenzung des Spiels der freien Marktkräfte.
Die Entwicklung hat es für immer mehr Menschen offenkundig gemacht, daß mehr gemeinsame Lösungen erforderlich sind, um wichtige Bedürfnisse der Menschen zu befriedigen, mehr Zusammenwirken, weniger Konkurrenz, mehr Solidarität, weniger enges Gewinninteresse.
Das ist sogar so weit gegangen, daß es die bürgerlichen Parteien und ihre Politik zur Anpassung gezwungen hat, um so viele Wähler wie möglich an sich zu locken."
Und wieder die Selbstkritik:
„Wie stehen nun die Partei und übrige Organisationen der Arbeiterbewegung da in einer Lage, in der man in steigendem Grad Gehör für seine grundlegenden Ideen in bedeutenden Teilen des Volkes gewonnen hat, Ideen, für die die Bewegung so lange gekämpft hat, jetzt, wo das politische Interesse und die Bewußtheit steigt, besonders unter den Jüngeren?
Das verbreitete Engagement kommt zu einem Zeitpunkt, wo die Arbeiterbewegung infolge der Veränderungen, z.B. des alten Industriearbeitermilieus, nicht mehr dieselbe selbstverständliche Rolle spielt im Volksbewußtsein als Werkzeug für wesentliche gesellschaftliche Veränderungen wie früher. Viele empfinden es als natürlich, in verschiedenen Arten von Alternativgruppen zu arbeiten, Gruppen, die gebildet werden, um eine bestimmte Frage zu lösen – z.B. um ein bestimmtes Gebiet vor der Bebauung zu retten, um Milieuzerstörung aufzuhalten, um gegen hohe Mieten oder Lebensmittelpreise zu protestieren usw.
Das sind aber mehr oder weniger zufällige Organisationen, denen ein Gesamtaspekt fehlt, wie die gesellschaftlichen Fragen im großen gelöst werden sollen. Viele schwere Abwägungsprobleme werden da niemals diskutiert, nachdem man oft völlig auf eine einzige politische Frage ausgerichtet ist und nicht geneigt ist, auf Schwierigkeiten Rücksicht zu nehmen, die auf anderen Gebieten durch die Lösung, die man befürwortet, auftreten können. Auf ähnliche Weise geht es mit verschiedenen lokalen Gruppen, die daran arbeiten, Probleme in einem bestimmten Wohngebiet zu lösen usw.
Es ist doch aber nur ein sehr kleiner Teil der Bevölkerung, der sich in Alternativgruppen engagiert hat, wenn man ihn vergleicht mit denen, die aktiv in den Organisationen der Arbeiterbewegung tätig sind."

Die „Demokratieberatung"

In der „Beratung" über Parteidemokratie und die kommunale Demokratie, die in der Zeit November 1971 bis April 1972 abgehalten wurde, kamen Antworten und Gesichtspunkte von mehr als 900 Gruppen mit etwa 8 000 Teilnehmern.

Es ist bemerkenswert, welch großes Interesse die Fragen der Durchführung einer erweiterten politischen Demokratie durch die Organisationen der Partei hervorgerufen haben, im Vergleich mit dem Interesse, neue Institutionen (Kommunalteil-Verwaltungen, kommunale Volksabstimmungen usw.) ins Leben zu rufen.
Der Gedanke, daß Volksbewegungen der verschiedenen Art mit Hilfe ihrer lokalen Organisationen die Aufgabe erfüllen sollen, Forderungen und Gesichtspunkte der Bevölkerung zu übernehmen und sie zur allgemeinen Diskussion und zum Beschluß in den verantwortlichen Organen zu führen, ist sehr stark in den „Beratungs"-Gruppen. In den Volksbewegungen können bedeutend mehr Menschen engagiert werden und einen praktischen Einfluß gewinnen, als wenn man nur bestimmte Repräsentanten zu offiziellen Organen wählt. Durch lebendige Volksbewegungen schafft man genügend Organe für eine effektive Vertretung.
Die Gruppen haben unzweideutig den Gedanken der Volksbewegung gewählt, als es galt, es den einzelnen Menschen zu ermöglichen, die Ausgestaltung der Politik zu beeinflussen. Man will es nicht riskieren, die Politik zu bürokratisieren, indem man zu viele Organe neu schafft. Durch die Volksbewegung können außerdem mehr Menschen in solcher Arbeit engagiert werden. Das bedeutet aber auch, daß die Beratungsgruppenteilnehmer sehr große Forderungen an die Art stellen, wie die Parteiorganisation fungieren soll. Das gilt sowohl auf Reichsebene wie lokal. Das beherrschende Problem der Gruppendiskussionen über die Voraussetzungen *für eine verstärkte Demokratie durch die Partei und in ihr ist die Forderung nach besserer Information.* Etwa jede zweite Gruppe hat Gesichtspunkte über die Informationstätigkeit angeführt. Viele betonen auch die Verpflichtungen der Gewählten, der Repräsentanten also, zu besserer Information beizutragen „in beiden Richtungen" – sie müssen sowohl dabei mitwirken, daß die einzelnen Mitglieder und andere Interessierte mehr und leichter verständliche Information, z.B. über die kommunalen Probleme, erhalten, und dazu, daß die eigenen Gesichtspunkte des einzelnen zu diesem Problem leichter an die vermittelt werden können, die als seine Repräsentanten in die beschließenden Organe gewählt sind.
Das „Borlänge-Modell" mit seinen regelmäßigen kommunal-politischen Informationstreffen in der Regie der Partei in verschiedenen Teilen der Stadt hat als Arbeitsmethode Anschluß gewonnen, weiter sind die Möglichkeiten, in Beratungsgruppen sowohl lokal wie in der Reichspolitik zu arbeiten, angeführt worden. Mehrere Gruppen verlangen, daß die kommunalen Repräsentanten der Partei in stärkerem Umfange aufstellen sollen zu einer Art „Jourdienst" mit Empfangszeiten für die Bürger der Stadt. Dabei haben 79 % der Gruppen auf den Vorschlag, kommunale Volksabstimmungen zu veranstalten, „nein" geantwortet; nur 13 % haben „ja" geantwortet.
Ich gehe jetzt auf die weiteren im Bericht angeführten Einzelheiten nicht ein; ich stelle nur fest, daß die Partei diese Rapporte als Unterlagen für ihre Diskussion über die Reform der kommunalen Demokratie gehabt hat.
Bevor der Rapport auf die Konsequenzen der praktischen Erfahrung, die man mit den Experimenten in Demokratie in den 60er Jahren gewonnen hat, eingeht (die Forderung schließt mit dem Verlangen nach einer *Kombination von sog. direkter*

und sog. indirekter Demokratie), wird in dem außerordentlich wichtigen Rapport festgestellt, daß es schließlich und endlich auf jedes einzelne Mitglied ankommt, ob die Politik und die Gesellschaft auch weiterhin von einer lebendigen und lebenskräftigen Volksbewegung geführt werden soll. Die Mitglieder, heißt es, sind Grundlage und Ziel für die Tätigkeit der Partei. Ohne die aktive Arbeit der Mitglieder kann die politische Tätigkeit der Partei nicht fortgesetzt und noch weniger entwickelt werden. Die Forderung der Mitglieder nach Einfluß bedeutet natürlich den Wunsch, sowohl die aktuelle Politik wie die weiter in der Zukunft liegenden Ziele der Politik selbst beeinflussen zu können. Die Forderungen der Mitglieder sind also, *aktiv* teilnehmen zu können bei den Stellungnahmen zu politischen wie zu organisatorischen Fragen. Das seinerseits erhebt die Forderung, daß die Mitglieder Informationen erhalten, aber daß man ihnen auch die Möglichkeit gibt, Informationen an die Leitung der Parteiorganisation und an die politischen Repräsentanten geben zu können. Das Mitglied hat ein selbstverständliches Recht, die Forderung nach einer Tätigkeit zu erheben, die Stimulanz für die politische Aktivität gibt und Raum läßt und Ausdruck ist für eine soziale Gemeinschaft.

Die Organisation – ein Instrument für das Mitglied

Auch abgesehen von den Vorschriften der Parteisatzung über die Möglichkeit der Mitglieder, auf die Parteiorganisation Einfluß zu nehmen, hängt natürlich die Teilnahme des einzelnen Mitgliedes an der Tätigkeit der Partei davon ab, ob diese Tätigkeit in solchen Formen fungiert, daß der Einfluß der Mitglieder *reell* bleibt. Die Untersuchungen über die Verhältnisse unter den Arbeitnehmern mit besonders niedrigen Einkommen haben gezeigt, daß wahrscheinlich mehr als 1 Million Menschen im Erwachsenenalter in diesem Land leben, die weder selbst schriftlich eine Klage oder Beschwerde über falsche Beschlüsse formulieren können, z.B. wenn es sich um eine Behörde handelt, oder die irgend jemanden kennen, der ihnen dabei behilflich sein könnte. Die Untersuchungen zeigen auch, daß es die schlecht bezahlten, schlecht ausgebildeten Arbeitnehmer, die Einwanderer und die verheirateten Frauen sind, die am schlechtesten unter den parteipolitisch Aktiven vertreten sind.
Die Arbeiterbewegung muß auf ihrer Hut sein, daß nicht Gruppen, in denen viele keine gewerkschaftliche oder politische Traditionen haben und entsprechende Kenntnisse nicht besitzen, „außerhalb“ bleiben und passiv werden oder isolierte Gruppen bilden, deren Aktivität ohne Kontakt mit der Aktivität anderer Gruppen ist oder mit dem Organisationsleben.
Es reicht nicht, daß die Partei eine Politik führt für die benachteiligten und die „vergessenen“ Gruppen in der Gesellschaft. Es ist von grundlegender Bedeutung, daß diese Politik auch durch diese Gruppen selbst in aktiver Organisationsarbeit geformt wird.
Dies ist eine wichtige Aufgabe für die Sozialdemokratische Partei, die auf der Gleichheitsidee ruht und die eine ihrer Hauptaufgaben darin hat, die Benachteiligten in der Gesellschaft zu vertreten. Das wichtigste Instrument für das politische Engagement dieser Gruppen sind die gewerkschaftlichen Organisationen.

Dies Engagement bekommt seinen Sinn dadurch, daß es einen politischen Zweig der Arbeiterbewegung gibt, mit dem die gewerkschaftlichen Organisationen zusammenwirken können – die Sozialdemokratie.
Eine starke Parteiorganisation ist nicht ein Hindernis für die Möglichkeiten des einzelnen, seiner Stimme Gehör zu verschaffen und seine Interessen geltend zu machen – sie ist umgekehrt eine absolute Voraussetzung, ein notwendiges Instrument. Alleingestellt ist der Schwache nur dazu da, um von dem Starken überschrien zu werden – ohne starke Organisation wird es in noch höherem Grade die „Elitenschicht" der Gesellschaft von Gutausgebildeten usw. sein, die die Debatte dominiert und die die Möglichkeit hat, ihre politischen Forderungen geltend zu machen. Es ist auch nicht zu bestreiten, daß der Kontakt mit den Mitgliedern und damit die Information an sie in vielen Parteiorganisationen nicht zufriedenstellend funktioniert. Der Besuch der Versammlungen dieser Parteiorganisationen deutet darauf hin.
Schließlich noch eine kurze Übersicht über die bisher größte und erfolgreichste „Beratungsaktion", die Schnellbefragung („Schnellremiß") von 1973 über einen staatlichen Kommissionsvorschlag zur Reform des „Arbeitsmilieus", in erster Linie der Arbeitsschutzorganisation, mit dem Ziel, die Stellung der ehrenamtlichen „Sicherheitsbeauftragten" in den Betrieben zu verstärken, ihre Befugnisse zu erweitern, ihre Ausbildung zu verbessern und ihre Arbeit mit der der staatlichen Organe besser zu koordinieren.

Zum Zwecke der „Befragung" hatten die S.A.P. und der Schwedische Gewerkschaftsbund gemeinsam kurzgefaßtes, zusammenfassendes Material über den Inhalt der Vorschläge der Kommission und die von ihr gestellten Fragen ausgearbeitet. Dieses Material wurde in erster Linie von den lokalen Gliederungen des Gewerkschaftsbundes und der S.A.P. verteilt, aber auch anderen Organisationen sowie interessierten Gruppen zur Verfügung gestellt. Letzter Termin für die Einsendung der Antworten der Gruppen war der 1. März 1973. Bis dahin hatten 85.400 Teilnehmer in 7.630 Arbeitsgruppen ihre Stellungnahme zu den Vorschlägen der Kommission eingeschickt. Das bedeutet, daß im Durchschnitt etwa 11 Teilnehmer den über das ganze Land, alle Wirtschaftszweige und alle gewerkschaftlichen Organisationen verteilten Gruppen angehört haben. Auf die BRD umgerechnet würde das etwa 700.000 Teilnehmern in über 60.000 Gruppen entsprechen.
Ohne nun auf Einzelheiten der Fragen und Antworten näher eingehen zu können, sei vor allem hervorgehoben, daß das überwältigende Interesse an dieser Befragung offensichtlich auf die – wie es im Bericht heißt – „Nähe" des Gebiets, dem die Befragung galt, zurückzuführen ist, daß also die meisten Teilnehmer die Probleme, denen die Befragung galt, aus eigener Erfahrung kannten und sich daher höchst sachverständig darüber äußern konnten, wie dringend erforderlich es war, bestimmte Probleme der Sicherheit bei der Arbeit zu lösen, und welche Wege dabei beschritten werden sollten. Durchweg ist auch die Zufriedenheit darüber, daß die Regierung nun bereit war, diese Probleme in Angriff zu nehmen, zum Ausdruck gebracht worden.
Die Sicherheitsbeauftragten sind in schwedischen Betrieben zu „Sicherheitskomitees" zusammengefaßt, die einer zentralen Behörde, auf schwedisch: „Berufs-

inspektion", etwa entsprechend einem Bundesgewerbeaufsichtsamt, unterstellt sind. Alle Vorschläge in der Gesetzesvorlage, die den einzelnen Sicherheitsbeauftragten, den Sicherheitskomitees und der zentralen Aufsichtsbehörde größere Befugnisse und Mittel geben wollen, sind nahezu einstimmig begrüßt worden, zumal die Befragungsteilnehmer deutlich mit der bisherigen Tätigkeit der genannten Stellen – infolge ungenügender Befugnisse und Mittel – wenig zufrieden waren.
Von großem Interesse war für die befragten Gruppen die Anstellungssicherheit der Sicherheitsbeauftragten, also auch eine Garantie gegen „Versetzung" in schlechtere Arbeit, wenn sie oder er die Sicherheitsarbeit zu energisch betreibt. Von noch größerem Interesse waren die Konsequenzen eines Vorschlages der Kommission, den Sicherheitsbeauftragten das Recht zu geben, eine Arbeit unmittelbar zu stoppen, wenn sie „eine unmittelbare und ernste Gefahr für Leben und Gesundheit des Arbeitnehmers" darstelle. Dieser Vorschlag wurde von den allermeisten Gruppen begrüßt, aber was sollte geschehen, wenn Sicherheitsbeauftragte ihr Recht, eine Arbeit zu stoppen, „mißbrauchten", wenn es also „keinen Grund" für ihre Anordnung gab? Die Kommission hatte für diesen Fall vorgeschlagen, daß der betreffende Sicherheitsbeauftragte zu einem persönlichen Schadenersatz bis zu 200 Kronen verurteilt werden könne, ein Gedanke, gegen den sich die überwiegende Zahl der Gruppen wandte, denn – was ist „Mißbrauch" und was ist „kein Grund"?
Völlig einig waren die Antworten auf die Fragen einer besonderen Ausbildung der Sicherheitsbeauftragten. Meinungsverschiedenheiten gab es hier nur über die Frage, ob diese Sonderausbildung branchenweise oder lokal oder zentral organisiert werden solle. Fast 95 % der Gruppen vertraten die Auffassung, daß die Sonderausbildung vom Arbeitgeber finanziert werden müsse, die restlichen 5 % wollten die Kosten entweder dem Staat oder den Gewerkschaften aufbürden oder zwischen Arbeitgeber und Arbeitnehmern geteilt sehen. Die Verantwortung für den Inhalt der Ausbildung sollte bei den Gewerkschaften liegen.
Es dürfte sich erübrigen, über diese grundsätzlichen Stellungnahmen hinaus noch auf die z.T. von höchster Sachkenntnis zeugenden einzelnen Antworten einzugehen, die bei dieser „Befragung" gegeben wurden. Wichtig ist aber, noch einemal zu unterstreichen, wie wichtige „Expertenquellen" für die Gesetzgebung und ihre Vorbereitung erschlossen werden können und wie sachlich und undemagogisch die Antworten ausfallen, wenn man sich *vor* der Vorlage eines Gesetzentwurfs, ganz besonders nun über Gebiete dieser Art, der aktiven Mitarbeit der Betroffenen selbst versichern kann, was also weit über die „Anhörung von Spitzenorganisationen" hinausgeht.
Ich zitiere abschließend den Schlußabschnitt des Berichts von Bo Elmgren und Inga-Lena Nau:
„An dieser Befragung haben sich etwa dreimal so viele Personen beteiligt wie an irgendeiner der Beratungen über verschiedene Fragen, die die S.A.P. seit 1965 durchgeführt hat."
Bevor ich nun den Versuch mache, das für die Ausgestaltung der Demokratie unserer Zeit Entscheidende in den neuen schwedischen Maßnahmen kurz zusammenzufassen, muß wohl, insbesondere für den deutschen Leser, eine Bemerkung zu meinem Quellenmaterial gemacht werden.

Ich habe bisher ausschließlich Material verwendet, das von der S.A.P. stammt, und werde es auch in der folgenden Darstellung dieses Kapitels tun. Muß das nicht eine einseitige Beleuchtung der schwedischen Entwicklung und der schwedischen Verhältnisse geben? Die Antwort ist: ja und nein!

Natürlich gehen die Rapporte, die für den sozialdemokratischen Parteivorstand oder von diesem selbst für den sozialdemokratischen Parteikongreß erarbeitet worden sind, von einer bestimmten Prämisse aus und können daher auch nur zu bestimmten Resultaten kommen. Was ist das für eine Prämisse? Man könnte es sich einfach machen und von einer „Maximierung sozialer Gerechtigkeit" sprechen, aber das führt dann zu Formulierungen, die von niemandem abgelehnt werden könnten oder abgelehnt würden, weil sie in ihrer Allgemeinheit inhaltlos würden und nicht zum Verständnis der spezifisch schwedischen Konsequenzen und Forderungen beitragen würden. Die Prämisse „Maximierung der sozialen Gerechtigkeit" muß spezifiziert werden. Ich kann das am einfachsten und zuverlässigsten tun, indem ich mich einiger Sätze des schwedischen Ministerpräsidenten und S.A.P.-Vorsitzenden Olof Palme selbst bediene. Er schrieb vor kurzem in der Sonderbeilage „Schweden" zur „Welt der Arbeit" (10. November 1972) des DGB einen längeren Artikel unter der schon viel eindeutigeren Überschrift „Unser demokratischer Sozialismus", dem ich folgende Sätze entnehme:

„Die Industriegesellschaft muß nach wie vor die finanzielle Grundlage unserer Gesellschaft ausmachen. Aber eine Produktionssteigerung durch einen Verschleiß von Menschen und Natur ist keine Steigerung des Wohlstandes. Dies soll kein Angriff auf Zuwachs und finanzielle Fortschritte bedeuten, sondern ganz einfach besagen, daß der industrielle Zuwachs zu sozialen und menschlichen Zielen geführt werden soll, vereint mit sozialem Ausgleich und mehr Demokratie.

Der demokratische Sozialismus geht von der sozialen Situation des einzelnen Menschen aus. Seiner Freiheit nutzt es am besten, wenn er Wege zur Gemeinschaft mit anderen, zur Zusammenarbeit und Solidarität finden kann. Er muß zusammen mit anderen seine Situation meistern können, sein eigenes Dasein lenken."

In der gleichen Zeitung schrieb Ruth Link unter der Überschrift: „Sozialismus ohne Doktrinen":

„In gewisser Weise ist das alte mit doktrinären marxistischen und antimarxistischen Vorurteilen belastete Wort Sozialismus unzulänglich, wenn man die typisch schwedische Art von vernünftiger Zusammenarbeit beschreiben will. Sie macht es möglich – um den raschen, technologischen und industriellen Veränderungen gerecht zu werden –, Arbeitskräfte umzuschulen und umzusiedeln, wieder zu investieren und jedermanns Recht auf freie Meinungsäußerung zu respektieren.

Wenn man sich den Gedanken zu eigen macht, daß eine Gesellschaft gleich einer Kette nur so stark ist wie ihr schlechtestes Glied, dann werden die Niedrig-Lohn-Empfänger, die Arbeitslosen, die Körperbehinderten und die von der Gesellschaft Gemiedenen zum Problem Nummer eins. Es kann nur auf Kosten derer gelöst werden, denen es gut geht. Da liegt die Schwierigkeit. Niemand hat etwas dagegen, wenn sich seines Nächsten Los verbessert, solange er es nicht bezahlen muß. Dafür bedarf es der Solidarität, wie es die Schweden nennen.

Was heute in Schweden vor sich geht, steht nicht in den politischen Lehrbüchern. Unbeeindruckt von blendenden, theoretischen ‚ismen' haben die pragmatischen Schweden die Hintertür benutzt und durch Klassen-Zusammenarbeit den Klassen-Kampf verhindert. Wie bei einem Puzzle – immer ein oder zwei Stück zugleich – bemühen sie sich, die ihnen gemäße Struktur zu finden.
Zwar ist es nicht falsch zu sagen, daß in Schweden eine kapitalistische Wirtschaft nach sozialistischen Richtlinien funktioniert, aber es ist auch nicht ganz richtig, weil man die Terminologie von gestern auf den Apparat von morgen anwendet, der aus einem ganzen Netz elastischer Pläne für die Umstrukturierung der Gesellschaft besteht. Um darauf vorbereitet zu sein, in einer Welt jäher technologischer Wandlungen und wachsender Industrie, die das Individuum mit dem Verlust seiner Arbeit und seiner Identität bedrohen, menschenwürdig zu funktionieren, entwickeln die Schweden eine Anzahl von Neuerungen, die zusammengenommen eine neue Struktur bilden.
In Schwedens wettbewerbsbetontem System des freien Unternehmertums sind 94 % der Industrie in Privatbesitz und gedeihen in einer freien Marktwirtschaft mit langer liberaler Tradition. Ziel der Sozialdemokraten, die seit 40 Jahren an der Macht sind, ist es, die Industrie so produktiv wie möglich einzusetzen und deren Erträge so gerecht wie möglich unter die Mitglieder der Gesellschaft zu verteilen."
Man kann natürlich die Prämisse dieser Darstellungen ablehnen. Das ist eine Frage der individuellen oder nationalen Wertungen. Akzeptiert man sie aber, dann sind die Konsequenzen, zu denen Olof Palme und Ruth Link kommen, unentrinnbar.
Kehren wir darauf noch einmal zu dem Kongreß-Rapport „Parteidemokratie" zurück.
Seine Gedankenführung ist von der vôn Olof Palme formulierten Prämisse diktiert: soziale und menschliche Ziele, sozialer Ausgleich, mehr Demokratie, Zusammenarbeit und Solidarität.
„Eine Voraussetzung für die Schlagkraft unserer politischen Organisationen ist, daß viele Menschen durch die Organisation sich an der Ausgestaltung von Reformen und anderen wichtigen Beschlüssen beteiligen. Die Beratungstätigkeit in den Formen, in denen wir sie bisher betrieben haben, kann aber nur ein Mittel von vielen sein, um dieses Ziel zu erreichen.
Aber in dieser Arbeit, neue Formen für eine mehr direkte Demokratie durch die Partei zu entwickeln, darf die übrige Parteitätigkeit nicht auf die Seite geschoben werden. Tatsächlich muß die Tätigkeit in einer möglichst geeigneten Kombination von direkter und indirekter Demokratie bestehen, um einen weitestgehend gesteigerten Einfluß zu entwickeln.
Reichsumfassende Beratungsaktionen müssen mit einfacheren Schnellantworten, örtlichen Beratungsaktionen über kommunale Fragen, Antragskampagnen usw. abwechseln. Der Dialog darf niemals in seinen Formen erstarren – er muß immer den Voraussetzungen angepaßt werden."
Da ist also das Programm der Beratungsaktion unzweideutig formuliert: eine so zweckmäßige Kombination wie möglich von direkter und indirekter Demokratie, um einen maximierten Einfluß zu erreichen.

Dabei ist man auch gewillt, die Parteiorganisationen umzustrukturieren, man weiß nach 8-jähriger Erfahrung, daß die Beratungsaktionen einen tiefgehenden Einfluß auf die freiwillige Bildungsarbeit erzielen und eine gewaltige politische Mobilisierung erreichen. Man nimmt bewußt und ausdrücklich Abstand von Theorie und Praxis der Elitendemokratie. Man unterstreicht mit besonderem und erneutem Nachdruck die Bedeutung der großen, kollektiven Organisationen der „folkrörelserna" für die Ausgestaltung und Modernisierung der repräsentativen Demokratie (ich vermeide hier absichtlich das erinnerungsbelastete deutsche Wort Volksbewegungen).
Man fordert noch mehr Information und noch mehr Instruktion als bisher in allen Organisationen der Bewegung und stellt fest, daß man bei dieser Arbeit an der Zukunft der Bewegung und der Demokratie ganz im Sinne der Tradition der S.A.P. arbeite, zumindest der Tradition, die in den ideologischen Auseinandersetzungen der 1920er Jahre um den Einfluß des Individuums auf sein Milieu und sein Arbeitsleben, also um Demokratie im Industrialismus, ihren Anfang nahm.[21]
Aber natürlich: Schreiben und schöne, richtige Worte über Demokratie verwenden – das ist eine relativ einfache Sache, in vielen Jahrzehnten, ja Jahrhunderten gelernt und geübt! Das Entscheidende und für die Erneuerungsversuche der schwedischen Demokratie Kennzeichnende ist, daß den schönen und richtigen Worten Handlungen gefolgt sind, die wirklich einen neuen Beitrag zum Ausbau des demokratischen Systems bedeuten. Sie sind eine Art von politologischem „Ei des Kolumbus": Man appelliert an das politische Interesse an der *Mitwirkung* bei politischen Entscheidungen, man findet das erwartete Interesse, man zieht immer größere Kreise in die aktive Arbeit an der praktischen Ausgestaltung der Demokratie hinein, intensiviert die Information und Instruktion, – und man nimmt die in langen „Dialogen" entstandenen Beschlüsse der neuen „Partizipations"-Gruppen *ernst,* die für alle Teile der Bevölkerung, eben nicht nur für eine, wenn auch politisch und ideologisch dominierende Partei offenstehen. Ich möchte es so formulieren, daß es in Schweden gelungen ist, die repräsentative Demokratie zu verjüngern,, ihr neues Blut einzuflößen, ohne ihre wichtigen und bedeutungsvollen Errungenschaften anzutasten. Das ist, soweit ich sehen kann, eine für die Lebendigkeit, Aktivität und Widerstandskraft der demokratischen Idee und Realität nicht hoch genug zu schätzende Leistung.
Der samråd ist, was wohl gegenüber den Skeptikern und politischen Besserwissern in der BRD und anderswo besonders unterstrichen werden muß, nicht in erster Linie ein Mittel, um die freiwillige Bildungsarbeit zu intensivieren, kein technischer Kniff, um eine Wahl zu gewinnen. Er ist nichts weiter als ein neuer Weg zum Ausbau und zur Intensivierung der Demokratie, ein eigentlich recht einfaches Mittel, um das überall latente Interesse für ernsthafte politische Probleme und Diskussionen akut zu machen und in den Strom demokratischer Mitwirkung und politischer Selbstbetätigung zu lenken. Der samråd erhöht *auch* das Interesse an der freiwilligen Bildungsarbeit, er mobilisiert die Bevölkerung und bereitet damit *auch* den Boden für einen positiven Wahlausgang, aber primär ist er eine in ihrer Bedeutung nicht zu überschätzende Methode für die Stabilisierung der Demokratie und den Ausbau

einer das gesamte Volk umfassende Beteiligung an der politisch-demokratischen Arbeit.

Im samråd wird Demokratie nicht geredet, sondern getan.

Daß man davon in der BRD, getrennt vom Ort des Geschehens nur durch die friedliche Ostsee oder keine 60 Flugminuten, so wenig weiß, sagt alles über den Mangel an Kontakt zwischen befreundeten und „verwandten" Nachbarn, verursacht durch ein wohl politisch bedingtes Desinteresse auf deutscher Seite und eine ebenso vornehme wie lächerliche Zurückhaltung auf schwedischer Seite.

Zum Schluß noch eine banale Feststellung: Das schwedische Beratungssystem ist natürlich kein schwedisches Monopol. Es könnte vielerorts zur Anwendung kommen. „Politik heißt wollen", hieß Olof Palmes erstes Buch. Man muß also nur wollen!

Viertes Kapitel

Die Deutsche Tradition

Es ist die Aufgabe dieses Kapitels, den Versuch zu machen zu erklären, woher es kommen kann, daß im Raum der BRD – und natürlich auch der DDR, also etwa auf dem Gebiet des ehemaligen Deutschen Reiches –, im geographischen Zentrum Europas, die Entwicklung so ganz anders verlaufen ist, als es der theoretischen Skizze des ersten Kapitels und der Skizze der faktischen schwedischen Entwicklung im dritten Kapitel dieses Abschnitts entsprechen würde. Wenn wir die Lage in der DDR aus der Betrachtung herauslassen, – sie ist eine Folge des verlorenen Krieges von 1939–1945 und geht uns daher nur mittelbar an –, so sind doch in West-Deutschland, in der auf der Grundlage einer der besten demokratischen Verfassungen errichteten, auf freiheitlicher Basis ruhenden Bundesrepublik Deutschland Verhaltensweisen, politische Attitüden und Ausdrucksweisen, Überzeugungen und Wertungen anzutreffen, die die demokratischen Prämissen des Grundgesetzes immer wieder in Frage stellen. Der Staatsbürger der BRD reagiert nicht allzu oft so, als ob eine behandelte oder zu behandelnde politische Frage *seine* Angelegenheit wäre. Er identifiziert sich nicht mit dem Problem. Der Beobachter von außen bekommt häufig den Eindruck, daß er sich nicht einmal mit seinem Staat identifiziert. Ist das nur ein Eindruck, den der Beobachter von außen bekommt? Das wäre an sich ein merkwürdiges und erklärungsbedürftiges Phänomen, aber ich glaube nicht, daß es sich so verhält. Es ist im Gegenteil meine Überzeugung, daß dieses undemokratische Verhalten – um nichts anderes handelt es sich ja – das Resultat einer Entwicklung oder einer „historischen Erbmasse" ist, die in diesem Buch die „Deutsche Tradition" genannt worden ist. Natürlich kann man sagen, daß es unbillig sei, vom heutigen deutschen Bundesbürger ein demokratisch fundiertes und sicheres Sich-Verhalten zu erwarten, dazu seien die demokratischen Jahre in der deutschen Geschichte allzu wenige, 1919–1930 in der Weimarer Republik, also 11, und (frühestens) 1950–1975, also 25, und wenn wir gar die Zeit der deutschen Demokratie nach dem zweiten Kriege erst vom Jahre des Ausscheidens Adenauers als Bundeskanzler, also 1961, rechnen, sind es nur 14. 25 oder auch 36 Jahre sind verschwindend wenig für den Aufbau und die Sicherung eines demokratischen Bewußtseins, zumal wenn es mit einer so schweren Hypothek belastet ist wie das deutsche. Dabei denken wir hier gar nicht so sehr an die Jahre von 1933–1945, an den Wahnsinn der nationalsozialistischen Diktatur und des nationalsozialistischen Krieges. Auch sie wären ohne die 200 Jahre „Deutscher Tradition" nicht möglich gewesen. In ihnen übersteigerte und überschlug sich das Erbe der Herrschaft der „Deutschen Tradition" und des von ihr gesteuerten oder geprägten oder auch nur beeinflußten Denkens und Sich-Verhaltens. Sie waren ein fürchterlicher Ausbruch von Krankheitssymptomen, die nicht nur das Ende der Weimarer Republik entstellt, sondern auch ihren Anfang geprägt hatten, und der Weimarer Republik vom Kaiserreich und vom Preußenreich vererbt waren.

Von diesen Symptomen soll dieses Kapitel handeln. Es soll versuchen, ihre Spuren und auch offenen Anzeichen aufzuzeigen, in der deutschen Phantasie, dem Dichten und Herrschaftssystem, in deutschen Ideologien, in den Köpfen deutscher Wissenschaftler und den spontanen Reaktionen deutscher Massenbewegungen und ihrer Führer. Weniges davon ist wissenschaftlich analysiert, aber ganz ohne Vorgänger sind wir nicht.

Da dieses Kapitel unser Buch nicht sprengen darf, muß es schon wegen dieser notwendigen Beschränkung eine Skizze bleiben. Weiter geht unser Ehrgeiz diesmal nicht. Wir wollen das Problem stellen, in aller Härte und (selbstverständlich) ohne alle Diplomatie, und uns bemühen, es so unzweideutig zu formulieren, daß es in Zukunft nicht mehr totgeschwiegen oder auch nur vertuscht werden kann.

Hierbei macht der Verfasser von seinem Privileg Gebrauch, ein deutscher Ausländer oder ausländischer Deutscher zu sein. Für mich sind die Probleme, die hier ausgesprochen werden, keine Probleme der theoretischen Spekulation, sondern Probleme des eigenen Erlebens, nicht gerade alle 200 Jahre zurück, aber doch eines nicht unerheblichen Teiles von ihnen, und was hier ausgesprochen wird, gilt nirgends und niemals der Selbstrechtfertigung, sondern – wenn überhaupt Ich-bezogen – auch der Selbstanalyse, dem Versuch also einer Erklärung der horriblen Irrtümer, denen ich selbst und meine Generation mit mir verfallen war – mit den besten und edelsten Absichten, die man sich denken kann!

Die Probleme, die hier in Kürze abgehandelt werden, sind aber, um auch diese Selbständlichkeit auszusprechen, keine Generationsprobleme, Fragen, die etwa nur die ältere Generation angingen, aber für die Jüngeren und Jungen ohne Interesse, da überwunden, seien. Nichts kann falscher und kurzsichtiger sein als solch ein leichtfertiger Optimismus, den ich unter vielen vorzüglichen jungen und jüngeren Leuten in der BRD angetroffen habe. Als wir taumelnd vor Freiheitsgefühl und Glück und Siegesgewißheit und Zukunftssicherheit aus dem ersten Kriege zurückkamen, voller Verachtung für alles „Alte“ (das über 30 Jahre alt war!) und ohne die geringste Ahnung von der Belastung durch die „Deutsche Tradition“, die wir mit und auf uns trugen, dachten wir genau ebenso. Die Resultate sind bekannt, insbesondere die Resultate für die deutsche Demokratie. Ich weiß: das Kaiserreich brach 1918 zusammen, die Weimarer Republik 1933 (großzügig gerechnet!), das sind 15 Jahre. Das Tausendjährige Reich nahm 1945 ein Ende mit Schrecken. Jetzt schreiben wir 1975. Das sind 30 Jahre. Und die demokratische Haltung, daß demokratische Bewußtsein, das demokratische Selbstverständnis, die demokratische Selbstsicherheit und Aktivität? Sind sie heute auch 15 Jahre älter, größer, reifer als am Ende der Weimarer Republik?

Lassen wir diese Art von wirklich „sinn“-loser Diskussion, die sich untersteht, Hallung und Bewußtsein und Verständnis und Aktivität in ein paar Jahren mehr oder weniger zu messen! Beginnen wir mit der Erörterung des Problems der „Deutschen Tradition“!

An ihrem Anfang steht, wie es sich gebührt, die Sage.

Feudalismus und Romantik – die Wurzeln der „Deutschen Tradition"

Ich beginne also diesen Teil mit einem Hinweis auf die Kyffhäuser-Legende.
Die Idee vom „heimlichen Kaiser", der immer wieder den Deutschen zur Hilfe kommen würde, ist ein typischer Wunschtraum. Man kann darüber lächeln, sogar laut lachen – aber es ist doch viel ernster. Man braucht nicht gleich so weit zu gehen wie Hans Kohn zu behaupten, daß die unmäßigen Ziele des 13. Jahrhunderts (Konradins überehrgeiziger Versuch, die kaiserliche Herrlichkeit nach Überquerung der Alpen wieder herzustellen) ihren Stempel der weiteren deutschen Geschichte aufgeprägt haben, daher die Konsolidierung einer rationalen deutschen politischen Ordnung verhindert haben, und als dann im Zeitalter des Nationalismus das Erbe des Mittelalters, die deutsche Einheit, in einem modernen Staat wiederbelebt wurde, der Nationalismus mit dem Bewußtsein der „kaiserlichen Sendung" und dem Gefühl der Überlegenheit des „kaiserlichen Volkes" zum „Reich" verschmolz.
Ja und nein! Richtig ist sicher, daß in Deutschland der Gedanke (oder auch nur ein Gefühl) der „Sendung" nie ganz verschwunden ist und daß der „Sendungsgedanke" geradezu als ein Zeichen von Stärke betrachtet wurde. Noch meine Generation dachte ihn, wenn auch leise. Er liegt ohne Zweifel auch dem Manifest der deutschen Intellektuellen von 1914 zugrunde, denn woher sollten sonst die deutschen *Wissenschaftler* die Arroganz ihres Anspruchs genommen haben?[22] Im Verlauf der deutschen Entwicklung erfolgt eine Verlagerung des Schwergewichts vom Westen und Süden Deutschlands, der ein entscheidender Teil der römischen Herrschaft und der Sitz der Hohenstaufen war, auf die Gebiete östlich der Elbe – und auf Preußen, ein unterentwickeltes Land damals, das nur durch die Willensstärke Friedrich des Großen in einen machtvollen, militarisierten Staat verwandelt wurde. Damit aber begann der deutsche Circulus vitiosus.
20 Jahre nach dem Tode Friedrich des Großen kam der militärische Zusammenbruch im Kampf gegen Napoleon. Nur die Intervention des russischen Zaren bei Napoleon rettete damals (1806) Preußen vor der völligen Vernichtung. Dann wurde in wieder nur 10 Jahren die preußische Macht wieder aufgebaut. Preußen wurde das Zentrum einer starken „deutsch-bewußten" Bewegung, alles ruhte auf dem Militär, das mit seiner Disziplin allein diesen Raubbau an den Kräften eines kleinen Staates und einer Möchte-Gern-Nation durchsetzen konnte, und das allein die Machtorganisation besaß, die sich den Ideologen anbot, um ihre größenwahnsinnig-verstiegenen Pläne (Gustav Droysen!) eines neuen „machtvollen Herrscherhauses" zu realisieren. Das war im April 1848: die Hohenzollern auf dem leeren Platz der Hohenstaufen!
Der Verwirklicher des Traumes Droysens war Bismarck. Er machte Preußen zum Kopf und Herz des neuen Deutschlands.
Aber wir dürfen gerade an dieser Stelle der deutschen Entwicklung nicht zu schnell vorwärtsgehen, wenn sie und die Entwicklung des deutschen Denkens über das „Politische" begreiflich werden sollen.
Der entscheidende Wendepunkt war also das Jahr 1806. Vorher war die Macht der von preußischem Geist und ihren Soldaten gestützten Fürsten und anderen feudalen Potentaten unangefochten. Deutsche Intellektuelle verabscheuten die Realität. Sie

verehrten und bewunderten gewiß die Kämpfe um die Freiheit im Westen, aber diese waren für sie nie ein Problem der Wirklichkeit, sondern ein Problem des Geistes.
Am wenigsten waren die deutschen Intellektuellen deutsche Nationalisten und am allerwenigsten preußische. Im Gegenteil! Unter ihren prominentesten und begabtesten gab es viele, die aus ihrer Bewunderung für Napoleon keinen Hehl machten. Typisch dafür ist Hegel, der zwar nach einem „Zwingherrn" rief, aber – bei seinen Sympathien für Österreich – damit keinesfalls Preußen meinte, das er eher als reaktionär verabscheute. Vor 1806 war er begeisterter Napoleonanhänger. „Jeder betet für den Erfolg der französischen Waffen" schrieb er. Der französische Sieg bei Jena war für ihn der Beweis dafür, daß „Erziehung und Intelligenz" die „grobe Effektivität" besiegen.
Will man also die Wendung des deutschen Denkens – und das hieß damals ganz und gar die Gehirnarbeit und die Gefühle der Intelligenz des Landes – verstehen, dann darf man nie außer acht lassen, daß das geradezu plötzliche Aufflammen eines deutschen Nationalismus, was immer identisch war mit einer anti-französischen Haltung, zusammenfiel mit der zweiten großen intellektuellen Welle in Europa, mit der Romantik.
Sie war überall *gegen* die Aufklärung und *gegen* den Klassizismus, *gegen* den Nationalismus, *gegen* die Prinzipien der französischen Revolution, *für* das Nationale, *für* das Primitive. Auf deutschem Boden aber bedeutete Verehrung für das Nationale Verehrung für das Deutsch-Nationale, für die deutsche „Einzigartigkeit". Die Romantik glaubte an das Wunder, an die Leidenschaft, das Irrationale, an das Organische, *nicht* an die Selbstbeschränkung. Individuum und Gesellschaft waren für die Romantiker nichts als zwei Seiten der gleichen Sache. Das Wunder war vollzogen. Es bedurfte keiner Eingriffe von außen. Dichtung wurde Geschichte und Politik, Geschichte und Politik wurden Dichtung. Die Deutschen dichteten ihre Geschichte und ihre Politik, zum Leidwesen ihrer Nachbarn.
Die Romantik, und nicht so sehr mit ihren wunderschönen Gedichten als mit ihrer Mißachtung und Verkennung der Wirklichkeit, wurde, scharf pointiert gesagt, zur gesellschaftlichen Ideologie des geschlagenen friderizianischen Militarismus und des angeschlagenen preußisch-autoritären Feudalismus. Nun wurde die „Befreiung" vom „französischen Joch" zu viel mehr als zu einer nationalen Tat. Nun entstand aus der Mischung von preußischer Wiederaufrüstung und romantischer Verkennung und Verachtung der Wirklichkeit ein „Germanozentrismus", eine offene Entfremdung vom europäischen Westen, ein völlig unberechtigtes Überlegenheitsgefühl für alles Deutsche und gegen alles Französische, bald auch „Westliche". Wirklichkeitsverkennung und Umdichtung der Wirklichkeit mit friderizianisch-preußischen Militärkorsettstangen und eine bis zur Mitte des 19. Jahrhunderts gehende, relativ schnelle wirtschaftliche und technische Anpassung an den westeuropäischen Standard – in der Tat eine schauerliche Mischung, die bis zum heutigen Tage deutsches Denken beeinflußt.
Die Romantik verwirft überall die Bindungen des Klassizismus. An seine Stelle tritt das freie Spiel der Phantasie, das Ungewöhnliche und das „Genie" herrscht. Es beherrscht das Denken und Fühlen. Und nirgendwo so wie in Deutschland haben romantische Dichter und Denker das politische und gesellschaftliche Denken beein-

flußt. Die Romantik, ursprünglich eine ästhetische Revolution, fast feminin in ihrer Sensibilität – und völlig apolitisch, trieb die Entwicklung des *deutschen* Nationalismus nach 1800 vorwärts, genau so, wie die Aufklärung die Form des Nationalismus in Westeuropa schuf.
Noch ein paar Worte zu dem Überlegenheitsgefühl der Deutschen im 19. Jahrhundert. Die deutsche Faszination für Worte wie Schicksal und Verhängnis ist bemerkenswert. Die Geschichte und ihr Ablauf sind etwas Unvermeidliches. Diese Fähigkeit, den tieferen Sinn der Geschichte zu verstehen, der den westlichen Völkern verborgen bleibt, steigert also das schon erwähnte Gefühl der Überlegenheit, eine wirkliche Kompensation für Deutschlands nationale „Unglücke" und sein „Zuspätkommen". Nur im Vorbeigehen kann jetzt darauf hingewiesen werden, daß diese Deutsche Tradition sich später Hitler zunutze machte. Die deutsche Aggression wurde dann auf deutschem Boden nicht durch die liberal-humanitären Strömungen des Westens in Schach gehalten. Das Erbe der Aufklärung war nur von einer ganz dünnen Schicht des Volkes angetreten worden. Viel „elementarer" war die deutsche Gewohnheit, den Gang ihrer Geschichte aus einem metaphysischen System herzuleiten und in ihm die Rechtfertigung für all ihr Tun zu finden. Die „historische Sendung" – ein Demagoge, der an diesen „Urinstinkt" appellieren konnte, besonders wenn sie mit der deutschen Einheit vermischt werden konnte, hatte gewonnenes Spiel. Und hatte er einmal das „Spiel" gewonnen, dann hatte er alles gewonnen. Denn dann trat der Mechanismus des preußischen Militarismus und des Bismarckschen Autoritarismus ihm helfend an die Seite: der romantische Mythos und die militärische Subordination preußischer Herstammung überwanden von vornherein jeden Widerstand, auch die nationalen Grenzen, auch die moralischen Hemmungen, auch den wesentlichen „Liberalismus", auch das „fremdstämmige Christentum".
Diese in der Welt ganz einzigartige Vermischung von Romantik und Macht produzierte jenes merkwürdige Volk, das dann – *nach* der eigentlichen Romantik und *nach* dem Aufgehen der altpreußischen Königsmacht im (geträumten oder faktischen) Deutschen „Reich" – auf deutschem Boden lebte. In der Klassik und Romantik waren sie unpolitische und apolitische Dichter und Denker gewesen. Das war auch eine Art von Flucht vor der rauhen Wirklichkeit, der Wirklichkeit Napoleons nämlich, der ihren Schirm und Schutz, das preußische Heer der Könige, vor allem Friedrich des Großen, kurz und klein geschlagen hatte. Das schlug sie aber nicht in die Realität zurück. Hatten sie bis dahin im Reiche des „Geistes" gelebt – ein unübersetzbares deutsches Wort übrigens –, so fielen sie nach 1814 dem Wahn der „Macht" und des „Staates" zum Opfer. Weder Macht noch Staat waren ja in deutscher Vorstellung rational zu kontrollierende menschliche Institutionen. Sie waren wieder einmal etwas Außerweltliches, das „Sich-selbst-Entfaltende" – und von den Korsettstangen des neuaufgebauten, mit altem Geist, preußischen Geist erfüllten Militärs und militärischer Disziplin und Gehorchendürfen gestützt und aufrechterhalten. In diesem von keinem demokratischen Gedanken – wie etwa in Frankreich, England, der Schweiz usw. – angekränkelten blind-autoritären Glauben galt wieder (oder immer noch) die prinzipiell und politisch-hochmütige Verachtung für die Politik und die Politiker. Sie diktierte die Attitüden eines Bürgertums, das auf jeden Fall von der Macht ausgeschlossen war.

Die deutsche Romantik begann als Dichtung, aber endete nicht mit ihr. Sie wurde eine Deutung des Lebens, der Natur und der Geschichte. Dieser philosophische Gehalt unterschied sie grundlegend von der Romantik in anderen Ländern. Gegen den Nationalismus des 18. Jahrhunderts mobilisierte sie voller Verachtung die Zauberformel des Nationalen, sogar des Primitiven. Sie stürmte gegen das Prestige der Prinzipien von 1789. Damit war sie bereits tief in den Problemen des politischen Lebens – und des Staates. Sie tat alles, um den deutschen Staatsbegriff zu poetisieren und zu romantisieren. Sie entwickelte nie ein Programm für einen deutschen Nationalstaat, aber sie unterstrich die große Tiefe des deutschen Geistes und förderte damit die Vorstellung von der deutschen Einmaligkeit – und von der Nation als einem Gesetz für sich selbst.

Die Sympathien, die die amerikanische und französische Revolution auch in deutschen Intellektuellenkreisen fand, waren rein abstrakt – oder importiert. Mit den Verhältnissen „zu Hause" hatten sie nichts zu tun, mit ihnen hatten sie nicht einmal eine faktische Berührung. Es gab ja auf deutschem Boden keine Unternehmer oder gar eine Unternehmerschicht, von der politischen Tradition der Selbstbestimmung ganz zu schweigen. Über das sogenannte politische Leben bestimmte die feudale Aristokratie. War sie wohlgesinnt, ging es den Untertanen gut, war sie es nicht, ging es ihnen schlecht. Die Untertanen selbst kamen gar nicht auf den Gedanken, ihr eigenes Schicksal selbst in die Hand zu nehmen. Zwischen ihnen und der feudalen Aristokratie existierte eine unüberbrückbare Kluft, die durch das Bedauern einzelner gewiß nicht geschlossen wurde. Politische Überzeugung und politische Rechte standen niedrig im Kurs. Der große Immanuel Kant verblieb ein treuer Untertan des Königs von Preußen, und weder Lessing noch Schiller interessierten sich für anderes als das Recht der freien Meinungsäußerung und der Gedankenfreiheit, beileibe nicht für politische Freiheit. Wenn die Sendung Englands im 17. Jahrhundert als die Botschaft der Freiheit, die Frankreichs im 18. Jahrhundert als die der Vernunft zusammengefaßt werden kann, so war die deutsche „Sendung" nichts als die Botschaft des Eigenruhms.

In Deutschland übertrieb man die Gedanken der Romantik, die ja großartige Resultate hatte zeitigen können, ins Ungemessene. Alle Warnungen der eigenen Klassiker (Goethe!) wurden in den Wind geschlagen, mit ihren Übertreibungen gefährdeten die Romantiker auch alle politischen und sozialen Beziehungen.

Das Maßlose ging Hand in Hand mit der „inneren" Disziplin, dem Gehorchen-dürfen und der Organisationstüchtigkeit. Auf diese Weise wurden schon zu Ende des 19. Jahrhunderts die Deutschen zu einem europäischen Problem.

Es ist also eine absonderliche Mischung, die da im 19. Jahrhundert zusammengebraut wird. Sie hat fast unentdeckt und unanalysiert Denken, Fühlen und Reaktionen auf deutschem Boden dominiert. In der gegenseitigen Verschlingung von preußischem Militarismus und deutsch-romantischer Wirklichkeitsverkennung und Wirklichkeitsverfälschung haben sie einander wirkungsvoll ergänzt. Programm und Aktivität einerseits, Ideologie und Dichtung andererseits: man konnte immer das aussuchen, was gerade paßte, und tat es auch!

Das Romantische verschönerte nicht nur das Preußisch-Harte, der Wirklichkeit Widersprechende und gab seiner Machtstruktur einen ideologischen Inhalt, den sie an sich natürlich nicht hatte. Das Romantische trieb auch die Bajonette vorwärts und gab den gewaltigen, disziplinierten Aufmärschen auch eine dichterisch-esoterische Bedeutung, die sie ganz gewiß nicht hatten. Ohne die Romantik als Ideologie ist die blitzschnelle preußische Wiederaufrüstung nach 1806 nicht vorstellbar. Ohne die Romantik ist die fast selbstmörderische Poesie der Freiheitskriege nicht denkbar. Ohne die Romantik ist das totale politische Versagen des deutschen Bürgertums im 19. Jahrhundert nicht begreiflich. Ohne die Romantik gibt es weder für den Kitsch noch die Geschichtsklitterungen der Bismarckzeit eine Rechtfertigung, ohne die Romantik gibt es keinen „Sozialdarwinismus“ Haeckelscher Fabrikation, worüber sofort etwas mehr zu sagen sein wird, ohne die deutsche Neu-Romantik wird der selbstmörderische Sturm der akademischen Jugend bei Langemaark zu Beginn des 1. Weltkrieges nichts als ein unerhörtes militärisches Verbrechen, ohne die deutsche Neu-Romantik werden die Jünger und Jung und mit ihnen alle die Verherrlicher des „Kriegserlebnisses“, das ihnen gewiß zum Trauma geworden war (Kurt Sontheimer), aber eben zum romantischen Trauma, und mit ihnen gewiß auch die Spengler und Carl Schmitt und Othmar Spann und tutti quanti zu gewissenlosen Produzenten von „einschlägiger“ Literatur. Sie waren das alles, aber vor allem war sie Träger einer in der Welt einzigartigen, feudaldenkenden und romantisch fühlenden Gesinnung, die das deutsche Volk geknebelt und gegen die Realität geradezu immun gemacht hat es und auch mit ihrem unvorstellbaren Gemisch von Machtarroganz (hinter der man stets die kaiserlich-königlichen Garderegimenter zu denken hat), und Gefühlsseligkeit (hinter dem das romantische Denken und Empfinden, wenn auch immer entstellter, hervorschimmerte) den ehrlichen Repräsentanten des demokratischen Gedankens und Verhaltens so unendlich schwer gemacht hat, Gehör und Verständnis für ihre politische Überzeugung zu finden.

Die Romantiker, von ihrer Wirklichkeit zurückgestoßen oder abgestoßen, suchten nach Inspirationen in der Geschichte. Immer wieder verwechselten sie Dichtung mit Geschichte und Politik. Alles das hat das deutsche politische Denken tiefgehend beeinflußt.

Ohne jede faktische Unterlage glaubten die Romantiker, daß nationale Charakteristiken niemals so ausgesprochen waren wie im Mittelalter. Die Ideale der Ritter und der Gilden schienen in ihren Augen Ausdruck für die wahre nationale Seele zu sein, für ihre schöpferischen Kräfte, die noch unbefleckt vom Rationalismus waren, der zu toter Einförmigkeit geführt habe.

Der Begriff der Individualität, der einzigen und sich selbst genügenden Individualität, wurde vom Individuum auf die nationale Gemeinschaft übertragen. Die Nation wurde zu einem ursprünglichen Phänomen der Natur und der Geschichte. Zivilisation und Gesetze waren nun nicht mehr allumfassend und rational. Sie wurden die schöpferischen Errungenschaften einer irrationalen Kraft des Volkes. Nationale Individualität, lebendig und kämpferisch, war eine göttliche Manifestation, die eine spezielle Aufgabe zu erfüllen hatte. In diesem Zusammenhang könnte vieles über Novalis und sein tiefes Mißverständnis und seine ebenso tiefe Liebe zum Mittelalter gesagt werden. Hier an dieser Stelle soll für sie alle Friedrich Schlegel sprechen mit seinem Gedicht an die Deutschen vom Jahre 1800. Ich zitiere:

„Europas Geist erlosch: In Deutschland fließt der Quell der neuen Zeit: Die aus ihm tranken sind wahrhaft deutsch: Die Heldenschar ergießt sich überall: Erhebt den raschen Franken, den Italiener zur Natur, und Rom wird wach."

Man kann, ohne übertrieben ironisch zu sein, feststellen, daß die deutschen Romantiker sich mit einem ganzen Kabinett hielten: Novalis und Eichendorff als die Dichter, die beiden Brüder Schlegel als die Literaturhistoriker und Kritiker und die beiden politischen Philosophen der Romantik, Adam Müller und K. L. von Haller.

A. von Martin bemerkt zu beiden u.a., daß sie „die ersten bedeutenden konservativen Theoretiker deutscher Zunge, ... Konvertiten und, jeder in seiner Art, lebhafte Vertreter des Katholizismus waren", was „... für eine geistige Nähe von Katholizismus und Konservatismus in dieser Zeit (spricht).[23] Aber: „Die Romantik entnahm, in echt romantischer Willkür, dem geistigen Gesamtbesitz des Katholizismus nur das, was zu ihrem eigenen Wesen stimmte: nur das Germanisch-Mittelalterliche, nicht das Römisch-Antike, Klassisch-Objektive. Und eben auf dieser ‚christlich-germanischen' mittelalterlichen Basis konnten Konservatismus und Katholizismus zusammengehen... Das also ist die romantische, vorbildlich von Adam Müller durchgeführte Lösung des Problems einer konservativen Staatslehre: Der Staat ist ein natürliches, lebendiges Wesen, nicht eine Zweckinstitution. Darum ist in ihm ständige Bewegung und ist er selbst ständige Bewegung. Erfüllt von der lebendigen Triebkraft des Gedankens der Nation ist er ein Natürliches, das sich dynamisch entfaltet, ein gewachsener Organismus, gespannt von Energien. Aber über dem biologischen steht das christliche Motiv, das den – im natürlichen Sinne notwendigen – Streit der Kräfte schlichtet, die natürlichen Gegensätze vermittelt."[24]

Über Herrn von Haller hat bereits Hegel das Erforderliche gesagt, als er hinwies auf Hallers „bittersten Haß gegen alle Gesetze, Gesetzgebung, alles förmlich und gesetzlich bestimmte Recht. Der Haß des Gesetzes, gesetzlich bestimmten Rechts ist das Schiboleth, an dem sich der Fanatismus, der Schwachsinn und die Heuchelei der guten Absichten offenbaren und unfehlbar zu erkennen geben, was sie sind, sie mögen sonst Kleider umnehmen, welche sie wollen." Und etwas später: „Daß Herr v. Haller ein Feind von Gesetzbüchern ist, versteht sich von selbst; die bürgerlichen Gesetze sind nach ihm ... unnötig, indem sie aus dem natürlichen Gesetze sich von selbst verstehen, – es wäre, seit es Staaten gibt, viel Mühe erspart worden, die auf das Gesetzgeben und die Gesetzbücher verwandt wurden ..."[25]

Adam Müller war deswegen, scheint mir, ein Sonderfall, als er in der 2. Hälfte seines Jahrhundert, also des 19. Jahrhunderts, total in Vergessenheit geriet und es den deutschen Neu-Romantikern des 20. Jahrhunderts vorbehalten blieb, ihn wieder zu entdecken mit seiner typisch romantischen Unbestimmtheit in den Grenzen zwischen Dichtung und Wissenschaft. Er ging mit den Schlegels nach Österreich, aber ob nun in Berlin oder in Wien, ob er die Hohenzollern oder die Habsburger anbetete, änderte er seine grundlegende Überzeugung nicht, daß ein Krieg für die Durchsetzung dessen, was er westliche Idee nannte, geführt werden müsse. Nach 1813 war er glücklich, daß er nicht ohne eigenen Einfluß an seinem Ziele zu sein

schien. Er spielte jedenfalls eine lange Zeit hindurch keine Rolle mehr. Es war deutlich, daß mit ihm und seinem Kreis die neuen Theorien eines anti-westlichen Germanophilismus sich durchgesetzt haben, einer Konzentration auf das Deutschtum, das aus einer großen Serie Mißverständnisse der Geschichte bestand. Nur eine Bemerkung am Schluß dieses Gedankenganges noch: Zu Beginn und in der ersten Hälfte des 19. Jahrhunderts war diese Art zu denken begrenzt auf einen engen Kreis. Aber unter der Oberfläche setzte es seinen Einfluß auf das intellektuelle Leben Deutschlands weiter fort. Hundert Jahre später, unter einer neuen Führerschaft und mit einem völlig neuen Schwung hat es eine Massenbewegung inspiriert. Das vereinigende Glied dieser Entwicklungszüge war – der Krieg gegen den Westen.
Gegen die hier vertretene Auffassung kann vor allem eingewendet werden, so geradlinig und konsequent verlaufe die geschichtliche Entwicklung nicht, daß man sie durch 200 Jahre auf zwei Haupttendenzen zurückführen könne. Das ist sicher richtig, *wenn* die Entwicklung eben nicht immer wieder unter dem Zwang von außen und bald auch von innen in diese eine Richtung zurückgebogen worden wäre. Gerade das aber ist in Preußen-Deutschland geschehen. Gerade das ist der Inhalt dessen, was in diesem Buch als „Deutsche Tradition" bezeichnet wird. Das Militär wurde die Atmosphäre, in der das „Volk" lebte, der Gehorsam, die Disziplin waren es buchstäblich seit Jahrhunderten, die gegenüber der fast ungebrochenen feudalen Autorität an den Tag zu legen waren und an den Tag gelegt wurden. Feudalherr und Offizier waren eines.
Oft waren sie auch dieselbe Person. Stellte man sich mit dieser hohen Macht gut, hatte man Chancen, „vorwärts" zu kommen. Seit dem 18. Jahrhundert war es ja verbrieftes Recht bei Altgedienten, in den unteren Chargen der Staatsbürokratie ein ein gesichertes Auskommen zu finden – und den Zivilisten, d.h. dem Publikum, ihre Verachtung zeigen zu dürfen. Auf diese Weise wurde die Disziplin jedermanns Eigentum. Der Gehorsam gegenüber den „Oberen" wurde in der Familie und in der Schule tradiert. Die Kirche versäumte es nicht das Ihrige dazuzutun. Die Hörigkeit des Feudalismus ist nach wenigen Generationen ein Bestandteil einer „guten deutschen Erziehung" geworden. Die Ideologie der Romantik ließ die menschliche Nichthaltung der buchstäblich oder bildlich gekrümmten Rücken, die Unterwürfigkeit gegenüber „denen da oben", die preußische Fähigkeit, gehorchen zu können, und die gewiß einzigartige Attitüde des Gehorchen-dürfens in einem wirklichkeitsentfremdeten, aber nichtsdestoweniger strahlenden, tröstenden und erhebenden Licht erscheinen.

Das gebrochene Rückgrat

Ohne Militär gab es kein Preußen. Ohne Disziplin gab es kein Militär. Ohne Preußen gab es keine Vormachtstellung in Deutschland und bald auch in Europa. Ohne Romantik gab es in Deutschland keinen absoluten Staat, als die Revolutionen in den angelsächsischen Ländern und in Frankreich das Aufsteigen einer neuen anti-feudalautoritären Klasse ankündigten. Ohne Romantik gab es insbesondere auf deutschem Boden nicht die Wirklichkeitsverkennung von 1848, keine bürgerlichen Ideologen, die auf die absurde Idee verfallen konnten, dem reaktionärsten der Herrscherhäuser, dem preußischen, die deutsche Kaiserkrone ehrerbietigst anzubieten, keine bürgerlich-revolutionäre Bewegung, die sich – außer in Süddeutschland – gegen die Schüsse der königlich-junkerlichen Militärs nicht einmal zur Wehr setzte, sondern auseinanderlief und die Idee, den Wunschtraum von noch so kleinen politischen Veränderungen für fast ein Jahrhundert aus der Liste des Wünschenswerten, jedenfalls des Erreichbaren strich. Muß diese Aufzählung fortgesetzt werden? Festgestellt werden muß nur, daß die Haltung der Unterwürfigkeit, des Gehorchens und Gehorchen-dürfens, durch Tradierung in Familie, Schule und Hochschule eine Selbstverständlichkeit wurde, eine automatische Art des Reagierens. Jeder, der noch im 20. Jahrhundert in Deutschland aufgewachsen ist, möglichst in einem liberalen Elternhaus, möglichst in einer hochqualifizierten Schule, möglichst an einer diskutierfreudigen, „bewußt freiheitlichen“ Universität, weiß ein Lied davon zu singen.

Wie konnte es auch anders sein?

Es kommt uns nun darauf an, das Phänomen der deutschen Tradition von einer anderen Seite her zu analysieren und zu erklären als von der rein ideologischen. Wir gehen dabei aus von dem wichtigsten Machtapparat, der Preußen und später Deutschland beherrscht und geführt hat, nämlich der Armee.
Die Deutsche Tradition, basiert auf der einseitigen Betreuung der friderizianischen Machtpolitik (oder dem, was man dafür hielt), hat das ganze 19. Jahrhundert hindurch Denken, Haltung und Sich-Verhalten der Staatsbürger Preußens und dann bald auch Deutschlands geprägt. Sie ist mit dem Schlagwort „Militarismus“ nicht erschöpfend gekennzeichnet. „Militarismus“ im Sinne eines Kriegerstaates gab es mancherorts in Europa, aber was die Verhältnisse von Preußen-Deutschland grundlegend von denen in anderen westeuropäischen Großmächten unterschied, hat Gerhard Ritter, dessen grundlegendes und umfassendes Werk mir viel Stoff und viele Anregungen gegeben hat und das wirklich nicht nur als „Standardwerk der Fachliteratur“ verstanden werden sollte, auf eine kurze, kennzeichnende Formel gebracht: „Dort (in Westeuropa) erschien als eine Art von notwendigem Übel, was hier den höchsten Stolz der Nation bildete“[26]. Es handelt sich also auch nicht nur um die militärische Vorbildlichkeit des preußischen Wehrsystems, das besonders nach den Siegen von 1864, 1866 und 1870/71 von den kontinentalen Großmächten einfach nachgeahmt wurde. Völlig entscheidend, weil von so destruktiver Bedeutung für die Haltung der preußisch-deutschen Staatsbürger gegenüber ihrem Staat, nahezu ohne Rücksicht auf ihre politische Anschauung im übrigen, ist etwas anderes, was Gerhard Ritter zwar mit Entsetzen registriert, aber bei seiner Bewunderung für die „staatsmännischen“ Eigenschaften der preußischen Soldatenkönige, insbesondere Friedrich des Großen, irgendwie nicht analysieren kann: das gebrochene Rückgrat, die tradierte Unterwürfigkeit, und die den Preußen nicht von dem „unerschütterlichen Glauben an die sieghafte Leuchtkraft der Vernunft“ Friedrich des Großen, von der Gerhard Ritter so schwärmt[27], sondern von der rohen Disziplin des Korporalstocks auf dem Kasernen-Hof eingebleut worden ist, in Süddeutschland noch bis

in die Tage der Bismarckschen Reichsgründung als Angstvorstellung nachwirkend.[28] Das ist eben die „altpreußische Tradition". Sie ist natürlich längst in ihrer ursprünglichen Erscheinungsform verschwunden, aber nicht als Tradition, nicht als ergebene Untertanenhaltung, nicht als Bereitschaft, die Taten und Untaten des größten der preußischen Könige, die ja wenige Jahrzehnte später von Napoleon vom Piedestal fast gläubiger Verehrung gestürzt wurden, im verklärenden Licht romantischer Wirklichkeitsverfälschung zu sehen. Es gibt erschütternde Beispiele für die Wirklichkeitsverschönerung gerade auch bei Ritter. „Sieghafte Leuchtkraft der Vernunft" war nur ein Beispiel. „Sorge um die Sicherung, Verteidigung, Rettung der preußischen Großmachtstellung (!)" wenige Seiten später ein anderes.[29] Und die Strategie der gebeugten politischen Rücken und des gebrochenen politischen Rückgrats übernahm dann der preußische Junker Otto von Bismarck, als es sich um das aufwärts- und vorwärtsstrebende deutsche Bürgertum handelte.

Als der Spuk vollends zerstoben war und das Tausendjährige Reich nach 12 Jahren in Flammen aufgegangen war, zeigte der Kölner Bürger Konrad Adenauer, daß man mit gerunzelter Stirn und rücksichtslosem Auftreten noch in und 50er Jahren erfolgreich deutsche Politik unter Ausnutzung der „altpreußischen", sprich: Deutschen Tradition machen konnte.

Preußisch-deutsche Tradition – das ist also (auch für Gerhard Ritter) eine vererbte Haltung (oder Nicht-Haltung), die die Armee zum „höchsten Stolz der Nation" erhebt, eine romantische Ideologisierung sogar vom preußischen Standpunkt aus. Ob man das „Militarismus" nennt und Friedrich den Großen einen „Militaristen" schimpft – Ritter braucht fast zwei Druckseiten, um seine Ablehnung dieser Bezeichnung zu erklären! – ist völlig gleichgültig. Wichtig allein ist, daß sich aus dem Militärwesen der altpreußischen Könige eine Haltung entwickelte, die die deutschen Staatsbürger, ob nun Bürger oder Arbeiter, gegen die Realität blind machte, nachdem der Versuch der aufständischen Berliner 1848, der gerade auf „einen totalen Abbruch der altpreußischen Tradition" hinauslief, gescheitert war[30] und nun – voll deutlich nach den Bismarckschen Feldzügen – einer „Militärfrömmigkeit" Platz machte, die allmählich zur Charakterisierung der unterwürfigen Haltung der Deutschen gegenüber einer immer arroganteren Militärkaste wurde.

Hier möchte ich an die Darstellung der ideologischen Tradition wieder anknüpfen, die zu Beginn dieses Kapitels gegeben wurde, und auf die Bedeutung des Geschichtsbildes hinweisen, das von den Historikern von Sybel, Droysen und Treitschke geschaffen war. Sie setzte sich nun in den Schulen und Hochschulen als die allein richtige Lehre durch. Die Armee, vorher in den Augen des liberalen Bürgertums ein „Hort der Reaktion", wurde in dieser Geschichtsschreibung zum Garanten des wahren politischen Fortschrittes umstilisiert. Treitschke verstieg sich dazu, von der „göttlichen Majestät des Krieges" zu sprechen, die Wehrpflicht als Fundament der politischen Freiheit, die militärische Erziehung zu blindem Gehorsam als beste Charakterschule zu feiern – die deutschen Bürger und Arbeiter bekamen also eine tradierte Haltung der Unterwürfigkeit von der hohen Wissenschaft und von ihren Schullehrern als die dazugehörende Ideologie serviert.

Die Jugend jener Jahre, also im großen des zu Ende gehenden 19. Jahrhunderts, stand nicht nur unter dem ständigen Druck der faktischen Sozialstruktur Deutschlands, über deren innere Widersprüchlichkeit gleich noch ein paar Worte zu sagen sein werden, sie bekam den moralischen Wert, die Richtigkeit und Gerechtigkeit dieser Ordnung auch theoretisch im Unterricht auf allen Stufen der Schule in ihre empfänglichen Gehirne eingeflößt.

Ernst Haeckel – der Vorläufer

Es gäbe viele Beispiele für diese „Former der deutschen Seele", diese Wissenschaftler, die der Jugend Deutschlands den moralischen Wert, die Gerechtigkeit und Richtigkeit, vor allem aber Einzigartigkeit ihres Vaterlandes an den Universitäten und Schulen des neuen Bismarckschen Reiches klar machten. Vielleicht hat niemand von ihnen einen so in die Zukunft reichenden und katastrophalen Einfluß unter dem Deckmantel wissenschaftlicher Lehre ausgeübt und dabei die Ungebrochenheit des romantischen Einschlags im deutschen Denken so deutlich demonstriert wie der Jenaer Zoologe Ernst Haeckel, der Vater des deutschen „Sozialdarwinismus". Er begann seine sozusagen wissenschaftliche Produktion im Jahre 1866 – die Geschichte erlaubt sich manchmal ironische Scherze! –, als er 32 Jahre alt war. Seine Rassenlehre, sein Hypernationalismus und Antichristentum wurden entscheidende Grundlagen des nationalsozialistischen Dogmas. Die Nazis haben seinen 100. Geburtstag gebührend gefeiert. Was Ernst Haeckel geleistet hat, um mit seinen unerhört populären Büchern und wissenschaftlich wie politisch unsinnigen Ideen nicht nur zahllose Mitglieder der deutschen Wissenschaft, sondern auch weniger hochgebildete Leserscharen aus allen Schichten des „Reichs" intellektuell zu korrumpieren, kann gar nicht überschätzt werden. Die 85 Jahre seines Lebens (1834–1919) umspannen die ganze kritische Periode des Zerfalls des deutschen bürgerlichen Denkens und des deutschen Liberalismus (Haeckel gehörte selbst auch einmal dazu) sowie ihren Ersatz durch einen aggressiven, die tragenden Elemente seiner eigenen Zeit verachtenden, talmi-philosophischen und schein-wissenschaftlichen, vom Naturwissenschaftlichen aufs Soziale übertragenen „Darwinismus", die ideale Art des „Weltverständnisses" in einer kapitalistischen Gesellschaft unter feudaler Führung.
Ernst Haeckel mit seinem Sozialdarwinismus und seinem (deutschen) „Monismus" ist die intellektuelle Klammer zwischen dem bismarckschen feudalen Großmachttraum und der deutschen Katastrophe von 1933. Das wichtigste Buch über ihn ist nicht einmal ins Deutsche übersetzt.[31]
Also soll in großen Zügen über ihn berichtet werden.
Er war von Beginn an ein „Darwinist", zumindestens so wie er Darwin verstand. Seine zweibändige „Generelle Morphologie", deren Erscheinen so glücklich mit der ersten Teilung Deutschlands und der Schlacht von Königgrätz zusammenfiel, signalisierte nicht nur seine deutsche Variation des Mißverständnisses Darwins, sondern auch die deutsch-liberale Forderung nach einem starken Staat, der der Nation bei der Errichtung einer Nation helfen sollte. Haeckel war ein glühender Anhänger

Bismarcks, viel mehr als einer jenes Liberalismus, der seine politischen Wurzeln in dem Kampf der französischen Revolution gegen die autoritäre Staatsgewalt hatte.
Die Theorie der „natürlichen Auswahl", des Kampfes ums Dasein mit dem Siege des „Stärkeren" und *daher* der Kampf aller gegen alle, bei Darwin noch ausschließlich als biologische Phänomene, als „Gesetze" der Naturwissenschaft konzipiert und formuliert, wurden bei Haeckel, dem ehemaligen Liberalen und bald glühenden Bismarck-Verehrer, gnadenlos ins Soziale übergeführt. Hier baute er sein persönliches Lehrgebäude des sozialen Darwinismus auf, in dem die Romantik nicht als Dichtung, sondern als „Weltanschauung" wieder einmal eine entscheidende Rolle spielte. Durch seine billige und unwissenschaftliche Analogie, in der die „Gesetze" der organischen Welt einfach auf die soziale Welt übertragen wurden, erreichte es Haeckel und seine ungezählten Nachsager, den Sinn des Darwinismus in sein Gegenteil zu verkehren.
Als Bismarck seinen „Kulturkampf" gegen den Katholizismus begann, begann Ernst Haeckel seinen eigenen Kulturkampf gegen das Christentum überhaupt. Als Resultat seiner „wissenschaftlichen" Erkenntnis griff er bald alle traditionelle Ethik und Religionen an. Als Bismarck zum Kampf gegen die Sozialisten antrat, unternahm es Haeckel, den „aristokratischen" und nichtdemokratischen Charakter der Naturgesetze unter Beweis zu stellen. Und als Wilhelm II. 1890 Bismarck entlassen hatte – was Haeckel zunächst auf das Schärfste verurteilte –, wurde Haeckel einer der aktivsten Imperialisten und wütendsten Chauvinisten in Deutschland.
In dieser jahrzehntelangen Tätigkeit legte er die Grundlagen für alle Glaubensartikel des Nationalsozialismus: für das „Deutsch-Völkische", für die Rassenlehre, den Antisemitismus, den imperialistischen Nationalismus, die Notwendigkeit einer biologischen Elite, die Forderung gerade an die Deutschen, „ihre" arische Reinheit zu erhalten, denn nicht der Rechtsstaat, sondern das „Blut" sei das Wesentliche.
In allem, was er sagte und dachte, schlug die politische Romantik, das Umdenken der Wirklichkeit, bis sie der vorgefaßten Meinung entsprach, aufs Lächerlichste und Erschreckendste durch. Seine Art, die Welt zu definieren, muß so genau dem Geist (oder Ungeist) seiner Zeit, der zweiten Hälfte des deutschen 19. Jahrhunderts, entsprochen haben, daß man seine Lehren, wie gesagt, in allen Schichten des Volkes begierig aufnahm, gleichgültig, ob es sich um Nobelpreisträger oder den Ladenbesitzer um die Ecke handelte. Haeckel war Anti-Rationalist – eine passende Haltung für einen Wissenschaftler! –, als Romantiker war er nicht nur gegen die französische Revolution, sondern auch gegen die Aufklärung, er verlangte die Rückkehr zum „Glauben", aber nicht an Gott oder an einen Gott, sondern an die „Götter" und die Natur. Er war Pantheist und Naturphilosoph. Diese Art von Pseudoreligion diente als Grundlage, die „Einheit der Welt" und die „allumfassenden Gesetze des Weltalls" zu finden. Es ist schwer, vor diesem intellektuellen Scharlatan den erforderlichen Ernst zu bewahren, aber man muß die ganze Quacksalberei sehr ernst nehmen, nicht nur, weil sie Millionen von Menschen, die sonst durchaus ernst zu nehmen waren, ergriff, sondern noch viel mehr, weil sie jenen Wust von Denksurrogaten in entsetzlichem Umfange vorwegnahm, die 30–40 Jahre später Millionen von Menschen in Deutschland und in der Welt das Leben kostete. Auch Hitlers Phrase von den

„Höheren" und „Niedrigeren" Rassen stammt von Haeckel, ebenso die Ideologie von „Blut und Boden", mit der der Nationalsozialismus seiner Auffassung von den göttlichen Kräften der Natur Ausdruck zu geben versuchte. Vom „Blut" und von der „Rasse", dem auserwählten Volk der Deutschen und dem Antisemitismus, dem wilden Nationalismus, der biologischen Elite und der „arischen Reinheit" haben wir schon gesprochen. Nicht daß solche Ungereimtheiten gedacht und propagiert werden konnten, Jahrzehnte vor Hitler, ist das Merkwürdige und Absonderliche mit diesem Naturwissenschaftler, sondern daß ihm Millionen über Millionen folgten – bis zur eigenen Vernichtung.
Haeckel und die ihm folgenden Massen mißbrauchten – neben vielem anderen – den Namen eines großen Naturwissenschaftlers. Das Volk redete nach, was der Professor ihm vorgesagt hatte. So hatten sie es gelernt. Sie blieben ihrer Tradition treu, der Deutschen Tradition, – bis es zu spät war.
Damit war eigentlich schon alles verloren, wenn man sich nicht zu bewußtem Widerstand gegen diese neu-romantische Verfälschung einer häßlichen Wirklichkeit und gegen die eigene Halt- und Widerstandslosigkeit vor einer Militäraristokratie aufraffen konnte. „Man" konnte es nicht! Mitten im Aufbau des expansivsten und effektivsten Kapitalismus Europas konnten vor-kapitalistische und vorbürgerliche Sozialschichten, die also eine feudalistische Tradition repräsentierten, ihre Herrschaft in Preußen-Deutschland, die sie ja im Grunde nie aufgegeben hatten, endgültig stabilisieren. Auf diese Weise konnten zwei Ungereimtheiten auf einmal verwirklicht werden. Der deutsche Kapitalismus entwickelte sich in einem Staat, der von feudalen Wertungen erfüllt und dominiert wurde, sicher die einzige Stelle in Europa, wo so etwas möglich war, also die Entwicklung einer kapitalistischen Ordnung unter feudaler Führung, – und einer Militarisierung der zivilen Berufe, in der der Reserveoffizier zum gesellschaftlichen Ideal wurde, auch und gerade für die reichen Groß-Kapitalisten und ihre Söhne, in der Reichskanzler und Minister mit irgendwelchen militärischen Rängen ausgezeichnet wurden, vom Reichskanzler von Bülow z.B., der zum Husarenoberst, bis zum Finanzminister von Scholz, der zum Leutnant der Landwehr a.D. „befördert" wurde, ohne daß das Land oder die „Ausgezeichneten" an der Lächerlichkeit zugrunde gegangen wären, eine Militarisierung, die so weit ging, daß der neuernannte Reichskanzler von Bethmann-Hollweg bei seinem ersten Auftreten im Reichstag – in Majorsuniform erschien. Eine Fortsetzung dieser Aufzählung dürfte sich erübrigen. Was für die Spitzen der Gesellschaft galt, galt natürlich auch weiter nach unten. Ich zitiere wieder Ritter:
„Die Nachahmung adeliger Lebenssitten und des schnodderigen Kasinotons in bürgerlichen Kreisen nahm vielfach geradezu lächerliche Formen an – am lächerlichsten vielleicht im studentischen Verbindungswesen, in dem eine unreife oder halbreife Jugend ihre Männlichkeit durch möglichst gezwungene und steife Verkehrsformen sich selbst zu bestätigen suchte. ‚Forsches' Auftreten und ständige Bereitschaft zum Duell wurden in weiten Kreisen zum akademischen Lebensstil."[32]
Für das „Volk", die breite Masse der Kleinbürger und Arbeiter, die selbst, da von eigener, körperlicher Arbeit lebend, von diesem Spektakel der Großbourgeoisie ausgeschlossen waren, war bei aller verbalen Opposition, die hier und da auftauchte und

schnell in allgemeiner Empörung wieder verschwand, das hehre Vorbild der „Oberen“ sowie die Fahnenpracht und die bunten Uniformen bei den vielen Paraden von nachhaltigem, idealbildendem Einfluß. Die Deutsche Tradition hatte auf der ganzen Linie gesiegt. An ihrem Ende – oder richtiger: am Anfang ihres Endes – stand der Satz „Ich kenne keine Parteien mehr, ich kenne nur noch Deutsche!“, stand der 4. August 1914. Danach zeigte es sich, welche ungeheure gesellschaftsformende Kraft in der Deutschen Tradition verborgen war, in ihrer systematischen Verstümmelung aller selbständigen, politischen Regungen, ja auch alles selbständigen, politischen Denkens, in ihrer romantisierenden Schönmalerei und Verschleierung der Wirklichkeit, in ihrem grotesken Versuch, die rationalen Prämissen einer hochkapitalistischen Ordnung mit den irrationalen Elementen eines vorkapitalistischen, unbürgerlichen, feudal-romantischen Systems zusammenzurühren und daraus etwas Neues, Haltbares, Gesellschaftsbildendes zu machen.
Zu welcher moralischen Schizophrenie das führen mußte, habe ich einmal am Beispiel meiner Mutter gezeigt, dieser wunderbaren und gütigen Frau, die keiner Fliege etwas zu Leide tun konnte, aber uns keine Kaiserparade ersparte und selbst voller Begeisterung den schwerbewaffneten Reitern um Wilhelm II. herum zujubelte und zuwinkte.[33] Das war ein Symptom. Viel gefährlicher und für die Entwicklung Deutschlands von katastrophaler Bedeutung wurde, daß unsere intellektuelle Erziehung und Durchtränkung mit dem wirklichkeitsverachtenden Geist der Romantik – nach dem Ohnmachtsanfall der Feudalschicht 1918, die Deutschland ins Unglück getrieben hatte – unsere Politik in der Weimarer Republik trotz edelster Begeisterung für die „neue Zeit“ auf so gutgemeinte und so falsche Wege trieb, daß bei der von uns wieder einmal nicht zur Kenntnis genommenen Realität, der *deutschen* Realität, der Untergang der ersten deutschen Demokratie wie in einer griechischen Tragödie vorgezeichnet war. Wirklichkeitsverkennung, Wirklichkeitsverfälschung, Unkenntnis der Entwicklung unseres eigenen Landes, also auch der sich daraus ergebenden Aktionsnotwendigkeiten – alles das galt nicht etwa nur für die leicht begeisterte Jugend der Weimarer Republik – was ja schlimm genug gewesen wäre –, es galt für *alle,* nicht zum wenigsten für die große und international so vorbildliche Massenpartei, die SPD.

Die Weimarer Republik

Was hat die Weimarer Republik für die Entwicklung und Stabilisierung der Demokratie und des demokratischen Bewußtseins auf deutschem Boden bedeutet? Am liebsten würde ich die Frage mit einem großen Fragezeichen beantworten, aber es ist klar, daß das zu wenig wäre, ganz gewiß zu unbestimmt.
Zunächst einmal ist es ja unbestreitbar, daß die Weimarer Republik der erste Versuch einer politischen Demokratie auf deutschem Boden war. Als solcher, also als politisches Experiment, wenn auch als mißglücktes, war er von undiskutablem historischem Wert. Gescheitert ist das Experiment im wesentlichen an der Deutschen Tradition. Das in ihr erzogene und in ihr denkende Volk ertrug zunächst einmal in

seiner Mehrheit nicht den Gedanken, daß die deutschen Streitkräfte auf allen Gebieten eine vernichtende Niederlage erlitten hatten. Ein solches Ereignis schien Millionen von Deutschen im Widerspruch zum Begriff „deutsche Armee" zu stehen, ganz abgesehen von den großen finanziellen Opfern, die für diese Armee während Jahrzehnten gebracht worden waren, der großen Stellung, die sich das „Reich" Bismarcks in Europa und der Welt errungen zu haben schien, und den großen Worten, mit denen dieser Krieg begonnen und von denen er durch alle Leiden, alle Entsagungen und allen Hunger hindurch begleitet worden war. Die Idee, daß hier etwas nicht mit rechten Dingen zugegangen sein konnte, wieder einmal eine typische Wirklichkeitsverfälschung, ergriff erstaunlich große Kreise der Bevölkerung. Nicht die militärischen Streitkräfte, sondern das bis über alle physischen und psychischen Kräfte angestrengte Volk oder jedenfalls eine (schlechte) Minderheit in ihm, hatten „versagt". Irgendwer, ein von Deutschen abholder böser Geist, allzubald identifiziert als die Juden (und evtl. die Sozialisten), hatten der Armee kurz vor dem entscheidenden Siege den Dolch in den Rücken gestoßen. Wo anders als in einem Land, das so verseucht vom Geist der Neu-Romantik war wie Deutschland, hätte ein solches Schauermärchen erfunden – und geglaubt werden können? Wo anders hätte es gar, wie Theodor Litt es formuliert hat, „zum Rang eines nationalen Dogmas erhoben" werden können?[34]

Was dann folgte, kann in der nachträglichen Analyse und Beschreibung gar nicht besser als mit Karl Dietrich Brachers Bezeichnung „Pathologie eines Staates" erfaßt werden[35]. Es war wirklich die Krankheitsgeschichte eines Staates, der – wieder einmal – von Beginn an Symptome einer politischen Erkrankung zeigte, Symptome, die sich als unheilbar erwiesen und immer neue manifeste Krankheitserscheinungen produzierten. Sie waren alle Symptome der Wirklichkeitsverkennung und Wirklichkeitsverfälschung. Sie waren alle Erscheinungen der Deutschen Tradition, und es ist ganz klar, daß ihre realitätsfeindliche Einstellung zu dem führen mußte, was bei Bracher „eine Labilität des allgemeinen politischen Bewußtseins" heißt.[36] Ich bin nur in Erinnerung an jene mit äußerster Intensität und wachen Sinnen erlebten Zeit unsicher, ob man überhaupt von einem „allgemeinen" politischen Bewußtsein in diesen ersten Monaten und Jahren der Weimarer Republik sprechen darf. Man leistete sich den Luxus einer Unzahl von politischen Bewußtseinszuständen, und wieder möchte ich behaupten: *gerade weil* die Probleme, und zwar die Probleme eines ersten Versuchs einer deutschen Demokratie so gewaltig waren, daß sie nur von einem halbwegs gemeinsamen „Bewußtsein", halbwegs gemeinsamen Wert- und Zielsetzungen zu lösen gewesen wären, wichen wir alle der Konfrontation mit der Realität aus. Wir sahen sie, wie wir sie sehen wollten, die romantischen Wirklichkeitsumdichter unter den Demokraten und Sozialisten auf der einen Seite, die konservativen und reaktionären Erben der feudalen Gehorsamkeitstradition auf der anderen Seite, die gar zu gern den Krieg nachträglich gewonnen hätten, die mit ihrer bewußten Wirklichkeitsverfälschung weder Krieg noch Frieden wollten, den Zusammenbruch der alten Führung und die Errichtung einer neuen Ordnung mißbilligten, die mit ebenso wütenden Angriffen gegen die militärischen Sieger des Weltkriegs wie gegen alle vorgingen, die aus den moralischen und politischen Trümmern zu Hause etwas Neues zu bauen sich bemühten, das sofort als „das System" abgewertet wurde.

In diesem romantisch-feudalen Chaos ging bald alles unter. Es war geradezu unvermeidlich, daß die beiden Strukturorganisationen, die aus alter deutscher Tradition sich intakt erhalten hatten, die monarchistische Staatsbürokratie und die monarchistische Armee, sich in die Hohlräume der Staats- und Gesellschaftsstruktur hineinschoben und bald die einzigen Kräfte waren, die das Ganze trugen. Sie stellten sich zur Verfügung, wie es hieß. Der beim Kapp-Putsch 1920 in seinen Lackstiefeln wippende General von Seeckt wurde ihre Symbolfigur.

Es ist ohne Zweifel viel gute Arbeit in der Weimarer Republik geleistet worden. Es gab keinen Mangel an Experimentierfreudigkeit, auf den meisten Gebieten. Es war, als habe das Verschwinden der feudalen Schichten aus der offiziellen Leitung des Staates, der für uns wirklich *unser* Staat war, einen Druck entfernt, der die Bereitschaft zu produktivem Neuschaffen erstickt hatte. Daß die feudalen Kräfte immer noch oder richtiger: schon wieder an den Schalthebeln der Macht saßen, in der hohen Bürokratie und vor allem in der Reichswehr, konstatierten wir natürlich bald, aber eben mit mißvergnügtem Kopfschütteln. Wir sahen darin so etwas wie eine beinahe irrtümliche Fehlentwicklung der Geschichte, die schleunigst zu korrigieren wäre. Daß wir zu dieser Korrektur nie kamen, machte uns wütend und störte unser Selbstgefühl. Zu einem Umdenken, einem Neudenken der deutschen Entwicklung veranlaßte es uns nicht. Nur so kann ich es auch erklären, daß sich die Reichsregierung mit Einschluß ihrer sozialdemokratischen Mitglieder die maßlosen und beleidigenden Äußerungen des Oberbefehlshabers „ihrer" Wehrmacht, des Generals von Seeckt, gefallen ließ. Entfernt worden ist er ja dann auch nicht von einer republikanischen Regierung, sondern wegen einer formalen Lappalie von einem monarchistischen Generalfeldmarschall, der nicht nur im militärischen Rang höher stand als der Generaloberst von Seeckt, sondern *auch* Reichspräsident war.

Jetzt, nachträglich, aus der Fernsicht von über 50 Jahren, ist es mir völlig klar, daß unser aller Falschtun und Nichtstun auch damals eine Folge eines Falsch-oder Nichtsehens war. Wir sahen alle, auch unsere nüchternsten Politiker, die politische Wirklichkeit, wie wir sie sehen wollten. Bei den jungen Akademikern der Bewegung, um die 30, höchstens 35 Jahre alt, mag das verzeihlich sein, zumal sie ja fast alle vier Jahre ihrer Ausbildung im Verstehen der Wirklichkeit durch die unwirkliche Wirklichkeit eines rabiaten Krieges verloren hatten, dem sie abenteuerlicherweise entkommen waren. Aber ist es auch verzeihlich, ja auch nur verständlich bei einer politischen Persönlichkeit vom Rang und von der Qualität Otto Brauns, des Ministerpräsidenten „unseres" Preußens, wenn man nicht zur Erklärung die Wirklichkeitsverkennung und Wirklichkeitsverfälschung der Deutschen Tradition mit heranzieht? Gerade zum „Fall" Otto Braun werde ich sofort aus besonderem Anlaß noch ein paar Worte zu sagen haben.

Hier zunächst aber ein paar Sätze über die positiven Leistungen der Weimarer Zeit. Die wichtigste, aus der Perspektive dieses Buches, ist natürlich der Aufbau und Ausbau einer in der Welt weitgerühmten Gewerkschaftsbewegung, die ohne Zweifel Entscheidendes für die Mitglieder bedeutet und an einigen Stellen auch in der personellen Auswahl der führenden Funktionäre eine erstaunlich glückliche Hand gezeigt hat.

Dieser gewerkschaftliche Wiederaufbau und Neuaufbau war natürlich eine direkte Folge der „Anerkennung" der Gewerkschaften durch die Arbeitgeber und ihre Zentralorganisationen im November 1918. Diese „Anerkennung" bedeutete einen prinzipiellen Bruch mit der Arbeitgeberhaltung der Jahre und Jahrzehnte vor dem Zusammenbruch und war vielleicht das revolutionärste der Ereignisse nach dem militärischen Zusammenbruch. Darauf aufbauend folgte dann die Zusicherung der Arbeitgeber, in Zukunft keine „gelben" Organisationen mehr zu fördern, keine Schwarzlistung mehr vorzunehmen, es folgte der Beginn eines wirklichen Kollektivvertragsrechts, das Versprechen, der Durchführung des 8-Stunden-Tages und einer Arbeitslosenversicherung keine Hindernisse mehr in den Weg zu legen, um nur einige Beispiele zu nennen. Im Verlauf der galoppierenden Inflation bis 1923, die auf dem Arbeitsmarkt vor allem über die Gewerkschaftskassen herging und die Organisationen praktisch widerstandsunfähig machte, waren die Unternehmer nur allzu schnell bereit, ihre hauptsächlich von der Angst diktierte entgegenkommende Haltung im November 1918 wieder zu vergessen, aber die wenigen guten Jahre der Weimarer Republik von 1924–1928, also die Jahre vor dem Ausbruch der Weltwirtschaftskrise, und die schnelle Wiederaufrüstung der Gewerkschaften stellten das Gleichgewicht einigermaßen wieder her. In dieser Zeit gelang auch die Schaffung einer allgemeinen Arbeitslosenversicherung mit einer zentralen Behörde für Arbeitsvermittlung und Arbeitsbeschaffung. Angesichts der dauernden und steigenden Arbeitslosigkeit der 1920er Jahre war das ein besonders wichtiger, ganz und gar von den Gewerkschaften erzwungener Erfolg. Daß die Finanzierungsprobleme der neuen Arbeitslosenversicherung uns wenige Jahre später zum Hebel dienen sollten, um unsere eigene Regierung, die letzte parlamentarische Regierung der Weimarer Republik, aus dem Sattel zu heben, ahnte damals niemand. Das war ohne Zweifel der gröbste politische Fehler, den sich die deutsche Arbeiterbewegung in der Weimarer Republik geleistet hat, wieder einmal ein Ausdruck für ein Wunschdenken, das Resultat einer totalen Verkennung der politischen Wirklichkeit war.

Im übrigen gilt unverändert, was ich 1961 als Überschrift über diese Periode politischer und sozialpolitischer Aktivität der deutschen Arbeiterbewegung gesetzt habe: wir trieben „Sozialpolitik ohne soziale Politik".[37] Vielleicht war das unvermeidlich bei diesem ersten Versuch, Demokratie auf deutschem Boden zu verwirklichen und angesichts der innenpolitischen Situation, in der sich auch die Organisationen der Arbeiterbewegung damals befanden. Unsere „Expertokratie" war jedenfalls kein Beitrag zu einer demokratischen Erziehung des deutschen Volkes, im Gegenteil! Kaum eines der Resultate überdauerte daher auch die Zeiten der relativen politischen Stabilität.

Wie unstabil aber das Ganze sowohl organisatorisch wie personell tatsächlich war, zeigte sich im Mai 1933.

Zu den großartigsten und zukunftsweisendsten Leistungen möchte ich aber auch heute noch die realistische Einschätzung der „neuen" Arbeitnehmerschicht, der Angestellten, zählen und hier natürlich neben der theoretisch-soziologischen Analyse des Begriffs und dessen, was sich dahinter verbarg, vor allem den Aufbau einer in erstaunlich kurzer Zeit stark und selbstbewußt werdenden echten Gewerkschaftsbewegung der Angestellten, die alsbald in nahe Zusammenarbeit mit der Gewerkschaftsbewegung der Arbeiter trat, eine Zusammenarbeit, die erst von der nationalsozialistischen Diktatur zerschlagen werden konnte. Darüber habe ich in meiner Autobiographie viele Einzelheiten berichtet.[38]

Für die Erziehung zur Demokratie aber, zu irgendeiner Art von demokratischem Denken und Verhalten, hat, wie gesagt, die berühmte Gewerkschaftsbewegung der Weimarer Republik wenig bedeutet. Gerade das kann ich aus eigener Erfahrung, allerdings nur vom Horizont Berlins aus, beurteilen, aber Berlin war in der politischen Entwicklung der Weimarer Republik von entscheidender Bedeutung. Solange zum Beispiel die Regierung Otto Brauns die Geschicke Preußens lenkte, oder auch, als man noch glauben konnte, daß man ihr Schicksal und das Schicksal Preußens irgendwie beeinflussen konnte, strömten die Arbeiter und Angestellten zu Hunderttausenden zu Kundgebungen und Demonstrationen. Als die Regierung Braun/Severing durch den Staatsstreich vom 20. Juli 1932 entfernt war, gab es noch eine einzige riesenhafte Demonstration im Lustgarten – und dann nichts mehr. Man war nicht gewohnt, und man war immer noch nicht dazu erzogen, selbständig demokratisch zu denken und selbständig für die Verteidigung der Demokratie zu handeln. Man wartete auf Weisungen und Anweisungen. Als sie nicht kamen, ging man konsterniert nach Hause. Damit war das Schicksal der Demokratie in der Weimarer Republik besiegelt.

Dergleichen Beispiele könnten in Massen zusammengetragen werden. Es ist bisher nicht geschehen, weil man das Problem der Demokratie – immer noch – nicht als eine Frage der Selbstaktivität und der Selbständigkeit des Staatsbürgers zu sehen gewohnt ist, sondern primär als eine Frage der Staats*form*, der politischen Methode, des Wahlrechts usw. Daß das unmittelbar nach dem unerwarteten Sturz des Kaiserreichs galt, in dem man ja wirklich um das Wahlsystem und um die Staatsform gerade in Preußen ringen mußte, ist nahezu selbstverständlich. Von dieser einfachen Feststellung aber bis zur Rechtfertigung der Unfähigkeit, fast Gleichgültigkeit der Demokraten und vor allem der Sozialdemokratie angesichts eines direkt gegen sie und gegen Preußen gerichteten verfassungswidrigen Staatsstreichs des unangenehmsten der vor-nazistischen Reaktionäre, des damaligen Reichskanzlers von Papen, ist ein großer Schritt.

Exkurs über Preußen

Ich möchte in diesem Zusammenhang den Unterschied zwischen der hier vertretenen Einstellung und der eines anderen, gleichaltrigen und kenntnisreichen Zeugen der Ereignisse von 1932 eindeutig formuleiren. Der „andere“ ist der ehemalige Hamburger Bürgermeister Herbert Weichmann, damals persönlicher Referent von Otto Braun. Er hat seine Auffassung der Situation von 1932 in einem Artikel in der „ZEIT“[39] unmißverständlich klargemacht, so klar, daß ich es unbegreiflich finde,

wie er seinem Diskussionsgegner (Jürgen Bay) „Schwierigkeiten eines ‚Nachfahren' bei der Urteilsbildung" unterstellen kann. Über die Qualität dieser Abwertung eines Jüngeren (dessen Beurteilung der Lage ich auch für *falsch* halte) läßt sich streiten. Mir gegenüber verfängt dieses Argument also nicht. Herbert Weichmann befand sich in einer von uns allen beneideten Stellung nahe „unseren" Otto Braun, innerhalb der Mauern des Ministeriums, ich befand mich außerhalb dieser Mauern, in nicht ganz einflußloser Stellung als rechte Hand Siegfried Aufhäusers bei den Gewerkschaften. Aber daran erinnert sich Herbert Weichmann sicherlich. Wir teilten unser Unverständnis für Otto Brauns Politik. Ich habe in meiner Autobiographie[40] eine scharfe Kritik unserer, d.h. vor allem des Gewerkschaftsflügels der sozialdemokratischen Fraktion geübt und eine Ehrenrettung für Otto Braun versucht. Aber die nachträgliche Einsicht eines Mitagierenden macht ja diese Politik nicht richtiger. Gegen diesen – mißglückten – Rechtfertigungsversuch Herbert Weichmanns wende ich mich hier. Es scheint mir, daß er nicht unwidersprochen bleiben darf, weil er die Wurzeln der sozialdemokratischen Politik in der Weimarer Republik bloßlegt.
Herbert Weichmann hat völlig recht, wenn er kritisch gegen die recht hilflose, ja verworrene Politik der SPD und der sozialdemokratischen Fraktion im damaligen Reichstag ist. Sicher war es kurzsichtig, daß die Partei nicht gleichzeitig das Amt des Kanzlers dem preußischen Ministerpräsidenten, also Otto Braun, angetragen hatte. Man wußte ja, daß schon sein Name ein Signal bedeutet hätte, jedenfalls für alle Republikaner und Sozialdemokraten in der Weimarer Republik. Daß Otto Braun selbst diese politisch einleuchtende Idee nicht weiter verfolgte, kann man aber, wie Herbert Weichmann es tut, schwerlich aus ungenügendem „persönlichen Ehrgeiz" erklären, „wobei es freilich höchst fraglich ist, ob ihm die Partei gefolgt wäre". Woher weiß Herbert Weichmann? Das wäre auf jeden Fall ein Ziel gewesen, um das es sich *politisch* gelohnt hätte zu kämpfen. Daß Otto Braun es nicht tat, zeigt mir, daß ihm der Ernst der politischen Krise ebenso unklar war wie uns. Oder war es auch bei ihm ein Gefühl der Ausweglosigkeit? Daß der von *uns* erzwungene Rücktritt der letzten parlamentarischen Regierung Hermann Müller ebenso wie die von *uns* erzwungene Auflösung des Reichstages, die 107 Nationalsozialisten in den Reichstag brachte, unverzeihliche politische Fehler waren, kann niemand bestreiten, aber trotz aller dieser Fehler war, wie der riesenhafte Aufmarsch von Partei, Gewerkschaften und Reichsbanner im Lustgarten zeigte (wohl die größte Demonstration, die Berlin je gesehen hat), der Widerstandswille der Republikaner aller Schattierungen ungebrochen. Man wartete nur noch auf ein Signal – aber das Signal kam nicht. Warum nicht? Dazu sagt Herbert Weichmann nun – und er muß es ja wissen, so nahe wie er mit den entscheidungsfällenden Stellen verbunden war: der Wille der Regierung Braun zur Gegenwehr „war nicht vorhanden, *weil sich ihm keine erfolgversprechenden Möglichkeiten boten* ..." „Man muß auch sehen, daß der Widerstand *das Fanal zum Bürgerkrieg und zu einem Blutbad gewesen wäre,* über das dann die Geschichtsschreiber vielleicht hätten sagen können: es war ein ehrenvoller Untergang ... Der Untergang selbst war nicht zu vermeiden." Und, so fährt Herbert Weichmann fort: „Aber soll man den Männern, die zeitlebens für die Demokratie und den Rechtsstaat gekämpft hatten, einen Vorwurf daraus machen, daß sie ihre Macht nicht in verfas-

sungswidriger und inhumaner Weise mißbraucht haben und daß sie vor der gewaltsamen Auseinandersetzung ohne demokratische Legitimierung zurückschreckten."
Darauf ist meine Antwort: ja! In dieser Argumentation ist Herbert Weichmann ein schlechter „Nachfahre" Friedrich des Großen (wobei es wohl nicht einer gewissen Komik entbehrt, daß gerade ich den preußischen König gegen einen alten Kameraden und Freund anrufe!). Die Weimarer Republik und „unser" Bollwerk Preußen stand vor einer historischen Krise. Wie ernst sie war, wußte Otto Braun besser als wir alle. In dieser Situation sollte es keine Möglichkeiten zur Gegenwehr gegeben haben? Gibt es jemals so etwas wie „erfolgversprechende" Möglichkeiten in einer ohne Zweifel revolutionären – oder konterrevolutionären – Situation? Was soll denn das heißen? Dürfen die Verteidiger der Republik und der Verfassung nur handeln, wenn sie sich eines „Erfolges" ganz sicher sind? Wie soll man das je konstatieren können, wenn man es nie versucht hat? Zugegeben, daß bei der letzten Wahl, die schon mit Einsatz der wüstesten Hetze von den Nazis und ihren Bundesgenossen geführt worden waren, die Regierung Braun in der Minderheit geblieben war, sie war also, wie Herbert Weichmann das streng juristisch ausdrückt, „ohne demokratische Legitimierung", aber sie hatte doch die *faktische* Legitimierung, ja die *politische* Pflicht der Verteidigung der Demokratie. Das ist weder Otto Braun noch irgendeinem halbwegs einflußreichen Funktionär der SPD damals bewußt geworden, weil wir eben alle keine Vorstellung von den Aufgaben und Verpflichtungen der Staatsbürger in einer Demokratie hatten (woher sollten wir?!). Was mich erschreckt hat, war der Eindruck, daß Herbert Weichmann diesen traurigen deutschen Zustand auch heute noch zu verteidigen scheint. Zum Abschluß dieses Exkurses: Geradezu unfaßbar scheint mir sein Einwand, „daß der Widerstand das Fanal zu einem Blutbad gewesen wäre ..." Der Nicht-Widerstand, die klägliche politische Kapitulation vor einem Offizier und drei Mann wurde das Signal zum größten Blutbad, das die Geschichte kennt, erst in Deutschland, dann in Europa. Ein Widerstand hätte wenigstens die *Chance* gehabt, die starken anti-nationalsozialistischen Kräfte zu mobilisieren, die es weit über die eigentlichen demokratischen Parteien hinaus, bis in die Reichswehr hinein, im damaligen Deutschland gab. Gewiß, am grünen Tisch der sozialdemokratischen Regierung Preußens wäre dieser Kampf nicht entschieden worden, aber es scheint mir unzulässig zu sein, so wie es Herbert Wichmann tut, die Alternative als: Kapitulation *oder* heroischen Untergang, als: humane Flucht *oder* verfassungswidrigen und inhumanen Widerstand zu formulieren. Ich kann über den Ausgang eines offenen Kampfes, *wenn* es zu ihm gekommen wäre, ebensowenig etwas Sicheres sagen wie Herbert Weichmann, aber mir scheint nun, 40 Jahre später, die Möglichkeit nicht ausgeschlossen, daß ein offener Widerstand unter demokratischen Fahnen Deutschland das fürchterliche Erlebnis der Nazidiktatur hätte ersparen können, die so viel Blut der Besten aus *allen* Lagern gefordert hat, der Welt den 2. Weltkrieg gebracht und Deutschland gespalten hat.
Die von wunderschönem Schwung getragene, aber eben romantische Verkennung der Realität, die Überschätzung der politischen Bedeutung der Experten und ihrer Arbeit, die praktisch unveränderte, ergebene Haltung gegenüber „Vorgesetzten", „denen da oben", die sehr häufig Mitglieder der gleichen Partei, der SPD, waren,

eine Haltung, die bis in die Partei selbst hineinging[41], und – aus der Sicht der 1970er Jahre vielleicht am erstaunlichsten und erschreckendsten – die ebenfalls preußisch tradierte Hochachtung vor den Generälen, die man selbst auf ihre Posten gesetzt hatte, und die in der kurzen Geschichte der Weimarer Republik nichts als Unheil angerichtet haben – an keinem Punkt hat die Weimarer Republik die Deutsche Tradition verleugnet, geschweige denn mit ihr gebrochen. Wir haben das Problem nie gesehen, wir haben nicht einmal begriffen, daß hier ein Problem vorliegen könne.[42]

„An keinem Punkt hat die Weimarer Republik die Deutsche Tradition verleugnet", haben wir soeben gesagt. In der Tat! Diese Tradition sollte kurze Zeit nach dem Überfall des Herrn von Papen auf „unser" Preußen sich selbst überschlagen und einen für Deutschland, Europa und die Welt entsetzlichen Höhepunkt erreichen, nicht tausend Jahre lang, wie es sich die verbrecherischen Führer vorgenommen hatten, aber auch ihre zwölf Jahre waren mehr als genug. Kann diese unsagbare Katastrophe, die im heutigen demokratischen Deutschland, also in der BRD, so gern und mit Erfolg verdrängt wird, im heutigen nicht-demokratischen Deutschland, also in der DDR, mit Erfolg verleugnet wird, historisch zufriedenstellend erklärt werden mit der sich immer weiter verwirrenden politischen Lage in den 1930er Jahren, der politischen Charakterlosigkeit des Herrn von Papen, dem politischen Dilettantismus des Generals von Schleicher, der politischen Hilflosigkeit der SPD und der politischen Inkompetenz der damaligen Gewerkschaftsführung, dem in der Verfassung nicht vorgesehenen Reichspräsidentensohn und seiner Kamarilla, dem politischen Geschiebe zwischen Schleicher und Hugenberg usw. usw.? Sie kann es wohl, – und die historische Wissenschaft hat Material auf Material gehäuft, um nahezu jeden Faden, an dem damals gezogen wurde, aufzudecken, am vollständigsten sicher in Karl Dietrich Brachers Standardwerk „Die Auflösung der Weimarer Republik". Aber gleichzeitig zeigte sich doch damals auch eine deutliche Schwäche der NSDAP, die sogar Göbbels zu einer scharfen Ermahnung und Hitler zu einer Selbstmorddrohung veranlaßten. Nichts davon wurde politisch weiterverfolgt oder ausgenutzt. Warum? Auf die Ursache dieser politischen Totallähmung geht auch Karl Dietrich Bracher nur im Vorübergehen ein. Er verweist in seinem in jeder Hinsicht großen Buch und später im „Deutschen Dilemma" u.a. auf Schleichers Erfolge – und auf die taktischen Fehler bei den intensiven Bemühungen des Generals, die Nazis zurückzudrängen (was er wenig später mit seinem Leben bezahlen sollte), überhaupt auf jene „Zermürbungstaktik" gegen die NSDAP, die unstreitig 1932 gewisse Erfolge hatte. Ich frage wieder: Warum wurden sie nicht verfolgt, warum blieben sie im Anlauf stecken? Soll man sich mit der Antwort zufriedengeben: wegen der drittrangigen Intriganten vom Typ Oskar von Hindenburg und Franz von Papen, gegen die die Republikaner zu kämpfen hatten?

Nein, der Grund lag tiefer, er wird auch von Karl Dietrich Bracher nur gestreift, es wird auch heute noch, an der politischen Bedeutung im wesentlichen vorbeigehend, als „wirre Propaganda" abgetan.[43] Ich spreche von der Verseuchung tragender intellektueller Schichten und Kräfte der Weimarer Republik direkt und unmittelbar durch den „Tatkreis", indirekt aber auf „höherem" Niveau, d.h. akademischem Niveau durch Professor Carl Schmitt.

Hans Zehrer – der journalistische Wegbereiter

Die politische Bedeutung des „Tatkreises“ um Hans Zehrer und seine im Augenblick der „Weichenstellung“ ganz einfach entscheidende Bedeutung für die Halt- und Entschlußlosigkeit und Kooperationswilligkeit der deutschen Intelligentia mit ihren erbittertsten Feinden, der Bande um Göbbels und Göring, zuerst durchschaut und dargestellt zu haben, ist das Verdienst Kurt Sontheimers.[44]

Es ist natürlich immer schwer, auf die Frage zu antworten: Was wäre geschehen, wenn ... oder: Was wäre geschehen, wenn nicht ...? Vielleicht waren Staat und Gesellschaft der Weimarer Republik im Jahre 1932 schon so zersetzt und in sich zerfallen und ganz offenkundig ohne politische Ziele, daß sie eine relativ leichte Beute eines diktaturlüsternen Abenteurers werden konnten, aber *wenn* sie es waren – und nur darauf zielt meine Antwort, die die Antwort jedes jene entsetzliche Zeit bewußt Miterlebenden sein sollte –, ist eben das in entscheidendem Maße das Werk eines Mannes und einer Zeitschrift. Das klingt wie ein Hohn auf jede materialistische oder idealistische oder sonstwie systematisierte „Geschichtsauffassung“. Es ist es auch! Nicht umsonst ist kein Geschehen aus der Vorgeschichte der nationalsozialistischen Herrschaft in Deutschland so gründlich verdrängt worden, wie die Geschichte des Wirkens und der Rezeption der „Tat“ und ihrer Lehren. An ihr können die deutschen Intellektuellen jener Generation ihre Schuld nicht abstreiten, wie sie es so gern mit den Greueln der Konzentrationslager tun, von denen sie bekanntlich „nichts gewußt haben“. Das Wissen vom „Tatkreis“ können sie nicht gern bestreiten: *Sie* haben der Zeitschrift „Die Tat“ zu ihrem sensationellen Erfolg verholfen, auf sie waren die Artikel und Analysen der vier jungen Leute, die den Tatkreis bildeten, gemünzt. Sie haben dem dreijährigen Trommelfeuer und der „wirren Propaganda“ nachgegeben, sie haben geradezu wollüstig das Giftgas der intellektuellen Fälschungen geschluckt. Noch einmal hat sich die Deutsche Tradition mit ihrer absonderlichen Mischung von romantischer Wirklichkeitsverfälschung und Machtanbetung in grotesker Intensität offenbart, bis alles vor der Realität wüster Barbarei zusammenfiel, – auch „Die Tat“. Aber *daß* die Weimarer Republik sich so widerstandslos, fast frohgemut, zur Richtstätte führen ließ, hat seinen entscheidenden Grund nicht nur in der politischen Führungslosigkeit, nicht nur in der politischen Korruption, nicht nur im Machthunger der Düpierten, nicht nur im leiblichen Hunger und in der Arbeitslosigkeit der Massen, sondern vor allem auch in der totalen intellektuellen Zersetzung der Schichten, die berufen gewesen wären, ihr Land vor dem Schlimmsten zu bewahren und gegen den Ansturm des Bandentums zu verteidigen. Diese intellektuelle Zersetzung in den für die Verteidigung der ersten deutschen Republik entscheidenden Jahren, also 1930–1932, ist das Werk *einer* Zeitschrift, der „Tat“.

Hans Zehrer bekam die Zeitschrift im Oktober 1929.[45] Da bestand sie bereits 20 Jahre. Ihr Besitzer war – fast die ganze Zeit ihrer kümmerlichen Vorgeschichte – der Verleger Eugen Diederichs. Sie hatte sich hauptsächlich mit kulturpolitischen Fragen beschäftigt, oder dem, was Diederichs darunter verstand, denn Diederichs hielt nichts von Demokratie, nichts von Parteien und Parlamenten, um so mehr, – man war ja schließlich deutsch! – von „Aristokratie“ und von „Geist“ und „Mythos“. Bevor Hans Zehrer sein Amt antrat, war in der „Tat“ zu lesen: „Wir

wollen die deutsche Seele!" Der Weg zur deutschen Seele aber führte „in eine mystische, aus den Ursprüngen lebende Vergangenheit".[46] „Verworren" war die „Tat", bevor Hans Zehrer sie übernahm. Da gab es Artikel über „Ideen der mystischen Lebensführung, Ur-Setzung und Erlösung, Ost und West, Landschaft und Seele, deutsche Gesinnung, Ur-Mut der Menschheit, Wissenschaftsdämmerung ..." Als Hans Zehrer ihr Hauptredakteur geworden war, hörte sie nicht auf, verworren zu sein (scheint uns heute so und schien einigen auch damals so!), aber es war eine Verworrenheit mit Programm und mit eindeutiger Zielsetzung.
Der neue Mann kam von der „Vossischen Zeitung" (von allen Zeitungen in der Welt!), also der berühmten linksliberalen Zeitung Berlins, wo er außenpolitischer Redakteur gewesen war. Er und seine drei Mitarbeiter, der Wirtschaftsjournalist Ferdinand Friedrich Zimmermann, berühmter – oder berüchtigter – unter seinem Pseudonym Ferd. Fried. und die beiden Heidelberger Universitätsassistenten Eschmann (Alfred Weber-Schüler) und Wirsing (Carl Brinkmann-Schüler) änderten alsbald die Bezeichnung der „Tat" von „Monatsschrift für die Zukunft deutscher Kultur" in „Unabhängige Monatsschrift zur Gestaltung neuer Wirklichkeit". Sie haben sich an ihr Programm gehalten. Sie können wirklich von sich sagen, daß sie das Ihrige getan haben, um die neue Wirklichkeit Deutschlands zu gestalten. Sie waren alle sehr jung, Hans Zehrer noch keine 30 Jahre alt, durch den 1. Weltkrieg aus der Bahn, durch die Inflation der 1920er Jahre aus seinem Studium geworfen. Seine Stellung bei der „Voss" garantierte ihm seine Existenz, und nun begann er, der „neuen Wirklichkeit" entsprechend, alles durcheinander zu rühren: Sombart und Troeltsch und Spengler, Karl Mannheim, Pareto und Sorel und (natürlich) Carl Schmitt ... Mit dieser Mischung ausgerüstet, trat er sein Amt als Leiter des „Tatkreises" an, der ja nur aus den genannten vier Herren bestand. Sein „Wissen" entsprach so genau dem Ideal der 20er Jahre, daß ihm eine – zumal damals, in der Zeit des Zeitschriftensterbens – unglaubliche journalistische Leistung gelang. Als er die Redaktion der „Tat" übernahm, wurde sie in tausend Exemplaren gedruckt, von denen achthundert verkauft wurden. Drei Jahre später war die Auflage auf über 20.000 gestiegen, vier Jahre später, also 1932 auf über 30.000.
Worin bestand die „Ideologie" des Tatkreises? In diesem Buch und nach den vorangegangenen Erörterungen kann ich darauf kurz und bündig antworten: In einer „verworrenen", aber völlig unmißverständlichen Verkündung der Prinzipien der Deutschen Tradition, also romantische Wirklichkeitsverfälschung, gemischt mit einem fast brutalen, elitären Machtanspruch. Unter allen wirren Ideologien der sterbenden Weimarer Republik hat es sicher keine verwirrtere gegeben als die der „Tat". *Deswegen* „kam sie an", *deswegen* ihr durchschlagender Erfolg, *deswegen* ihre erkenntnis- und bewußtseinvernichtende Kraft. Sie richtete sich eben *nicht* an die „Großmächte" der kapitalistischen Ordnung, *nicht* an die Kapitalseite und *nicht* an die Arbeitermassen. Sie richtete sich an etwas, was sozusagen dazwischen lag, etwas, was unter der „Führung" der Intelligentia über die „undeutschen" Parteiorganisationen hinauszuwachsen bestimmt war, an die sog. Zwischenschichten eben, die „Unzufriedenen", die Angestellten und die Beamten, die kleineren und kleinen Unternehmer, – und die nicht zum „Ziele" gekommenen Intellektuellen, die, wie der

Herr Zehrer nicht zum Ziele Gekommenen. Ihnen allen wird eine neue Führung verheißen, sie alle werden die neue Elite bilden, aber dann ohne Zaudern: „Wer diesen Ruf (nach der Freiheit) aufnimmt, gehört dazu, wer nach dem ‚Wieso' fragt, gehört nicht dazu!"[47] Um ihr Ziel, die Entmachtung der Weimarer Republik zu erreichen, richtete „Die Tat" mit instinktiver Sicherheit ihre Strategie genau richtig ein: Sie sagte auf der ganzen Linie das Gegenteil von dem, was die Menschen, insbesondere die Intellektuellen in den Apparaten des Staates und anderer Verwaltungen, an den Universitäten, in den Betrieben usw. damals zu hören und zu denken gewohnt waren: Sie prophezeite nicht nur das Chaos, sie verlangte auch, daß das Chaos bejaht werden müsse. Sie prophezeite die Wirtschaftskrise, sie behauptete darüber hinaus, sie sei ein Segen. Sie verleugnete alle „etablierten" Werte. Daß man das nicht tun kann, ohne in „wirre Propaganda" zu verfallen, liegt auf der Hand. Da sie die „neuen Schichten" ansprach (neben den Intellektuellen), konnte sie es sich leisten, den von ihr gepredigten Humbug als Tiefsinn zu verkleiden und die von den Vertretern der Republik aus tiefster Unsicherheit vorgetragene Verteidigung des demokratischen Gedankens als verächtliche Phrasen abzutun.

„Es handelt sich hier nicht um die Leute des heutigen Phrasenschwalls, die erbittert um ihre eigene Existenz kämpfen. Es handelt sich um Leute, die den völligen Zusammenbruch dieser Existenz bereits erlebt und in sich abgetan haben."

Denen, die den völligen Zusammenbruch ihrer Existenz in sich abgetan hatten, „verbot" der Tatkreis, sich mit den aktuellen Partei- und Regierungsproblemen auch nur gedanklich einzulassen.

„Es würde ein Eindämmen der Problematik bedeuten, wollte man sich in unserer Lage übereilt auf irgendeine, heute sich als Absolutum anbietende Partialgewißheit einlassen und sich dadurch den Blick vor den allein in der Gärung sichtbar werdenden Phänomenen versperren. Zunächst gilt es, die Krise zu vertiefen, sich ausweiten zu lassen, Wankendes in Frage zu stellen, um der Natur des Prozesses mit den Augen des Forschers nachzugehen."

„Die Besten wenden sich angewidert ab, flüchten sich von neuem in die anspruchsvolle Stille ihrer anspruchslosen Arbeitsräume, um von neuem die Formel zu prüfen, die Argumente zu überdenken. In die werdende Front ist Unruhe gekommen: hineinspringen oder draußen bleiben?"

Da, in der „anspruchsvollen Stille" der „anspruchslosen Arbeitsräume", übersah man in guter Deutscher Tradition das rapide Anwachsen der extremen Flügel der politischen Entwicklung, also der Kommunisten und – vor allem – der Nazis, aber komponierte doch ein Programm, das sich in schauerlicher Weise in den entscheidenden Monaten vor der Machtergreifung Hitlers verwirklichen sollte, die Zusammenarbeit zwischen Kommunisten und NSDAP.

„Erst einem Denken, das die Synthese zwischen beiden (rechts und links) bejaht und in sich vollzogen hat, sind jene Probleme zugänglich, die uns die Zukunft stellen wird und an denen die Gegenwart verzweifelt ... Der Weg der Zukunft führt dahin, diesen Menschen rechts mit dem Menschen links zusammenzuführen und umgekehrt und aus beiden eine neue Volksgemeinschaft zu schaffen unter dem Mythos einer neuen Nation."

Gestützt auf die Gewißheit, immer recht zu haben, formulierte dann Hans Zehrer sein Todesurteil über die Weimarer Republik. „Das System mag in sich vernünftig sein, aber wir wollen es nicht mehr. Dagegen ist kein Argument gewachsen!"
Wir sagten damals, daß der Mann nicht mehr normal sei. Wahrscheinlich hatten wir recht: Ein seiner Sinne Mächtiger kann wohl kaum zu Beginn der 30er Jahre als Prophet auftreten und verkünden können „Das ist die Situation! Und dorthin führt der Weg! Unabänderlich!"
Aber gerade dies setzte ihn offensichtlich instand, eine wahnsinnige Situation besser zu erfassen, auszunutzen, der „degenerierten Elite" sein Gesetz des Handelns zu suggerieren und sie so zu jedem Widerstand unfähig zu machen.
Bei all dem darf nicht vergessen werden, in welchem geistigen Zustand sich jene breiten intellektuellen Schichten zu Beginn der 1930er Jahre befanden, die nun dem Trommelfeuer der durch nichts als ihre Unklarheit, oft Sinnlosigkeit ausgezeichneten „Tat"-Phrasen ausgesetzt waren. Insoweit sie sich überhaupt für politische Fragen interessierten, *mußte* der Zweispalt zwischen der demokratischen Phraseologie der liberalen und sozialen Demokraten und zwischen der realen Diktatur (die von eben diesen Parteien als das „kleinere Übel" toleriert wurde) der letzten Vor-Hitler-Regierungen verwirrend und abstoßend wirken. Soweit sie für sog. „theoretische" Analysen der Gesellschaftsstruktur zugänglich waren, wurden ihnen seit Jahren einerseits sog. marxistische Erklärungen offeriert, die nichts erklärten und in ihren Ohren – nicht ohne Grund – wie „Wegerklärungen" klangen, andererseits das antisemitische Wutgeheul der Nazis, das sie mißbilligten, mit ihren bewußt anti-intellektuellen Phrasen, das sie abstieß und doch, wie die Fortsetzung zeigte, gleichzeitig irgendwie anrührte. In diese Situation des völligen Nichterfassens der Wirklichkeit kamen in der „Tat" die Chaos-Prophezeiungen, die selbstsicheren Zukunftsperspektiven und die beschwichtigenden Worte vom Nicht-mehr-verstehen-Können und Nicht-mehr-verstehen-Müssen „dieser Zeit" wie ein Trost, die zwar nichts erklärten, aber auch nichts erklären wollten, die ihre eigene Unfähigkeit zur Grundlage eines neuen Glauben-Dürfens machten, die zu allem „nein" sagten und dieses „nein" zu einem „ja" umstilisierten.
Wenn es je in Deutschland chiliastische Strömungen ohne einen visionären Propheten gegeben hat, dann in der willens- und denkohnmächtigen Anhängerschaft des Tatkreises, die angesichts der politischen und wirtschaftlichen Krise sich verzweifelt und zermürbt an die phrasengeschwollenen, bis zur Sinnlosigkeit aufgeblasenen Redensarten der Zehrer und seiner Leute mit den vielen Ausrufungszeichen und Staccatosätzen klammerte. Daß die Angestellten und andere sog. Zwischenschichten dem zum Opfer fielen, ist vielleicht nicht zu verwundern, aber – sie fielen *zuletzt.* Zuerst fielen die Intellektuellen, zuallererst die Akademiker. Den großen Professoren hatten sie es nicht ohne weiteres geglaubt. Den Phrasenbrei des Tatkreises schluckten sie willig. Hitler und Göbbels hatten sie nur zu übernehmen. Den Hakenkreuzfahnen, den Uniformen und den grandios-regissierten Aufmärschen erlagen sie unmittelbar.
Heute, in den 1970er Jahren, ist es leicht, auf dieses ganze Geschehen mit einem ungläubigen und verständnislosen Kopfschütteln zu reagieren. Etwa mit der Haltung: so etwas ist doch nicht möglich. *Natürlich* ist es nicht möglich, aber wie so vieles,

was „nicht möglich" ist, ist es vor 45 Jahren in Deutschland geschehen. Es wäre, scheint mir, katastrophal, die intellektuelle Zersetzungsleistung Hans Zehrers *nicht* zu analysieren, sie nicht anerkennen zu wollen, weil sie personifizierbar ist, also auf die Tätigkeit *eines* Mannes zurückgeführt werden kann. Es ist mir bekannt, daß die Geschichte sich nicht wiederholt. Aber geschichtliche Gemeinheiten können sich wiederholen – jederzeit! Wenn der Boden dafür reif ist – oder reif gemacht werden kann.

Carl Schmitt – der wissenschaftliche Trommler

Zuallererst fielen die Akademiker. Unter den großen Professoren, die alles das, was Hans Zehrer und seine „Tat" in den 30er Jahren aufkochten, viel eindringlicher und „wissenschaftlicher" gesagt hatten, war der Größte und weitaus Intelligenteste und Gewissenloseste der Staatsrechtler und Politologe Carl Schmitt, der seine Professorenlaufbahn als 33-jähriger in Greifswald begann (1921) und nach den üblichen Berufungen völlig konsequent von 1933–1945 an der Universität Berlin beschloß. In seinen vorgeblich theoretischen und vorgeblich wissenschaftlichen Schriften und Büchern[48] mißbrauchte er die deutsche Sprache, seine außerordentliche Belesenheit und seine fulminante Fähigkeit, durch ein geringes Gleiten des Gedankenganges vom Abstrakt-Theoretischen ins Empirisch-Historische und umgekehrt „zweckmäßige" politische Assoziationen wachzurufen und Schlußfolgerungen zu ziehen für eine politische Indoktrinierung. Er sprach bis 1933 in seinen Arbeiten nie das Wort „Nationalsozialismus" aus, aber er erreichte eine für den nicht scharf kritischen Hörer und Leser überzeugende Diskreditierung der Demokratie. Wie es Carl Schmitt mit der wissenschaftlichen Wahrheit hielt, hat er selbst für den naivsten Bewunderer von juristischer Sophistik mindestens zweimal ohne jede Scham enthüllt: Das eine Mal, als er, der große Ordinarius in Berlin und „unbestechliche Denker", zur Rechtfertigung des Mordes an Röhm (1934) jubelnd schrieb: „Der Führer schützt das Recht!" (also durch einen Mord!), und das zweite Mal, als er, der große Ordinarius und „unbestechliche Denker" nach 12 Jahren intensivster nationalsozialistischer und antidemokratischer Propaganda und Entstellung der Wahrheit in Büchern und Vorlesungen, im Jahre 1945, nach dem schauerlichen Ende also, von seiner eigenen Haltung und Position im Hitler-Reich zu sagen wagte, er habe sich die ganze Zeit in „innerer Emigration" befunden: „Es blieb die altbewährte stille Tradition des Rückzuges auf eine private Innerlichkeit ..."
Bevor wir wenigstens einen Blick auf die Thesen und Beweisführungen dieses lauteren Charakters und scharfen Denkers gegen die Demokratie werfen, der also besonders unter den Akademikern, aber darüber hinaus auch in den hochgebildeten und denkbeflissenen Kreisen der ersten deutschen Demokratie haltungszerstörendes Unheil angerichtet hat, sei nur noch festgestellt, daß sowohl Hans Zehrer wie Carl Schmitt ihre bewährte Tätigkeit in der BRD wieder aufnehmen konnten: Hans Zehrer als Chefredakteur der „Welt", der Zeitung in Hamburg also, die etwa für die gleichen Kreise geschrieben wurde – und geschrieben wird, wie seinerzeit „Die Tat" – und Carl Schmitt mit dem Umdruck (oft in mehreren Auflagen) seiner

unbestechlich gedachten, oben angeführten Schriften und mit der Besetzung bedeutender bundesrepublikanischer Lehrstühle der Verfassungswissenschaft mit seinen Schülern ...

Das Denken und die bewußt antidemokratische Irreführung seiner Hörer und Leser kann bei Carl Schmitt um drei Zentralbegriffe gruppiert werden:

1. den Parlamentarismus,
2. die Demokratie,
3. die Politik.

Über oder richtiger gegen den Parlamentarismus publizierte C. Schmitt 1923 eine kleine Schrift von 70 Seiten unter dem Titel „Die geistesgeschichtliche Lage des heutigen Parlamentarismus", die dann in der 2. Auflage von 1926 mit einer Vorbemerkung „(über den Gegensatz von Parlamentarismus und Demokratie)" verschönert und verdeutlicht wurde, nicht ohne die Klage des Verfassers bereits im dritten Satz der neuen „Vorbemerkung": „Eine unbeirrt wissenschaftliche Erörterung, die sich jeder parteipolitischen Ausnutzung entzieht und niemandem Propagandadienst antut, dürfte heute den meisten unpraktisch, weltfremd und anachronistisch vorkommen."

„Eine unbeirrt wissenschaftliche Erörterung"! Parteipolitisch – im Sinne der NSDAP – war sie gewiß nicht, denn diese Partei existierte 1923 und 1926 im besten Fall im Verborgenen, aber die parlamentarische Demokratie existierte, und gegen sie richteten sich die hinterhältigen Stöße Carl Schmitts.

Schon die Sprache ist verräterisch: „Parlamentarismus" und „Parteiherrschaft" werden synonym gebraucht, und „Parteiherrschaft" war in der Weimarer Republik, deren Verfassung noch kein Parteienprivileg kannte (wie sie jetzt der Artikel 21 des Grundgesetzes als selbstverständliche Voraussetzung des Funktionierens jeder neuzeitlichen Demokratie ausgesprochen hat), ein Schimpfwort, das von antidemokratischer Seite sofort mit „Parteiengezänk" identifiziert wurde. Der „Parteiherrschaft" gegenüber aber stand der Begriff der „reinen Politik", die von einem „Staatsmann", der „über den Parteien" steht, betrieben wurde, der in seinem Tun wahrhaft das als mythische Einheit interpretierte Volk repräsentierte, als ganzes und als solches und nicht in der Form der Repräsentanz materieller Interessen, wie das im Parlament etwa stattfindet.

Sofort also klingt die Grundmelodie der Deutschen Tradition an, vom „Staatsmann", der über dem Gewühle thront und „das Ganze" leitet.

In der Weimarer Republik aber war das kein akademisch-theoretisches Thema, es war unmittelbar Politik. Dem Reichstag, als dem Gefilde der ewig zankenden Interessenpolitiker, stand die Institution des Reichspräsidenten gegenüber, des wirklichen Repräsentanten des Volkes und seiner nationalen Einheit. Damit hatte diese „unpraktische" und „weltfremde", „unbeirrt wissenschaftliche Erörterung" den Leser bereits da, wo sie ihn haben wollte, in der Assoziationskette zu den aktuellen, parteipolitischen Diskussionen. Und nun kann Carl Schmitt seinen imponierten Lesern den „Nachweis" dafür liefern, daß in der „modernen Massendemokratie", wie der große Ordinarius wegwerfend verächtlich sagt, zwei Elemente enthalten seien, die so „verschieden" sein sollen, daß sie „inkohärent" (unzusammenhängend) sind und ihre gemeinsame Existenz als „unklare Verbindung" deklariert werden kann.

Das ist typisch Schmittsche Art, „unbeirrt wissenschaftlich“ zu denken. Daß die Verbindung von Liberalismus und Parlamentarismus einerseits und Demokratie andererseits ein historisches Faktum ist, stört oder interessiert den tiefen Denker nicht. Er konstatiert, subjektiv wertend, diese historische Tatsache stelle eine „unklare“, ja sogar unzusammenhängende Verbindung dar, womit sie aus der Welt des Möglichen verjagt ist. Er hatte „bewiesen“, was er beweisen wollte.

Diese Methode, in apodiktischer Form Feststellungen zu treffen, aus denen dann hinterher logisch unangreifbar bestimmte Aussagen „abgeleitet“ werden, ist für Carl Schmitt charakteristisch, wobei die Tatsache, daß die historisch-politische Wirklichkeit nicht allein den Gesetzen der abstrakten Logik gehorcht, ständig außer acht gelassen wird. Noch ein Beispiel: „Im übrigen muß man sagen, daß eine Demokratie – weil zur Gleichheit auch immer eine Ungleichheit gehört – einen Teil der vom Staate beherrschten Bevölkerung ausschließen kann, ohne aufzuhören, Demokratie zu sein ...“

Hier tritt die unstatthafte Verquickung eines logischen Arguments (zur Gleichheit „gehört“ (!) immer auch eine Ungleichheit) mit einer Folgerung über reale Tatbestände (Demokratie kann einen Teil der Bevölkerung ausschließen, ohne aufzuhören, Demokratie zu sein) mit überwältigender Deutlichkeit zutage. „Unbeirrt wissenschaftliche Erörterung“, wie gesagt. Und nun folgt auch sofort der nächste Schritt. „Jede wirkliche Demokratie beruht darauf, daß nicht nur Gleiches gleich, sondern, mit unvermeidlicher Konsequenz (!) das Nichtgleiche nicht gleich behandelt wird. Zur Demokratie gehört also notwendig 1. Homogenität und 2. – nötigenfalls – die Ausscheidung oder Vernichtung des Heterogenen.“

Damit waren also „mit unvermeidlicher Konsequenz“ auch die Gaskammern zur Vernichtung der „heterogenen“ 6 Millionen Juden *logisch* gerechtfertigt! Im Jahre 1923 – 10 Jahre bevor es geschah!

Danach spielen dann solche „Ergebnisse“ aus dem von Schmitt *logisch* konstruierten Gegensatz von Parlamentarismus und Demokratie, die auf, wie er sagt, „gegensätzlichen Prinzipien“ beruhen sollen, schon beinahe eine untergeordnete Rolle. Festgestellt sei nur noch, daß das aus dem logischen Gegensatz gefolgerte „Ergebnis“: „Es kann eine Demokratie geben ohne das, was man den modernen Parlamentarismus nennt und einen Parlamentarismus ohne Demokratie ...“ wieder einmal nichts als eine Folgerung aus einer sophistischen Konfrontation von Begriffen im Kopfe des Herrn Schmitt ist und nicht etwa das Ergebnis einer Analyse der historisch-politischen Situation in der ersten deutschen Demokratie, – aber von allen bewußten Anti-Demokraten und unpolitischen Zweiflern bereitwilligst auf die Weimarer Verhältnisse angewendet wurden, – was der Zweck der Erörterung war!

Inhaltlich bleibt aus der Darstellung Carl Schmitts folgendes festzuhalten:

Das Parlament ist nach Ansicht des Herrn Professor kein geeignetes Instrument, um eine vernünftige Politik zu machen: „Politisches Handeln ist ... entscheiden und nicht diskutieren.“

Das Parlament sei von seiner einzig sinnvollen Konzeption her ein Ort der Diskussion, aber (und jetzt wieder apodiktisch): „Vielleicht geht die Epoche der Diskussion überhaupt zu Ende.“

Da er einerseits „Diskussion und Öffentlichkeit für die wesentlichen Prinzipien des Parlaments" hält, andererseits feststellt, „... daß der Glaube an Öffentlichkeit und Diskussion heute als etwas Veraltetes erscheint ...", entsteht also die Frage, meint er, welcher Art denn die neuen Argumentationen oder Überzeugungen seien, die heute die Institution des Parlamentarismus als Regierungsmethode und politisches System rechtfertigen.

Mit der Feststellung, daß der Glaube an Öffentlichkeit und Diskussion heute als etwas Veraltetes erscheine – eine Feststellung, die von Herrn Schmitt in keiner Weise belegt wird und die in dieser vagen Formulierung wohl auch überhaupt nicht zu belegen wäre –, glaubt Schmitt sich genügend ausgewiesen, nach neuen Legitimationen zu fragen, denn der oben genannte Glaube wird ohne weitere Erwägung als *Faktum* und Ausgangspunkt seiner Diskussion anderer Legitimierungsmöglichkeiten des parlamentarischen Prinzips beibehalten.

Unter einem, wie er meint, rein pragmatischen Gesichtspunkt kommt er zum Ergebnis:

„Ob das Parlament tatsächlich die Fähigkeit besitzt, eine politische Elite zu bilden, ist sehr zweifelhaft geworden." Vielmehr: „... in manchen Staaten (!) hat es das Parlament schon dahin gebracht, daß sich alle öffentlichen Angelegenheiten in Beute- und Kompromißobjekte von Parteien und Gefolgschaften verwandeln und die Politik, weit davon entfernt, die Angelegenheit einer Elite zu sein, zu dem ziemlich verachteten Geschäft einer ziemlich verachteten Klasse von Menschen geworden ist."

Und wieder einmal: Das im ersten Satz geäußerte Ergebnis über die Elite ist *kein* Ergebnis, es wird schon grammatikalisch vorsichtig formuliert; das hindert Carl Schmitt nicht daran, im weiteren bei der Argumentation ein unumstößliches *Faktum* daraus zu machen, ebenso, als handele es sich um eine bewiesene Tatsache. Des weiteren ist an den genannten Zitaten recht eindeutig zu erkennen, wie auf ganz perfide Art die Assoziationen des Lesers in eine ganz bestimmte Richtung gelenkt werden (wer würde die obige Kritik nicht als eine Darstellung der Weimarer Verhältnisse auffassen?), andererseits aber die Formulierung so gewählt ist, daß man dem Buchstaben nach Schmitt keine Manipulationen nachweisen kann.

Und so wird dann auch noch gezeigt, wie die Zukunft aussehen wird – aus der Perspektive von 1923 –, und es fällt einem schwer – aus der Perspektive von 1973 – festzustellen, welche Emotion beim Lesen des folgenden überwiegt: die Bewunderung für die Genauigkeit, mit der die Prognose von 1923 oder 1926 die Ereignisse von 1933 beschreibt, oder das Erschrecken über den kalten Zynismus, mit dem sie ausgesprochen wird.

„In der Geschichte der politischen Ideen gibt es Epochen großer Impulse und Zeiten der Windstille eines ideelosen status quo. So ist die Epoche der Monarchie zu Ende, wenn der Sinn für das Prinzip des Königtums, für die Ehre, verlorengeht, wenn Bürgerkönige erscheinen, die statt ihrer Weihe und ihrer Ehre ihre Brauchbarkeit und Nützlichkeit zu beweisen suchen. Der äußere Apparat monarchischer Einrichtungen kann dann noch lange bestehen bleiben. Trotzdem hat die Stunde der Monarchie geschlagen. Die Überzeugungen, die eigentlich zu dieser und keiner anderen

Institution gehören, erscheinen dann veraltet; an praktischen Rechtfertigungen wird es nicht fehlen, aber es ist nur eine Tatfrage (!), ob Menschen oder Organisationen auftreten, die sich als tatsächlich ebenso brauchbar oder noch brauchbarer erweisen wie die Könige und durch dieses einfache Faktum die Monarchie beseitigen. Ähnlich verhält es sich mit den ‚sozialtechnischen' Rechtfertigungen des Parlaments. Wird das Parlament aus einer Institution von evidenter Wahrheit (!) zu einem bloß praktisch-technischen Mittel, so braucht nur in irgend einem Verfahren, nicht einmal notwendigerweise durch eine offen sich exponierende Diktatur, via facti gezeigt werden, daß es auch anders geht, und das Parlament ist erledigt."

Der zweite Zentralbegriff bei Carl Schmitt ist Demokratie. Er sagt zunächst nirgends – und will es deutlich nicht sagen –, auf welchen *Wertungen* „Demokratie" allein ruhen kann und was das Fremdwort *inhaltlich* bedeutet. Er zieht sich sofort in die formale Abstraktion zurück: „Doch halte ich ... an der Definition der Demokratie als einer Identität von Regierenden und Regierten fest." Das ist natürlich Rousseau, bei dem diese „identité" philosophisch *und* politisch begründet war. Das geniert den großen Juristen der 1920er Jahre nicht einen Augenblick. Identität ist Identität, und mit dem Begriff läßt sich im Deutschen vortrefflich schaukeln, *nicht* bei Rousseau, aber bei Carl Schmitt und seinen primitiven Nachsagern in den 1970er Jahren. Vor ihnen hat Carl Schmitt wenigstens den Vorzug, daß er die Konsequenzen seines Postulats der „Identität zwischen Herrschern und Beherrschten" – eine groteske Forderung schon im 1. Viertel, geschweige denn im letzten Viertel dieses Jahrhunderts – offen ausspricht: „Wenn mit der demokratischen Identität Ernst gemacht wird", sagt Herr Schmitt, „kann nämlich im Ernstfall keine andere verfassungsmäßige Einrichtung vor der alleinigen Maßgeblichkeit des irgendwie geäußerten, unwidersprechlichen Willens des Volkes standhalten. Ihm gegenüber hat insbesondere eine auf Diskussion von unabhängigen Abgeordneten beruhende Institution keine selbständige Existensberechtigung ..."

Oder deutlicher gesagt: In der Konsequenz der „Identität" von Regierenden und Regierten liegt die Verneinung des liberalen Gedankens des Parlamentarismus. Die konsequent verwirklichte Identität von Regierten und Regierenden setzt die Ersetzung von Repräsentation durch ein mehr plebiszitäres Verfahren voraus.

Nächster Punkt: „Die Einmütigkeit ist ebenso wie die volonté générale entweder vorhanden oder nicht vorhanden, und zwar, wie Alfred Weber treffend gesehen hat, *naturhaft* vorhanden. Wo sie besteht, ist wegen ihrer Naturhaftigkeit der Vertrag sinnlos, wo sie nicht besteht, nützt kein Vertrag ... Die volonté générale, wie Rousseau sie konstruiert, ist in Wirklichkeit *Homogenität.* Das ist wirklich konsequente Demokratie. Nach dem Contrat Social beruht also der Staat trotz des Titels und trotz der einleitenden Vertragskonstruktion nicht auf Vertrag, sondern wesentlich auf Homogenität."

Das alles sind noch Zitate aus der Arbeit gegen den Parlamentarismus (die, wie oben erwähnt, in unveränderter 4. Auflage im Jahre 1969 gedruckt wurde). Nun nehmen wir uns dazu die Arbeit über „Legalität und Legitimität" vor, in der u.a. die Methode der Willensbildung in der Demokratie auf Schmittsche Weise behandelt wird: Die Methode der Willensbildung durch einfache Mehrheitsfeststellung habe nur einen

Sinn, sagt Carl Schmitt, „wenn eine substantielle Gleichartigkeit des ganzen Volkes vorausgesetzt werden kann. In diesem Fall liegt natürlich keine *Überstimmung* der Minderheit vor, sondern die Abstimmung soll nur latent vorhandene und vorausgesetzte *Übereinstimmung* und Einmütigkeit zutage treten lassen. Da, wie schon erwähnt, jede Demokratie auf der Voraussetzung des unteilbar gleichartigen, ganzen, einheitlichen Volkes beruht, so gibt es für sie in der Sache und im wesentlichen überhaupt keine Minderheit und noch weniger eine Mehrzahl fester, konstanter Minderheiten."

„Die substantielle Gleichartigkeit des ganzen Volkes ..." auf nationalsozialistisch hieß das dann „Volksgemeinschaft" mit all ihren schrecklichen Konsequenzen für alle, die nicht teilhatten an der Homogenität. Auf jeden Fall sind diese Bemerkungen ein Beweis dafür, daß sich hinter der Abstraktheit der Sprache, übersetzt man sie in konkrete vorstellbare gesellschaftliche Ereignisse, die schrecklichsten Grausamkeiten verbergen können.

Die beiden im letzten Zitat genannten Begriffe, die für Schmitt das Prinzip der Demokratie ausmachen, Identität und Homogenität, führen u.a. zu den schon genannten paradoxen Schlußfolgerungen: *nicht* die parlamentarische Demokratie könne die wahre Demokratie verwirklichen, denn die sie beherrschende parlamentarische Diskussion setze nicht Homogenität, sondern ihr Gegenteil Heteronomität in den Interessen des Volkes voraus. In der Demokratie à la Carl Schmitt aber „gibt es nur die Gleichheit der Gleichen und den Willen derer, die zu den Gleichen gehören"!

Wenn aber Homogenität Voraussetzung für Demokratie ist, dann spielt es eigentlich gar keine Rolle mehr, ob der Wille der Bevölkerung sich in einer bestimmten Anzahl von Abgeordneten repräsentiert. „Je stärker die Kraft des demokratischen Gefühls (!), um so sicherer die Erkenntnis, daß Demokratie etwas anderes ist als ein Registriersystem geheimer Abstimmungen ...", etwas anderes ist, als der „... gegenstandslose inhaltsleere Funktionalismus rein arithmetischer Mehrheitsfeststellungen ..."

Und dann, in der eindeutigen Gegenüberstellung, allerdings wieder in der grammatikalisch unbestimmten Form, die sich nicht festlegen läßt, sondern nur suggeriert: „Vor einer, nicht nur in technischem, sondern auch in vitalem (!) Sinne unmittelbaren Demokratie erscheint das aus liberalen Gedankengängen entstandene Parlament als eine künstliche (!) Maschinerie, während diktatorische und zäsarische Methoden nicht nur von der Acclamatio des Volkes getragen, sondern auch unmittelbare Äußerungen demokratischer Substanz und Kraft sein können."

Deshalb sei auch der Glaube an geheime Wahlen und Abstimmungen eine irrige liberalistische Vorstellung, die nichts Prinzipielles mit Demokratie gemeinsam habe, denn: „Der Wille des Volkes kann durch Zuruf, durch Acclamatio, durch selbstverständliches, unwidersprochenes Dasein (!) ebenso gut und noch besser demokratisch geäußert werden als durch den statistischen Apparat ..."

Kein Wort darüber, daß „selbstverständliches, unwidersprochenes Dasein" im Laufe der Geschichte in der Regel das Ergebnis von unterdrückender Herrschaftsausübung gewesen ist, was dem vielbelesenen Gelehrten Schmitt bestimmt bekannt gewesen ist.

Zu den Fragen der Diktatur hat sich Schmitt auch noch an anderer Stelle, nämlich in seinem Buch „Die Diktatur" sehr dezidiert geäußert. Unter allem mit großer wissenschaftlicher Genauigkeit zusammengestellten Material finden sich in dem Teil, der sich mit der Auslegung von Rousseaus Contrat Social beschäftigt, lange und eindeutige Passagen, die vieles vorwegnehmen, was später auch offiziell nationalsozialistische Doktrin und Staatsphilosophie wurde. Hier geschah, wie J. Fijalkowski das mit Recht genannt hat, wirklich eine „Wendung zum Führerstaat". Unabhängig von der Frage, ob Schmitts Rousseau-Interpretation im einzelnen richtig oder falsch ist, muß doch darauf hingewiesen werden, daß sich hinter der scheinbar rein akademischen Manier, mit der die Argumentation vorgetragen wird, wiederum ganz offensichtlich die aktuelle politische Polemik gegen die Weimarer Demokratie verbirgt: gesprochen wird, scheinbar ganz vom wissenschaftlichen Interesse bestimmt, von der Rousseauschen Demokratieauffassung und ihren innewohnenden Tendenzen zur Diktatur des Souveräns, also des Volkes, gemeint ist aber ebenso offensichtlich die Diskussion der Legitimationsgründe einer Umwandlung der Weimarer Demokratie in eine Diktatur.

Nur einige wenige Zitate aus dem Buch über die Diktatur: „Die Diktatur ist ein Mittel, um einen bestimmten Zweck zu erreichen; weil ihr Inhalt nur von dem Interesse an dem zu bewirkenden Erfolg, also immer nur nach Lage der Sache bestimmt ist, kann man sie nicht allgemein als Aufhebung der Demokratie definieren."

„Die volonté générale ist der wesentliche Begriff der staatsphilosophischen Konstruktion Rousseaus ... Die volonté générale ist immer Recht, sie kann nicht irren, sie ist die Vernunft selbst, von der sie mit Notwendigkeit bestimmt wird ..."

Dies ist der erste Schritt, ganz Hegelsch, ganz und gar nicht 1920er oder 1930er Jahre. Der eindeutige Akzent, der bei Rousseau gerade auf der *Verbindung* von contrat *und* volonté lag, wird mit einer lapidaren Feststellung allein auf die volonté générale verlagert. Wenn man jetzt noch jemanden findet, der diese volonté générale besser repräsentiert als das mit dem arithmetischen Apparat der Wahl möglich ist, etwa in der Form einer Reincarnation ... („Die Vorsehung hat mich zum Vollstrecker der deutschen Geschichte bestimmt", Hitler.)

Weiter bei Schmitt:

„Denn es ist zu beachten, daß die volonté générale nach dem Contrat Social unabhängig von der Regierungsform (!) ist ..."

„Die echte Diktatur beruht demnach nur in einer zeitweiligen Suspension des gesetzmäßigen Zustandes, ... weil sich ja an der volonté générale nichts ändert, sondern nur innerhalb der Exekutive eine Beschleunigung und Verstärkung der nach wie vor dasselbe Gesetz vollziehenden Kraft eintritt ...", weil „... eine Beseitigung des gesamten Instanzenzuges und ein extrem summarisches Verfahren nichts ändern ...", sondern gewissermaßen nur eine Rationalisierungsmaßnahme darstellen.

Die Diktatur „ist ein Ausdruck dafür, daß es dem Staate gegenüber nur Pflichten, aber keine Rechte gibt ...". Hitler sagte das propagandistisch viel wirksamer: „Du bist nichts, Dein Volk ist alles!"

Nun wieder Schmitt: „Es gibt keine Selbstbindung des Souveräns durch das Gesetz ..." Im Jahre 1934, also nach der Machteroberung, formulierte Schmitt nicht mehr so abstrakt: „Aus dem Führertum fließt das Richtertum". Ohne unnötigerweise auf die Haarspaltereien der Begriffe bei Carl Schmitt einzugehen – er unterscheidet zwischen einer kommissarischen und einer souveränen Diktatur –, sei hier nur zitiert: „Die souveräne Diktatur sieht nun in der gesamten bestehenden Ordnung den Zustand, den sie durch ihre Aktion beseitigen will. Sie *suspendiert* nicht eine bestehende Verfassung kraft eines in dieser begründeten, also verfassungsmäßigen Rechts, sondern sucht einen Zustand zu schaffen, um eine Verfassung zu ermöglichen, die sie als wahre Verfassung ansieht."

Wieder im Jahre 1934 hieß das: „Der Führer macht Ernst mit den Warnungen der deutschen Geschichte. Das gibt ihm das Recht und die Kraft, einen neuen Staat und eine neue Ordnung zu gründen." Wer will bestreiten, daß Carl Schmitt in der Nazi-Diktatur die Verwirklichung seiner früheren theoretischen Überlegungen gesehen hat!

Wenn sich dann noch ergibt, „... daß der moderne Staat aus einer anderen Bevölkerung besteht als eine antike Republik, daß heute, im Zeitalter der Arbeitsteilung, nur ein kleiner Teil der Menschen die Zeit und die Fähigkeit (!) hat, sich mit politischen Dingen zu beschäftigen ...", „... wenn der Wille des Volkes inhaltlich nicht vorhanden oder unklar" ist, wenn alles das richtig ist, dann war es für Hitler einfach zu sagen: „Die Vorsehung hat mich zum Vollstrecker der deutschen Geschichte bestimmt", und die Leute damit glauben zu machen, in seiner Person offenbare sich die volonté générale des deutschen Volkes.

Das dritte Zentralthema des Carl Schmitt war die Politik.

Ich halte es nicht für notwendig, nach dem vorher Gesagten nun bei der Darstellung der Schmittschen Auffassung des „Politischen" auch noch seine philosophischen Hintergründe zu bemühen. Es ist eindeutig, daß er, soweit er philosophisch und nicht nur politisch dachte, in die Reihe der Existenz-Philosophen und der Lebens-Philosophen einzuordnen wäre, aber – bei aller Ablehnung der Jaspers und Dilthey und Simmel usw. jener Tage – wäre es fast eine Beleidigung für die Genannten, mit dem politischen Kauderwelsch von Carl Schmitt in einem Atem genannt zu werden. Sie waren alle gegen den Rationalismus und gegen die Aufklärung, schlimm genug für Jaspers und Dilthey, konsequent genug für Carl Schmitt. Wenn Carl Schmitt davon spricht, daß die Möglichkeit richtigen Erkennens und Verstehens und damit auch die Befugnis mitzusprechen und zu urteilen ausschließlich auf dem „Teil-haben" und „Teil-nehmen" beruhen könnten, nur also auf der echten Anteilnahme, so klingt das eindeutig existentialphilosophisch, aber es hat wie alles bei Schmitt nicht nur erkenntnistheoretischen Wert, es hat einen ganz bestimmten Sinn, um nicht zu sagen ein ganz bestimmtes Ziel. Ich zitiere:

„Man kann sagen, daß hier, wie auch sonst, gerade der Ausnahmefall eine besonders entscheidende Bedeutung hat und den Kern der Dinge enthüllt. *Denn erst im Krieg* zeigt sich die äußerste Konsequenz der politischen Gruppierung nach Freund und Feind. Von dieser äußersten Möglichkeit her gewinnt das Leben der Menschen seine *spezifischpolitische* Spannung." Oder: „Politisch ist jedenfalls immer die Gruppierung, die vom Ernstfall her bestimmt wird." „Denn erst im Krieg ...", das ist der Angriffspunkt, der Carl Schmitt zu seiner berühmten, noch heute manche Köpfe verwirrenden Definition des Politischen und der Politik führt:

„Die eigentlich *politische Unterscheidung* ist die Unterscheidung von *Freund* und *Feind* ... Auf sie führen schließlich alle politischen Handlungen und Motive zurück."
Das also ist das Mäuschen, das aus dem Riesenberg Schmittscher Gelehrsamkeit geboren worden ist. Es ist ein recht mageres, primitives Modell der Politik: die Reduzierung aller politischen, rechtlichen und staatlichen Verhältnisse letztlich auf eine, um nun in seiner Philosophie zu bleiben, existentielle Situation der Freund-Feind-Konfrontation. Aber schließlich, und das darf man bei einem Mann wie Carl Schmitt nie aus den Augen verlieren: diese primitive Schablone eignete und eignet sich hervorragend für Demagogie und Polemik. Ganz sicher ist jedoch, daß die Schablone nicht in der Lage ist, als Modell der Politik die politisch-soziale Wirklichkeit in einem modernen Industriestaat des 20. Jahrhunderts oder der Politik auf internationaler Ebene zwischen mehreren dieser Industriestaaten auch nur annähernd differenziert genug zu beschreiben. Wie verwirrt das Denken auf diesem Gebiete, d.h. auf dem entscheidenden Gebiete der Innen- und Außenpolitik im deutschen Sprachkreis und nicht zuletzt in der Bundesrepublik seit Carl Schmitt geblieben ist, zeigt nichts besser als die einfache Tatsache, daß es notwendig ist, eine solche Banalität auszusprechen, die Banalität von dem unzureichenden methodologischen approach des Schmittschen Gegensatzschemas Freund-Feind. Wie manipulierbar dieses primitive Schema ist, hat ja niemand besser bewiesen als Carl Schmitt selbst, als er in seinem Aufsatz zur Rechtfertigung des Mordes oder richtiger des Mordens im Anschluß an den sog. Röhm-Putsch 1934 schrieb, daß der Führer das alleinige Recht habe, „Freund und Feind zu unterscheiden ... Inhalt und Umfang eines Vergehens bestimmt der Führer selbst". Und alles, was er dachte, dachte er immer im Zusammenhang mit dem, was er kommen sah, den Krieg; denn im Krieg erlangt der Freund-Feind-Gegensatz seine größte Konkretion: „Der Krieg ist durchaus nicht Ziel und Zweck oder gar Inhalt der Politik, wohl aber ist er die als reale Möglichkeit immer vorhandene Voraussetzung, die das menschliche Handeln und Denken in eigenartiger Weise bestimmt und dadurch erst ein spezifisch-politisches Verhalten bewirkt." Oder: „Im Krieg steckt der Kern der Dinge. Von der Art des totalen Krieges her bestimmen sich Art und Gestalt der Totalität des Staates."
Man sollte nach der Lektüre der einschlägigen Werke von Carl Schmitt, insbesondere also in diesem Zusammenhang von „Positionen und Begriffe", eine Tatsache nicht vergessen: Daß Carl Schmitt im Terror-Regime des Nationalsozialismus, in der Gestalt des Führers, nach 1933 die Verkörperung dessen sah, was er in seinen Schriften gegen die Weimarer Republik noch immer mit einer gewissen Vagheit und mit einer gewissen Vorsicht formuliert hatte. Nach 1933 ist von dieser Vorsicht und Vagheit nichts mehr zu spüren. Schmitt selber hat sich zum Anwalt des Nationalsozialismus und des Führerprinzips gemacht:
„Der Führer macht Ernst mit den Warnungen der deutschen Geschichte. Das gibt ihm das Recht und die Kraft, einen neuen Staat und eine neue Ordnung zu begründen ... Der Führer schützt das Recht vor dem schlimmsten Mißbrauch, wenn er im Augenblick der Gefahr, kraft seines Führertums als oberster Gerichtsherr unmittelbar Recht schafft ... Aus dem Führertum fließt das Richtertum. Wer beides voneinander trennen ... will, sucht den Staat mit Hilfe der Justiz aus den Angeln zu heben."

Es dürfte nicht leicht sein, in der deutschen Geschichte ein Jahr zu finden, das von ähnlicher katastrophaler Bedeutung für den politischen Bestand des Landes gewesen ist wie das Jahr 1933, das Jahr der „Machteroberung" Adolf Hitlers, die ja alles andere gewesen ist als eine „Eroberung". In die Kategorie der Eroberungen gehört es etwa mit der gleichen Gültigkeit wie das Jahr 1918 in die der „Revolutionen". Im Falle 1918 handelte es sich um einen Ohnmachtsanfall des herrschenden, militärischen Feudalismus (oder Talmi-Feudalismus, wie man will!), der ein unerträgliches Vakuum in der Führung eines zu Tode erschöpften und mit keinen politischen Erkenntnissen oder realistischen Perspektiven ausgerüsteten Volkes mitsamt seinen Parteien offen ließ, ein Vakuum, in das die größte Partei, die SPD, nur mit größtem Zögern und (berechtigten) bösen Vorahnungen hineinsprang. Im Falle 1933 handelte es sich um ein in der deutschen Geschichte unerhörtes Geschiebe zwischen politischen Intriganten, in dem die größten und raffiniertesten Gauner natürlich gewannen. Nicht dies ist das Bemerkenswerte am Januar 1933, sondern das, was ihm folgte: die willige Einordnung und Unterordnung der von uns nie zu demokratischer Haltung und Selbständigkeit des Urteils geschulten, ja auch nur angehaltenen Massen, und die willige Einordnung und Unterordnung der „Intelligenz", das katastrophale Versagen vor dem Ansturm der Ideologie der „Herrenrasse", vor den billigen, großmäuligen Versprechungen und Verheißungen einer unumschränkten Herrschaft über die Welt, die gemeine Hetze gegen die wehrlosen Juden und ihre systematische Ermordung, die a-priori-Verurteilung aller Andersdenkenden als „Ungeziefer", dessen Ausrottung in den Konzentrationslagern der Herrenrasse eine nationale Tat war, die sadistischen Quälereien jeder Art auf allen Gebieten, begangen von sog. Hochgebildeten, die sich 15 Jahre später an nichts mehr erinnern konnten ... Bei den Intellektuellen wäre das alles nicht denkbar gewesen ohne die zermürbende und zersetzende Aktion des „Tatkreises" und ohne das quasi-juristische, quasi-philosophische und quasi-politologische Trommelfeuer des Professor Carl Schmitt, und diese hätten ihren erschreckenden Erfolg nie haben können – ohne die Deutsche Tradition, die „Traditionslinie von befehlen und gehorchen als Leitwerte unserer Gesellschaft", um hier auch einmal einen Psychoanalytiker zu zitieren.[49]

Da die sozialistischen Regierungen und ihnen folgend die verschiedenen Koalitionsregierungen der demokratischen Parteien der Weimarer Republik viel zu sehr mit täglichen Sorgen überlastet waren, um das selbstverständliche Hauptproblem der Zeit nach 1918, die langsame Gewöhnung eines an nichts als das Befehlen von oben gewohnten Volkes, an *nicht* angeordnete, irgendwie selbst gewonnene Entscheidungen durchzusetzen, ein Problem, das man selbst „da oben" gar nicht erkannte und lieber in einem Wust dogmatischer Streitereien untergehen ließ, war ein Bruch mit der „Traditionslinie" hoffnungslos. Die „Apathie" der Massen war weiter – ganz wie es der Tradition entsprach – das „richtige" Verhalten, außer als es sich darum handelte, den offenen militärischen Angriff der langsam aus ihrer Ohnmacht erwachenden Kräfte der feudalen Gegenrevolution, also den hochverräterischen Putsch der Kapp und Ludendorff, durch einen Generalstreik abzuwehren. Die Streitkräfte der Republik unter ihrem bewährten Chef, dem General von Seeckt, setzten dem Putsch bekanntlich keinen Widerstand entgegen. „Truppe schießt nicht auf Truppe!", äußerte der elegante General damals und verschwand nach Hause, um Zivil anzulegen. Nein, die „Revolution" von 1918 war nicht einmal eine halbe Revolution. Die Republik änderte trotz ihrer neuen Verfassung nichts am Charakter des autoritären Obrigkeitsstaates. Die Bildung von republikfeindlichen Gruppen, das Immer-weiter-um-sich-Greifen der Absonderung militärisch organisierter und disziplinierter „Korps" und Bünde hielt die deutsche Tradition des Gehorchens und Gehorchen-Dürfens und des Hasses auf den Anders-Denkenden aufrecht, bis es wieder an der Zeit war, die anti-liberale, vor-demokratische Haltung als Theorie und Praxis der ganzen Nation anerkannt zu bekommen.

Alles, auch unsere mit solcher Intensität und gewissen sichtbaren Resultaten betriebene Innen- und Sozialpolitik wurde, möchte ich sagen, überdeckt von außenpolitischen Wertungen. Die „Lüge" des zu spät gekommenen deutschen Nationalstaates vom Primat der Außenpolitik galt für diese Jahre der Vorbereitung der nationalsozialistischen Diktatur nahezu unbeschränkt. Es ist eine tiefe Tragik, daß die Folgen der nationalsozialistischen Diktatur, die Zerreißung des deutschen Nationalstaates, dann 40–50 Jahre später, zu den gleichen Konsequenzen führen sollte, über deren Auswirkung man heute nichts wissen, nur düstere Vorahnungen haben kann.

Mit allem, was wir taten und nicht taten, haben wir unwissentlich den nationalsozialistischen Demagogen und Diktatoren in die Hände gearbeitet. Mit dem Primat der Außenpolitik garantierten wir den ständigen Konflikt zwischen „Staat" und „Gesellschaft". Dabei gewann nach guter – oder vielmehr schlechter – Deutscher Tradition die „Staatsidee" immer über den irgendwie anrüchigen Gesellschaftsbegriff, oder deutlicher gesagt: es gewann das Postulat der Autorität und Unterordnung über das Prinzip der Demokratisierung, es gewannen – beinahe selbstverständlich angesichts des damaligen Mangels an innerer Stabilität und des Übermaßes von in den Kriegsjahren systematisch eingebleuten größenwahnsinnigen Vorstellungen – die Forderungen nach Ruhe und Ordnung und Effektivität und „Überparteilichkeit" und „Einigkeit" über jeden Ansatz demokratischen Denkens, demokratischer Wirklichkeitsvorstellung. Demokratie war in Deutschland ein Experiment, aber dagegen galt schon damals: nur „keine Experimente!"

Von all dem profitierten die Nationalsozialisten, ebenso wie sie vom Kuschen des deutschen Bürgertums vor dem „Erfolg" profitierten, von den Illusionen vom großmächtigen Deutschen Reich, der feudal-inspirierten und begründeten „Mischung von Hilflosigkeit und Aggressivität",[50] die bis in die strategische Planung des Generalstabs hinaufstieg („Schlieffen-Plan!") – und die in einem bürgerlich-kapitalistischen Gemeinwesen so groteske, aber eben wieder von den dominierenden feudalen Wertungen gesteuerte „Einsicht", daß alle letzten Entscheidungen beim Militär lagen.

Die Einordnung der nationalsozialistischen Diktatur – oder, um die viel bessere Bezeichnung Karl Dietrich Brachers zu verwenden: der Deutschen Diktatur – in die Kette der Überlieferung der Deutschen Tradition ist gar nicht so leicht, obwohl ich es mir relativ einfach machen könnte: Ich könnte mich mit der Feststellung begnügen, daß zwischen 1933 und 1945 die Deutsche Tradition in ihren politischen Auswirkungen ihren Höhepunkt erreicht und sich überschlagen habe. Das wäre an sich zutreffend, aber mit Rücksicht auf die Fortsetzung der Analyse der deutschen Entwicklung bis in die aktuelle Gegenwart hinein unzureichend. Auf der anderen Seite kommt eine ausführlichere Darstellung der deutschen Diktatur nicht in Frage. Dazu fehlen mir alle Möglichkeiten, und dem steht nicht zuletzt vor allem die Existenz von zwei großen Arbeiten von Karl Dietrich Bracher entgegen: „Die nationalsozialistische Machtergreifung" von 1960 (zusammen mit Wolfgang Bauer und Gerhard Schulz) und „Die deutsche Diktatur" von 1969. Also begnüge ich mich damit, einige mir wesentlich erscheinende Elemente aus der unheimlich geradlinigen Entwicklung über die präsidialen Halb- und Dreivierteldiktaturen der beginnenden 1930er Jahre hinaus zu verfolgen. Dabei kann ich mich zunächst – bis zum Röhm-Mord – aber glücklicherweise nicht länger, sonst könnte ich jetzt nicht schreiben! – noch auf eigene Beobachtungen stützen, während für die folgenden Jahre deutsche Arbeiten, vor allem also die erwähnten Bracherschen Werke benutzt wurden, um eine These vom Sich-Überschlagen der Deutschen Tradition zu belegen.

1. Es ist oben der spezielle deutsche Gedanke betont worden – besonders eindrucksvoll herausgearbeitet in Fichtes Reden an die deutsche Nation (1807–1808) –, daß die Deutschen eine besondere „Sendung" gegenüber der Menschheit zu erfüllen hätten, ein Resultat der besonderen Tiefe des „deutschen Geistes". Bei Fichte spielte dieser absurde Gedanke eine kompensatorische Rolle für die militärische Niederlage der friderizianischen Armee gegen Napoleon, aber er kam gleichzeitig der romantischen Ideologie entgegen, die sich gerade damals als Ideologie des preußischen Feudalismus adaptierte. Ich habe darauf hingewiesen, wie fest diese Sendungsphantasie noch in den Köpfen meiner Generation festsaß. Es ist nicht zu verwundern, daß sie dann wieder mit kompensatorischem Effekt nach der „nicht akzeptierten" Niederlage von 1918 zu vorher nicht zu erwartender Stärke anwuchs und geradezu gierig von der anti-republikanischen nationalen und sehr bald auch von der nationalsozialistischen Bewegung aufgegriffen wurde. Sie ermöglichte es beiden, so etwas wie eine „moralische" Grundlage für ihre anti-westliche, vor allem anti-französische Haltung zu schaffen, die über die „nationalen" Parteien sehr schnell auch die ideologische Haltung der Reichswehr bestimmte. Die Romantik, auf das politische Leben übertragen, bewährte sich wieder einmal als eine zuverlässige Ideologie für die anti-liberale Reaktion. Der Schritt von dieser romantisierenden Ideologie zum nationalistischen und deutschvölkischen Mythos war klein. Sie ließ den „Import" der Demokratie aus dem Westen als doppelt verwerflich erscheinen, und gab jedem Bruch des Versailler Friedensvertrages von vornherein eine „weltanschauliche" Sanktion, die sowohl die Reichswehr wie die Nazis nach Kräften ausnutzten.
2. In diesem Zusammenhang darf nicht übersehen werden, daß der Gedanke der „deutschen Sendung" und damit der „Rettung der Welt" ein unheilvolles Bündnis mit der Bekämpfung des Bolschewismus einging. Es war ein leichtes, die Bekämpfung der „Gefahr aus dem Osten" zu einer der primären deutschen Aufgaben umzustilisieren. Während die Führung der Reichswehr selbst die engste Kollaboration mit offiziellen russischen Stellen zu Zwecken der illegalen Aufrüstung der

Reichswehr betrieb, demonstrierte man die nationale „Unzuverlässigkeit" der schwachen demokratischen Regierung und Parteien mit demagogischen Hinweisen auf ihre ungenügende Aktivität gegen Sowjet-Rußland. Ehrlichkeit und Loyalität waren keine Elemente der „deutschen Sendung".

3. Nicht stark genug kann die Rolle unterstrichen werden, die die Bürokratie der öffentlichen Verwaltungen, vor allem die Staatsbeamten, beim „Umbruch" der Weimarer Republik oder „Einbruch" des Dritten Reichs und der Stabilisierung der deutschen Diktatur gespielt haben. Die Herren waren ganz gewiß keine Umstürzler, im Gegenteil! In ihrer Selbsteinschätzung waren sie eher ein konservatives Element der Beharrung. Nicht zuletzt an ihnen ist der Kapp-Putsch gescheitert. Er kam einfach zu früh. Damals, 1920, saß ihnen das Schreckerlebnis des Zusammenbruchs und die Angst vor dem totalen Chaos, das der Auflehnung dieser militärischen Meuterer folgen konnte, noch zu sehr in den Knochen. Also folgten sie der Anweisung der legalen Regierung, in den Streik zu treten, das war eine Order von oben, wie gesagt, einer *legalen* Regierung, der sie sich zur Verfügung gestellt hatten und die auf sie angewiesen war, wie sich bereits gezeigt hatte, und die ihre „wohlerworbenen Rechte" nicht antasten würde. Sie liebten die demokratische Republik nicht, aber über ihnen waren die „legalen" Herren. Wer in Deutschland „legal" zur Macht kommt, kann auf die Dienstwilligkeit des Staatsapparates rechnen. Man paßt sich eben an, sogar wenn die eigene Überzeugung der neuen offiziellen *konträr* entgegengesetzt ist. So ging es 1918, so ging es – zu Deutschlands Unglück – 1933, so ging es 1945, so ging es – aber wozu die Jahreszahlen häufen? So ist es! Und es hat viel weniger mit Loyalität der Beamten als mit Legalität des Machtantritts zu tun. Über die Bedeutung dieser „Legalität" werden gleich noch einige Worte zu sagen sein. An dieser Stelle sei nur noch hervorgehoben, wie die wirklichen Sympathien der Staatsbürokratie für den Obrigkeitsstaat und für den „Ersatzkaiser", den Reichspräsidenten, vor allem aber Kaiserlichen Generalfeldmarschall von Hindenburg, (und damit ihre zutiefst undemokratische Einstellung) mit der „präsidialen Diktatur", gestützt auf den Artikel 48 der Weimarer Verfassung, zum offenen Durchbruck kamen. Sie ebneten auf entscheidende Weise den Weg Hitlers zur Macht. Es sagt vieles über das Denk- und Verhaltenschaos in jenen Jahren der Entscheidung, daß das illegalste Terror-Regime der deutschen Geschichte die autoritäre Macht des Reichspräsidenten ausnutzen und „legal" in die Regierung kommen konnte, womit die Voraussetzungen der Mitarbeit des bürokratischen Staatsapparates geschaffen waren.

4. Eine nicht weniger verhängnisvolle Rolle für den Sturz Deutschlands in die Katastrophe spielte die bewaffnete Macht der Ersten Republik, also die Reichswehr. Sie war – auch wenn sie zeitweilig etwas in den Schatten trat – von Beginn an der wirkliche Machtfaktor in der Republik. Ihr de-facto-Oberkommandierender, General von Seeckt, war sich dieser Führerrolle durchaus bewußt. Die Reichswehr war natürlich nicht „politisch". Sie war „unpolitisch" und „überparteilich". Die unverschämt zweideutige Antwort, die General von Seeckt auf die Frage des Reichspräsidenten Ebert gab, ob die Reichswehr hinter der Verfassung stünde: „Die Reichswehr, Herr Reichspräsident, steht hinter mir!" entsprach durchaus

den Tatsachen – so wütend sie uns auch machte! Unter dem Ausnahmezustand (vom September 1923 bis Februar 1924) hatte General von Seeckt auch von Gesetzes wegen als Chef der Reichswehr die höchste Macht in Deutschland inne – und gab sie gehorsam und gesetzestreu an den Reichspräsidenten zurück, als der Ausnahmezustand aufgehoben wurde. Die von ihm erzogene Reichswehr glaubte, ihre „unpolitische" und „überparteiliche" Rolle auch unter dem Nazi-Regime keine 10 Jahre später weiterspielen zu können, eine katastrophale Fehlrechnung, noch viel größer als die Fehlrechnung des Generals von Seeckt selbst, der auf die Loyalität des alten Generalfeldmarschalls vertraute und auf die Jagd fuhr, um bei der Rückkehr mit seiner Entlassungsurkunde konfrontiert zu werden (1926). Vorher, als er noch im Amt war und mit seinen stets tadellos blanken Reitstiefeln bekleidet an den Regierungssitzungen teilnahm, konnte er folgendes von sich geben: „Es geht aufwärts. Es sind nämlich nicht nur Gewerkschaftssekretäre in der Regierung. Wenn ich die in ihren schwarzen Gehröcken sitzen sehe, muß ich immer an eine Herde brütender Puten denken." Oder, wie er dem Reichspräsidenten und dem Reichskanzler sagte: „... Daß ich nicht auf die Dauer für die Haltung der Reichswehr unter einer Regierung einstehen könnte, zu der sie kein Vertrauen hat ... Die Reichswehr darf nicht in die Lage gebracht werden, sich gegen Gesinnungsgenossen (es handelte sich um die aufrührerischen Nationalisten und Nationalsozialisten in München) für eine ihr wesensfremde Regierung einzusetzen."

Bei der Erklärung der Haltung der Beamten und evtl. auch des Militärs, als man die Macht in die Hände der Nazis spielte, kann und muß man natürlich auf die „unvergleichliche Bedeutung des Ermächtigungsgesetzes" (Bracher) hinweisen. Es erteilte ihnen sozusagen von vornherein Absolution für ihren offenen Verrat an der Weimarer Republik. Da wurde ja von Gesetzes wegen den nationalsozialistischen Diktatoren die Ermächtigung gegeben, die (liberale) Republik abzuschaffen und allen Widerstand zu unterdrücken. Das genügte den juristisch gebildeten Herren der Bürokratie. Die Legalität des Terror-Regimes war auf diese Weise gesichert. Aber für den Loyalitätsaberglauben der Arbeiterbewegung, und zwar sowohl der SPD wie der Gewerkschaften, genügt diese Erklärung nicht. Noch viel mehr als bei der Bürokratie, aber ebensosehr wie bei den bürgerlichen Parteien, herrschte in der SPD und bei den Gewerkschaften die durch nichts begründete Illusion, die Diktatoren würden bestimmt bald „abgewirtschaftet" haben. Sie sahen nicht, sie wollten nicht sehen, daß Deutschland sich mitten in einer Revolution befand. Für sie kam es in erster Linie darauf an, die Organisationen und nicht zuletzt die Organisationskassen zu retten, um dann im Augenblick des Zusammenbruchs des nationalsozialistischen Regimes mit intakten Kräften bereitzustehen. Noch nach dem 2. Mai 1933 wurde darüber diskutiert, wie viele Wochen – oder gar Monate? – es dauern könnte, bis „die Bande" erledigt sei!

Hitler selbst hatte – wer konnte es damals ahnen! – Angst vor einem Generalstreik der Gewerkschaften. Wir hatten immer noch keine Angst vor den Nazis und ihrem Terror. (Von den Kommunisten soll in diesem Zusammenhang gar nicht gesprochen werden. Sie hatten seit dem Beginn der 30er Jahre praktisch und faktisch mit den

Nazis gegen die letzten Stützpunkte der Republik in Preußen und in Berlin zusammengearbeitet. Sie wollten Deutschland reif machen „für die kommunistische Revolution".)
Hitler hat offenbar seine Strategie bewußt auf den Legalitätsaberglauben aller seiner entscheidenden Gegner eingestellt. Er hat dabei genau so richtig gerechnet, wie später beim Beamtengesetz, das nicht nur jüdische, sondern auch politisch „unzuverlässige" Beamte aus ihren Stellungen entfernte und damit ja auch den schmutzigen Denunzianten die Tür öffnete, die durch eine vaterlandsliebende Denunziation eines Konkurrenten oder Vorgesetzten einträgliche Stellen für sich selbst frei machten. Hat man eigentlich irgendwen jemals dafür zur Rechenschaft gezogen? Wie sollte man das 12 bis 15 Jahre später beweisen?
Als Adolf Hitler die Macht „eroberte" oder richtiger, als ihm die Macht zugespielt wurde, spielte ihm also alles in die Hände: die Hilf- und Ziellosigkeit der demokratischen Parteien mit der SPD an der Spitze, der Verrat einer von ihrem doktrinären Illusionismus dominierten KPD, die – wie stets in der deutschen Geschichte – „unpolitische", also reaktionäre, anti-demokratische Haltung des deutschen Bürgertums, das sogar unfähig war, eine sich langsam anbahnende Konjunkturverbesserung zu eigenem Nutzen auszuwerten und lieber um der Macht willen – oder viel mehr um dessen willen, was man in führenden Kreisen der „Wirtschaft" unter Macht verstand – sich den größten Feinden der sog. „freien Wirtschaft" unterordnete, und dann dazu die offenbare Korruption bis in die höchsten Kreise der Republik hinein, und der Legalismus der stets zu Gehorsam bereiten Bürokratie, gehorsam beinahe gleichgültig wem gegenüber, wenn seine Macht nur „legal" war, und das illusionäre Warten auf den „automatischen" Zusammenbruch der Naziherrschaft, was der Stabilisierung ihrer Macht ja nur Vorschub leistete, und die von Aufrüstungsversprechungen verführten, zu jeder Aktion gegen „links" bereiten Generäle, und die ideologisch von der „Tat" und dem Professor Carl Schmitt zusammengeschossene Intelligenz mit den noch im Lande verbliebenen Wissenschaftlern an der Spitze, die ihre größten Namen ans Ausland verloren hatten, – alle Schichten und Kreise des Volkes im Gleichschritt marschierend, ein großer Teil von ihnen irgendwie uniformiert, keiner die Welt zur Kenntnis nehmend und alle auf den nächsten „Befehl des Führers" wartend ... Ich übernehme gern Brachers Formulierung von der allgemeinen „Unterschätzung" der nationalsozialistischen Bewegung, die wohl am groteskesten in der Haltung der sog. „nationalen" Kreise zu Hitler und seinesgleichen an den Tag trat. Dort bildete man sich ein, man könne den Nationalsozialismus „bändigen", indem man den „Führer" und seine Nächsten in die Regierungsverantwortung einspannte. Der wie immer alles falsch beurteilende Papen hat das überzeugend so ausgedrückt: „Was wollen Sie denn? Ich habe das Vertrauen Hindenburgs. In zwei Monaten haben wir Hitler in die Ecke gedrückt, daß er quietscht."[51] Das aber befreit ja die Arbeiterbewegung nicht von ihrem Teil der Schuld. Auch sie bildete sich ein, daß ein irgendwie gearteter automatischer Prozeß des geschichtlichen Ablaufs die Nazis erledigen würde, ohne daß man selbst etwas Riskantes zu tun brauchte: sie würden, wie gesagt, „abwirtschaften".

Die „Unterschätzung" der nationalsozialistischen Bewegung ist aber, so wie ich die Ereignisse selbst erlebt und in den Jahrzehnten seitdem durchdacht habe, wieder nur ein neuer Ausdruck dieses Teiles der Deutschen Tradition, nämlich der romantischen Verkennung der Wirklichkeit, des Umdichtens der Realität, von dem oben des öfteren die Rede war. Sie fielen ihm alle zum Opfer – bis zum schaurigen Ende. Schon der in der allgemeinen Meinung und natürlich auch in der Meinung der verantwortlichen Politiker „legendäre Ruhm" (Bracher) Hindenburgs gehört dazu. Weshalb „Ruhm" und weshalb „legendär"? Für einen geschlagenen Oberkommandierenden? Wegen seiner Anfangssiege in Ostpreußen über eine unfähige russische Heeresführung? Nein, er war die Vater- oder Großvater-Figur der deutschen Vorstellungswelt. Der alte Mann, der alles ordnen würde im Kriege, als er schon gar nichts *mehr neben Ludendorff zu sagen hatte, und später im Frieden,* in der Republik, als er aus dem Ruhestand gerufen wurde, um auf dem mächtigsten politischen Posten der Republik Probleme zu lösen, von denen er nach eigenen Aussagen nichts verstand, ja nichts verstehen wollte. Diese romantische Verkennung der Wirklichkeit zerstörte unser Bild und unsere Aktionsfähigkeit in der Weimarer Republik, sie erfaßte wie eine Seuche das ganze Volk, als die Arbeitslosenzahlen von Millionen zu Millionen anstiegen, sie schuf die sozialpsychologische Voraussetzung für die ja immer noch oder immer wieder unfaßbare freiwillige oder mit Gewalt erzwungene Unterwerfung unter Hitler und seine Kumpane, sie trieb die Menschen zu den von totaler Unkenntnis der wirklichen Kräfteverhältnisse der Welt zeugenden, nur von überraschenden Anfangserfolgen angefeuerten militärischen Aktionen, gegen die nur wenige Mutige unter den „Fachleuten", also den gelernten Generälen, zu opponieren wagten – und sie kulminierte schließlich in dem, vom deutschen und vom nationalsozialistischen Standpunkt aus völlig sinnlosen, abenteuerlichen, alle Lehren der Geschichte, der Strategie und der einfachsten Fakten in den Wind schlagenden Feldzug gegen Rußland, der bei Stalingrad sein Ende fand.

Einen fürchterlicheren Abschluß hat der Drang nach Realitätsverachtung in der deutschen Geschichte noch nie gefunden, aber er war ja nur möglich, weil (wie immer) mit ihm verwoben der Zwang zu gehorchen und der Drang gehorchen zu dürfen war.

Der größte Verbrecher, der je an der Spitze Deutschlands gestanden hat, erklärte dann zum Abschluß das deutsche Volk für „unwürdig" weiterzuleben.

Die Deutsche Tradition hatte sich selbst überschlagen. Die deutsche Diktatur endete mit einer Rühr-Tragödie, dem Selbstmord Adolf Hitlers, wie sie mit einer Rühr-Komödie (Friedrich Meinecke) am Sarge Friedrich des Großen begonnen hat.

Wir wollen nicht vergessen: Zwei Drittel der Bevölkerung standen noch am Tage der sog. Machteroberung gegen Hitler. Aber sie haben damals so wenig wie vorher oder nachher sich geltend machen können. Sie waren zu jeder Illusion, zu jedem Opportunismus, zu jeder Anerkennung von „Tatsachen" fähig – nur nicht zu selbständigem demokratischen Handeln. Sie waren in obrigkeitsstaatlichem Denken erzogen worden, für sie – wie für uns alle! – war Demokratie nur eine andere Form der Herrschaft. Gegen den Terror und das Banditentum waren wir alle wehrlos. Wir trugen alle die Deutsche Tradition in uns, die Pflicht zum Gehorsam gegen den STAAT und

die verhängnisvolle Fähigkeit, die Wirklichkeit umzudichten, wenn sie uns nicht zusagte. Und die Umdichtung gepaart mit Gehorsam wirkte unmittelbar auf das Handeln ein. Daher ja auch die vielen absurden Wortkombinationen jener Zeit: konservative Revolution, legale Revolution ... Theodor Heuss hat mit sicherem Gespür diese Fähigkeit der unmöglichen Wortkombinationen frühzeitig ironisch ausgenutzt, als er Hitlers Kombination von Führerprinzip und Bürokratie „bürokratisierte Romantik" nannte.[52] Karl Dietrich Bracher hat zu dieser Wortkombination ein ebenso abstoßendes wie überzeugendes Porträt geliefert: Heinrich Himmler, den Fürchterlichsten in der Verbrechergarde, den Bracher „den romantisch überspannten Kleinbürger mit dem Einschlag des pedantischen Bürokraten" nennt[53] und dazu C. J. Burckhardt zitiert, der Himmler unheimlicher fand als Hitler, und zwar „durch den Grad von konzentrierter Subalternität, durch etwas engstirnig Gewissenhafte, unmenschlich Methodisches mit einem Element von Automatentum."[54]
Nun wäre es ein leichtes für mich, zu sagen: ja, eben! In Himmler ist die Deutsche Tradition Henkergestalt geworden.
Aber für unseren Zusammenhang hier viel bedeutungsvoller ist die Frage, die in den vorzüglichen Personenzeichnungen Karl Dietrich Brachers auch nicht beantwortet wird:
Wie konnte eine moderne Gesellschaft vor 40 Jahren, wie konnte eine deutsche Gesellschaft, die sich doch so viel auf ihre sog. „Bildung" zugute hält, auf diesen inferioren Typ von Verbrechern und Schwächlingen und Wahnsinnigen hereinfallen? Denn wenn wir alles Elend und alle Wirtschaftskatastrophen und alle Arbeitslosen-Millionen, alle Niederlage im Kriege und alle Unfähigkeit auf demokratischer Seite und alle infame Bösartigkeit auf kommunistischer Seite, alles politische Intrigantenspiel und alle politisierenden Militärs und allen Terror mit in Rechnung stellen – sie *sind* doch auf sie hereingefallen, sie *sind* ihnen schwärmend und anbetend und jubelnd nachgelaufen, die Nicht-Verelendeten und Nicht-Arbeitslosen, die Nicht-Politischen und Nicht-Terrorisierten nicht zuletzt!
Auf diese Frage gibt es keine andere sinnvolle Antwort, scheint mir, als: Die Deutsche Tradition. Sie hat sich in der Deutschen Diktatur überschlagen, haben wir gesagt. Hat sie sich zu Tode geschlagen? Das ist die entscheidende Frage an die zweite deutsche Demokratie.

Fünftes Kapitel

Die Bundesrepublik: Die Deutsche Tradition lebt weiter

Die Antwort auf diese Frage ist Inhalt des folgenden Kapitels über die zweite deutsche Demokratie. In derselben provokatorischen Eindeutigkeit wie die Frage am Ende des vorigen Teils sei sie an den Beginn dieses Kapitels gestellt:

Nein, die Deutsche Tradition hat sich *nicht* zu Tode geschlagen, als sie sich in so furchterregender Weise in den 12 Jahren zwischen 1933 und 1945 überschlug!

Ich meine, eine Tradition kann sich überhaupt nicht zu Tode schlagen, sie kann nur durch eine neue ersetzt werden. Zu Ende des 20. Jahrhunderts muß, so scheint mir, dieses „Ersetzen" wirklich ein aktives, gezieltes Handeln sein, das sich darüber im klaren ist, daß alle Tradition irgendwann einen Anfang hat, *also* auch – unter besonders günstigen Umständen – durch eine neue ersetzt werden kann.

Ich wage kein Urteil darüber zu haben, wie es mit dem Ersatz einer Tradition durch eine andere in früheren Jahrhunderten bestellt war. Mir liegt es nahe, hier an die „Schwedische Tradition" zu denken, also an den sich über Jahrhunderte erstreckenden Prozeß, in dem eine blutrünstige und menschenfeindliche „Tradition", getragen und praktiziert von den schwedischen Heeren des Dreißigjährigen Krieges und in der Zeit, in der die Ostsee ein schwedisches Binnenmeer war, durch die bewußt friedfertige und friedliebende, humanitäre Tradition des heutigen Schwedens ersetzt worden ist. Die aggressive und menschenquälende Epoche dieser Entwicklung hat ihre Zeugnisse bis zum heutigen Tage in der deutschen Sprache hinterlassen: „Hinter schwedischen Gardinen" ... „Schwedentrunk" ...

Wir können nur hoffen, daß die schwedische Haltung unserer Tage mit ihrer konsequenten Demokratie, ihrer Neutralitätspolitik und Bereitwilligkeit, überall in der Welt, wo es möglich ist, helfend und vermittelnd einzugreifen, keine 300 Jahre brauchen wird, um sprichwörtlich zu werden.

Eine bewußte Veränderung einer durch die Jahrhunderte ungewöhnlich stabilen Tradition in der BRD ist weder 1945 noch in den darauffolgenden drei Jahrzehnten geschehen. Man hat aus irgendwelchen Gründen immer der „Entwicklung" ihren Lauf gelassen. Man hat unter diesen Umständen keinen Anlaß, sich zu beklagen, daß es manches – und manches Wesentliche – in der Bundesrepublik gibt, das man nicht billigt.

Auf jeden Fall zeigt wieder einmal das schwedische Beispiel, daß es *möglich* ist, eine „Tradition", die Tradierung einer zu bestimmten Zeiten als „typisch" und selbstverständlich angesehenen Haltung, bis in ihr Gegenteil zu verändern.

Das schwedische Beispiel zeigt weiter, daß auch eine elitäre Demokratie mit starken Kollektivorganisationen von diesen und einer informierten Wählerschaft ohne jede Beeinträchtigung der demokratischen Grundwerte so umgebaut und ausgebaut werden kann, daß praktische Versuche in Richtung auf eine Partizipationsdemokratie begonnen werden können.

Dazu gehört allerdings, um nun zu unserem Thema zurückzukehren, zunächst einmal die Identifizierung der Staatsbürger mit ihrem Staat. *Diese Identifizierung liegt in der BRD nicht vor.* Natürlich kann man sagen, daß das geradezu eine unmögliche Forderung sei nach allem, was das Land und die Generationen seiner Bürger erlebt und erlitten haben. Das wird vorbehaltlos zugegeben. Wir haben in diesem Buche viele Seiten dazu verwendet, um die verblüffende Konstanz der Deutschen Tradition darzustellen oder aber die nicht weniger erschreckende Schwäche der Kollektivorganisationen in der zweiten Demokratie. Aber die Einsicht in die Ursachen des Mangels enthebt uns ja nicht des Zwanges, den von allen einsichtigen Demokraten tief beklagten Mangel ausdrücklich beim Namen zu nennen.

Viel zuviele Phänomene der deutschen Entwicklung sind von einer breiten Öffentlichkeit verdrängt worden. Man muß diesen Mangelzustand einer unzureichenden Identifizierung der deutschen Staatsbürger mit ihrer, der zweiten deutschen Demokratie aus dem Dunkel des taktvoll diplomatischen Verschweigens ans Licht der öffentlichen Diskussion herausholen, um *gemeinsam* und im Interesse *aller* zu erwägen, was dagegen getan werden kann.

Diese Feststellung, also der Mangel an ausreichender Identifizierung der Bundesbürger mit ihrem Staat, vor allem mit ihrer Demokratie, bedeutet natürlich auch nicht – um auch diese Selbstverständlichkeit auszusprechen –, daß nicht bedeutende Fortschritte in den 25 Jahren seit der Gründung der Bundesrepublik erzielt worden seien, auch was die Bindung der Bundesbürger an die BRD anbelangt. Wir werden auch darüber im folgenden Abschnitt einiges Material anführen, wenn nun Antworten auf Meinungsbefragungen überhaupt einen Aussagewert haben. Aber die ausgeprägte Stabilisierung in der BRD, eine Folge der raschen wirtschaftlichen Erholung, „*die Konzentration einer desillusionierten Bevölkerung auf Arbeit und privaten Erfolg*“[55] haben ihren Tribut gefordert, vor allem auf Kosten des Demokratieverständnisses und Demokratiebewußtseins und jener inneren menschlichen Sicherheit, ohne die beides nicht möglich ist. Ein gewiß unverdächtiger Zeuge, Konrad Adenauer selbst, sagte kurz vor seinem Tode:

„War der materielle Aufstieg nicht eigentlich etwas zu schnell, habe ich mich manchmal gefragt. Ich gestehe in aller Offenheit, ich habe mich manchesmal gefragt: Sind wir nicht durch die Not, in der wir waren, durch die großen Anstrengungen, uns aus ihr zu befreien, sind wir nicht durch all' dies zu materiell im Denken geworden? Wenn ich an die politische Arbeit denke: Haben wir wirklich unsere Pflicht erfüllt? Wie steht es mit dem geistigen Aufbau? Ist da nicht einiges vernachlässigt worden? Steckt er nicht erst in seinen Anfängen? Das ist mir eine ernste Sorge. Erst der Sturz in das Chaos und dann der plötzliche Wohlstand, das ist schwer erträglich.“[55a]

„Das ist schwer erträglich“ ... so schwer erträglich, wie auch die 14 Jahre demokratisch-autoritärer Herrschaft des alten Herrn waren, und auch das aus den gleichen Gründen, die Adenauer und Bracher anführen: erst das Chaos, dann – nach wenigen Stillhaltejahren des Schocks – die rücksichtslose Konzentration auf den persönlichen Erfolg. Sie haben zu jenem Zustand geführt, der sich einem geradezu gewalttätig aufdrängt, wenn man bei der Arbeit in der Bundesrepublik nicht nur mit Mitgliedern der politischen Elite zusammenkommt, – und der einem dann von nachdenklichen und nachfühlenden Bundesbürgern als „leider richtige Beobachtung" auf Befragen bestätigt wird: das Fehlen der für jede demokratische Haltung elementaren Grundwertungen, die wir in unseren Diskussionen bald lernten, als „die drei Fremdwörter" zu bezeichnen, „ die nicht ins Deutsche zu übersetzen seien", nämlich: Loyalität, Solidarität, Toleranz. Wir meinten – und meinen –, daß es außerordentlich schwierig sei, sie in deutsche *Praxis* zu übersetzen und in deutschem Handeln wiederzufinden, daß sie also verhängnisvoll selten antreffbar seien, im Persönlichen, im Sozialen, im Politischen. Wie soll man aber eine Demokratie aufbauen, wenn nicht Loyalität, Solidarität und Toleranz *selbstverständliche, spontane* Voraussetzungen jedes Handelns sind? Erst unter dem tödlichen Druck der Deutschen Diktatur und – nach ihrem Zusammenbruch – unter dem nachdenken-feindlichen Druck der weiterlebenden Deutschen Tradition verkümmerten fast alle Ansätze von Loyalität, Solidarität und Toleranz.

Als dann das Luftloch der erst vom Marshallplan untermauerten, vom Koreakrieg hochgetriebenen Konjunktur sich öffnete und damit die Möglichkeiten einer privaten Bereicherung von *allen* Schichten der bundesdeutschen Bevölkerung erkannt wurden, wurde der „O'Hara-Schwur" an einer Stelle soziale und politische Wirklichkeit, für die er wahrlich nicht gemeint war:

„Nie, nie wieder Hunger leiden und nur noch danach trachten ..., zu Wohlstand und Behagen zu kommen."[56]

Es mag befremdend und ungewohnt erscheinen, aber ich halte es für durchaus legitim, auch in einer Arbeit wie der vorliegenden Formulierungen und Bilder aus einem historischen Roman zu verwenden, wenn sie das, was ausgedrückt werden soll, mit kurzen und treffenden Formulierungen zu sagen verstehen. Die Formel vom „O'Hara-Schwur" sagt über viele Ereignisse der deutschen Nachkriegszeit mehr, als es den Fachleuten bisher gelungen ist auszudrücken. Sie sagt vor allem mehr über Erscheinungen, die alle aufrichtigen Freunde einer demokratischen Weiterentwicklung der BRD mit Sorge erfüllen (wie z.B. die mangelhafte Werbekraft der Gewerkschaften).

Wir haben gesagt, daß die Deutsche Tradition ihre Macht auch in der Entwicklung der BRD gezeigt habe. Dabei muß ebenso wie bei der wirtschaftlichen Entwicklung unterschieden werden zwischen den 40er Jahren und der Zeit, die ihnen folgte. Das Ende der 40er Jahre – um diese grobe Einteilung zu verwenden – ist auch das Ende der Schockreaktion auf den nicht aus der Welt zu diskutierenden Zusammenbruch der brutalen „Deutschen Diktatur", der zuerst mit Zustimmung und Jubel begrüßten, dann – als es ernst wurde – zumindest tolerierten Herrschaft einer Verbrecherclique mit ihren größenwahnsinnigen Weltbeherrschungsplänen. Der Zusammenbruch war dann so total, daß er nicht einmal Raum für die Erfindung einer Dolchstoß-Legende gab. Sie nachträglich, wie es in gewissen Kreisen geschah, den mutigen, aber ach so unpolitischen Helden des 20. Juli anzuhängen, kann im wesentlichen als mißglückt bezeichnet werden.

Aber nicht verschwunden war mit dem totalen Zusammenbruch die Erinnerung an „bessere Zeiten", für die dann allerdings ein moralischer Seiltanz ausgeführt werden mußte, denn was sollte man aus den Jahren des fürchterlichen Leidens und den nun verurteilten Übergriffen eines brutalen Regimes machen, Jahren, vor denen man jetzt nur Unlust empfand – wenn man sich doch aus der Misere der totalen Niederlage „zurück"-sehnte in eine bessere Zeit?! Wie weit „zurück" diese rückwärtsgerichteten Kreise ihre Sehnsucht erstreckten, ist unmöglich zu sagen, einfach deswegen, weil alle Variationen dieser im wahrsten Sinne reaktionären Strömungen auftraten; aber daß sie vorhanden waren und sich auch in der politischen Sphäre geltend machten, ist unbezweifelbar. Ihr Echo war noch in den 70er Jahren hörbar. Braucht man Belege dafür, kann man sich ja die teils fürchterliche, teils lächerliche Zusammenstellung ansehen, die Heinz Brüdigam über neonazistische, militaristische und nationalistische Literatur und Publizistik in der BRD gemacht hat.[57]

Nur einige Angaben daraus: Ca. 75 (z.T. größere) Verlage leben in der BRD ausschließlich von der Publikation rechtsradikaler Literatur. Die „Deutsche Nationalzeitung und Soldatenzeitung" ist die viertgrößte Wochenzeitschrift in der BRD. In dem eigens zum Zwecke der Publikation „einschlägiger" Literatur gegründeten Institut für deutsche Nachkriegsgeschichte wird keine Mühe gescheut klarzumachen, daß das deutsche Volk nach dem 2. Weltkrieg ungeheuerlich betrogen worden ist, weil „es eine erwiesene historische Tatsache ist, daß Hitler Frieden mit England, Frankreich und Polen wünschte und zur Verständigung mit diesen Ländern bereit war", „weil nunmehr feststeht, daß es im Reichsgebiet in keinem KZ eine Gaskammer gegeben" habe, weil, nach Meinung dieser Leute, Deutschland den 2. Weltkrieg nur wegen des 20. Juli verloren hate, weil die Nürnberger Prozesse viel bestialischer waren als der Volksgerichtshof unter Freisler, weil Deutschland den Krieg nie verloren hätte, wenn Japan die Verträge von 1936–1940 besser erfüllt hätte und weil Deutschland den Krieg nur verloren hat durch den Verrat Rumäniens und Ungarns.

Der Traum von der Großmacht und Weltmacht ist noch nicht ausgeträumt.

Damit ist aber auch zugleich gesagt, daß der romantische Einschlag der Deutschen Tradition noch lebendig ist. Die Wirklichkeitsverkennung und Wirklichkeitsentstellung ist vielleicht weniger grob, weniger widersinnig als im Kaiserreich, in der Weimarer Republik oder gar unter der Deutschen Diktatur. Zweimal haben die Tatsachen gegen die deutschen Ideologien ausgeschlagen. Das ist nicht ganz ohne Wirkung geblieben. Die Deutsche Tradition hat sich „modernisiert", aber tot ist sie nicht.

Sie hat sich modernisiert. In der vorigen Generation vor 30 Jahren oder so war es, wenn man ihr glauben wollte, die „deutsche Sendung", zumindest Europa zu beherrschen und die dagegen Aufbegehrenden mit Gewalt zu ihrem Glück zu zwingen. Seitdem deutscher Nationalismus in dieser Gestalt aus der Mode gekommen ist (zum Leidwesen der unentwegt Deutschnationalen), hat – um abermals K.D. Bracher zu zitieren – „die Europaidee eine machtvolle Funktion als Ersatz für den gescheiterten deutschen Nationalstaat" gewonnen. „Sie füllte das Vakuum, das der Zusammenbruch und die Desillusionierung in den Köpfen der meisten Deutschen hinterlassen hatte."[58]

Für die ehrlichen Europa-Idealisten unter den deutschen Bundesbürgern muß diese Einsicht schwer zu vollziehen sein. Aber sie sollten dann als gute Demokraten wenigstens dafür sorgen, daß die vom Europanationalismus der zweiten deutschen Demokratie abweichende Haltung anderer (und stabilerer) europäischer Staaten nicht mit einem schon wieder alles besserwissenden Kopfschütteln offizieller und offiziöser deutscher Kreise aufgenommen – und verurteilt wird. Eine solche Haltung ist weder demokratisch noch sehr intelligent. Nach den schlechten Erfahrungen mit überhasteten und unter Druck zustande gekommenen Einigungs- und Einheitsbeschlüssen in der deutschen Geschichte ist sie nachgerade unbegreiflich.

Um meiner Auffassung eine zugespitzte Form zu geben: Es ist *nicht* die Aufgabe der BRD, Europa – so oder anders – zu einigen. Wenn man überhaupt von einem Staate sagen darf, daß er eine „Aufgabe" hat, so scheint es mir eine einzige unbestrittene und unbestreitbare für die BRD zu geben: endlich in der Mitte Europas eine Demokratie aufzubauen, die diese Bezeichnung verdient. Welche Hindernisse diesem Ziel im Wege stehen, ist im Vorhergehenden von verschiedenen Ausgangspunkten her dargestellt worden. Sie sind alle historisch erklärlich, auch und gerade die Deutsche Tradition, auch und gerade der mit Recht verurteilte Mangel an Loyalität, der demokratieschädliche Mangel an Solidarität, der antidemokratische Mangel an Toleranz.

Aber alle Tradition beginnt einmal.

Die Deutsche Tradition ist keine Frage der biologischen Vererbung oder eines „deutschen Charakters", sondern ganz einfach eine Frage des Konservatismus oder der sozialen Reproduktion der Sozialstruktur. Sie wurde auf der „Macht"-seite gesteuert von feudalen Wertungen und von feudaler Hierarchie, auf der ideologischen Seite von einer romantischen Wirklichkeitsverkennung und Wirklichkeitsverfälschung (Motto: „Weil nicht sein kann, was nicht sein darf" ...).

Der Nationalsozialismus mit seiner primitiven Rassendoktrin verschüttete, in treuer Gefolgschaft des Sozialdarwinismus, die Quellen der Einsicht in diese Zusammenhänge so vollständig, daß es einfacher wurde, sie auch in der Zeit *nach* dem Zusammenbruch der Diktatur zu übersehen, außer Betracht zu lassen – und ihre Konsequenzen zu verdrängen.

Im übrigen habe ich absichtlich darauf verzichtet, die Anschauungen und Theorien der deutschen anti-demokratischen Ideologen über 1945 hinaus hier darzustellen. In dem Maße, in dem sich auch in der Bundesrepublik das Demokratiebewußtsein aus dem einen oder anderen Grunde verschärft und konkretere Ziele ansteuert und damit auch die Reaktion *gegen* die Demokratie schärfer und bewußter wird, sind sie zwar, vor allem die Demokratisch-Beamteten unter ihnen, als „theoretische" Sprecher eines an sich lautstarken Lagers in der Bundesrepublik bekannt und berühmt geworden, aber sachlich-inhaltlich haben sie nichts Neues zu bieten. Keiner von ihnen hat das demagogische Niveau Carl Schmitts erreicht. Mit ihren Kollegen aus der amerikanischen Diskussion soll man sie gar nicht erst vergleichen. Auf den Gefilden des anti-demokratischen Theoretisierens – einer geistigen Beschäftigung, die den Universitäten der Bundesrepublik Deutschland wahrlich besonders gut zu Gesicht steht! – ist die Bundesrepublik bei allem wirtschaftlichen Reichtum wirklich ein Kleinstaat geblieben und das Theoretisieren gegen die Demokratie ein von der Welt gnädig übersehenes Ereignis.

Die mißglückte Schulreform

Von den zahlreichen Problemen, um deren Lösung die BRD sich seit ihrer Errichtung bemüht, allzu oft ohne sichtbaren Erfolg, steht – von der Wertung dieses Buches her beurteilt – die Reform der deutschen Schule aller Stufen an der Spitze. Dieser Frage sollen auch die abschließenden Seiten dieses Kapitels gewidmet werden. Dabei ist es nicht meine Absicht, die schier unübersehbare Flut von Schriften und Büchern usw. zu diesem Thema um ein weiteres Exemplar zu vermehren. Über die Gesamtaspekte der „Schul- und Bildungsreform" und die offenbare Unfähigkeit der BRD, auf diesem für alle Zukunft des Landes entscheidenden Gebiet endlich vom Planen und Theoretisieren zum Handeln und Verwirklichen überzugehen, ist, scheint mir, genug geredet worden. An dieser Stelle des Buches sollen ganz einfach das Problem der Schulreform und dazu vorgelegte Projekte und ergriffene Maßnahmen an den Prämissen dieses Buches gemessen und von diesen Prämissen her beurteilt werden. Von anderen Prämissen wird man natürlich zu anderen Schlußfolgerungen kommen. Dann muß man sich aber auch gefallen lassen, daß man diese anderen Prämissen diskutiert und bewertet. Die hier vorgenommene bewußte Beschränkung des Problemkreises der Schulreform bedeutet also, daß auch an sie die in diesem Buch dominierende Frage gestellt wird: Was bedeutet eine Schulreform so, wie sie entweder auf dem Papier steht oder (in bescheidenem Ausmaß) schon Realität geworden ist, für die Entwicklung und Sicherung der Demokratie, der zweiten deutschen Demokratie?

Gerade darüber ist nun in den letzten Jahren in deutscher Sprache unendlich viel geredet und publiziert worden. An erster Stelle nenne ich hier natürlich Dr. Hildegard Hamm-Brücher, die von 1967 bis 1969 als Staatssekretär im Hessischen Kultusministerium tätig war und dann vor allem von 1969 bis 1972 als Staatssekretär im Bundesministerium für Bildung und Wissenschaft die bundesdeutsche Schulpolitik und die Schulreformversuche verantwortlich unter Minister Leussink geleitet und in Büchern, Schriften, Aufsätzen und Vorträgen theoretisch und ideologisch programmiert hat. Sie hat – wie alle, die es mit der Zukunft der BRD gut meinen – die Worte der Regierungserklärung vom 18. Oktober 1969, nach der „Bildung und Ausbildung, Wissenschaft und Forschung an der Spitze aller inneren Reformen" stehen sollten, ernstgenommen und mit Worten und Maßnahmen – einschließlich ihres eigenen Rücktritts – um sich geschlagen, als immer klarer wurde, daß der für die demokratische Zukunft der BRD völlig entscheidende Anlauf in einem Wust und Gestrüpp von Redensarten, Kompetenzen, Kommissionen, Bedenklichkeiten und unverhüllter Reaktion steckenzubleiben drohte, direkt auf das zusteuernd, was Georg Picht drastisch, aber nur zu richtig „die Pleite, die endgültige Pleite" genannt hat.

Es ist in den letzten Jahren ein solcher Schwall von sachverständigen Protesten und – oft bis ins einzelne ausgearbeiteten – Reformplänen, gewerkschaftlichen Entschließungen und Demonstrationen, von Diskussionen unter Fachleuten und mit Eltern (diesen sog. „Laien"), in kleinen und großen Zirkeln, in Radio und Fernsehen, Zeitungen und Zeitschriften über die deutsche Öffentlichkeit geströmt, daß

es einen – um es grob und deutlich zu sagen – anwidert und abstößt, auch nur den Versuch zu machen, dieses Meer von Informationen, das ja alle erreicht haben muß, um noch einen protestierenden Beitrag zu vermehren. Was soll es nützen?
Aber es gibt eine Schrift, die – ich bitte alle Mitstreiter für die gute Sache einer bundesrepublikanischen Schulreform um Verzeihung! – inhaltlich, stilistisch und dank der sachlichen Kompetenz ihrer Verfasser über alles hinausreicht, was auf diesem Gebiet bisher in deutscher Sprache vorliegt, und die infolgedessen dem deutschen Publikum lange Zeit vorenthalten worden ist. Die bittere Medizin ist sozusagen tropfenweise verabreicht worden. Ich spreche vom Bericht über das „OECD-Examen für Bildungspolitik in der Bundesrepublik Deutschland", das Ergebnis des offiziellen Besuchs der fünf hervorragenden Sachverständigen, die im Auftrag der OECD vom 20. Juni bis 3. Juli 1971 der BRD einen offiziellen Besuch abstatteten und dem Bildungsausschuß der OECD darüber in der „Konfrontationssitzung" vom 29. November bis 1. Dezember 1971, also unter Teilnahme von bundesdeutschen Vertretern, ihren Bericht schriftlich vorlegten.
Meine persönlichen Erlebnisse mit diesem Prüfungsbericht, dessen Existenz mir bekannt war, waren eigenartig. Es war mir zunächst nicht möglich, ein Exemplar des Berichts aus Bonn zu erhalten. Mir ist versichert worden, die in Bonn befindlichen Exemplare seien „unter Verschluß". Es sei auch für die Zwecke meiner Arbeit unmöglich, mir auch nur ein Exemplar davon zugänglich zu machen. Das klang mir so albern, daß ich mich direkt an die OECD wandte und aus Paris postwendend die erbetene Anzahl Exemplare erhielt. Unterdessen hat mich auch ein deutschsprachiges Exemplar – aus Bonn – erreicht, die „deutsche Rohübersetzung der englischen Fassung des Prüferberichts". Es gab ihn also auf deutsch, nur die Bürger der BRD kannten ihn damals nicht. Später gab es ihn dann mehr oder weniger vollständig im Buchhandel; Hildegard Hamm-Brücher schrieb noch in ihrem 1973 erschienenen Buch (S. 81), der Prüferbericht, „dessen Text der deutschen Öffentlichkeit seit einundhalb Jahren vorenthalten wurde", werde „nun aber demnächst endlich dank privat-verlegerischer Initiative erscheinen ...".
Ich kann ihn nun im wesentlichen als bekannt voraussetzen, also auch die Energie, mit der die Sachverständigen immer wieder betonen, wie hartnäckig in der BRD versucht worden ist, das Schulsystem sich nicht über die Grundlagen der Weimarer Zeit hinaus entwickeln zu lassen, das Zögern und die Unsicherheit, die man vor allen Vorschlägen empfand, die auf eine wirkliche Reform der Methoden hinausliefen, mit denen die neue Generation, die Zukunft der BRD, ausgebildet und „auf das Leben vorbereitet werden" sollte. Ohne diplomatischen Takt wird auch der Schuldige beim Namen genannt: „die formalistisch denkende Bürokratie – insbesondere auf Landesebene."
Ausdehnung der Bildungschancen auf allen Schulungsebenen, neue Fächer, Umkrempeln der existierenden Curricula, aber auch neuer Unterrichtsstil – es war viel, was damit von den in der Hauptsache juristisch geschulten Bildungsbürokraten verlangt wurde.
Aber beginnen wir von vorn, ohne uns dabei aber von der Fülle der kritischen, ja empörenden Aspekte, die sich seit der Frühgeschichte der BRD aufdrängen, zu allzu großer Ausführlichkeit verleiten zu lassen.

Wie auf anderen Gebieten, war die Entwicklung der jungen BRD auch und gerade auf dem schulischen von Restaurationstendenzen geprägt. Der Bildungsföderalismus tat von Anfang an das Seinige dazu, wenn auch zugegeben sei, daß hier die Konkurrenz der fortschrittlichen Länder einige Vorteile sicherte. Daß auf dem Gebiet der Schul- und Hochschulreform irgendetwas geschehen mußte, ergab sich beinahe zwingend aus einem äußeren Anlaß, dem außerordentlichen Anwachsen der Studenten- und Schülerzahlen. Es war also nicht das, was der OECD-Bericht – in guter Übereinstimmung mit moderner Pädagogik – „das Bildungswesen auf die individuellen Bedürfnisse des Kindes zuzuschneiden" genannt hat.
Es war „Bildungsökonomie" (Friedrich Ebbing), kurz: Anpassung des Bildungssystems an veränderte technisch-industrielle Qualifikationsnachfrage auf dem Arbeitsmarkt; es war „traditionelle" Pädagogik, die zwar von Freiheit, Autonomie, Selbstbestimmung des Individuums ausgeht, aber doch eben ganz abstrakt, mehr Freiheit als Gleichheit und weniger gelebte Demokratie, also starke Neigung zu Elitenbildung und Elitenausbildung.
Aber ein neuer theoretischer Gesichtspunkt kam doch hier hinzu, die Einsicht in die Notwendigkeit maximaler Lernbedingungen vom Kleinkind an.
Und so schließlich die politischen Aspekte, hier vor allem von liberaler und sozialer Seite, gestützt auf Art. 2 GG mit seiner „freien Entfaltung der Persönlichkeit", dem „Grundrecht des Bürgers auf Bildung" (Ralf Dahrendorf), Hildegard Hamm-Brüchers Wandel des Bildungssystems durch Demokratisierung und Chancengleichheit, erstaunlich wenig Positives von sozialistischer Seite, wo man sich, besonders bei den Akademikern, in einer Art marxistischer „Totalschau" darauf versteifte, Demokratisierung des Bildungssystems nur im „Zusammenhang" mit Demokratisierung aller anderen gesellschaftlichen Bereiche zu sehen. Das machte alle Erwägungen und Analysen konkreter Maßnahmen im pädagogischen und schulischen Bereich natürlich unmöglich und unnötig.
Nach jahrelangen Diskussionen über die Notwendigkeit einer Neugestaltung des deutschen Bildungswesens werden nun Übereinstimmung und Ansätze sichtbar, die, wenn sie auch nicht zu überwältigendem Optimismus Anlaß geben, doch einen Weg zeigen, der trotz aller Hemmnisse in die Zukunft reformerischer Bemühungen weist, in der die Erneuerung von Schule, Wissenschaft und Forschung zu den vordringlichsten Aufgaben unserer Gesellschaft zählt.
Es sind eine Fülle von Vorschlägen gemacht worden, deren Verwirklichung aber nur in Ansätzen höchst unterschiedlicher Form und Qualität gelungen ist. Die Möglichkeiten, ein Bildungswesen so neu zu gestalten, daß es den Bedürfnissen einer modernen, d.h. demokratischen Gesellschaft entspricht, werden teilweise jedoch stark eingeschränkt durch materielle Unbeweglichkeit, einen an sich zur Uneinigkeit neigenden Kulturföderalismus und mangelndes demokratisches Selbstverständnis. Aber auch vordergründiges „Elitestreben" und die noch immer haftende Vorstellung von der einmal festgesetzten Größe, einer durch Vererbung bedingten „Begabung", hemmen den reformerischen Schwung. Immer noch leugnen überkommene Denkmodelle die Wirksamkeit moderner Didaktik, die, verbunden mit einem breitgefächerten Lehrangebot, geeignet ist, *vorhandene* Begabungsreserven

zu mobilisieren. Die Erfahrungen, die auf diesem Gebiet z.B. in Schweden erworben worden sind, werden hartnäckig verschwiegen oder sogar verleugnet. Die Gefahr der Resignation vor den sich erhebenden Schwierigkeiten liegt nahe! Die Konzentrierung aller notwendigen Kräfte in der Öffentlichkeit, um hier einen allgemeinen Konsensus zu erzielen, wäre die einzige Möglichkeit, die ins Stocken geratene Reformbewegung wieder in Gang zu bringen. Um hier eine grundlegende Änderung zu erreichen, bedarf es, um mit Hildegard Hamm-Brücher[59] zu reden, der demokratischen Provokation.

Der geringe Erfolg, den alle bisherigen Anstrengungen auf dem Bildungssektor gehabt haben, läßt sich eventuell erklären, wenn man rückblickend den Zeitpunkt von 1945 ins Auge faßt, an dem Deutschland nach der totalen Niederlage vor einem totalen Neuanfang stand. Vor der harten Forderung, physisch zu überleben und materielle Sicherheit zu schaffen, fanden die Modelle einer Neuorientierung des Schulwesens, die von den alliierten Besatzungsmächten vorgelegt wurden, wenig Widerhall. Es bestand allenfalls der Wunsch nach Restauration, also Wiederaufnahme des „altbewährten Systems", der sich hier, wie auch in anderen sozialpolitischen Bereichen, durch die schnell erlangte Souveränität Deutschlands durchsetzte.

Die Vorstellung der Alliierten orientierte sich weitgehend an einer Demokratisierung der Schule, also „gleiche Chancen für alle". Darüber wird gleich noch zu sprechen sein.

Ein großer, kaum zu überwindender Widerstand lag und liegt in der föderalistischen Bundesstaatlichkeit, deren Unfähigkeit zur Koordination alle Bemühungen, etwas durchzusetzen, zum Opfer fielen. Ebenso hinderlich ist die garantierte Autonomie der Länder, auf deren Grundlage man sich berechtigt fühlt, Reformen nach eigenem Gutdünken voranzutreiben oder zu unterlassen, was – wie schon angedeutet – dazu geführt hat, daß das Bildungswesen in einigen Ländern weit fortschrittlicher gediehen ist als in anderen Ländern. Auch eine Grundgesetzänderung, nach der die Zuständigkeit des Bundes für die Ausbildungsförderung erweitert wurde (Art. 91a, b) hat hieran wenig geändert, da Zuständigkeiten, ob und in welchem Umfange vereinbarte Planungen durchzuführen sind, unklar bleiben. Es fehlte – und fehlt immer noch – an einer bundesweiten Konzeption, und es gibt keine bundesstaatliche Verantwortung.

Zusammenfassend kann also gesagt werden, daß der Erfolg der Bundesrepublik in den 50er und 60er Jahren auf wirtschaftlichem Gebiet der Vorstellung Recht zu geben schien, nach überkommenem Muster der vor-Hitlerschen Zeit und ihren Grundsätzen eines sozial-gesellschaftlichen Verhaltens auf dem richtigen Wege zu sein; eine Einstellung, die einer Gesellschaftsreform und dem Bewußtwerden demokratischer Forderungen entscheidend im Wege stand.

Zielsetzungen auf dem Wege zur Reform

Solange sich bildungspolitische Zielsetzungen noch weitgehend am Bildungsideal des 19. Jahrhunderts orientieren, sind keine Vorbedingungen erfüllt, die die Notwendigkeit der Anpassung an eine hochtechnisierte, wissenschaftliche Zivilisation uns stellt. Der Bedarf an hohen Qualifikationen, sei es bei den Facharbeitern, sei es bei den sog. Führungsberufen in der Wirtschaft oder im Dienstleistungswesen, aber auch überhaupt angesichts der sich immer mehr erhöhenden Produktivitätskraft der Gesellschaft, ist nur durch erhöhte Kenntnisse und Fähigkeiten ihrer Mitglieder zu befriedigen.

Diese Erkenntnis diente als Grundlage für die erste Regierungserklärung der sozialliberalen Koalition, in der sich die Absicht dokumentierte, in einer modernen Gesellschaftspolitik die Bildungspolitik als höchste Priorität zu setzen.

Mit der Einsicht in die Notwendigkeit einer Dynamisierung der wissenschaftlichen Entwicklung und der Durchdringung aller Lebensbereiche mit der Forderung einer Ausbildung für eine moderne Gesellschaft, die die Fähigkeiten des Individuums zu einem selbständigen und schöpferischen Leben befähigt, umriß diese Regierungserklärung eine hohe Zielsetzung. Die begrenzten Möglichkeiten zur Durchsetzung eines fortschrittlichen Modells und der Kampf mit den schon oben zitierten Widerständen lassen die Frage zu, ob man sich etwa für den begrenzten Zeitraum einer Legislaturperiode zuviel vorgenommen hatte. Andererseits ließ die klare Absage an frühere Versuche einer Teil- und Flickwerkpolitik keine andere Alternative zu.

Diese reformerische Motivation beinhaltet u.a. die Erkenntnis, daß nur neue Bildungsziele, die den einzelnen zur Verantwortung befähigen, Grundlage für andere innere Reformen sein können. Gestützt auf die Regierungserklärung machten sich also Minister, Staatssekretäre und engagierte Mitarbeiter an die Arbeit, um die Grundlagen einer neuen Konzeption auszuarbeiten.

Das Ergebnis der ersten Schritte, eine Empfehlung des Bildungsrats, zeigt nur zaghafte Ansätze mit Vorschlägen, die über ein relativ bescheidenes Versuchsprogramm, das in vorsichtigen Formulierungen darauf abzielt, allzu große Divergenzen zwischen den Auffassungen der Länder zu vermeiden, nicht hinausgehen. Der im April 1970 von der Bildungskommission veröffentlichte Strukturplan geht in der Forderung einer allgemeinen Demokratisierung der Schule einige Schritte weiter, enthält aber noch keine Vorschläge für die Einführung einer Gesamtschule in allen Ländern.

Nach der Änderung der Verfassung, die dem Bund eine Mitverantwortlichkeit bei der Formulierung einer neuen Bildungspolitik zusichert, mußten neue Strukturen zur Durchsetzung der Reformpläne gefunden werden. Die Bund-Länder-Kommission (BLK) für Bildungsplanung wurde als Gremium gegründet. Ihre Empfehlungen gehen direkt an den Bundeskanzler und die Minister der Länder. In ihrem Bildungsgesamtplan hat sich die BLK bemüht, unter Berücksichtigung der unterschiedlichen Ausgangsbasis der Länder Punkte herauszuarbeiten, bei denen eine Übereinstimmung erzielt werden könnte.

Der Bildungsgesamtplan macht deutlich, daß, langfristig gesehen, die Zielvorstellungen in die Richtung weitgehender Demokratisierung weisen. Das Schwergewicht liegt ohne Zweifel auf dem Prinzip der „Chancengleichheit". Es besteht aber immer noch die Gefahr, Kinder durch fragwürdige Testverfahren frühzeitig abzustempeln, sie zu drücken und als „minderbegabt" einzustufen.

Die noch immer herrschende Auffassung, daß zunehmende Chancengleichheit in Widerspruch zur Steigerung der Leistungsfähigkeit steht, ist dabei z.B. durch internationale Untersuchungen mathematischer Leistungen widerlegt worden.
Vergleicht man die Leistungsspitze von 4 % der amerikanischen mathematischen Elite mit der Leistungsspitze der Elite des europäisch-selektiven Bildungswesens, so ergeben sich gleiche Werte. Zwei Länder mit Gesamtschulsystem, nämlich Schweden und Japan, haben bei den vorliegenden Vergleichen den höchsten Leistungsstandard erreicht.

Die „Gesamtschule" als Schule der Demokratie?

Die „integrierte Gesamtschule" wird von fast allen Kritikern des gegenwärtigen traditionellen Schulsystems als Hoffnungsschimmer einer grundlegenden Reform im Schulbereich gesehen. Die Erwartungen, die an die Gesamtschule geknüpft werden, sind allerdings sehr unterschiedlich und reichen von mehr Selbstbestimmung und Demokratie über bessere Leistungen und höhere Quoten von Mittelschülern und Abiturienten zu mehr Chancengleichheit bzw. sozialer Integration.
Die Forderung nach höheren Mittelschul- und Abiturientenquoten tritt heute etwas in den Hintergrund angesichts der Entwicklung der letzten vier Jahre; mit dem letzten Schuljahr betrug der Anteil der Abiturienten an einem Jahrgang bereits über 20 %. Im Vergleich dazu: Noch 1964 hat der Kultusminister von Baden-Württemberg seine Zielplanung einer Abiturientenquote von 15 % bis 1980 als großen Reformplan gefeiert. Im internationalen Vergleich, besonders gegenüber den USA, Schweden und der UdSSR, liegt die BRD noch weit zurück.
Die Gesamtschule ist aber immer noch – vier Jahre nach der grundlegenden Empfehlung des Bildungsrates für Modellversuche mit Gesamtschulen – umstritten. Die CDU, die Arbeitgeber und der Philologenverband kämpfen seit Beginn der Diskussion Mitte der sechziger Jahre gegen die Einführung der Gesamtschule, während die SPD, FDP und die Gewerkschaften, vor allem die Gewerkschaft Erziehung und Wissenschaft, sich für diese Schule einsetzen. Dieser Kampf scheint aber – wenn auch nur sehr langsam – zugunsten der Gesamtschule auszugehen, denn seit kurzem findet sie auch Befürworter von Unternehmerseite und von der CDU. Nun wird allerdings genau zu untersuchen sein, welche politischen Zielsetzungen, welche Curricula, welche Organisationsformen mit der Gesamtschule durchgesetzt werden, die darüber entscheiden werden, ob die Schulreform die technokratische Leistungsschule oder die Chance zur Demokratisierung der Gesellschaft bringt. Denn dieses sind die zentralen Pole der Reformvorstellungen: Schafft die Gesamtschule eine bessere Anpassung der Schüler an die gewandelten Anforderungen in Beruf und Gesellschaft, so daß sie als qualifiziertere Arbeitskräfte und Konsumenten besser funktionieren, oder wird durch die Gesamtschule eine Demokratisierung der Gesellschaft eingeleitet, auch eventuell gegen die herrschenden Kräfte?
Das gegenwärtige „Drei-Klassen-Schulsystem" ist weder in seiner äußeren Organisationsform noch in den Vermittlungsformen des Unterrichtsstoffes noch in den

Lehrinhalten demokratisch ausgerichtet. Der äußere Aufbau in drei unabhängigen Schulformen: Grund- und Hauptschule, Realschule und Gymnasium, hat zur Folge, daß in der Praxis diesen drei Schulformen drei Berufslaufbahnen zugeordnet sind: die für praktische, handwerkliche Ausbildung, für technische und kaufmännische Fachausbildung und für theoretisch wissenschaftliche Ausbildung (Studium). Eine so gefaßte Hierarchie entspricht in keiner Weise den Gleichheitsforderungen und dem Anspruch auf freie Entfaltung der Persönlichkeit, zumal die Übergänge von einer Schulform zur anderen nur unter schweren Bedingungen möglich sind und die Wahl für die weitere Schullaufbahn groteskerweise bereits nach dem 4. Schuljahr, also im Alter von 10 Jahren, getroffen werden muß (bei der Orientierungsstufe nach dem 6. Schuljahr). Theoretisch gibt es zwar später noch die Möglichkeit zum Wechseln, aber beispielsweise der Sprung von der Hauptschule zum Gymnasium kostet aufgrund der unterschiedlichen Lerninhalte und des unterschiedlichen Niveaus so viel Zeit und Arbeit, daß besonders Kinder aus der Unterschicht, die den größten Prozentsatz der Hauptschüler bilden und deren Eltern keine persönliche und finanzielle Unterstützung (Nachhilfestunden) geben können, diesen Sprung kaum schaffen.

Das gegenwärtige Schulsystem funktioniert also als „Einbahnstraßenprinzip“: Bereits mit dem 10. Lebensjahr wird jedem Schüler seine Lebenschance zugeteilt innerhalb einer Hierarchie von praktischen (= minderwertigen), technischen und kaufmännischen (= mittleren) und wissenschaftlichen, theoretischen (= höheren) Berufsfeldern. Daß mit dem 10. Lebensjahr die Fähigkeiten und Neigungen des einzelnen nicht adäquat entwickelt sind, um eine solche Auslese zu treffen, ist inzwischen durch alle wissenschaftlichen Untersuchungen bestätigt: Da Interessen und Fähigkeiten sowie Lernmotivationen wesentlich durch die soziale Umgebung geprägt werden, sind Kinder aus Unterschichtfamilien, die weniger individuell gefördert werden als Kinder aus anderen Schichten, von dieser Auslese besonders betroffen.

Die integrierte Gesamtschule dagegen hebt mindestens in der Mittelstufe (Klasse 5–10) die traditionelle Trennung von Haupt-, Realschule und Gymnasium auf und führt alle Schüler zu einem Abschluß nach der 10. Klasse. In *einem* Gebäudekomplex, unter *einer* Leitung nehmen alle Schüler an einem Unterricht teil, der im Gegensatz zur traditionellen Schule nicht mehr nach Jahrgangsklassen gegliedert ist, sondern nach einem differenzierten System von Kernunterricht, Leistungskursen, Wahlpflichtkursen und freiwilligen Arbeitsgemeinschaften, die die individuelle Entwicklung des einzelnen Schülers in den Fordergrund rückt. Die einzelne Zuordnung der Fächer zu diesen Kursen ist in den bestehenden Gesamtschulen z.T. unterschiedlich. In etwa sieht diese Zuordnung so aus: Am Kernunterricht, der die Fächer Deutsch, Geschichte, Erdkunde, Gesellschaftskunde, Arbeitslehre, Musik, Sport umfaßt, nehmen alle Schüler eines Jahrgangs teil. Dagegen werden Mathematik und Englisch in Leistungskursen (oder Niveaukursen) unterrichtet, die der verschiedenen Lernfähigkeit der Schüler entsprechen. Zwischen den Wahlpflichtkursen Physik, Chemie und Biologie wählen die Schüler nach individueller Neigung. Da in den Leistungskursen und Wahlpflichtfächern zum Teil andere Kinder sind als in den

Kerngruppen, gewinnen die Schüler im Gegensatz zur traditionellen Schule mehr Kontakte zu anderen Mitschülern.
Diese integrierte Gesamtschule ist die international vergleichbare Gesamtschule – im Gegensatz zur „kooperativen“ Gesamtschule, die die drei Säulen des Schulsystems (Haupt-, Real- und Höhere Schule) beibehält und nur die Übergänge durchlässiger gestalten will. In der Praxis bedeutet das, daß die drei verschiedenen Schularten in drei verschiedenen Gebäuden verbleiben, nur in Ausnahmen benutzen sie dasselbe Gebäude, die Schulleitungen bleiben weiterhin getrennt, die Schüler arbeiten nur in freiwilligen Arbeitsgemeinschaften zusammen; lediglich eine ausgebaute Laufbahnberatung soll den Wechsel zwischen den Schulformen erleichtern. Diese „kooperative“ Gesamtschule zielt also nicht auf eine grundlegende Reform besonders im Sinne einer Demokratisierung, sondern gibt den Bildungspolitikern, die sich dieses Gebilde ausgedacht haben, ihr Reform-Alibi. „Kooperative“ Gesamtschulen können höchstens als Vorstufe in der Übergangszeit zur integrierten Gesamtschule sinnvoll sein.
Die Entstehung der Gesamtschule geht in der BRD und Westberlin auf den Anfang der sechziger Jahre zurück, als der Westberliner Schulsenator Evers 1963 das Modell einer Gesamtschule veröffentlichte. Dieses übernahmen die SPD in ihren Bildungspolitischen Leitsätzen vom Juli 1964 sowie die Gewerkschaft Erziehung und Wissenschaft. In Berlin führten auch die ersten Planungen von Gesamtschulen 1962 bis 1964 zu den ersten vier Schulversuchen, die 1968 und 1969 begannen. Inzwischen stieg die Zahl der Gesamtschulen ständig, da auch die CDU-regierten Länder mit Gesamtschulversuchen begannen in Anlehnung an die Empfehlung des Bildungsrats zur Errichtung von Modellgesamtschulen von 1969.
Die wichtigsten Gründe für die Notwendigkeit einer Schulreform liegen in drei Ereignissen bzw. Erkenntnissen in den sechziger Jahren; zum einen wurden die Bildungspolitiker und eine breite Öffentlichkeit aufgeschreckt, als Georg Picht 1964 die Bildungskatastrophe ausrief, nachdem er in einem internationalen Vergleich festgestellt hatte, wie wenig finanzielle Mittel die BRD für Bildung und Forschung ausgibt und wie gering die Zahl der Abiturienten eines Jahrgangs ist. Nach Pichts damaliger Prognose würde sich diese Zahl noch verringern, wenn nichts geschehe.
Neben diesem quantitativen Problem zeigte sich zweitens auch qualitativ die Rückständigkeit des Bildungssystems in den ungleichen Bildungschancen: Etwa 50 % der Gesamtbevölkerung waren Arbeiter, aber nur 5 % der Studenten Kinder von Arbeitern. Unterrepräsentiert in Gymnasium und Hochschule waren darüber hinaus: Mädchen gegenüber Jungen, Landbevölkerung gegenüber Stadtbevölkerung, Katholiken gegenüber Protestanten. Oder, wie es in dem klassisch schönen Understatement der OECD-Sachverständigen heißt: „... es steckt immer noch ein Körnchen Wahrheit in der Aussage, daß die Bildungschancen für die Tochter einer armen katholischen Bauernfamilie nicht besonders glänzend sind.“[60]
Diese krasse soziale Benachteiligung mündete in der Forderung, die „Bildungskatastrophe“ durch Ausschöpfung der Begabungsreserven zu beheben.
Drittens zeigte sich besonders nach der Wirtschaftsrezession von 1966/67, wie wichtig Schule und Ausbildung für den Produktionsprozeß sind: Eine gewandelte

Wirtschafts- und Berufsstruktur verlangt eine neue an diese angepaßte Ausbildung. Von Beginn der Gesamtschuldiskussion an zeigte sich, daß nicht nur neue pädagogische Zielsetzungen angestrebt wurden, sondern auch gesellschafts- und wirtschaftspolitische Ziele eine wesentliche Rolle spielten. Carl-Heinz Evers hat damals nicht nur diese Zielbestimmungen hervorgehoben, sondern auch den schwer lösbaren Konflikt zwischen ihnen, nämlich der Forderung nach Effizienzsteigerung der Ausbildung und Erhöhung der Zahl von qualifizierten Abschlüssen und andererseits der Forderung nach Demokratisierung als Verwirklichung des „Bürgerrechts auf Bildung".

Wie soll nach den Vorstellungen der Gesamtschulbefürworter das Ziel der Demokratisierung konkretisiert und verwirklicht werden? Inhaltlich werden mit unterschiedlich starkem Akzent vier Bereiche genannt: 1. Herstellung von Chancengleichheit; 2. Einüben von demokratischen Verhaltensweisen wie Kritikfähigkeit, Toleranz, Kooperationsfähigkeit, Selbständigkeit; 3. Mitbestimmung in der Schule; 4. Ausbau der Gesellschaftskundeunterrichts. Diese Komplexc sollen im Folgenden anhand der Vorstellungen und Planungen der Bildungspolitiker und Bildungstheoretiker untersucht werden, und zwar im Hinblick darauf, inwieweit sie überhaupt angestrebt werden, was unter Demokratie verstanden wird, wie, d.h. in welchen Lernzielen sie in der Schule vermittelt werden, inwieweit die Forderungen leerformelhaft bleiben, wie das Verhältnis von Theorie und Praxis aussieht und welchen Stellenwert die Forderung nach Demokratisierung überhaupt unter anderen Reformzielen einnimmt.

Im Hinblick auf die Chancen der Gesamtschule sei vorweggenommen, daß die Zahl der Gesamtschulen langsam, aber ständig wächst und im Schuljahr 1972/73 104 integrierte Gesamtschulen errichtet sind. Außerdem gibt es 3 private Gesamtschulen und 52 „kooperative" Gesamtschulen. Die Verteilung auf die einzelnen Bundesländer zeigt allerdings deutlich, wie die Befürworter und Gegner verteilt sind.

Integrierte Gesamtschulen nach Ländern im Schuljahr 1972/73:

Baden-Württemberg	3
Bayern	4
Berlin (West)	7
Bremen	4
Hamburg	8
Hessen	53
Niedersachsen	8
Nordrhein-Westfalen	14
Rheinland-Pfalz	–
Saarland	1
Schleswig-Holstein	2

Eine Interpretation des Anstiegs der Zahlen von integrierten Gesamtschulen von 15 im Jahre 1970 auf 104 im Jahre 1973 muß allerdings berücksichtigen, daß die Gesamtschulen in den von der CDU regierten Ländern ausdrücklich als Modellversuche laufen und als solche nur vorläufigen Charakter tragen, d.h. wieder gestoppt werden können bzw. keine weiteren eingeführt zu werden brauchen. Nur in Berlin und Hessen werden Gesamtschulen gesetzlich als Regelschulen geführt.

Demokratiebegriff und demokratische Lernziele

Die politische Erziehung in den Schulen der BRD hat sich im großen und ganzen bisher darauf beschränkt, in dem Nebenfach Sozialkunde oder Gemeinschaftskunde institutionelle Aspekte der parlamentarischen Demokratie wie Wahlen, Parteien, Parlament an Hand des Grundgesetzes darzustellen. Diese Erziehung zur Demokratie geschah ganz abstrakt. Die fehlende Diskussion über Möglichkeiten und Grenzen eines demokratischen Systems sowie über mögliche Alternativen, der nur verbale Unterricht über Demokratie ohne demokratisches Verhalten von Lehrern zu Schülern und die fehlende Voraussetzung für die Schüler, Demokratie aktiv durch Mitbestimmung zu praktizieren, verhinderten eine effektive politische Erziehung zu Demokratie.

Die Untersuchung einiger ausgewählter Reformansätze in Theorie und Praxis soll zeigen, mit welcher Wertung und in welchem Umfang ein neuer Versuch zur Demokratisierung in der Schule unternommen wurde. Dabei soll zunächst analysiert werden, welchen Begriff von Demokratie die Reformer ansetzen, wie sie ihr politisches System verstehen, um anschließend zu verfolgen, welche Ziele für politisches Verhalten daraus abgeleitet, wie diese in der Schule vermittelt werden sollen und welcher Stellenwert der Demokratisierung in der Gesamtschule eingeräumt wird.

Gesamtschulempfehlung des Deutschen Bildungsrats

Betrachtet man die Empfehlung des Deutschen Bildungsrats zur Einführung von Gesamtschulmodellen, so zeigt sich, daß das politische System, auf das hin erzogen werden soll, nicht analysiert wird. Es findet sich lediglich der Hinweis auf die „demokratische Industriegesellschaft“ und die „offene Gesellschaft“. Mit dieser Begriffsbestimmung ist alles offengelassen. Die Schulreform ist, so scheint es, kein Gegenstand politischer Zielsetzung, die aus einer bestimmten historisch-politischen Situation abgeleitet ist, sondern soll, wie es heißt, als „rollende“, das ist dauernde Anpassung an sich wandelnde technologische und berufliche Bedingungen verstanden werden. Das bedeutet, daß die Schule nicht zu einem neuen, noch nicht praktizierten Demokratieverständnis erziehen soll, sondern nur zu dem bereits vorhandenen im Sinne einer Anpassung. Wie mangelhaft das politische System reflektiert wird, zeigen auch die Ausführungen für die Sozialkunde in der Sekundarstufe I. Sozialkunde „muß sich ... auf den unmittelbaren Erfahrungsbereich der Schüler beziehen“, damit ist kein positiver didaktischer Ansatz gemeint, etwa als Gegensatz zu auswendig zu lernenden, abstrakten Faktenwissen, sondern eine Ausschließung gesamtgesellschaftlicher Überlegungen. Als Zielsetzung werden angegeben: „die Fähigkeit zur selbständigen Informationsvermittlung, zur Erarbeitung und kritischen Bewertung von Informationen“.

Politische Bildung wird hier auf Informationspeicherung reduziert; über die inhaltliche Ausfüllung dieser kritischen Bewertung wird nichts gesagt, ebensowenig über politisches Handeln. Wenn man bedenkt, daß die Mehrheit der Schüler mit dem

Sekundarabschluß I ihre allgemeine Schulausbildung beenden, so zeigt sich, wie wenig Bedeutung hier neuer politischer Zielsetzung zugemessen wird; es ließe sich für eine Gesamtschule nach diesem Vorbild vorhersagen, daß sich an der politischen Erziehung inhaltlich nichts Wesentliches ändern würde.
Erst unter den Zielen der Sekundarstufe II (Oberstufe), die weniger Schüler besuchen, lautet eine wesentliche Fragestellung, „wie wir Macht und Herrschaft bewältigen können, ohne dem scheinbaren Sachzwang oder der irrationalen politischen Entscheidung zu erliegen". Ein Demokratieverständnis wird auch hier nicht angedeutet; es werden keine Kriterien für das Erkennen von „scheinbarem Sachzwang" und „irrationaler politischer Entscheidung", geschweige denn für die Art der „Bewältigung" Anleitung zur politischen Praxis gegeben. Die zugegebene Verbindung von „historischer und sozialwissenschaftlicher Denkform" kann zwar darauf abzielen, eine Analyse des politischen Systems in Abhängigkeit von Wirtschaft und Gesellschaft zu entwickeln, aber die Grenzen werden dann doch wieder eng gezogen, wenn es heißt: Die Reflexion dessen, „was den Schülern in ihrem täglichen Leben – und insbesondere in der Schule – widerfährt", soll „von vornherein mit den Denkweisen und Methoden der modernen Verhaltenswissenschaften" betrieben werden. Diese Aussage kann wohl nur so verstanden werden, daß die Schüler zu angepaßtem Funktionieren innerhalb des bestehenden Systems erzogen werden sollen, unter Ausklammerung aller Versuche, das Kritikbedürftige im demokratischen System so zu reformieren, daß man etwa zu neuen, umfassenden Partizipationsmöglichkeiten der Bürger käme.

Hartmut von Hentig

Von Hentig, der kritischste Vertreter innerhalb der offiziellen Gesamtschuldiskussion, hat seine Vorstellungen zur Schulreform in dem grundlegenden Kapitel des Bandes „Lernziele der Gesamtschule" des Deutschen Bildungsrats entwickelt sowie als Mitglied des Unterausschusses „Experimentalprogramm" des Bildungsrats an den Empfehlungen zur Gesamtschule mitgearbeitet.
Was Demokratie bedeutet, wie sie funktioniert, wie sie in der Schule „gelernt" werden kann, diesen Fragen geht von Hentig in seiner Abhandlung über allgemeine Lernziele der Gesamtschule nach. Darin findet man allerdings innerhalb eines Katalogs von dreizehn Lernzielen erst an siebenter Stelle „Das Leben in der Demokratie, in der Politik, in der Öffentlichkeit".
Hier wird zunächst sinnvollerweise versucht, den Begriff Demokratie zu konkretisieren (was in den meisten Untersuchungen fehlt), um nach einer weiteren Erläuterung Unterrichtsziele abzuleiten und zu konkretisieren. Was von Hentig unter Demokratie versteht, nimmt sich allerdings höchst merkwürdig aus und zeigt eine gründliche Mißachtung der einschlägigen wissenschaftlichen Literatur. So wird munter definiert: „Demokratie (ist) der ständige Abbau von Herrschaft, die ständig wieder nachwächst." „Die Demokratie setzt die Politik an die Stelle von Herrschaft." „Politik ist die bewegliche Regelung der Verhältnisse von Menschen untereinander..."

(im Gegensatz zu festgefügten hierarchischen Verhältnissen). „Indem sie (die Demokratie) die Verwirklichung der Chancengleichheit zu ihrer Aufgabe gemacht hat, ist die Demokratie zugleich die der Industriegesellschaft angemessene politische Ordnung.“ „In der Industriegesellschaft hängen zunehmend alle Menschen von allen anderen und deren Tätigkeiten ab.“ „Jeder hat potentiell Macht über jeden anderen.“ „Interdependenz tritt also auch hier an die Stelle von Herrschaft.“

Diese Sätze zeigen eine totale Begriffsverwirrung. Wenn von Hentig nicht irgendeinen Idealzustand meint, sondern die faktische Demokratie beschreiben will (wovon man ausgehen kann), so ist Demokratie nicht ständiger Abbau von Herrschaft, sondern allenfalls Kontrolle von Herrschaft; Politik tritt nicht in einen Gegensatz zu Herrschaft, sondern Herrschaftsausübung ist Gegenstand der Politik.

Diese abstrakten Setzungen, das Fehlen einer politisch-historischen Analyse des politischen Systems, führen bei von Hentig zu einer Rechtfertigung des bestehenden Systems: „Die demokratisch verfaßte Gesellschaft wird darum ... mit immer neuen Mitteln vor allem eines durchsetzen: die Gleichheit der Chancen.“ Damit unterstellt von Hentig, daß prinzipiell gleich Mächtige, in einem Kampf mit gleichen Chancen für jeden, in der Gesellschaft um Einfluß und Entscheidung ringen. Von der wirtschaftlichen Macht einzelner und von Gruppen, von der wachsenden Konzentration der Produktionsmittel, also des privaten Reichtums, von der Abhängigkeit der großen Mehrheit der Bevölkerung und damit der zutiefst ungleichen Chancen ist nicht die Rede. Mit dem Begriff der Interdependenz, der den der Herrschaft ersetzen soll, wird gerade diese Form der Herrschaft verschleiert.

Seinen positiven Begriff von Demokratie sieht von Hentig getrübt, wenn er die Gefahren der Scheindemokratie beschwört; das geschieht, indem unter den gleich Mächtigen einzelne (wie Parteien, Betriebe, Verbände) angeblich objektiv die Interessen der anderen wahrnehmen und damit Herrschaft über sie ausüben, statt „daß sich jeder seiner Macht bewußt ist und sie im doppelten Sinn des Wortes wahrnimmt, sie also *nicht anderen* überläßt, die daraus ihre Herrschaft machen“.[61] Angesichts dieser Gefahren für die Demokratie stellt sich nach von Hentig für die Pädagogik die Frage, ob sie zur „normalen Politik“ oder zum „politischen Partisanentum“ erziehen solle. In seinem Buch „Systemzwang und Selbstbestimmung“ verweist von Hentig darauf, daß die Schule auf den lebenslangen „politischen Kampf“ vorbereiten müsse.

Das bedeutet, daß nach der gegebenen Definition des politischen Systems unter „politischem Kampf“ nur verstanden werden kann der Kampf aller gegen alle um ihre Chancen in der „demokratischen Industriegesellschaft“. Dahinter steht der Glaube, daß jeder die Möglichkeit besitze, politische und ökonomische Herrschaftspositionen zu erringen, wenn er nur die Fähigkeiten zum politischen Einzelkämpfer erworben habe. Dieses individualistische Konzept, das dem gesellschaftlichen Konkurrenzprinzip entspricht, schließt kollektive Erfahrungen einzelner Sozialschichten (z.B. der Arbeiter) aus sowie die Möglichkeit zu kollektivem politischem Handeln für die Durchsetzung lebenswichtiger Interessen.

Die Erziehungsziele beziehen sich nach diesem Verständnis auf individuelle Verhaltensweisen: Der Schüler soll lernen, „politisch zu leben“, d.h. seine Interessen

wahrzunehmen und durchzusetzen; dazu gehört Institutionenkunde und die Kenntnis über den Gebrauch dieser Institutionen. Der Schüler soll lernen, „mit Konflikten zu leben“, „falsche Verantwortung abzuwehren“ und „öffentliche Neugier“ zu entwickeln. „Institutionelle Mit*verantwortung* sollte nur dort gesucht werden, wo Mit*bestimmung* möglich ist“. Diese Forderung nach Mitbestimmung ist sicher ein zentraler Punkt bei der Schulreform, nur wird hier der Kern der Sache nicht getroffen, daß man für die Errichtung von Mitbestimmung kämpfen muß, weil sie noch nicht institutionalisiert ist, und daß die Art der Mitbestimmung, nämlich als eine tatsächliche Beteiligung, definiert werden muß.
Ins gänzlich Unpolitische, weil aufs Private, individualistisch Reduzierte fällt schließlich die Forderung ab, die Schüler „die grundlegenden sozialpsychologischen und gruppendynamischen Prozesse und Verhaltenstypen verstehen lernen“ zu lassen. Verhaltenspsychologische Kenntnisse tragen kaum dazu bei, politisch bewußt zu leben und Entstehung und Bedingungen von Herrschaft zu erkennen sowie Möglichkeiten zu ihrer Abschaffung zu entwickeln.
Von Hentig, obwohl kritisch und reformfreudig, hat dennoch mit seinen abstrakten Bestimmungen des politischen Systems und entsprechenden unverbindlichen politischen Lernzielen, die zudem individualistisch verengt sind, kaum einen Weg zur Demokratisierung der Schule gezeigt.

Gesamtschule – Ein Handbuch

Dieses Handbuch gehört zu den ersten grundlegenden Darstellungen innerhalb der Berliner Gesamtschuldiskussion, das vom damaligen Planungsteam der Gesamtschule Britz-Buckow-Rudow vorgelegt worden ist und für viele weitere Modelle als Grundlage gedient hat. Das hier entwickelte Problembewußtsein läßt sich auch in neueren Planungen zu Gesamtschulmodellen wiederfinden und soll deshalb hier herangezogen werden.
Eine Analyse des politischen Systems oder einen begründeten Begriff von Demokratie sucht man auch in diesem „Handbuch“ vergebens. Über das „Wesen der Politik“ werden z.T. widersprechende Definitionen geboten, die zum einen auf den machtstaatlichen Bereich eingeschränkt sind, zum anderen eine Partnerschaftsideologie vertreten. „Politik ist das Ringen um den Besitz von Macht, mittels derer ein bestimmtes Bild staatlicher Ordnung verwirklicht werden soll ...“ „In der Politik gibt es verschiedene Meinungen. Die ‚richtige‘ Meinung gibt es nicht. Darum geht es politisch immer um ‚besser oder schlechter‘, niemals um ‚gut oder schlecht‘.“ Politik wird hier auf die staatliche Ordnung eingeschränkt, eine Auffassung, die auf die alte Trennung von Staat und Gesellschaft vor Max Weber zurückfällt sowie an die Definition von Politik mit Hilfe des Begriffs der Macht durch Weber erinnert, die inzwischen wissenschaftlich unzureichend geworden ist. Die soziologische und politologische Forschung ist in den letzten fünfzig Jahren weitergeschritten mit der Diskussion über die Einheit von Staat und Gesellschaft.

Weder das Gesellschaftssystem der BRD noch wenigstens die „Industriegesellschaft", die andere Gesamtschulplaner zugrunde legen, werden bei der Reflexion über die politischen Lernziele einbezogen. Die genannten „sozialen" Ziele wie gegenseitiges Verstehen, Zusammenarbeit, Toleranz, Kooperation sind dann zwar positiv, aber auch unpolitisch auf ein Partnerschaftsdenken im politischen System bezogen. Auch die Forderung, den Schüler „auf seine Rolle als mündigen Bürger vorzubereiten", bleibt in diesem Interpretationsrahmen.
Dagegen erscheint an einer anderen Stelle des „Handbuchs" in den Thesen zur Didaktik des Faches „Gesellschaftskunde" auch das politische Handeln als Zielsetzung: „Politischer Erkenntnis *sollte* politisches Tun folgen. Es gibt viele Möglichkeiten, politisch teilzunehmen." Politische Teilnahme wird folgendermaßen charakterisiert: „Zur politischen Willensbildung und zur Verwirklichung des Gewollten bedarf es ständiger Integration vieler unterschiedlicher Interessen (des einzelnen, von Gruppen, Verbänden, Parteien, Staaten).
Eine ‚gesellschaftliche Ordnung' steht in der Spannung zwischen Freiheit und Gleichheit. Die Spannung ist umso schärfer, je stärker die Interessen bisher bevorzugter und bisher benachteiligter Gruppen aufeinanderstoßen. Der Ausgleich der Spannungen ist das ‚Gemeinwohl', das nicht vorgegeben, sondern – durch Abstimmung der Interessen – aufgegeben ist."
Das politische Lernen in der Schule wird folgerichtig abgegrenzt: „Die politische Wirklichkeit für den Schüler ist die Schule." Politische Bildung wird also einerseits durch zu große Allgemeinheit der Formulierung unverbindlich und daher bis zu einem gewissen Grad willkürlich, andererseits ist die Beschränkung auf den Schulbereich im Grunde unpolitisch, da hier der Ausbildungssektor als autonome Größe im politischen System betrachtet wird und die Schüler mit politischen Konflikten und Machtkämpfen sowie mit Herrschaftsausübung in der Gesellschaft auch theoretisch nicht konfrontiert werden, sie also nicht „lernen" können.

Gesamtschulvorstellungen des hessischen Kultusministeriums

1969 hat das Hessische Kultusministerium „Informationen zur Gesamtschule" veröffentlicht, die als „Arbeitspapiere für die Praxis" zusammengestellt wurden (Der hessische Kultusminister: Informationen zur Gesamtschule. Arbeitspapiere für die Praxis II, Wiesbaden 1969). Darin nehmen Gesamtschulplaner des Kultusministeriums und Mitarbeiter von Gesamtschulplanungen und Gesamtschulen zu verschiedenen Themenkreisen Stellung. In den „Zielsetzungen für die Gesamtschule" ist implizit enthalten, daß eine demokratische Gesellschaftsordnung durch Bildung erreicht werden soll bzw. bereits erreicht ist: Gesamtschulen sollen bewirken, „daß die Chancengleichheit für Kinder aus allen sozialen Schichten gewährleistet ist". Was unter Demokratie verstanden wird, das bestehende System, wie es gegenwärtig funktioniert, oder neue Perspektiven in Richtung „mehr Demokratie" etwa, wird nicht diskutiert. Neben der Bezeichnung „demokratisch" für den politischen Bereich werden Charakterisierungen wie „hochentwickelte Gesellschaft", „eine von der

Wissenschaft bestimmte Welt"[62], „industrielle Leistungsgesellschaft"[63] genannt, Bezeichnungen, die sich auf keine bestimmte Analyse stützen, sondern Definitionsversuche als eine unbewußte Mischung von Wirtschaft und Politik unternehmen.
Die daraus entwickelten Lernziele sind entsprechend allgemein, unverbindlich und auf eher individuelles Verhalten abgestellt wie: kritisches Bewußtsein, Verantwortungsgefühl, vernunftgeleitetes, überlegtes Handeln, Mündigkeit. „Demokratie lebt nicht aus der Kenntnis des äußeren Aufbaus eines Staatswesens, sondern aus dem kritischen Bewußtsein, dem Verantwortungsgefühl und dem vernunftgeleiteten, überlegten Handeln des mündigen Bürgers."[64] Der Schüler soll lernen, die an ihn durch die „industrielle Leistungsgesellschaft" gestellten Forderungen zu erfüllen, und zwar durch „Einhaltung tradierter Regeln und Normen der zwischenmenschlichen Kommunikation", durch Kooperation und Kommunikationsfähigkeit; allerdings wird „die Ambivalenz der kritischen (emanzipatorischen) und affirmativen Gesichtspunkte"[65] gesehen, es fehlt aber ein Konzept für die Orientierung dieser Kritik. Damit bleiben diese Aussagen zum politischen System allgemein und die Aufforderung zum Protest, die an einer anderen Stelle angedeutet wird, ziellos und damit folgenlos. Das „Entwerfen von Verhaltensmustern des kritischen und nachdenklichen, distanzierten und engagierten Schülers mit Raum für Protest und Einordnung"[66] wird verstanden „als aktive Mitarbeit im Sinne des Systems". Wie diese Mitarbeit aussieht, beschreibt der Autor H.-G. Rommel an einer anderen Stelle: „So treten Lehrer und Schüler z.B. als Diskussionsleiter, Referenten, Berichterstatter oder Protokollanten auf."[67] So richtig diese Beteiligung der Schüler an den verschiedensten Formen der Stoffbearbeitung ist, auch unter dem Aspekt des Rollentausches zwischen Schülern und Lehrern, so bezieht diese Art der Mitarbeit aber die tatsächliche Beteiligung am Unterricht durch Auswahl des Stoffes und Entscheidung über die Art des Lernens nicht mit ein und reduziert damit die Mitarbeit auf letztlich periphere Dinge. Sie verbleibt in der traditionellen Rollen- und Autoritätsverteilung.

Hildegard Hamm-Brücher

Hildegard Hamm-Brüchers Publikationen haben erfreulicherweise eine so große Verbreitung erlebt, daß ich mich hier mit Hinweisen und kurzen Zitaten begnügen kann. Bei der Zitierung der beiden in diesem Zusammenhang in erster Linie in Frage kommenden Werke bezeichne ich der Einfachheit halber in diesem Teil ihre Arbeit von 1972 („Unfähig zur Reform?") mit I und ihre Arbeit von 1973 („Reform der Reform") mit II.
Hamm-Brücher sieht die Bildungsreform als Kernstück einer Gesellschaftsreform in der BRD, die zwar parlamentarisch, demokratisch organisiert ist, die aber u.a. im Bildungsbereich die Tradition der Hierarchie und des Obrigkeitsstaates nicht abgeschüttelt hat. Ziel der Reform ist die Demokratisierung der Gesellschaft, die im Bildungsbereich bisher vergeblich zu suchen ist. Dabei verbinden sich hier zwei Aspekte der Demokratisierung, zum einen Verwirklichung der Demokratie im Bildungssystem selbst, zum anderen Demokratisierung der Gesamtgesellschaft durch Lernen und

Einüben demokratischer Lebensweisen in der Schule. Daß das gegenwärtige Schulsystem diesen Zielen nicht im mindesten entspricht, ist bekannt. Das dreigliedrige Schulsystem mit seiner frühen Auslese zu bestimmten Laufbahnen durch Berechtigungen legt den Schüler immer noch in einer ihm nicht bewußten und unbeeinflußbaren Weise für sein gesamtes weiteres Leben fest. Gehorsam und Stillsitzen, vorgefertigten Unterrichtsstoff wiederholen, Auswendiglernen, Anpassung an überholte Lernziele bestimmen immer noch die Unterrichtssituation. Passivität, Desinteresse am Unterricht und weniger Selbständigkeit und eigene Urteilsfähigkeit sind die Folgen bei den Schülern. Daß diese Schulsituation keine günstigen Voraussetzungen zur Demokratisierung bietet, ist einleuchtend, weniger leuchtet allerdings ein, warum sie in über 20 Jahren nicht reformiert wurde.

Hamm-Brücher kämpft deshalb seit einigen Jahren vehement für eine Demokratisierung im Bildungsbereich und damit auch der Gesamtgesellschaft. „Bildungsreform ist mehr als nur die Veränderung von Strukturen und Organisationsformen, Bildungsinhalten und Lernzielen; Bildungsreform ist ein Stück Gesellschaftsreform, und Gesellschaftsreform heißt Fortentwicklung der freiheitlich-demokratischen Ordnung zu verantworteter Mündigkeit des einzelnen, gesellschaftlicher Gruppen und der Gemeinschaft aller Bürger und Gruppen und ihr allmähliches Hineinwachsen in ein künftig vereintes Europa.

Unfähigkeit zur Bildungsreform ist also gleichbedeutend mit Unfähigkeit zur Gesellschaftsreform und damit zur Fortentwicklung der freiheitlich-demokratischen Ordnung: Wer frei sein und frei bleiben will, muß seine Freiheit verantworten, sonst geht sie verloren. Das aber will gelernt sein, ebenso wie das friedliche Zusammenleben in einer sozial gerechten Ordnung.

Wer die geschichtliche Erfahrung beherzigt, daß Revolutionen aus unterdrückten oder versäumten Reformen entstehen, der weiß: Reformunfähigkeit bedeutet nicht zuletzt Freiheitsverlust, weil, wie wir angstvoll feststellen müssen, die rechten und linken Feinde der Freiheit davon profitieren." (I, 38)

Hier streicht Hamm-Brücher ihre Herkunft als liberale Politikerin hervor: Freiheit als wichtigstes Prinzip der demokratischen Gesellschaftsordnung. Die Problematik liegt aber darin, Freiheit und Gleichheit in Übereinstimmung zu bringen.

Eine wichtige Voraussetzung ist in diesem Zitat ausgesprochen: In einer Demokratie zu leben, muß gelernt werden. „Demokratie kann man – wie jede andere Staatsform – installieren. Verfassungen kann man beschließen. Demokratisch leben aber muß man lernen. Lernen von frühauf und lebenslang. Demokratisch zu leben, ist die Existenzfrage der Demokratie. Deshalb ist Bildungspolitik für die Existenz einer Demokratie auf jeden Fall und in jedem Fall wichtiger als Verteidigungspolitik." (I, 72)

Dazu haben die Schulen, die selbst undemokratisch verfaßt sind, nichts beigetragen, ja, nichts beitragen können. Wie schwer dieses Einüben in die Demokratie in der bundesrepublikanischen Gesellschaft ist, zeigen die geringen Fortschritte, die in den letzten zwanzig Jahren auf diesem Gebiet gemacht wurden.

Demokratie in der Bildungsreform verwirklichen bedeutet in der Aufbauphase, alle Betroffenen zu beteiligen, nicht nur durch Information, sondern auch bei Planungen und Entscheidungen. Dazu gehört, Arbeitsbereiche zu delegieren und demokratisch zu kontrollieren sowie die Betroffenen selbstverantwortlich arbeiten zu lassen. Zur Einleitung der Reform gehört deshalb: „die sachgerechte Mitverantwortung und Mitbestimmung aller Beteiligten und Betroffenen, ihre Befähigung zur Reform und die Verbesserung der Bedingungen, unter denen sie Reformen erproben und durchführen sollen ...

Gerade hier macht es sich besonders nachteilig bemerkbar, auf wie wenig demokratische Erfahrung ‚im Delegieren und Kontrollieren' wir zurückgreifen können und wie sehr uns ein vernünftiges Mittelmaß bei der Verwirklichung der unabdingbaren Experimentier-Freiheit fehlt. Nicht um die Revolution zu proben, sondern um demokratische Verantwortung zu üben. Es ist eine Binsenwahrheit, daß Reformen nicht gegen den Willen der Beteiligten und Betroffenen durchgesetzt werden und daß sie ohne ihre Unterstützung nicht gedeihen können." (I, 54)

Der Planungsprozeß selbst ist bereits ein Lehrstück zur Demokratisierung, indem die verantwortliche Beteiligung und Entscheidung von Schülern und Lehrern, Studenten und Hochschullehrern bereits geprobt werden soll. Die staatlichen Instanzen, Ministerien und Verwaltungen, müssen die Betroffenen soweit wie möglich in die Reformarbeit einbeziehen. Eine wichtige Einsicht ist, daß eine umfassende, grundlegende Reform nicht von oben nach unten auf dem Verordnungswege erlassen werden kann, sondern die Zustimmung, die Überzeugung der Betroffenen voraussetzt; diese müssen von „unten nach oben" den Planungsprozeß vorantreiben. Das wiederum setzt Information, ja eine bevölkerungsweite Aufklärung voraus.

Die Information und Aufklärung und damit Förderung der Urteilsfähigkeit und des Engagements für die Ziele der Bildungsreform sind in der BRD sträflich vernachlässigt worden.

In zwei Absätzen faßt Hamm-Brücher kurz die wichtigsten Aspekte einer Demokratisierung zusammen: „Progressive Liberale müssen mit der jungen Generation und in Auseinandersetzung mit ihr nach einem neuen gesellschaftlichen Demokratieverständnis suchen. Unsere demokratischen Verfassungen gewähren zwar den Bürgern Einflußnahme auf die Gestaltung von Staat und Regierung, aber – um es einmal herausfordernd zu sagen – Demokratie und Mitbestimmung gibt es im wesentlichen nur bei politischen Wahlen. Mündigkeit endet noch immer am Fabriktor, an der Kirchentür, am Eingang der Universität und vor der Schule. Wir aber sind der Ansicht, daß der Demokratisierungsprozeß eben hier nicht haltmachen darf, sondern daß wir erproben und erfahren müssen, wie Mitsprache und Mitentscheidung in allen Bereichen gesellschaftlichen Zusammenlebens ermöglicht werden kann. Auch in der eigenen Partei.

Demokratisierung – und jeder, der in der Exekutive arbeitet, weiß das – läßt sich nicht auf dem Verwaltungsweg einführen und auch nicht durch Festlegung von Beteiligungsquoten garantieren. Wir brauchen *vielmehr eine schöpferische Weiterentwicklung der Möglichkeiten gesellschaftlicher* Entscheidungsprozesse überhaupt, und wir brauchen, wie Habermas es einmal ausgedrückt hat, ‚Initiativ-Freiräume', in denen sich Demokratisierung ereignen kann." (I, 69) Hamm-Brücher warnt anschließend vor zwei Extremen, einmal vor der „Auflösung jeder Initiative in die per-

manente Diskussion" (ebda.), zum anderen vor einer Verhärtung von Positionen, die in Gewalt münden.
Dennoch gibt es, wie sie sagt, Anlaß genug zu kritischem Protest, wie z.B. auch gegen Erscheinungsformen des Spätkapitalismus, der z.T. „inhumane Züge" trägt. „Aufgabe liberaler Progessivität ist es aber nicht, den Kapitalismus abzuschaffen, sondern seine Früchte nutzbar zu machen für die Überwindung der öffentlichen Armut und die Bewältigung der großen Gemeinschaftsaufgaben: Bildung, Gesundheit, Umwelt." (I, 70).
Wie diese schöpferischen Kräfte freigesetzt werden sollen, wird allerdings nicht gesagt. Hamm-Brüchers bisheriger Weg als Einzelkämpfer, als Rufer in der Wüste von der Notwendigkeit der Reformen zu überzeugen, ist höchster Anerkennung wert, aber führt er zum Ziel, *kann* er zum Ziel führen?
Ein Individuum mit guten Absichten und Überzeugungskraft allein bewirkt im heutigen System wenig. Hamm-Brücher ist eigentlich selbst das beste Beispiel.
Nun, in ihrem neuesten Buch (II, 108) schlägt sie vor, die Bildungsreform „gegenüber schwankenden und taktierenden Parteien, gegenüber unter Ausschluß der Öffentlichkeit operierenden Verwaltungen und Planungsgremien und gegen die Alltagsmisere im Bildungswesen" voranzutreiben. Ihre „dritte Waffe" sollen die Bürgerinitiativen sein. Kein Wort gegen Bürgerinitiativen! Jede demokratische Regung verdient in der BRD Unterstützung, nur halte ich es für eine schöne Illusion zu glauben, daß Bürgerinitiativen gelingen könne, was der sozialdemokratischen und liberalen Partei und den Gewerkschaften bisher nicht gelungen ist. Wem an der Bildungsreform gelegen ist, *muß* eben die großen Kollektivorganisationen in Bewegung setzen. Verzagt man vor *dieser* Aufgabe, will man den Parteien und Gewerkschaften diese gewaltige Aufgabe nicht „aufbürden", oder glaubt man im Ernst, sie seien dazu nicht fähig, sollte man niemanden zu überzeugen versuchen, daß Bürgerinitiativen, die dafür weder organisatorisch noch politisch geeignet sind, die zentrale Aufgabe der gesellschaftlichen Reform in der BRD besser oder schneller lösen können als die großen Kollektivorganisationen des Bundes!

Zusammenfassende Beurteilung

Die Untersuchungen des Demokratieverständnisses in ausgewählten Schriften von „progressiven" Gesamtschulbefürwortern, von Schriften des Deutschen Bildungsrats und Bildungspolitikern zeigen, daß das politische System der BRD und der Demokratiebegriff in der Regel nicht analysiert werden und damit eine entsprechende Kritik an der politischen Realität fehlt. Die inzwischen umfangreichen politikwissenschaftlichen Forschungen zum Demokratieproblem (z.B. Probleme des Parlamentarismus: echte Repräsentanz des Volkes? Frage der minimalen Partizipation der Bevölkerung, Problem der Unabhängigkeit der Abgeordneten sowie deren Entscheidungsfreiheit; Problem der Abhängigkeit der Politik von Wirtschaftsmacht) werden nicht berücksichtigt. Grundlage der politischen Ziele der Gesamtschule bleibt das augenblickliche, dem Grundgesetz entsprechende demokratische System; den

Bildungsexperten nach zu urteilen, erscheint diese Ausgangslage als ein gewaltiger Fortschritt.
Ohne Analyse des politischen Systems aber lassen sich nur jene abstrakten und unverbindlichen Ziele aufstellen wie „Kooperationsbereitschaft", „gegenseitiges Verstehen", „rationale Konfliktlösung", „Vorurteilsfreiheit", die sicher positive Eigenschaften bezeichnen, die aber nichts über Reformziele in Richtung „mehr Demokratie" aussagen, sondern ebensogut technokratisch zur Perfektionierung der Wirtschaftsgesellschaft verwendet werden können. Sie gehen an den tatsächlichen Machtverhältnissen vorbei und setzen voraus, daß jede Gruppe in der BRD gleich stark und gleichberechtigt ihre Interessen nicht nur artikulieren, sondern auch durchsetzen kann.
Nicht zufällig werden in den meisten Schriften wenige Aussagen zum politischen System gemacht, aber um so mehr zum Gesellschaftssystem allgemein, z.B. Charakterisierungen wie „industrielle Leistungsgesellschaft", „technisch-wissenschaftliche Welt", „Industriegesellschaft". Die Hauptrichtung einer Reform scheint also eher auf die Bewältigung der Probleme einer hochindustriellen Gesellschaft zu zielen als auf die Lösung der Probleme wie Selbstbestimmung und Partizipation im politischen Bereich.

Chancengleichheit

Das entscheidende Honneurswort in der bundesdeutschen Schuldiskussion ist die Chancengleichheit, die durch die neue Schule erreicht werden soll. Was ist das?
Auf diese Frage geben die OECD-Sachverständigen eine vorbildlich klare Antwort. Ich sehe daher keinen Anlaß, hier von ihrer Darstellung abzuweichen.
Um ihr Problem, das also auch das Zentralproblem der deutschen Schuldiskussion ist, vollends klarzumachen, verwenden die Sachverständigen in ihrer Erörterung das deutsche Wort „Laufbahn". Danach ist also das Schulsystem eine Rennstrecke, und die Kinder sind die Rennläufer, die mit ihren Gangarten auf die Rennstrecke gebracht werden. Es gibt nun offensichtlich mindestens drei Modelle für solche „Rennstrecke" (Laufbahn). „Jedes von ihnen stimmt mit etwas verschiedenen, aber durchaus authentischen Interpretationen des Prinzips der Chancengleichheit überein, und jedes ist auf eine andere Gesellschaftsordnung zugeschnitten."
„Das erste Modell paßt sich den Anforderungen einer Gesellschaft an, in der wenig soziale oder wirtschaftliche Veränderungen erwartet werden und in der die Nachfrage nach den Fähigkeiten, die in der Schule vermittelt werden, verhältnismäßig gering ist. In diesem Modell erhalten die meisten Kinder nicht einmal Gelegenheit, sich dem Wettbewerb im Laufbahnsystem zu stellen, weil die Hauptschulen nur Abschlußkurse durchführen."
Auch unter den Kindern der privilegierten Klassen gelingt es keineswegs allen, unter den Kindern der anderen Klassen nur den begabtesten, ihre „Starterlaubnis für die Laufbahn" zu erreichen. „Ein wesentlicher Zug dieses Modells ist es, daß die höhere Schullaufbahn als ein ‚fairer' Wettbewerb *zwischen einer begrenzten Gruppe* angesehen wird."

Alle Kinder in der Oberschule sind einem einzigen Curriculum für ihr Lernen unterworfen, alle müssen das gleiche Abschlußexamen erleiden. „Da jedoch die Kapazität der Hürden beschränkt ist, kommen nur die gelenkigsten hinüber; die anderen bleiben auf der Strecke. Die Quintessenz dieses Systems ist es, daß es dazu bestimmt ist, *eine verhältnismäßig kleine Anzahl von jungen Leuten auszuwählen und auszubilden, damit sie eine begrenzte Anzahl hoher Positionen innerhalb der Gesellschaft einnehmen können.* In diesem Sinne wird dieses Modell am besten charakterisiert als ein Schulsystem, das sich dem Prinzip verschrieben hat, *einigen Kindern ‚gleiche Chancen zu scheitern'* zu geben, und dessen Hauptaufgabe darin besteht, die akademisch begabten Kinder herauszufinden und zu fördern."

Das zweite Modell ist das auch in der BRD am besten bekannte und anerkannte. Es entspricht eindeutig den Forderungen der entwickelten Industriegesellschaft. Es ist „demokratisch" insoweit, als es sich der Mobilisierung der „Begabungsreserven" und der Umstrukturierung innerhalb der Arbeitnehmerschaft stellt. In diesem System gilt es nicht, die Wege zum persönlichen und schulischen Fortschritt zu erschweren, im Gegenteil: Alle Arten von „Begabungen", die zur Erreichung von bestimmten Zielen, in der Regel nach Begriffen und Wertungen des wirtschaftlichen Wachstums definiert, sind stark gefragt. Dabei spielen die Schulen eine Schlüsselrolle, um diese „Begabungen" in der notwendigen Anzahl und Vielfalt auszubilden. „Es gibt immer noch das Laufbahnsystem, dessen Ziel es jedoch jetzt ist ..., jedem Kind eine ‚Starterlaubnis' zu geben ... in diesem Modell gibt es nicht nur eine einzige Rennstrecke und eine einzige Reihe von Hürden, die übersprungen werden müssen, sondern es gibt die Möglichkeit, aus einer Reihe von verschiedenen Fächerzusammenstellungen die Laufbahn auszuwählen, in der man sich dem Wettbewerb stellen will." Aber immer noch gilt: „... es gibt eine hierarchisch geordnete Reihe von Schulzielen, an denen sich die jungen Leute messen können ...: Ein Abitur im geisteswissenschaftlichen Zweig steht an der Spitze der Prestigeleiter; darauf folgt ein naturwissenschaftliches Abitur, dann ein Wirtschafts- und Handelsabschluß und schließlich eine abgeschlossene Lehre. *Dies ist ein System, das formal die Chancengleichheit sicherstellt, um dann einen ungleichen Bildungsstatus zu erreichen.* (Unterstreichungen F.C.)

Das dritte Modell der Sachverständigen „stellt einen entscheidenden Bruch mit allen vorher aufgezeigten Systemen dar. Es ist für eine Gesellschaft gedacht, die einen so hohen Stand des materiellen Wohlstandes und der psychischen Reife erlangt hat, daß sie ihre Ziele nicht länger nach den ziemlich einfachen Gesichtspunkten des materiellen Zuwachses definieren kann. Die Aufgabe der Schule ist es nicht mehr nur, oder nicht hauptsächlich, die Kinder auf die Welt des weiteren Studiums oder der Arbeit vorzubereiten. Obwohl noch Facharbeiter auf allen Ebenen benötigt werden, werden sie nicht als relativ passiv Ausführende der von vorgesetzten Stellen gegebenen Befehle benötigt, sondern als aktiv Mitarbeitende bei der Gestaltung ihrer Arbeit, ihrer Firmen und ihrer Gesellschaft. Demnach ist das angemessene Bildungsmodell eines, das der aktiven Mitbestimmung der Schüler in Schulangelegenheiten Bedeutung beimißt (das gilt sowohl für den pädagogischen als auch für den organisatorischen Bereich); das die Bedeutung des Wettbewerbs abschwächt und die Zusammenarbeit fördert. Dieses Modell macht die Hürden nicht nur niedriger oder schafft sie praktisch ab, auch die Wettbewerbseigenschaften der Laufbahn werden eliminiert. Die Laufbahn wird jetzt ein geschütztes Gebiet, in dem die Rennläufer ihre Gangarten, ihren Stil und ihre Fähigkeiten testen können. Formal ausgedrückt, versucht dieses System jetzt, Chancengleichheit anzubieten, um die individuellen Begabungen zu entwickeln, von denen viele sich natürlich an den Anforderungen der Gesellschaft ausrichten werden, damit die Arbeit getan wird, aber nicht wenige werden hauptsächlich bewirken, die Gesellschaft farbiger, humaner und einfach interessanter zu gestalten".

An diesen drei Modellen kann man ohne Schwierigkeit das pädagogische und schulreformatorische Denken und Handeln in der ganzen Welt messen und beurteilen. Zu jedem Modell paßt eine mögliche Auslegung des Prinzips der Chancengleichheit. Jeder der jetzt in der BRD erörterten Reformpläne arbeitet und denkt nach einem der drei Modelle.

„An einem Ende", sagen die Sachverständigen, „sitzen diejenigen, die ein Minimum an Reformen wollen; während sie zwar die Ungerechtigkeiten des gegenwärtigen Systems erkennen, möchten sie es doch so wenig wie möglich in seinen grundlegenden Zügen stören. Sie geben sich meist mit einer Minimalversion des zweiten Modells zufrieden (es gibt tatsächlich sehr wenige in der BRD, die sich – zumindest öffentlich – zum ersten Modell bekennen): Sie befürworten eine Vielfalt hierarchisch geordneter Hürden in ihrem idealen Bildungssystem und fordern gewöhnlich die frühe Anwendung von Führungs- und Testmethoden, damit die Kinder so bald wie möglich darauf ausgerichtet werden, das Überspringen derjenigen Hürden zu üben, die für sie als ‚geeignet' angesehen werden."

Dem zweiten Modell werden die „am meisten an der Praxis orientierten Reformdenker und Politiker" zugeordnet: Man will also ein Schulsystem, „das eine Vielfalt von gleichen Hürden anbietet sowie eine Vielfalt von Möglichkeiten zu ihrer Überwindung".

Und nun zum dritten Modell; hier zitiere ich wieder wörtlich.

„Während man das dritte Modell in den Schriften einiger Bildungsreformer finden kann, taucht es in der praktischen Politik der BRD für die 70er Jahre einfach nicht auf. Bis jetzt gibt es nur sehr wenige innerhalb und außerhalb der Bundesrepublik, die ein solches System akzeptieren können, wie es die Schweden jetzt in die Praxis umsetzen; in diesem System geht ein Kind vom Kindergarten bis auf die Universität ohne Aufnahme- oder Abschlußprüfungen beim Beginn der Grundschul-, Gymnasial- oder Universitätsbildung. Oder wer kann sich ein System vorstellen, in dem die Kinder Partner der Lehrer bei dem Unternehmen Bildung sind und nicht nur zur routinemäßigen Verwaltung der Schule, sondern auch zur Unterrichtung jüngerer Schüler beitragen? Forschungsergebnisse und Erfahrungen, die die größere Leistungsfähigkeit eines Bildungssystems, das nach diesen Richtlinien aufgebaut ist, beweisen, werden nicht ausgesucht, wenn sie nicht mit den vorgefaßten Ideen der Gesellschaft übereinstimmen."

Im ganzen, „dem Geiste und der Struktur nach", bleibt das deutsche Schulsystem hinter „mehreren anderen europäischen Ländern" zurück. In einem Zeitalter, in dem sich die Massenbildung auf allen Niveaus rasch entwickelt, „hat sich die BRD mit einem System beholfen, mit dem sie es bis jetzt erfolgreich geschafft hat, 90 % aller Kinder von einem Universitätsstudium auszuschließen; einem System, das große Schwierigkeiten bei der Modifizierung von Curricula zur Anpassung an moderne Bedingungen in sich birgt; einem System, in dem sich Lehrer bei ihrem Verhalten in der Klasse an autoritäre Modelle zu halten scheinen; einem System, das bürokratisch verwaltet wird und dem wesentliche minimale Elemente einer Mitbestimmung der Öffentlichkeit, der Eltern, Lehrer und Studenten (Schüler) bei den Entscheidungen fehlen".

„Chancengleichheit"? Auch aus vielen deutschen Untersuchungen ist allgemein bekannt, daß die Chancen*un*gleichheit ... „immer noch ein bestehender Zug der soziologischen und bildungspolitischen Landschaft ist".

Dazu häuft der Bericht der Sachverständigen eine Fülle von Belegen, von dem „Drei-Klassen-Schulsystem", dem schon erwähnten Prestigedenken über die Schulabschlüsse und ja auch über den „Wert" der verschiedenen Abiturs, dem Kostenaufwand, der steigt, je höher die Sozialschicht ist, aus der die fraglichen Schüler sich rekrutieren, über den minimalen Anteil von Arbeitersöhnen an der Zahl der Gymnasiasten (10 % in der höchsten Klasse und nur noch 6 % in der Abiturklasse) – auch diese Zahlen stammen aus dem „Bericht der Bundesregierung zur Bildungspolitik", den Bundeskanzler Brandt am 8. Juli 1970, also vor 5 Jahren, dem Präsidenten des Deutschen Bundestages zuleitete und in dem sich unter vielen anderen folgende schöne Sätze finden:

„In der Grundschule werden die Leistungen der Kinder immer noch nach den Maßstäben einer letzten Endes doch schichtenspezifischen Bildungstradition beurteilt, die dann für die Auslese nach dem vierten Schuljahr entscheidend sind. Diejenigen Kinder, die in ihrer Familie und Umwelt nicht auf die Inhalte, Ausdrucksformen und Maßstäbe dieser Tradition hin gefördert werden, können diesen Maßstäben nicht genügen. So trägt die zwar formal egalitäre Grundschule noch dazu bei, daß sich die sozialen Schichten von neuem reproduzieren."[68]

Unmittelbar davor hatte der gleiche Bericht festgestellt, daß „Bildungsreformen von der Grundschule ausgehen müssen". Die fünf OECD-Sachverständigen haben zu dem zuerst hier angeführten Zitat bemerkt:

„Die vergleichende Studie der Leistungen im Fach Mathematik zeigt, daß die BRD von allen 12 in die Untersuchung einbezogenen Ländern den höchsten Grad an sozialen Vorurteilen bei der Einschulung in weiterführende Schulen und bei der Beurteilung der Merkfähigkeit aufweist. ‚Es gibt ... nur sehr wenige Schüler aus der Arbeiterklasse, die die Anschlußklasse des Gymnasiums in Deutschland hinter sich bringen; denn in Deutschland ist der Grad (der sozialen Vorurteile) zweimal so hoch wie in anderen Ländern.' So zu lesen in International Study of Achievement in Mathematics: A Comparison of Twelve Countries. Stockholm 1967, II. S. 114. Der Herausgeber dieser berühmten Studie ist Prof. Thorsten Husén, einer der fünf Sachverständigen der OECD-Prüferkommission ..."

Die Sachverständigen versäumen es, wie schon zitiert, natürlich auch nicht, als Gründe für die Chancenungleichheit Geschlecht des Kindes, den Wohnsitz und die

Religion anzuführen: „... es steckt immer noch ein Körnchen Wahrheit in der Aussage, daß die Bildungschancen für die Tochter einer armen katholischen Bauernfamilie nicht besonders glänzend sind."

Es scheint mir unnötig zu sein, dem bisher aus dem OECD-Prüferbericht zitierten noch weiteres Material aus dem gleichen Bericht hinzuzufügen. Die Schlußfolgerungen liegen auf der Hand. Nur möchte ich, insbesondere nach den schwedischen Erfahrungen, nicht versäumen zu betonen, daß „Chancengleichheit" auch eine Geldfrage ist, eine Frage des Aushaltenkönnens und (erst) damit des Aushaltenwollens. Eine Änderung des Schulsystems hilft verzweifelt wenig, wenn der Familie nicht die finanziellen Voraussetzungen für den fortgesetzten Schulbesuch des Kindes über das absolut erforderliche Minimum hinaus gegeben werden.

Demokratisierung der Lehrpläne

In zwei Bereichen könnte ein revidiertes Curriculum (d.h. der Bildungskanon, die Organisation seiner Inhalte und die Methoden ihrer Vermittlung) Demokratie verwirklichen: einmal die Ausarbeitung von *emanzipatorischen Qualifikationen und Inhalten, die demokratische Ziele verfolgen,* zum anderen die Demokratisierung von Schule und Schulverwaltung durch die *Demokratisierung der Lehrplanentscheidungen.* Lehrpläne wurden bisher von oben durch die Bildungsbürokratie verordnet, ohne Rückkoppelung an die Basis. „Das klassische Verwaltungsmodell, das aus einem System von hierarchisch einander übergeordneten Ämtern besteht, entspricht dem der obrigkeitlichen Polizei-, Wehr- und Finanzverwaltung und kann als Relikt eines Feudalsystems gelten, in dem das Leben der Abhängigen total in den Herrschaftszusammenhang eingebettet war."[69] Von der Bildungsbürokratie werden bisher nichtöffentlich Lehrpläne ausgearbeitet und erlassen, nach denen dann verbindlich alle Lehrer unterrichten müssen. Dieses obrigkeitsstaatliche, von der Schulpraxis entfremdete Verfahren müßte zugunsten von Organisationsformen abgesetzt werden, die auf die Schule und die konkrete Situation bezogen sind. Entscheidungen und Verantwortung dieser Entscheidungen müßten auf die untere Ebene, auf Lehrer und Lehrergremien verlagert werden; die Kontrolle über Unterrichtsgestaltung (Ziele und Verwirklichung) sollte nicht der Spitze der Verwaltung überlassen bleiben, sondern durch die Lehrer selbst (und mit Beteiligung der Schüler) geschehen, die entsprechende Kenntnisse in ihrer Ausbildung erwerben müßten.

Demokratische Lernziele

Theoretische Voraussetzungen

Die bisherigen Unterrichtspläne bestehen hauptsächlich aus Themenkatalogen, die nach undurchschaubaren Kriterien und deshalb unkontrollierbar zusammengestellt wurden. Diese bisherigen mehr oder weniger zufälligen Themenkataloge sollen durch abgeleitete und damit überprüfbare Lernziele ersetzt werden.

Das Problem, daß Curricula für den politischen Unterricht nicht wertfrei sein können, wurde in den bisherigen Unterrichtsplänen nicht gesehen oder verdrängt zugunsten eines vermeintlichen Konsensus über die Erziehung zur Anpassung an die bestehende Gesellschaft. Inzwischen haben fortschrittliche Curriculumforscher dieses Problem aufgegriffen und Modelle entwickelt, in denen Wertentscheidungen aufgenommen und kontrollierbar gemacht werden. Drei Bundesländer – Hessen, Nordrhein-Westfalen und Niedersachsen – haben in diesem Sinne neue Richtlinien für den politischen Unterricht entwickelt, wobei Hessen zuerst den Vorstoß wagte. Hier sollen die neuen Curricula aus Hessen und Nordrhein-Westfalen betrachtet werden, um an ihnen zu zeigen, daß nun endlich mit dem Demokratiegebot des Grundgesetzes Ernst gemacht wird und damit Entscheidungen für bestimmte politische Inhalte und ein bestimmtes politisches Verhalten gefällt sind. Von diesem Aspekt, gesellschaftskritisches, auf den Ausbau der Demokratie gerichtetes politisches Erkennen und Handeln zu vermitteln, lassen sich beide Richtlinien gemeinsam leiten; in dieser Hinsicht sollen sie auch hier gemeinsam betrachtet und untersucht werden, ohne auf die Unterschiede (in Didaktik, Umfang, politischer Schärfe) näher einzugehen.

Die Autoren der Richtlinien für den politischen Unterricht in NRW, die dieses Schuljahr verbindlich für alle 9. und 10. Klassen eingeführt worden sind, haben im Gegensatz zu einem positivistischen Verständnis der Curriculumarbeit die Prämisse formuliert: „Erziehung und Schule sind ‚Anwalt' des Heranwachsenden in seinem Interesse an Vermehrung personaler Selbständigkeit und an Reduzierung von Fremdbestimmung." [70]

Das bedeutet negativ eine klare „Absage an eine Anpassungs- oder Bindungsdidaktik" in dem Sinne, daß „Erziehung und Schule ... als Erfüllungsgehilfen im Dienst einer falsch verstandenen Stabilität der Gesellschaft" mitwirken (ebda.). In den Richtlinien wird Emanzipation der Schüler als oberstes Lernziel für den politischen Unterricht aufgestellt: „Emanzipation als Ziel von politischem Lernen heißt, die jungen Menschen in die Lage zu versetzen, die vorgegebenen gesellschaftlichen Normen entweder frei und selbstverantwortlich anzuerkennen oder abzulehnen und sich gegebenenfalls für andere zu entscheiden." [71]

Die hessischen Richtlinien für Gesellschaftslehre der Sekundarstufe I, die noch nicht verbindlich sind, sondern an einigen Schulen erprobt werden, vermeiden zwar den Begriff „Emanzipation", um die Vieldeutigkeiten, die diesen Begriff belasten, zu vermeiden, sie gehen aber dem Sinne nach vom gleichen Ansatz aus, daß politischer Unterricht wie Wissenschaft überhaupt nicht wertneutral sein kann, sondern Prämissen voraussetzt; diese müssen offenbar gemacht und zu ihrer Überprüfung klar definiert sein. Die hessischen Autoren formulieren als oberstes politisches Lernziel: die Befähigung zur Selbst- und Mitbestimmung.

Lernziele der Demokratie

Der konkrete politische Bezugsrahmen beider Richtlinien ist selbstverständlich das Grundgesetz; weniger selbstverständlich ist die Tatsache, daß das vielfältig interpretierbare Grundgesetz jetzt im Bereich des schulischen Lernens in seiner gesellschaftskritischen Funktion und in seinen Reformchancen gesehen wird. Demokratie heißt nicht nur, bestimmte politische Institutionen der Volksvertretung zu akzeptieren und diese in Abständen zu wählen, sondern tatsächliche Beteiligung an politischen Entscheidungen; diese ist in zentralen Bereichen unserer Gesellschaft nicht gegeben. Die Beteiligung zu praktizieren und auszubauen, setzt Kenntnisse, Urteils- und Kritikfähigkeit sowie demokratisches Verhalten (Diskussion, Argumentation, Konfliktlösung durch geregeltes Verfahren) voraus. Die hessischen Richtlinien formulieren in diesem Sinne: „Oberstes Lernziel für eine demokratische Gesellschaft ist demnach die Befähigung zur Selbst- und Mitbestimmung. Diese optimale Teilhabe des einzelnen an gesellschaftlichen Entscheidungsprozessen ist an die Aufhebung ungleicher Lebenschancen geknüpft."[72]

Daß das politische System, wie es sich seit 1945 in der BRD entwickelt hat, nicht das Grundgesetz in vielen Bereichen erfüllt hat, sondern entwicklungsbedürftig, reformbedürftig ist, und zwar besonders in Richtung auf mehr Beteiligung des einzelnen und auf mehr Machtkontrolle, dieses in der Schule zum Gegenstand von Unterricht zu machen, ist der große Fortschritt der neuen politischen Richtlinien. „Die Setzung (Befähigung zur Selbst- und Mitbestimmung) ist nicht willkürlich, sie orientiert sich am Grundgesetz, seinen Prinzipien und seinen Postulaten – wie etwa der Menschenwürde, der Chancengleichheit, der Sozialstaatlichkeit – und läßt sich als Loyalität gegenüber dem Grundgesetz bezeichnen. Diese Loyalität wird zur kritischen Loyalität, indem sie Verfassungswirklichkeit am Grundgesetz mißt. Kritische Loyalität meint demnach, daß sich auch eine demokratische Gesellschaft wahrscheinlich immer in einem Zustand befindet, der zu Reformen, zur kritischen Wachsamkeit gegenüber Machtmißbrauch und zur Kontrolle von Formen der Machtausübung zwingt."[73]

In den NRW-Richtlinien heißt es dazu, man muß klar sehen, „daß der erreichte Emanzipationsgrad einer Gesellschaft nie endgültig ist". Es müssen „die gesellschaftlichen Normen Gegenstand ständiger rationaler Überprüfung sein, die sich in der offenen Auseinandersetzung der Wertvorstellungen zur Erweiterung der Entfaltungschancen vollzieht".[74]

Es kommt darauf an, diese recht allgemein gehaltenen Forderungen in Anwendungssituationen sinnvoll inhaltlich umzusetzen, um zu zeigen, was Selbstbestimmung und soziale Gerechtigkeit jeweils bedeuten. Dazu formulieren die hessischen Autoren präzise Fragen:

„– welches Verhalten in einer bestimmten Situation ein Kennzeichen für Selbst- und Mitbestimmung ist,
– welche Widerstände sich in diesem Fall ihrer Verwirklichung entgegenstellen,
– unter welchen Bedingungen und für wen diese Widerstände aufhebbar sind,
– welchen Einfluß auf das Maß an Selbst- und Mitbestimmung jeweils die Zugehörigkeit zu einer bestimmten Schicht/Interessengruppe hat."[75]

Um das Demokratieangebot des Grundgesetzes zu verwirklichen – und darum geht es in beiden Richtlinien –, muß die Schule bestimmte Qualifikationen vermitteln. Die NRW-Richtlinien definieren „Qualifikationen" des politischen Unterrichts als

„Verhaltensdispositionen, die es dem Bürger ermöglichen, gesellschaftlich-politische Lebenssituationen zu bewältigen". In diesem Sinne ist der Begriff auch hier zu verstehen.
Die Schüler sollen lernen, zum einen politische Wirklichkeit zu erkennen und zum anderen zu einer begründeten Stellungnahme, einer rationalen Beurteilung der politischen Verhältnisse zu gelangen; dazu gehören Fähigkeiten wie: „erkennen – beurteilen – sichten – prüfen – aufdecken – durchschauen – in Beziehung setzen."[76]
Über diese „kritische Informationsverarbeitung" hinaus, die gleichsam noch passiv bleibt, tritt die weitere entscheidende Anforderung an den politischen Unterricht: zum Handeln zu qualifizieren. „Die Bereitschaft der Schüler, für die Sicherung und Erweiterung demokratischer Verhältnisse einzutreten, wird nicht zuletzt von der Möglichkeit abhängen, während der Schulzeit die entsprechenden Verhaltensformen zu erlernen." Im Unterricht muß deshalb, wo es möglich ist, dieses Verhalten eingeübt werden; dazu gehören die handlungsorientierten Fähigkeiten: „eintreten für – Partei ergreifen für – kooperieren mit – sich behaupten."[77]
Demokratische Verhaltensformen zu lernen, bedeutet für die Unterrichtsorganisation in der Schule, die Schüler zur Beteiligung bei der Durchführung und Planung des Unterrichts zu qualifizieren. Das Lernen in der Gruppe, wie es in der Schule stattfindet, ist auch Erfahrungsfeld für demokratisches Verhalten, indem zum Diskussionsgegenstand gemacht wird, wie Entscheidungsprozesse in der Klasse ablaufen, Konflikte ausgetragen werden, Meinungsführer und Subgruppen sich bilden und welche Rolle sie spielen, wie die Lehrerrolle fixiert ist usw. Diese Erkenntnisse müssen selbst zum Lernziel gemacht werden.
Diese neuen Ansätze für den politischen Unterricht sind beiden Richtlinien gemeinsam. Sie unterscheiden sich aber nicht nur im Umfang (NRW gut 30 Seiten, hinzu kommen allerdings noch Unterrichtsmaterialien; Hessen gut 300 Seiten) und im didaktischen Ansatz, sondern auch in der Entschiedenheit, mit der die neuen Ziele verfolgt werden. Die NRW-Richtlinien, die in einer zweiten „bereinigten" Fassung vorliegen, sind von einer Sowohl-als-auch-Haltung durchzogen, die es dem Lehrer gestattet, den gesellschaftskritischen und demokratisch-reformerischen Ansatz aufzugreifen oder aber auch im alten Trott weiterzumachen, nur mit etwas veränderten Themenkatalogen. Die hessischen Rahmenrichtlinien verfolgen konsequenter den neuen Weg, was sich auch an der vergleichsweise heftigeren Reaktion der Gegner ablesen läßt. Im Folgenden sollen einige Einzelaspekte, die für die Demokratieentwicklung wichtig sind, hervorgenommen werden und dabei auch die Genauigkeit in der politischen Aussage in beiden Richtlinien berücksichtigt werden.

Problem der Herrschaft

Beide Richtlinien gehen davon aus, daß Herrschaft nicht nur mit staatsrechtlicher Herrschaftsausübung identifiziert werden kann, sondern in gesetzlichen und außergesetzlichen Bereichen ausgeübt wird. Staat, Gesellschaft und Wirtschaft sind bei der Untersuchung von Herrschaft nicht mehr zu trennen. Die NRW-Richtlinien

schreiben in diesem Sinn die Qualifikation, die erworben werden soll, vor als „Fähigkeit und Bereitschaft, gesellschaftliche Zwänge und Herrschaftsverhältnisse nicht ungeprüft hinzunehmen, sondern sie auf ihre Zwecke und Notwendigkeiten hin zu befragen und die ihnen zugrunde liegenden Interessen, Normen und Wertvorstellungen kritisch zu überprüfen“.[78]
Staat und Gesellschaft sind als historische Entwicklungen, als Prozesse und also als Veränderbare zu verstehen; deshalb muß der Unterricht auf die Untersuchung der Bedingungen für Entstehung und Veränderung der politischen Institutionen im weitesten Sinne gerichtet sein. Über diese Kenntnisse hinaus müssen die Herrschaftsträger daraufhin befragt werden, ob alle Gruppen der Gesellschaft gleichberechtigt in der Herrschaftsübung vertreten und damit berücksichtigt sind. Die NRW-Richtlinien formulieren das so: „Ob die verschiedenen im Widerspruch stehenden gesellschaftlichen Interessen, Wertvorstellungen und Bedürfnisse in gleicher oder verzerrter Weise die Chance politischer Berücksichtigung finden und wie die politischen Institutionen diese Chance verteilen, dies sind Hauptfragen nach den Herrschaftsverhältnissen.“[79] Verglichen mit den hessischen Richtlinien ist diese Formulierung ungenauer und allgemeiner. Die hessischen Autoren, die dieses Thema unter dem Titel „Analyse politischer Entscheidungsprozesse“ fassen, fordern demgegenüber klar und deutlich zu untersuchen:
„– wodurch werden öffentliche Entscheidungsprozesse bestimmt?
– wo wird über öffentliche Aufgaben und die Art und Weise ihrer Ausführung faktisch entschieden?
– wer bereitet Entscheidungen vor?
– welchen Gruppen einer Gesellschaft kommt eine bestimmte Entscheidung zugute, welche werden durch sie benachteiligt?“[80]

Diese Fragen zum Thema Durchführung öffentlicher Aufgaben, d.h. auch Herrschaftsausübung, können nicht beantwortet werden, „ohne daß die Struktur einer Gesellschaft selbst zum Gegenstand von Unterricht wird“ (ebda.). Denn ganz konkret bei Entscheidungen über Sozialleistungen, Schulbau, öffentlichen Nahverkehr, Krankenhäuser usw. zeige sich, ob und, wenn ja, wer auf Kosten wessen sich Privilegien sichert und damit an Demokratie interessiert sei oder nicht.
Dagegen nimmt sich die Feststellung der NRW-Richtlinien merkwürdig blaß und verschwommen aus: „Die Qualifikation zielt auf das Gegenbild des Sozialautomaten, nämlich auf den Menschen, der sich blindem Konformismus versagt und die mit dem Ungehorsam verbundenen Unbequemlichkeiten auf sich nimmt, jedoch auch die Konformität als eine stabilisierende Erscheinung der Gesellschaft grundsätzlich akzeptiert.“ Diese Enthaltsamkeit in den inhaltlichen Aussagen macht diese Richtlinien für viele Seiten akzeptabel. Einerseits soll gelernt werden die „Fähigkeit zur Anpassung an akzeptierbare Herrschaftsverhältnisse“, andererseits „die Fähigkeit zum Widerstand gegen nicht akzeptierbare Herrschaftsverhältnisse“.[81]
Anpassung ‚als solche‘ und Widerstand ‚als solcher‘ sind immer oder nie richtig, es käme aber darauf an, nach welchen gesellschaftspolitischen Prämissen über akzeptierbar und nicht-akzeptierbar entschieden wird. Der anfängliche Hinweis auf „Emanzipation“ reicht nicht aus. Dem Lehrer bleibt überlassen, nach seinem Ge-

schmack zu interpretieren, und damit könnte sich doch wieder jene abgelehnte politische Enthaltsamkeit oder Anpassung ungewollt einschleichen.

Kontrolle und Einflußnahme

Neben den Kenntnissen über Entstehung und Bedingungen von Herrschaft im parlamentarisch-demokratischen System betonen beide Richtlinien die Notwendigkeit, in der Schule zu lernen, welchen Einfluß der einzelne auf öffentliche Entscheidungsprozesse hat, wie diese mit dem Anspruch des Grundgesetzes übereinstimmen, welche Wege zur Erweiterung der Mitbestimmung eingeschlagen werden können. Die Richtlinien gehen systemkritisch davon aus, daß die gegenwärtigen Beteiligungsrechte und -chancen nicht ausreichen, um eine aktive Demokratie zu verwirklichen. Die Aufforderung, „die Möglichkeiten der in der Verfassung garantierten Grundrechte auszunutzen", weist in diesem Zusammenhang darauf hin, daß die gegenwärtigen Formen der Beteiligung ungenügend sind. Die NRW-Richtlinien stellen richtig fest: „Demokratie bedarf der Abstützung im Bereich der Gesellschaft durch Mitsprache, Mitbestimmung und Kontrolle durch die jeweils Betroffenen." (Der Begriff „Abstützung" ist allerdings ungenau. Hier wurde wohl ein verwaschener Kompromiß geschlossen.) „Politische Selbstbestimmung kann nicht in Gesellschaften verwirklicht werden, in denen entscheidende soziale und ökonomische Bereiche demokratischer Gestaltung entzogen werden."[82]
Leider formulieren die NRW-Richtlinien dazu keine Einzelheiten, während man in Hessen das Kind beim Namen nennt: Verwaltung und Bürokratie sind demokratischer Kontrolle weitgehend entzogen, sie haben einen Kompetenzzuwachs gewonnen, „der politische Entscheidungsfähigkeit von Parlamenten weitgehend einzuschränken droht". Bedrohung geht ebenso aus von den „unterschiedlichen Einflußchancen wirtschaftlicher Macht auf öffentliche Entscheidungsprozesse ... (Lobbyismus, Meinungsbildung, Parteienfinanzierung, sogenannte Beraterverträge ...)."[83]
Im ganzen gesehen wird aber nun endlich die Diskussion über unser reformbedürftiges parlamentarisches System in der Schule eröffnet und gezeigt, wie gering der Einfluß des einzelnen Bürgers im Parlament selbst und anderen politischen Organen ist, und erörtert, welche Möglichkeiten zur umfassenderen Teilnahme gegeben oder zu erkämpfen sind.
Neben der Fähigkeit, den politischen Handlungsspielraum zu erkennen und einzuschätzen, „besonders hinsichtlich der Machtverteilung" (NRW, S. 12), soll gelernt werden, „die Techniken politischer Meinungs- und Willensbildung zu durchschauen" (NRW, S. 12) sowie selbst zu gebrauchen, damit „Einflußnahme des einzelnen auf politische Entscheidungsprozesse realisiert werden kann (Mitarbeit in Parteien, Verbänden, Bürgerinitiativen, Unterschriftensammlungen, Teilnahme an Versammlungen, Demonstrationen ...)". (Hessen, S. 201).
Über die volle Ausnutzung der in der Verfassung gegebenen politischen Handlungsspielräume hinaus setzen die NRW-Richtlinien als Lernziel die „Bereitschaft, zur Veränderung der bestehenden politischen Ordnung auf demokratischem Wege bei-

zutragen" (NRW, S. 12), was nur konsequent ist angesichts der vorherigen Analyse unseres Volksvertretungssystems. Das ist genau der entscheidende Fortschritt, auf den es ankommt, und der immer wieder gegen alle Angriffe verteidigt werden muß.

Parteinahme und Solidarität

Zwei wichtige Aspekte, die in bisherigen Lehrplänen für den politischen Unterricht nicht zu finden waren, aber für bewußte politische Teilnahme unerläßlich sind, werden in beiden Richtlinien ins Lernprogramm aufgenommen: einmal die Fähigkeit, verschiedene Lösungsmöglichkeiten für gesellschaftliche Probleme zu erkennen und sich sowohl für die als sinnvoll erkannte zu entscheiden, als sich auch öffentlich dafür einzusetzen. „Die Bereitschaft, Partei zu ergreifen, soll verhindern, daß politische Bildung sich in der Analyse und im Sammeln von Lösungsvorschlägen erschöpft. Gefördert werden soll die entschiedene Parteinahme nach Maßgabe der analysierten eigenen Interessen und Überzeugungen. Angesichts der verbreiteten politischen Apathie der Jugendlichen in der BRD, die in etlichen Untersuchungen empirisch bestätigt ist, erscheint dieses Lernziel besonders wichtig. Es müßte thematisiert werden, ob die bestehende politische Apathie auf der Vorstellung beruht, daß Selbstverwirklichung nur im Privatbereich möglich ist. Der Ansatzpunkt für den politischen Unterricht wäre hier zu zeigen, „daß die Trennung zwischen öffentlich und privat den gesellschaftlichen Realitäten nicht entspricht (Stichworte für Auswirkungen öffentlicher Regelungen auf den Privatbereich müssen die Entstehung ‚privater' Glückserwartungen, Wunschbilder, Bedürfnisse ebenso miteinbeziehen wie gesetzliche Regelungen)."[84]

Die Entwicklung und Förderung des politischen Engagements sowie die Fähigkeit, dies nach außen auch gegen Widerstände durchzuhalten und zu verteidigen, scheint mir eines der wesentlichen Aufgaben des politischen Unterrichts.

Wenn sich auch die Ziele, für die der einzelne Partei ergreift und sich einsetzt, im Laufe der gesellschaftlichen Entwicklung sowie der individuellen Entwicklung wandeln, so geht es in der Schule doch zunächst darum, jene grundsätzliche Bereitschaft zu entfalten, sich für politische Probleme zu interessieren, sich zu entscheiden, zu handeln.

Die Bereitschaft, bestimmte Interessen in Solidarität mit anderen durchzusetzen, ist ein weiteres Erziehungsziel der Richtlinien, das im deutschen schulischen Bereich beinahe eine sensationelle Neuigkeit darstellt; denn ungeachtet der langen deutschen sozialdemokratischen Tradition mit ihrer Idee der Solidarität hat sich bis heute hartnäckig die Idee der Erziehung des Individuums zum Einzelkämpfer durchgehalten, die einerseits aus der humboldtschen Tradition stammt, andererseits aber auch heute eine brauchbare Qualität in der Konkurrenz- und Leistungsgesellschaft darstellt. Die NRW-Richtlinien stellen das Lernziel auf: „Fähigkeit, die eigene Rechts- und Interessenlage zu reflektieren, und Bereitschaft, Ansprüche auch in Solidarität mit anderen durchzusetzen ..."[85] Daß eigene Ansprüche und Interessen in einer Gesellschaft eingeschränkt werden, ist eine verbreitete Erfahrung; aber zu erkennen, daß diese zum Teil nicht ein individuelles Problem bezeichnen, sondern gesellschaftlich bedingt sind, ist ein erster Schritt; ein zweiter heißt, zu erkennen, daß solche Probleme individuell nicht gelöst werden können, sondern nur solidarisches Handeln der Betroffenen zu Veränderungen führen kann. „Wenn der einzelne sein Interesse in Kommunikation mit anderen als das einer größeren Gruppe erkennt, besteht eine größere Chance, solidarisch das Ziel zu erreichen." (NRW, S. 15)

Ich meine, schon diese wenigen Aspekte der politischen Richtlinien aus Hessen und Nordrhein-Westfalen zeigen, daß hier ein neuer Anfang im politischen Unterricht gewagt wird, der versucht, Bürger zur Demokratie zu erziehen, nachdem der erste Ansatz nach 1945 schnell versandet war. Zur Demokratie zu erziehen, das beinhaltet:

1. ein demokratisches Verhalten durch Fähigkeiten wie: erkennen, informieren, diskutieren, argumentativ nach Regeln streiten, sich durchsetzen;
2. Kenntnisse der politischen Institutionen und öffentlichen Entscheidungszentren und -prozesse;
3. Problembewußtsein und Kritikfähigkeit;
4. Kenntnisse der Teilnahmemöglichkeiten und -chancen;
5. Fähigkeit, Partei zu ergreifen und sich aktiv zu beteiligen, also gelernt zu haben zu handeln;
6. diese Voraussetzung auf ein Gesamtziel der politischen Aktivitäten zu beziehen.

Die Richtlinien beider Länder haben diese Aspekte und eine Fülle weiterer als Lernziele formuliert, die die Bürger zu demokratischen Innovationen befähigen. Es bleibt zu hoffen, daß dieser gute Ansatz nicht einerseits durch schlecht vorbereitete oder unwillige Lehrer zunichte gemacht wird oder andererseits, was eine größere Gefahr darstellt, durch die heftige Kritik der CDU, der Philologenverbände, Lehrerverbände, Elternverbände verwässert wird und der politische Unterricht doch wieder zu einem Anpassungsunterricht regrediert.

Es kommt darauf an, daß die Kultusminister diesem massiven Druck standhalten und sich nicht beirren lassen, den Weg der Demokratie zu gehen.

Danach habe ich nur noch eine Frage zu stellen:

Wie ist der Zustand der Schule in der BRD und die an Sabotage grenzende Untätigkeit auf dem Gebiet der Schulreform mit dem Grundgesetz, insbesonderen mit dessen Art. 2 und 3, in Einklang zu bringen?

Oder ist das nicht so wichtig? Ist die Stabilisierung der Macht der Bildungsbürokratie, ihre Dominanz im Sinne einer guten, nein: schlechten Deutschen Tradition auszuüben, schon wieder wichtiger als die Demokratie?

Am Anfang dieses Teils ist auch eine Frage gestellt worden: „Was bedeutet eine Schulreform so, wie sie entweder auf dem Papier steht oder (in bescheidenem Ausmaß) schon Realität geworden ist, für die Entwicklung und Sicherung der Demokratie, der zweiten deutschen Demokratie?"

Darauf antworte ich jetzt: *Nichts*!

Nichts, solange der gegenwärtige Zustand andauert; *nichts,* solange die elementare Bedeutung einer demokratischen Schule, die die deutschen Kinder im Geiste einer lebendigen Demokratie wachsen und sich bilden läßt, nicht erkannt und in der Praxis anerkannt ist; *nichts,* solange die politischen Parteien, die ja, um noch einmal das Grundgesetz zu bemühen, bei der *politischen* Willensbildung des Volkes mitwirken, nicht die *politische* Bedeutung der *politischen* Frage der Schulreform zu *ihrer* Frage gemacht haben; *nichts,* solange man es der Deutschen Tradition weiter gestattet, auf dem Gebiet, auf dem buchstäblich über die Zukunft der BRD entschieden wird, ihren zerstörenden Einfluß weiter auszuüben.

Fünfter Abschnitt

Die Demokratie der Bundesrepublik Deutschland in den Meinungsforschungen

Erstes Kapitel

Wahlrecht? Wahlpflicht? ...
Was sagen die Bundesbürger selbst?

In diesem Abschnitt wird der Versuch unternommen, durch die systematische Analyse veröffentlichter Ergebnisse politischer Meinungsumfragen in der Bundesrepublik ein Bild der politischen Einstellungen der Bundesbürger zu zeichnen und damit von dieser Seite her die Frage nach den Chancen der zweiten deutschen Demokratie zu beantworten.

Da es also hier nicht darum geht, unser Verständnis von Demokratie darzulegen, sondern Aussagen der Bundesbürger über ihr Verhältnis zur Demokratie festzuhalten, können wir auf eine theoretische Diskussion dessen verzichten, was wir unter Demokratie verstehen, nicht zuletzt deshalb, weil eine ausführliche Behandlung dieser Frage bereits in den vorangegangenen Kapiteln erfolgt ist.

Da wir uns in diesem Abschnitt jedoch darauf beschränken müssen, einige Daten aus zahlreichen vorliegenden auszuwählen, ist es notwendig, daß wir hier kurz diejenigen wesentlichen Strukturmerkmale der herrschenden Demokratie aufzeigen, die uns veranlaßt haben, die Einstellungen der Bundesbürger zur Demokratie mit den Variablen „Wahlverhalten", „Demokratieverständnis" und dem Komplex „Jugend und Demokratie" zu charakterisieren.

Die in der Bundesrepublik herrschende Methode der Politik ist die einer Elitendemokratie. Sie basiert auf der Unterstellung der Fähigkeit der Bürger, sich politisch rational für eine oder mehrere konkurrierende politische Eliten entscheiden zu können. Der Zustand, in dem sich dieses System jetzt befindet, wird dadurch aufrechterhalten, daß eine Konkurrenzsituation zwischen den Eliten bestehen bleibt. Die politischen Entscheidungen der gewählten Eliten haben mit Demokratie an sich nichts zu tun. Ihre Methoden *können* demokratischen Prinzipien folgen. Dennoch kann der Bürger nach erfolgter Wahl nicht verhindern, daß die gewählte Elite selbst undemokratisch handelt. Dagegen gäbe es nur eine einzige Garantie: die demokratische Tradition, die Selbstverständlichkeit des Wissens darum, was demokratisch ist und was nicht. Diese Art von Tradition existiert in der BRD nicht, wie bekannt.

Das „demokratische Verhalten" des Volkes besteht vielmehr in politischer Hinsicht darin, sich für diese oder jene Elite mehr oder weniger differenziert zu entscheiden. Danach wird dem Volk die demokratische Kompetenz bis zur nächsten Wahl aberkannt. Zwischen den Wahlakten kann das Volk – jedenfalls im System der reinen Elitendemokratie, wie es in der BRD herrscht – nicht eigentlich demokratisch und schon gar nicht politisch handeln.

Die Demokratie, die – wie in der Prämisse dieses Buches – als *Ziel* des politischen Handelns verstanden wird, benötigt hingegen den aktiven, „teilnehmenden", mitentscheidenden Bürger. Da das derzeitige System in der Bundesrepublik dies aber gar nicht zuläßt, können wir die Einstellungen zur Demokratie schlechthin nicht erfragen. Vielmehr geht es allein darum, nach der Einstellung zur jetzigen Form von Demokratie, der Elitendemokratie, zu fragen, und damit stellt sich eben in besonderer Weise die Frage nach der Einstellung zur Wahl in der Bundesrepublik.

Wahlverhalten in der Bundesrepublik

Wie wir oben ausführten, ist die politische Wahl in der Bundesrepublik die einzige demokratische Entscheidung, die dem Volk in der Praxis zugestanden wird. Demnach ist es für die Darstellung des politischen Klimas in der Bundesrepublik von großer Bedeutung, die Einstellungen der Wähler zu ihrem Tun zu analysieren.

Tabelle 1:
Gefühl bei der Wahl

	%	%
	Bundesumfrage 1961	Bundesumfrage 1965
Ich habe das Gefühl, daß ich bei einer politischen Entscheidung mitwirken konnte	34	45
Ich tat es, weil es einfach meine Pflicht als Staatsbürger ist	47	42
Ich tat es, weil es so üblich ist	8	7
Ich denke, daß es eigentlich Zeitverschwendung war	3	1
Ich ging nicht wählen	2	–

Entnommen aus: *F. U. Pappi,* Wahlverhalten und politische Kultur, Meisenheim am Glan, 1970, S. 42.

Man kann die Ergebnisse dieser Tabelle drehen und wenden, wie man will, bestehen bleibt die Tatsache, daß zusammen mit denjenigen, die wählten, weil „es so üblich ist", etwa 50 % der Wähler dem Trauma einer „Wahlpflicht" unterliegen. Die Verfassung der Bundesrepublik hingegen spricht von einem Wahl-„Recht". Man könnte also folgern, daß gut die Hälfte der befragten Wähler den Wert dieser – ihrer einzigen – demokratischen Entscheidungsmöglichkeit nicht erkennen. Wählen bedeutet für sie „in erster Linie ritualisiertes Verhalten: eine Art der individuellen Anpassung an das System, die sich der institutionalisierten Mittel bedient, die zugehörigen Werte aber ablehnt oder ihnen gegenüber indifferent ist".[1]

Damit stellt sich aber sogleich die Frage, nach welchen Gesichtspunkten die Mehrheit der Wähler dann wählt. Schließlich kann die Angabe der „Wahlpflicht" nicht erklären, warum der Wähler eine Entscheidung zugunsten dieser oder jener Partei abgibt. Hierzu gibt uns W. Zohlnhöfer folgende Anhaltspunkte: „Somit setzte sich 1961 die Gefolgschaft der deutschen Parteien, grob gesprochen, aus zwei Gruppen zusammen: aus Anhängern, die eine historisch verwurzelte und vom Ursprung her klassenideologisch oder konfessionell begründete Loyalität aufrechterhielten, und aus Anhängern, die sich in den Jahren der Nachkriegszeit von der Politik, dem Programm oder der Führung einer Partei in besonderer Weise angesprochen fühlten."[2]

Leider finden sich bei Zohlnhöfer keine Anhaltspunkte dafür, wie groß jeweils die Gruppen sind. Es scheint sich jedoch unter Beachtung der folgenden Tabelle festhalten zu lassen, daß die größere Gruppe zu denjenigen zu rechnen ist, die sich in den Jahren der Nachkriegszeit „von der Politik, dem Programm oder Führung einer Partei in besonderer Weise angesprochen fühlten", weil die Mehrheit der befragten Parteianhänger sich als „bedingte" Anhänger ihrer Partei bezeichnen.

Tabelle 2:
Würden Sie sagen, daß Sie ein überzeugter Anhänger (der genannten Partei) sind, oder würden Sie eher sagen, daß Sie die (genannte) Partei bevorzugen, weil sie Ihnen bei der jetzigen Situation besser geeignet erscheint?

Identifizierungsgrad		%
Parteianhänger		76,5
darunter:		
	Überzeugte	25,4
	Bedingte	46,3
	Sonstige	4,8
Kein Parteianhänger		23,5
darunter:		
	keine Partei gefällt	4,8
	keine Meinung	6,8
	keine Angabe	11,9

Entnommen aus: *W. Zohlnhöfer,* a.a.O.

Wir können also sagen, daß die Mehrheit der angeblichen „Parteianhänger" (46 %) sich vornehmlich aus der Gruppe zusammensetzt, die sich nach dem angebotenen Programm oder der Politik der Partei ihrer Wahl richtet. Hierbei ist jedoch vorsichtigerweise anzumerken, daß es unwahrscheinlich ist, daß damit wirklich die Programme der Partei gemeint sind – etwa Godesberger Programm u.ä. –. Wenn wir betrachten, was von den Parteien in Wahlkämpfen angeboten wird, so handelt es sich ja nie um ein wirkliches Parteiprogramm. So orientiert sich diese Gruppe nicht an den eigentlichen Parteiprogrammen, sondern an den für sie zurechtgemachten Programmparolen. Darüber hinaus schreibt Zohlnhöfer selbst, daß die erstaunlich hohe Anzahl derer, die sich zu einer Partei bekennen (76,5 %) „nicht allzu wörtlich" genommen werden sollen. Ob diese Art von „Orientierung" noch als eine „politische" bezeichnet werden soll, ist eher eine Geschmacksfrage. Nach unserer Meinung ist hier große Skepsis am Platz.
Das auffallendste Ergebnis dürfte wohl der Anteil der Befragten darstellen, die eine Antwort auf die Frage nach einer Parteipräferenz verweigern (11,9 %).
„Diese Verweigerungen entsprechen vermutlich einer gewissen politischen Entfremdung, die wohl eine Form der Nachwirkung unserer totalitären Vergangenheit ist."[3]
Einen Hinweis auf diese „politische Entfremdung" finden wir auch in der folgenden Tabelle, die deutlich zeigt, daß selbst angebliche Parteianhänger zu fast 21 % mit

der Angabe der Parteipräferenz nicht unbedingt tatsächlich immer diese genannte Partei wählen.

Tabelle 3
Haben Sie immer, wenn Sie zur Wahl gingen, für die gleiche Partei gestimmt?

	Immer %	nicht immer %	Anteil der Wechsler %	Nicht gewählt %	abs.
Parteianhänger	65,4	20,8	24	13,8	1372
darunter:					
Überzeugte	82,1	10,4	11	7,5	454
Bedingte	57,3	25,6	31	17,1	831
Keine Angabe	56,3	28,7	34	15,0	87
Nicht-Anhänger	24,2	16,4	40	59,4	422
darunter:					
keine Partei gefällt	23,3	18,6	44	58,1	86
keine Meinung	32,0	14,7	31	53,3	122
Angabe verweigert	20,1	16,4	45	63,5	214
Gesamte Stichprobe	55,8	19,3	26	24,9	1794

Angesichts dieser Ergebnisse stellt sich die Frage, was wir noch darunter verstehen sollen, wenn ein Befragter eine Parteipräferenz angibt. Sicher können wir damit rechnen, daß der größte Teil die angegebene Partei auch tatsächlich wählt, aber dennoch ist der Anteil von fast einem Viertel der angeblichen Parteianhänger, die anders wählen, nicht gerade niedrig. Es drängt sich die Erkenntnis auf, daß bei den Befragten eine geäußerte politische Meinung nichts mit dem politischen Handeln derselben Person zu tun haben muß.
Diese Feststellung erhärtet unsere Behauptung, daß in der Menge der Parteigefolgschaften diejenige Gruppe die zahlenmäßig größte ist, die sich von Parolen und dergleichen beeinflussen läßt, nicht eigentlich von den relativ kontinuierlichen Parteiprogrammen. So läßt sich aus der Analyse der Bundestagswahl von 1961 bestimmen, daß von den 55,5 % derer, die 1961 tatsächlich die CDU/CSU wählten, sich nur 31,5 % vorher als überzeugte Anhänger dieser Partei bezeichnet hatten. Über

Tabelle 4

Gewählte Partei 1961	%		*Parteipräferenz* überzeugt %	bedingt %	keine Angabe %
CDU/CSU	55,5	davon	31,5	61,3	7,2
SPD	37,6		38,0	56,8	5,2
FDP	5,5		18,0	72,5	9,5
andere	2,0		50,0	50,0	–

61 % der CDU/CSU-Wähler gaben an, nur „bedingte“ Anhänger zu sein. Am deutlichsten jedoch zeigen die Zahlen für die FDP, die ja im allgemeinen politisch ungenau dazustehen pflegt, wie sehr sich die Wähler durch die Wahlparolen, die besonders bei einer kleinen Partei wie der FDP stets nach aktuellen Gesichtspunkten ausgerichtet sein müssen, beeinflussen läßt. Hier waren 1961 nur 18 % überzeugte Anhänger der Partei.

Wie wenig sich im allgemeinen die bundesdeutschen Wähler um ihre Parteigefolgschaft scheren, beweisen für die Bundestagswahlen von 1972 die folgenden Zahlen, die der *Spiegel* veröffentlichte.[4]

Während der Stimmenanteil bei der Wahl für die CDU/CSU bei 44,8 % lag, bekannten sich am folgenden Tag bei einer repräsentativen Umfrage in der Bundesrepublik nur noch 33,5 % als CDU/CSU-Wähler.

Auf die Frage gar, ob das Wahlergebnis eine Enttäuschung gewesen sei, gaben nur 24 % der Befragten an, enttäuscht zu sein. 20 % der Befragten gaben an, dem Wahlausgang völlig gleichgültig gegenüberzustehen.

Diese Ergebnisse deuten wieder einmal darauf hin, daß der bundesdeutsche Wähler unter seinem Wahlrecht eine Wahlpflicht versteht.

Allerdings läßt sich dies nicht für die gesamte Wählerschaft aufrechterhalten. Es wäre falsch, wollte man diejenigen, die ihrer angegebenen Parteipräferenz nicht getreulich folgen, „als einen notwendigerweise uninteressierten Teil der Wählerschaft ansehen“.[5]

Vielmehr lassen sich aus der folgenden Darstellung Schlüsse ableiten, die der Behauptung entsprechen, daß sich der größte Teil der Wähler durch aktuelle Parolen und auch Taten der Politiker bzw. Parteien kurz vor der Wahl leiten lassen.

Tabelle 5
Wahlverhalten und Reaktion auf aktuelle politische Vorgänge Bewertung des Verhaltens in Berlin

	Wechsler				
	CDU zur SPD %	CDU zur FDP %	zur CDU %	andere %	insges. %
Adenauer hat sich besser verhalten	8,5	17,6	60,8	6,4	29,4
Brandt hat sich besser verhalten	85,1	53,0	21,8	71,0	47,1
beide haben sich gleich gut verhalten	2,1	5,9	13,0	3,2	4,0
keine Angabe	4,3	23,5	4,4	19,4	19,5

M. Kaase will daher die Wähler, die ihre Partei bei der Wahl wechseln, in zwei Gruppen einteilen:

„1. Die Wähler, die auf Verhaltensweisen der Regierung und andere politische Akte reagieren (Reagierer) und

2. die Wähler, die durch die Intensivierung des politischen Interesses als Nebenwirkung eines Wahlkampfes mobilisiert werden, jedoch nicht auf spezifische politische Akte reagieren (Aktivierte).“[6]

Akzeptieren wir die Definition der ersten Gruppe, so bedeutet dies, daß wir den Wechselwählern dieses Typs eine rege politische Aufmerksamkeit zusprechen müssen, ohne damit jedoch ein ausgeprägtes politisches Bewußtsein unterstellen zu können. Wir dürfen hier keinesfalls den Einfluß der Behandlung der Verhaltensweisen der Regierung durch die Massenmedien außer acht lassen.

Der Einwand, der vorgebracht werden könnte, politische Meinungsbildung findet vornehmlich in den Primärgruppen statt, beweist ja noch lange nicht, daß die Mitglieder dieser Primärgruppen im einzelnen nicht doch durch die Massenmedien zu bestimmten kurzfristigen „Meinungen“ geführt werden. Es ist daher schwer festzustellen, inwieweit eine Reaktion auf aktuelle und populär gemachte politische Aktionen mit einer im Sinne des Worte *politischen* Akton bzw. Reaktion gleichgesetzt werden kann, da wir darstellen konnten, daß die Wahl einer Partei ja offensichtlich keinen bewußt politischen Akt des Wählers darstellt. Andererseits kann natürlich nicht unterstellt werden, daß derjenige Wähler, der ungeachtet der politischen Vorgänge an einer Parteipräferenz festhält, ein besonders ausgeprägtes Bewußtsein besitzt. Dieser Typ des Wählers wäre denjenigen Gruppen zuzurechnen, die „eine historisch verwurzelte und vom Ursprung her klassenideologisch oder konfessionell begründete Loyalität aufrechterhalten“.[7]

Ob nun der eine oder der andere Typ des Wählers politisch handelt, wenn er seine Partei wechselt oder beibehält, hängt im wesentlichen damit zusammen, wie stark im allgemeinen sein Interesse an Politik überhaupt ist.

Verschiedene Sozialforscher verwenden den Indikator „Politisches Interesse“ durch Selbsteinschätzung, um die Motivation zu politischem und politisch orientiertem Verhalten zu klären. Die Ergebnisse, die über lange Zeiträume erhoben wurden, ähneln sich im wesentlichen. Im allgemeinen bewegen sich die Anteile der „politisch Interessierten“ zwischen 35 und 55 %. Die Streuung läßt weniger den Schluß auf eine Veränderung der Haltung der Befragten zu als vielmehr die Feststellung, daß jeweils verschiedene Befragte dem Begriff „politisch interessiert“ verschiedene Bedeutung beimessen. Was von einer Mehrzahl der Befragten unter „politisch interessiert“ verstanden wird – nämlich politisch informiert –, zeigt die folgende Tabelle.

Freilich ist mit dem Begriff „politisch informiert“ schon des Guten zuviel gesagt worden. Institutionelle Regeln des Systems sind nicht mit dem politischen Handeln des Systems identisch. So beweist die hohe Wahlbeteiligung in der Bundesrepublik ja, daß die institutionelle Regel wohl gekannt wird, die politische Bedeutung dieser Regel jedoch nicht der Grund für die Einhaltung dieser Regel ist, wie unsere vorangegangenen Daten verdeutlichen. Immerhin scheint sich die bemerkenswerte Tatsache aus der Tabelle 6 ableiten zu lassen, daß von denjenigen Befragten, die auf einem Informationsindex von 0 stehenbleiben, auch etwa 45 % offen zugeben, politisch wenig oder nicht interessiert zu sein. Gleichzeitig zeigen weitere Ergebnisse, daß es eben diejenigen sind, die in der Wahl die Erfüllung einer staatsbürgerlichen Pflicht sehen.

Tabelle 6
Politisches Interesse und Information über institutionelle Regeln des politischen Systems

Erreichte Punktzahl beim Informationsindex	*Politisches Interesse* sehr stark %	stark %	mittel %	wenig %	nicht %	k. A. %
4	46	40	31	20	9	9
3	3	7	6	6	4	9
2	37	39	42	39	26	18
1	9	6	10	14	14	–
0	6	8	10	21	47	64
%	101	100	99	100	100	100

Entnommen aus: *F. U. Pappi,* a.a.O., S. 55.

Tabelle 7
Politisches Interesse und Gefühl bei der Wahl

Gefühl bei der Wahl	*Politisches Interesse* sehr stark %	stark %	mittel %	wenig %	nicht %	k. A. %
Politische Entscheidung	73	58	41	18	6	27
Staatsbürgerliche Pflicht	23	31	51	61	57	56
Gewohnheit	1	4	5	14	23	–
Zeitverschwendung	3	3	2	2	3	–
Nichtwähler	–	3	2	4	10	–
keine Angabe	–	–	–	–	–	18

Es ist angesichts dieser Daten verständlich, wenn die Sozialforscher in der Bundesrepublik zu dem Schluß gelangen, daß „die Deutschen gute Staatsbürger, aber weniger gute Bürger sind ... und daß der interessierte Staatsbürger in Deutschland zwar viel vom Staat, weniger dagegen von Politik versteht“.[8] (Es sei der Hinweis darauf gestattet, daß hier mit Deutschland natürlich nur die Bundesrepublik gemeint ist.)

Das eine – daß die Bundesdeutschen gute Staatsbürger sind – läßt sich überprüfen, denn wir können einfach das Wissen der Leute abfragen, und das ist, wie auch schon Verba (in „The Civic Culture“) nachgewiesen hat, in der Bundesrepublik im Vergleich zu anderen Elitendemokratien relativ hoch.

Den zweiten Teil der Bemerkung von Pappi empfinden wir sicher als richtig und, soweit wir den vorliegenden Daten trauen können, auch als ersichtlich, aber es bleibt letztlich eine Frage geeigneterer Methoden, hierüber endgültig Aufschluß zu erhalten.

Demokratieverständnis

Wir haben mit der vorangegangenen Analyse der Wahl, dem einzig wirklichen politischen Akt, der dem Bürger der bundesrepublikanischen Demokratie zugestanden wird, gezeigt, wie wenig sich die Wähler der Bedeutung ihres Tuns bewußt sind, was wiederum die Bedeutung dieses Aktes selbst schmälert. Da aber die Wahl als reale demokratische Ausdrucksform des Bürgers nicht erkannt wird, bleibt zu fragen, nach welchen Gesichtspunkten der Bürger der Bundesrepublik überhaupt noch feststellen kann, daß er in einer Demokratie lebt. Weil es naheliegend ist, wird diese Frage in den Sozialwissenschaften oft und gerne dadurch erhellt, daß der Demokratie eine Diktatur gegenübergestellt wird, von der ein Befragter dann die Demokratie zu unterscheiden hat. Die Unterscheidungskriterien allerdings werden von den Sozialforschern erdacht und brauchen deshalb nicht die einzig möglichen darzustellen. Es ist darüber hinaus für den Befragten relativ einfach, alle diejenigen Merkmale, die er eindeutig dem diktatorischen System zuordnet, der Demokratie nicht zuzuordnen. Man erhält also eher ein Bild von dem, was Demokratie *nicht* ist, weniger davon, was sie ist. Wir müssen uns im folgenden jedoch auf solche Umfrageergebnisse stützen, da diese unseres Wissens die einzigen vorliegenden sind.
Welches Bild nun machen sich die Bürger der Bundesrepublik von ihrer Demokratie? Wie die Ergebnisse einer neueren Untersuchung[9] zeigen, ist der Unterschied der Ansichten über das nationalsozialistische System und über das der bundesrepublikanischen Demokratie inhaltlich gar nicht besonders groß.
So zeichnen die befragten Personen den Nationalsozialismus im allgemeinen durch die Merkmale Volksgemeinschaft, Gemeinwohl, Vaterlandsliebe, Leistung bei Führung und Stärke in Verbindung mit Disziplin, Gewaltherrschaft, Angst, Bedrohung, Unterdrückung und Volksbetrug aus, während der Demokratie die Merkmale Gemeinwohl, Volksgemeinschaft und Leistung bei Führung und Stärke in Verbindung mit Sicherheit, Ordnung, Gerechtigkeit und Geborgenheit zugeordnet werden. Die erstaunliche Ähnlichkeit, die im Hinblick auf die Eigenschaftsdimensionen Führung, Stärke, Disziplin, Ordnung und Volksgemeinschaft zwischen nationalsozialistischer und demokratischer Regierungsform in den Reaktionen der Befragten besteht, ist Veranlassung genug, den Begriff Demokratie mit Hilfe des semantischen Differentials zu überprüfen.
Im einzelnen wurden den Befragten adjektivische Gegensatzpaare vorgelegt, zwischen denen sie den Begriff Demokratie jeweils einzuordnen hatten, so daß sich dann durch die Interpolation der einzelnen Werte ein sogenanntes Profil des samantischen Differentials für Demokratie ergab.
Die wesentlichsten Merkmale, die hier ersichtlich werden, zeigen, daß unter Demokratie eine weiche, nachgiebige Regierungsform verstanden wird. Stark ausgeprägt ist auch das Merkmal „ehrlich“, was jedoch durch die gleichzeitige Betonung der Merkmale „weich“ und „nachgiebig“ ein wenig von seinem honorablen Charakter verliert. Wir finden außerdem in der Zuordnung der Merkmale „geordnet“ und

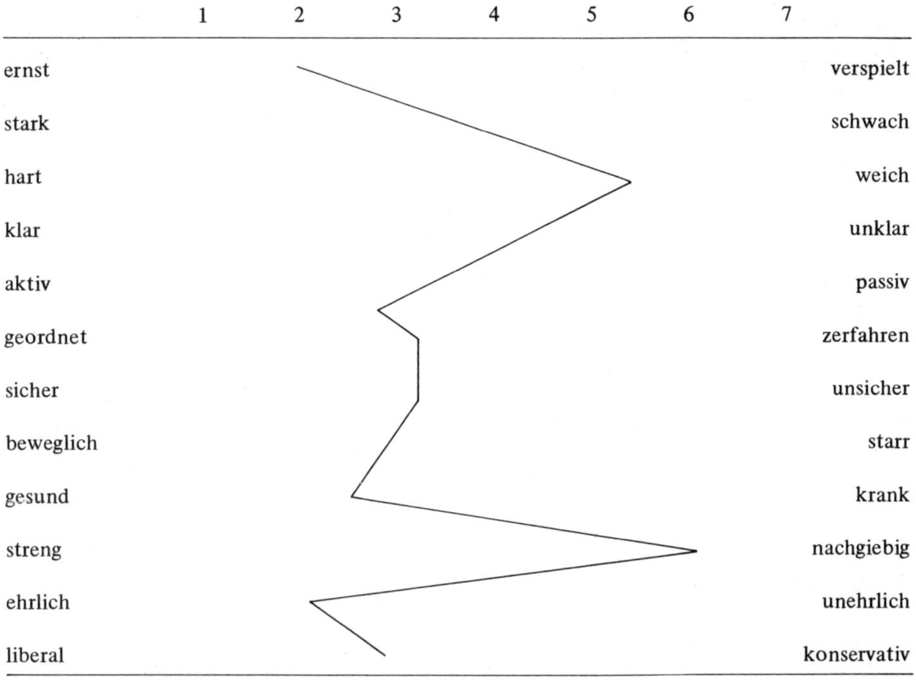

Abb. 1 Semantisches Differential für Demokratie

„sicher“ Anzeichen dafür, daß das in der heutigen bundesrepublikanischen Gesellschaft bestehende Bild von Demokratie weiterhin einige überwiegend dem Nationalsozialismus zugeschriebene Elemente in sich birgt, wie z.B. die Verabsolutierung der Werte „Ordnung“ und „Stärke“. Die Absorption dieser Eigenschaften wird dann in der Regel als notwendige Voraussetzung für die Leistungsfähigkeit einer demokratischen Gesellschaft interpretiert.
Wie erschreckend tief die Wertungen des Nationalsozialismus den Bundesdeutschen noch in den Knochen sitzen, untermauert auch die folgende Darstellung, der eine Erhebung aus dem Jahre 1970 (!) zugrunde liegt.

Tabelle 8
Der Nationalsozialismus war im Grunde eine gute Idee, die nur schlecht ausgeführt wurde.

	abs.	%
Ablehnung	530	55,1
Zustimmung	368	38,3
keine Angabe	64	6,7
	962	100,1

Wie gleichgültig es den Befragten eigentlich ist, wer sie regiert, zeigen die folgenden Daten in noch eindeutigerer Weise.

Tabelle 9
Man sollte endlich aufhören, danach zu fragen, ob jemand während des 3. Reiches einen führenden Posten hatte.

	abs.	%
Zustimmung	686	71,3
Ablehnung	218	22,7
keine Angabe	58	6,0

Es gibt eigentlich keinen Grund, warum man nicht danach fragen sollte, wer im 3. Reich einen führenden Posten hatte. Somit zeigen diese Zahlen im Grunde nur an, wie müde und apathisch die Mehrheit der bundesdeutschen Bürger sein muß, wenn es ihnen fast völlig egal ist, mit welchen Leuten die demokratischen Strukturen ihres Systems bevölkert werden. Hieraus spricht wohl auch eine ungehemmte Vertrauensbeziehung zu allem, was institutionell oder gesetzlich geregelt ist. Dabei wird freilich die Tatsache vollkommen verkannt, daß gerade demokratische Strukturen weich und anpassungsfähig sind, so daß sich die entsprechenden Leute ihrer undemokratisch bedienen können. Damit wird aber deutlich, daß die meisten Befragten nicht die wesentlichen Unterschiede zwischen Demokratie und Nationalsozialismus erkennen, sondern beide Formen der Herrschaft als Herrschaftsformen auffassen und akzeptieren. Richtig wäre es ja doch, Demokratie als eine Art des Sich-Verhaltens, als eine Lebensform zu betrachten.
Weil wir die Organisationen der Gewerkschaften für eine Demokratie als sehr wichtig erachten, fügen wir folgende Tabelle hinzu.

Tabelle 10
Man sollte endlich aufhören, danach zu fragen, ob jemand während des 3. Reiches einen führenden Posten hatte.

	Zustimmung %	Ablehnung %
Gewerkschaftsmitglieder (DGB, DAG, CGB)	70,6	29,4
Nichtmitglieder	75,6	24,4

Die vorstehenden Tabellen 8, 9 und 10 sind Ergebnisse einer Repräsentativbefragung im Land Hessen aus dem Jahre 1970.[10]
Aus derselben Umfrage liegen uns Daten vor, die unsere Ergebnisse aus dem semantischen Differential überzeugend bestätigen. Wir meinen damit die latent vorhandenen verabsolutierten Werte die „Ordnung“ und „Disziplin“, die deutlich werden

lassen, daß Demokratie und Nationalsozialismus sich nicht eigentlich als eine verschiedene Lebensauffassung präsentieren, sondern eben nur als unterschiedliche Herrschaftsform.

Tabelle 11
Wenn es hier mehr Disziplin und Ordnung gäbe, würde Deutschland nicht die Probleme haben, denen es gegenübersteht.

	abs.	%
Zustimmung	90	47,4
Ablehnung	60	31,6
unentschieden	34	17,9
keine Angabe	6	3,1

Tabelle 12
Was die Jugend heute braucht, ist Disziplin

	abs.	%
Zustimmung	95	53,2
Ablehnung	63	29,1
unentschieden	32	17,7

Obgleich in fast allen Umfragen auf die Frage, welche Staatsform der Befragte vorziehen würde, 90 % und mehr die Demokratie nennen, gibt es offensichtlich keine inhaltlichen Kriterien, nach denen die Bürger der Bundesrepublik Demokratie von Diktatur zu unterscheiden wissen.
Diese Feststellung liefert eine nachträgliche Bestätigung der Bemerkung K. Sontheimers, daß die „NPD eine Ausgeburt der bundesrepublikanischen Verhältnisse (ist), Fleisch vom Fleisch der Bundesrepublik, kein Fremdkörper in unserem Volke“[11], und „allein auf der Basis einer in Teilen des deutschen Volkes nach wie vor wirksamen antiliberalen und antidemokratischen Geisteshaltung sammelt die NPD ihren stetig wachsenden Stimmenanteil“.[12]
Wenngleich die NPD heute keine Stimmen mehr „sammelt“, bleiben die Ergebnisse der angeführten Umfragen bestehen, und es fragt sich lediglich, welche Partei oder Organisation dann heute die Funktion der NPD wahrnimmt. Es bieten sich ja einige an.
Es wäre nun freilich falsch, wollte man die gewissermaßen rechtsnationalen Grundwerte als in allen Bevölkerungsgruppen gleich stark angesiedelt wissen. Eingehende Analysen zeigen, daß sich die rechtsnationale Gruppe der Bevölkerung der Bundesrepublik durchaus durch soziale Merkmale auszeichnet. So finden sich in dieser Gruppe überwiegend selbständige Unternehmer größerer und kleinerer Unternehmen. Unabhängig davon ließ sich feststellen, daß der Anteil der etwas älteren Befragten (ab 55 Jahre) relativ groß ist. Hohe Schulbildung ist längst keine Gewähr dafür, daß eine liberale oder demokratische Einstellung besteht. So zeigen Befragte

mit hoher Schulbildung in der Position selbständiger Unternehmer rechtsnationale Einstellungen.

Wir können somit allgemeiner folgende Sätze aufstellen, die sich durch das vorgelegte und das allgemein bekannte Material hinreichend bestätigen lassen:

1. Die unzureichende Differenzierung zwischen Demokratie und Nationalsozialismus ist eine historische Belastung. Die Gruppe älterer Befragter zeigt eine signifikant stärkere Neigung zu rechtsnationalen Werten.
2. Diese Einstellung ist eine Funktion von sozialem Status und erwartetem Statusverhalten. Daher zeigen Gruppen, die Vorgesetzte sind, in verstärktem Maße eine Verinnerlichung und Verabsolutierung solcher Werte wie „Ordnung" und „Disziplin".
3. Sozial „niedrig"-gestellte Gruppen zeigen ein ähnliches Verhaltensmuster, was darauf zurückzuführen ist, daß die „von oben" erfahrene Autorität zu einer gleichen Verhaltensweise führt.

Darüber hinaus korreliert der niedrige soziale Status fast immer mit einer niedrigen Schulbildung, so daß sich in diesen Gruppen nicht nur kein Demokratieverständnis finden läßt, sondern auch kein Informationsbestand über die formalen Regeln und Rechte in der Demokratie.

Wenn wir also im wesentlichen den sozial „niedrig"-gestellten Gruppen der Bevölkerung der Bundesrepublik Deutschland am wenigsten Demokratieverständnis zuschreiben können, so gewinnt dies insbesondere dadurch an Bedeutung, daß ein erheblicher, wenn nicht der größte Teil der Bevölkerung der BRD eben jener Gruppe zuzurechnen ist, die ja objektiv und sinnvoll nur durch die Höhe des Einkommens von den sog. „höher"-gestellten Gruppen unterschieden werden kann, wenn man nicht in willkürliche und kaum zu operationalisierende Redensarten verfallen will. Dieser bedeutende Teil der Bevölkerung aber ist es gewohnt, geführt und gelenkt zu werden, und so entwickelt sie auch keine selbständigen Wertvorstellungen. Man könnte auch hier von einem „Führertrauma" sprechen, dem alle diejenigen unterliegen, die nicht zu den Eliten und damit zu den Führern gehören, wobei anzumerken ist, daß die Eliten selbst ein „Führungsbewußtsein" besitzen.

Wie ausgeprägt die Hingabe der deutschen Bevölkerung an eine Führungskraft ist, zeigen die folgenden Ergebnisse deutlich.

Tabelle 13
Die einzige Möglichkeit, in unserer komplizierten Welt etwas Wesentliches zu erfahren, ist, auf Persönlichkeiten zu hören, denen man vertrauen kann. (1972)

Zustimmung %	Ablehnung %	Unentschieden %
39,0	35,3	25,7

Tabelle 14
Wenn jeder einzelne sich selbst überlassen bliebe, gäbe es ein Chaos (1972)

Zustimmung %	Ablehnung %	Unentschieden %
78,0	9,1	12,9

Tabelle 15
Auf die Politik hat der Wähler ohnehin keinen Einfluß. (1972)

Zustimmung %	Ablehnung %	Unentschieden %
34,8	51,9	13,4

Aus diesen Zahlen spricht also eindeutig zunächst die völlige Unsicherheit der Befragten in bezug auf „Demokratie", die negative Selbsteinschätzung bezüglich der eigenen politischen Handlungsfähigkeit und die daraus offenbar resultierende Indifferenz bezüglich der Demokratie. Wir können es auch so formulieren: Die Bürger der Bundesrepublik sind nicht „reif" für die Demokratie, sie wissen offensichtlich damit nichts anzufangen.

Dies freilich kann nicht allein als Resultat der „belastenden" Vergangenheit gewertet werden, vielmehr trifft die Schuld an dieser Haltung gleichermaßen die heutigen Eliten und deren Vorgänger, die sich ja in keiner Weise von ihrem Führerimage zu lösen versuchen. Für die politischen und gesellschaftlichen Eliten in der Bundesrepublik stellt sich damit eindeutig das Problem, von ihrem „hohen Roß" herabzusteigen, um dem Bürger zu zeigen, daß sie gewillt sind, ihn als Demokraten anzuhören, zu Rate zu ziehen und zu akzeptieren. Hier muß der Teufelskreis der gegenseitigen Abhängigkeit endlich einmal durchbrochen werden: „Man" wagt nicht, demokratisches Sich-Verhalten zu zeigen, weil „die andere Seite" nicht „reif" zur Demokratie ist, und „man" kann nicht reif zur Demokratie werden, weil „die andere Seite" sich nicht demokratisch verhält ... .

Es wurde ohne Frage nicht alles an Datenmaterial, was vorliegt, von uns hier aufgeführt. Wir können jedoch sagen, daß sich in allen Ergebnissen ähnlicher Umfragen ähnliche, ja gleiche Tendenzen herausstellen. Wir wollen diese hier zusammengefaßt darstellen, damit die Misere wirklich deutlich werden kann.

Demokratie ist in der Bundesrepublik zunächst ein Fremdwort. Sie ist, wie wir wissen, ja auch nicht hier erfunden worden. Im semantischen Differential zeigt sich deutlich, daß die Lebensform der Demokratie als reine Herrschaftsform angesehen wird und sich darin nicht wesentlich von der Herrschaftsform der Diktatur unterscheidet. Demokratie wird immer als ein System von Regeln verstanden, nie als eine Herausforderung und Möglichkeit praktizierter Lebensgestaltung. Besonders deutlich tritt dies in der Auffassung von der Wahl zutage und in der resignierenden Feststellung, daß man ohnehin keinen Einfluß auf die Politik habe. Demokratie und Diktatur werden also als in der *Form* unterschiedlich aufgefaßt, aber weniger als dem *Inhalt* nach unterschiedlich. Die Ursachen für diese Haltung sind historisch und politisch begründet. Zum einen läßt sich eine geradezu märchenhaft anmutende Führungstreue feststellen, die offenbar der „Deutschen Tradition" entstammt, zum anderen haben es die politischen Eliten der heutigen Demokratie versäumt zu zeigen, daß sie sich *nicht* als Führungselite verstehen. Vielmehr beweist die Entwicklung in den westdeutschen Parteien immer aufs neue, wie wesentlich für die Politik doch eine einzelne „Führerperson" in diesem Lande ist. So haben also nicht nur die Bürger der Bundesrepublik nicht gelernt, was sie mit der Demokratie anfangen können, auch die politischen Eliten scheinen unfähig oder unwillig zu sein, nach anderen Prinzipien zu handeln als nach den in Deutschland seit langer Zeit üblichen Methoden der Herrschaft über das Volk.

Ob die Unmündigkeit der Bürger wesentlich von diesem Verhalten der Eliten bestimmt wird oder ob sich die Eliten entsprechend der Unmündigkeit der Bürger verhalten, kann hier nicht bestimmt werden. Sicher ist jedoch, daß eine Änderung der Haltung gegenüber der Demokratie jetzt von den Eliten ausgehen muß. Sie müssen den Bürgern beweisen, daß unter Demokratie ein anderes Lebensprinzip zu verstehen ist als das des Nationalsozialismus oder des preußischen Feudalismus. Dies freilich bedeutet, daß die Eliten ihre Elitenposition zunächst einmal in Frage stellen müssen, um sie dann aufgrund demokratischer Wertungen neu zu bestimmen und bestimmen zu lassen. Dies jedoch ist, so schön es wäre, schwer vorstellbar, wenn man weiß, wie gut es den Eliten in der Bundesrepublik aufgrund ihrer unantastbaren, durch Tradition gesicherten Stellung geht.

Wo liegen dann noch Möglichkeiten für die Demokratie in der Bundesrepublik? Bei den Gewerkschaften? Ist diese Elite bereit, nicht nur ihre Organisationen wesentlich zu stärken, sondern auch ihren potentiell sehr großen Einfluß für einen Ausbau der zweiten deutschen Demokratie mit dem Ziele einer Überwindung der Elitendemokratie geltend zu machen?

Liegt nicht wieder einmal die Zukunft der deutschen Demokratie „in den Händen der Gewerkschaften"?

Oder bei der Jugend?

Wir werden im folgenden Kapitel versuchen, dieser Frage nachzugehen.

Viertes Kapitel

Falsche Hoffnung: „Jugend"

Es wird viel darüber geredet und geschrieben, daß die Jugend ganz anders sei als ihre Väter und Großväter. Schlagworte wie „progressiv", „liberal" und „dynamisch" werden herangezogen, um die Jugend der Bundesrepublik zu kennzeichnen. In der Tat wächst die Jugend dieses Landes in einer Demokratie auf. Ist sie deshalb demokratisch? Ohne Zweifel ist die Jugend aufgebrochen, um einige gesellschaftliche Tabus über den Haufen zu werfen. Die Erzieher haben es immer schwerer, ihre Autorität durchzusetzen. Es bilden sich Subkulturen der Jugend heraus, eigene Formen des Zusammenlebens werden gefunden und ausprobiert, usw. Es wäre in der Tat zu erwarten, daß diese Jugend sich auch in politischer Hinsicht von der vorangegangenen Generation unterscheidet.
Freilich sind wir skeptisch, ob das beschriebene System in der Bundesrepublik in der Lage ist, demokratisch „mündige" Staatsbürger zu produzieren, weil es ja selbst nur aus Regeln ohne Inhalt besteht. Wir werden im folgenden bald sehen, daß die Jugend, d.h. hier die 15- bis 19-Jährigen, sich im wesentlichen gar nicht sehr von den „Alten" unterscheidet, was sie wohl auch gar nicht kann, weil sie ja von ihnen erzogen wird.

Tabelle 16
Meinen Sie, daß der Nationalsozialismus gute Seiten hatte? (1968)

	insgesamt %	männlich %	weiblich %
Zustimmung	61,5	65,9	56,5

Entnommen aus: *W. Jaide,* Jugend und Demokratie, 1970.

Was die Jugendlichen im Alter von 15 bis 19 Jahren hier von sich geben, ähnelt fatal dem, was wir schon von den erwachsenen Befragten gehört haben. Natürlich können wir nicht entscheiden, ob diese Meinungen daher rühren, daß die Befragten keine Ahnung von dem haben, was sie beurteilen sollen. Die stiefmütterliche Behandlung

Tabelle 17
Wir brauchen eine Partei, die für Ordnung sorgt. (1966)

	Hauptschule %	Realschule %	Gymnasium %	Insges. %
ja	57	45	38	47
nein	24	26	29	26
unentschieden	19	29	33	27

des Nationalsozialismus in den bundesdeutschen Schulen läßt den Verdacht zu, daß den Jugendlichen hier ein Problem zur Stellungsnahme vorgelegt wurde, demgegenüber sie aus mangelnder Information ratlos sind. Da sich ihre Bewertung durchaus mit dem deckt, was wir von den „Alten" hören, ist es naheliegend anzunehmen, daß die befragten Jugendlichen hier das wiedergeben, was sie gehört haben.
Diese Zahlen zeigen deutlich, wie nahezu komisch das Verhältnis der befragten Jugendlichen zur Demokratie ist. Was die eigentliche Aufgabe der Parteien ist – nämlich die politische Willensbildung – ist gar nicht wichtig. Eine Partei ist vielmehr ein System, das lenkt, leitet, ordnet und herrscht. Das ist im Grunde genommen wieder der Ruf nach einem Führer.

Tabelle 18
Meinen Sie, daß für die soziale Sicherheit seiner Bürger in erster Linie der Staat verantwortlich ist? (1968)

	insgesamt %	männlich %	weiblich %
ja	80,8	79,9	81,8

Was sich in diesen Ergebnissen äußert, scheint uns in erster Linie die Unfähigkeit oder der Unwille zu sein, in der Demokratie selbst Verantwortung zu übernehmen. Es ist also nicht etwa der Ruf nach dem Sozialstaat, nicht das Vertrauen in den Staatsapparat, der diese Antworten hervorbringt, wie die späteren Daten zeigen werden. Vielmehr tritt hier der Verzicht auf eigene Handlungen und eigene Verantwortung bei den Befragten zutage. Es ist alles gut, was die Ordnung und Sicherheit des Staates gewährleistet, egal, von wem dies nun vollbracht wird. Der Jugendliche ist also nicht bereit, selbst aktiv eine Verantwortung für die Gestaltung des Systems zu übernehmen, in dem er sich bewegt. Ja, er überläßt die Regelung dieser Angelegenheiten sogar Leuten, denen gegenüber er offen sein Mißtrauen eingesteht. Der Glaube an die Macht der Verfassung, der juristischen Regeln dieses Systems muß offensichtlich so ausgeprägt sein, daß die Mehrheit der Befragten davon ausgeht, daß es gleichgültig ist, wer die Positionen in diesem System besetzt.

Tabelle 19
Glauben Sie, daß Politiker der Öffentlichkeit meistens verschweigen, was sie wirklich denken? (1968)

	insgesamt %	männlich %	weiblich %
ja	76,8	77,0	76,7

Tabelle 20
Sind Sie der Meinung, daß Politiker ihre Wähler oft betrügen? (1968)

	insgesamt %	männlich %	weiblich %
ja	60,5	65,0	55,5

Die Meinung, daß die Politiker ihre Wähler betrügen und ganz anders denken, als sie reden, daß man ihnen aber dennoch die Lenkung des Staates in die Hände gibt, beweist erstens, daß die Befragten eigentlich gar kein Verhältnis zu ihrem Staat haben, nicht einmal ein negatives, und zweitens, daß die glaubwürdige Information, sowohl die offizielle (z.B. durch die Schulen!) wie die politische (z.B. durch die Parteien), unter aller Kritik sein muß. Offensichtlich ist auch in der Jugend der Aberglaube weit verbreitet, daß man auch ohne Interesse für den eigenen Staat und die eigene Gesellschaft auskommen kann. Dies ist keine antipolitische Haltung und auch keine Einstellung, die auf eine Änderung des Systems hinzielt, sondern eine apolitische Attitüde, die als Resultat der Elitenherrschaft gesehen werden muß. „Es handelt sich (vielmehr) um eine apolitische oder antipolitische (?) Einstellung derer, die für Ruhe und Ordnung eines reibungslosen obrigkeitsstaatlichen Funktionierens im Innern und einen veralteten Staatsegoismus nach außen stimmen ...“[13]
Die Ursache für diese Einstellung liegt erwiesenermaßen in der mangelnden Information der Befragten. Dabei soll freilich nicht übersehen werden, daß die Informations- und Verständnisschwierigkeiten zum Teil auch in den „Verhältnissen“ selber liegen.
„Angesichts des Zurückbleibens einer großen Sozialgruppe Jugendlicher im politisch-historischen Wissen wird man bescheidener im Anspruch an ein eigentliches Politikverständnis und in der Hoffnung, daß politische Maßnahmen, Institutionen und Positionen rational und instrumental und weniger irrational und traditionell aufgefaßt werden.“[14]

Tabelle 21
Die nationale Ehre eines Volkes sollte das Wichtigste in der Politik sein. (1966)

	Hauptschule %	Realschule %	Gymnasiums %	Insges. %
ja	65	47	33	48
nein	26	37	37	34
unentschieden	9	16	30	18

Wie irrational und traditionell politische Maßnahmen aufgefaßt werden, zeigt die vorangegangene Tabelle. Allerdings ergibt sich die bemerkenswerte Feststellung, daß die Irrationalität der Einschätzung politischer Maßnahmen mit steigender Schulbildung relativ zurückgeht, freilich nur, um einem Bekenntnis der Unsicherheit zu

weichen, was sich in den steigenden Anteilen der „Unentschiedenen“ ausdrückt, und nicht etwa, um durch eine positive rationale Beurteilung ersetzt zu werden. Steigende Allgemeinbildung bedeutet also keineswegs automatisch steigendes Verständnis für politische Maßnahmen, sondern eher steigende Vorsicht oder Indifferenz gegenüber solchen Aktivitäten.
Die Äußerung der vorurteilsbehafteten Meinung weicht also lediglich dem Eingeständnis der Indifferenz gegenüber dem Beurteilungsobjekt.
Daraus folgt, daß nicht nur die Grund- und Hauptschulen keine politische Urteilsfähigkeit hervorbringen können, sondern auch die weiterführenden Schulen keinen Bezug des einzelnen zu der ihn regierenden Elite herstellen. Man muß also einkalkulieren, daß „eine große subnormal vorgebildete Gruppe von Staatsbürgern nur partiell politisch rationalisierbar bleiben wird. Und man muß nach wie vor einkalkulieren, daß sie mehr aufgrund von Gefühlen ohne hinreichende Informationen über deren Herkunft, Realisierungsmöglichkeiten und Konsequenzen ihre politischen Entscheidungen treffen“.[15] Die bisherigen Bildungshilfen und Bildungsstätten sind also offenbar für die politische Meinungsbildung und Teilnahme unzulänglich. Wenn wir berücksichtigen, daß es die Parteien und Gewerkschaften ebenfalls sind, so wird deutlich, daß die Schuld an diesem Zustand wirklich die herrschenden Eliten trifft, weil sie ihre Positionen und Handlungen nicht transparent machen oder kontrollierbar ablaufen lassen, sondern in einem unübersehbaren Raum „privilegierter, aber nicht dazu delegierter Machthaber an Kapital, Wissen und Einfluß“[16] verschleiern.
Das Ergebnis der hier dargestellten Untersuchungen über die Einstellungen der Jugendlichen gegenüber der bundesrepublikanischen Demokratie liefe darauf hinaus, einen großen Teil der Jugend moralisch und politisch abzuqualifizieren, wenn man unberücksichtigt ließe, daß das System der Bundesrepublik mit seiner Ungleichheit verschiedener Schul- und Berufsausbildung eigentlich ein Widerspruch zu dem Versprechen des Grundgesetzes ist, daß jeder junge Mensch in unserer Demokratie die gleichen Chancen haben soll.
Es kann doch wohl nicht der Ernst eines demokratischen Politikers sein, wenn er behauptet, die Lotterieauswahl beim Numerus clausus an den bundesdeutschen Hochschulen habe etwas mit Chancengleichheit zu tun. Aber wir dürfen nicht übersehen, wohin diese effektive Ungleichheit geführt hat.
30 % der im Jahre 1968 befragten 15- bis 19-jährigen jungen Menschen stimmen dafür, daß die Entwicklungsländer ihre Wirtschaft aus eigener Kraft aufbauen sollen. 44 % sehen in diesen Ländern eine ernsthafte Konkurrenz für das eigene Land. 42 % sind dafür, die Gastarbeiter wieder nach Hause zu schicken. 41 % der Befragten stimmen dafür, sich über EG-Verträge wegen möglicher nationaler Nachteile hinwegzusetzen.
Mehr als 60 % weisen die konkrete Versöhnung mit dem östlichen Nachbarn Polen ab.
68 % lehnen die Abrüstungs- und Entspannungsbemühungen ab und wünschen sich die Bundeswehr so stark, daß sie die Bundesrepublik Deutschland allein verteidigen kann (51 %).

Dies alles kann nur einer völligen Unwissenheit über Fakten und Geschichte entspringen und beweist damit nur, daß die lenkende und erziehende Generation keine Anstalten macht, den Jugendlichen ein reales Bild von den Vorgängen zu geben, die die Politik bestimmen. Es fragt sich, ob die Elite nicht will oder ob sie nicht kann. Die „apathische Mehrheit" ist hier leider in vollkommener Weise realisiert worden. Jedenfalls brauchen sich die Politiker keine Sorgen mehr zu machen, denn 69 % der befragten Jugendlichen sind der Meinung, „daß die Kriegsverbrecherprozesse aufhören sollen".[17] Und ganz bewußt gehen 39 % das Risiko ein, daß ein Mann wie Hitler wieder an die Macht gelangen könnte.[18]

Wir glauben, mit Recht von einer „falschen Hoffnung Jugend" gesprochen zu haben, aber es ist auch eine völlig unhaltbare Ansicht, wollte man eine Verbesserung des politischen Klimas in irgendeine zukünftige Generation abschieben. Dies wäre die völlige Verkennung eines historisch bedingten Prozesses.

Was kann getan werden, um dieses politische Antipotential rückständiger, kenntnisarmer und desinteressierter Einstellungen bei einem nicht geringen Teil der Jugendlichen aufzulösen?

Sicherlich liegt eine Lösungsmöglichkeit in einer demokratischen Bildungspolitik. Aber es wäre verfehlt, darin das Allheilmittel allen Übels zu sehen. Politik als solche muß durch die politisch Handelnden als praktische Politik sichtbar und transparent gemacht werden. In der Politik muß der Jugendliche die Möglichkeit der Verwirklichung seiner Zukunftsperspektiven erkennen können, und er muß lernen, daß Politik in diesem Sinne ohne seine Teilnahme nicht möglich ist. Das heißt, daß die elitären Politiker zugeben müssen, daß sie zur Verwirklichung einer demokratischen Politik auf den Staatsbürger, seine Meinung und seine Mithilfe angewiesen sind.

So schwer ist moderne Demokratie.

Fünftes Kapitel

Die Kritik an den Methoden

Wir haben uns bei der Darstellung des politischen Klimas in der Bundesrepublik auf Daten gestützt, die von den Sozialforschern der BRD in sogenannten Meinungsbefragungen gewonnen wurden.
In gewisser Weise haben wir dabei vorausgesetzt, daß die Methoden der Datenerfassung wissenschaftlich abgesichert und zuverlässig sind. Es sieht allerdings in Wirklichkeit etwas anders aus.
Freilich wollen wir das von uns bisher Gesagte damit nicht in Frage stellen oder ad absurdum führen. Man kann sicher sagen, daß unsere Resultate von allen Beobachtungen bestätigt werden und in allen Untersuchungen immer wieder zutage treten, nur müssen wir im Namen wissenschaftlicher Ehrlichkeit die Schwächen der hierbei und auch von uns verwendeten Materialien klar zugeben. Im übrigen sind die Sozialwissenschaftler selbst ihren Methoden und Theorien gegenüber sehr skeptisch und mißtrauisch. Nur werden diese wohlmeinenden Einschränkungen der sozialwissenschaftlichen Ergebnisse in den seltensten Fällen von denjenigen beachtet, die sich solcher Ergebnisse bedienen, um ihre Meinungen und Darstellungen zu untermauern.
„Die Entdeckung, daß man die Einstellungen und Meinungen der Menschen zureichend erfassen kann, hat zu dem gedankenlosen Versuch geführt, Antworten auf alle Tatsachenfragen durch einfaches Abzählen von Knöpfen zu erreichen."[19]
Gedankenlos ist der Versuch deshalb, weil einfach stillschweigend davon ausgegangen wird, daß eine Antwort, die ein Befragter auf eine in einem Interview gestellte Frage gibt, etwas mit seiner Meinung zu tun hat.
Ist schon der Begriff „Meinung" dubios, so ist es der Zusammenhang zwischen Meinung und Verhalten um so mehr. Da wir nichts dafür können, daß die vorliegenden Daten unter diesen Voraussetzungen zustande gekommen sind, gilt es, in diesem Schlußabschnitt unseres Kapitels die Relativität der von uns verwendeten Daten und der daraus gezogenen Schlußfolgerungen klarzustellen.
Wir wollen also nicht die mathematisch-statistische Aufbereitung der Daten anzweifeln, wir betonen lediglich, daß es sich eben nur um eine mathematisch-statistische Aufbereitung handelt und nicht etwa um sozialwissenschaftliche Erklärungen.
Kritik muß vielmehr an dem „Davor" und dem „Danach" dieses rein rechnerischen Prozesses geübt werden.
„Die Tatsache, daß in einem Bericht nicht ausdrücklich von Deutung gesprochen wird, bedeutet keineswegs, daß bei der Darstellung der Ergebnisse keine Schlüsse gezogen werden. In Wirklichkeit schafft aber der Umstand, daß man die Annahmen und Bedingungen einer Untersuchung nicht ausdrücklich angibt, leicht den Eindruck von einer größeren Tragweite der Ergebnisse, als sich sachlich rechtfertigen läßt."[20]

Hier wird deutlich, was unter dem „Davor" zu verstehen ist: Es sind die Annahmen und Bedingungen der Untersuchung oder, mit anderen Worten, die subjektiven Wertungen des Forschers, der ausgehend davon Theorie, Methode und Interpretation der Untersuchung bestimmt.
Dies geht so weit, daß der Forscher u.U. unterstellt, daß bei den Befragten Meinungen vorhanden sind, die in Wirklichkeit erst durch die Frage erzeugt werden.
„Die Antwortvalidität, also der Sachverhalt, daß die Antworten der Befragten das besagen, wonach gefragt wurde, hängt ab von der Möglichkeit, Fragegegenstände als für Befragte und Fragende gleichbedeutend zu definieren. Voraussetzung für Definierbarkeit ist rein logisch die Annahme, daß der Gegenstand überhaupt für den Befragten existiert."[21]

Die zum Teil widersprüchlichen Antworten in Einstellungsbefragungen lassen sich sicherlich auch auf dieses Problem zurückführen. Wie wesentlich die Unterstellungen des Forschers für die Beantwortung einer Frage sind, wollen wir an folgender Darstellung verdeutlichen.

Tabelle 22
Welches sind Ihrer Meinung nach gegenwärtig die wichtigsten Probleme für die Bundesrepublik? (1970)
(Mehrfachnennungen)

	abs.	%
Preisstabilität	289	30,0
Ostpolitik allgemein	220	22,9
Wirtschaftspolitik	159	16,5
Währungsstabilität	125	13,0
Außenpolitik allgemein	91	9,5
Berlin-Frage, Wiedervereinigung	79	8,2
Sozialpolitik	73	7,6
Schul- und Bildungspolitik	72	7,5
Finanzpolitik	67	7,0
Arbeitsplatzsicherung	48	5,0
Innenpolitik allgemein	48	5,0
Erhaltung des Friedens	36	3,7
Lohnstabilität	33	3,4
Ostverträge	30	3,1
Wohnungsbau, Mieten	28	2,9
Rechts- und Justizreform	22	2,3
Vermögensbildung	20	2,1
Umweltschutz	18	1,9
Innere Ordnung	15	1,6
Regierungswechsel	11	1,1
Gastarbeiter	8	0,8
Agrarpolitik	5	0,5
Mitbestimmung	1	0,1
keine Angabe	129	13,4

Hierbei wurde im ersten Fall relativ wenig unterstellt. Die Frage hatte keine Antwortvorgaben, und der Befragte mußte sich sozusagen unvorbereitet und spontan äußern.
Im zweiten Fall wurde ein Problem vorgegeben, und der Befragte hatte die Wichtigkeit dieses Problems einzuordnen.
Mit dieser Verteilung war der Forscher offensichtlich nicht zufrieden. Also stellte er folgende zweite Frage: Nun würde mich interessieren, welche Bedeutung einige Probleme für Sie haben. ... welche Bedeutung hat die Mitbestimmung für Sie?

Tabelle 23

	abs.	%
gar keine Bedeutung	97	10,1
1	30	3,1
2	46	4,8
3	51	5,3
4	47	4,9
5	132	13,7
6	52	5,4
7	66	6,9
8	103	10,7
9	78	8,1
10 größte Bedeutung	213	22,1

Nach dieser Skala messen 22,1 % plötzlich der Mitbestimmung größte Bedeutung bei, während das Problem der Mitbestimmung nur 0,1 % der Nennungen erhält, wenn dem Befragten kein Problembewußtsein unterstellt wird. Wir sehen daraus, wie verzerrend die Unterstellung des Fragenden wirken kann. Da standardisierte Interviews, wie sie bei Meinungsbefragungen fast immer angewendet werden, in den seltensten Fällen eine offene Beantwortung der Fragen zulassen, müssen wir die Ergebnisse solcher Umfragen unter dem eben erörterten Aspekt betrachten. Ein Befragter, der mit einem Problem konfrontiert wird, das für ihn selbst gar keines ist, wird daher mit einiger Sicherheit eine Meinung abgeben, die in seinem persönlichen Bereich vorherrscht.
Er gibt damit faktisch an, wie in seiner ihn beeinflussenden Umgebung geurteilt wird, wenngleich er selbst nicht positiv reagiert. Damit verlieren die Umfrageergebnisse nicht eigentlich ihren Wert für unsere Analyse. Nur wäre es falsch, wollte man darin den Ausdruck von „Meinungen" sehen. Vielleicht kann man es so formulieren, daß mit einer Reihe von Antworten in Meinungsumfragen ein allgemeines Meinungskontinuum gekennzeichnet wird, in dem der Befragte lebt. Mit Sicherheit läßt sich damit aber der unmittelbare Zusammenhang zwischen einer solchen Äußerung und einer von dem Befragten irgendwann einmal zu vollziehenden Aktion verneinen. Wird von solchen Antworten auf die Wahrscheinlichkeit eines tatsächlichen Verhaltens geschlossen, so ist das Eintreten dieses Verhaltens reine Glückssache. Es ist umsomehr Glückssache, als nach einer Untersuchung aus dem Jahre 1961 27 % der Befragten angeben, in Gesprächen über Politik ihre wahre Meinung zurückzuhalten.[22]

In einem Interview, das im allgemeinen noch wenig als ein Gespräch, mehr als ein Verhör aufgefaßt wird, ist daher die Wahrscheinlichkeit für eine falsche Angabe umso höher. Natürlich ist darüber hinaus ein ganzes Bündel von Faktoren entscheidend für die Antwort eines Befragten, aber die Erörterung dieser Probleme würde hier zu weit führen. Es sei nur darauf verwiesen, daß sich in letzter Zeit einige Sozialforscher ausdrücklich mit dem Problem der Interviewsituation befassen.[23]

Auch das Problem des Attitüdenmodells, dem das Einstellungs-Verhalten-Syndrom entnommen wurde, scheint sich in der Diskussion zu befinden.

Wenn wir diese kurze Methodenkritik hier zusammenfassend beurteilen, so möchten wir sagen, daß sie den Ergebnissen der Meinungsforschung zwar die Schärfe und Klarheit nimmt, nicht aber die Tendenzen der Aussagen negiert. Somit behalten unsere Folgerungen zum politischen Klima in der Bundesrepublik – mehr oder weniger – ihre Gültigkeit.

Zum Schluß

Ein Fragezeichen

Daß man der Deutschen Tradition nicht alsbald nach dem Zusammenbruch der Deutschen Diktatur zuleibe rückte, mag verständlich sein. Man wußte nichts von ihr, man *wollte* nichts von ihr wissen, wenngleich es in der BRD immer Kreise und Gruppen gegeben hat, die mit dem „Vergangenen" brechen wollten; nur, was war eigentlich das „Vergangene"?

Nur Hitler, nur die Ungeheuerlichkeiten der Konzentrationslager, nur der Wille, die Welt zu unterjochen, nur ...?? Und wie sollte man diesen Bruch mit etwas Undefinierbarem und Undefiniertem vollziehen – mit prominenten Nationalsozialisten an prominenten Stellen der neuen bundesrepublikanischen Verwaltung oder gar Regierung?

Aber dann kam das Jahr 1969 und mit ihm Willy Brandt an die Macht. Es kam eine Regierungserklärung, die auch zur Frage des „Neu-Beginnens" verheißungsvolle Formulierungen enthielt.

Was ist davon verwirklicht worden?

Hier wird nicht die große außenpolitische Leistung der Regierungen Brandt seit 1969 bestritten. Die „Versöhnung mit dem Osten", die geradezu selbstverständliche Konsequenz aus dem deutschen Handeln seit 1933 und aus der geographischen Lage der BRD, war auch ein direktes Resultat der Lebenserfahrungen Willy Brandts. Die Ostverträge waren für die Zukunft der BRD so selbstverständlich, daß es außerordentlicher Anstrengungen bedurfte, um die Mehrheit des Parlaments von ihrer Notwendigkeit zu überzeugen. Die Deutsche Tradition, vor allem ihr romantischer, wirklichkeitsverkennender und wirklichkeitsverfälschender Bestandteil, bäumte sich – wieder einmal – auf und führte zu politischen Konvulsionen, die bis heute noch nicht völlig überwunden sind, wenngleich man sie – wieder einmal – am liebsten aus der Erinnerung streichen möchte.

Willy Brandt brachte die große und nicht programmierte Geste des Kniefalls vor dem Mahnmal des *vernichteten* Ghettos in Warschau fertig, die für das Ansehen der BRD in der Welt mehr bedeutet hat, als viele Bundesbürger bis heute verstanden haben.

Das bleibt aus der Diskussion hier heraus.

Für die internationale Stellung der Bundesrepublik bedeuten diese Leistungen, scheint mir, mehr als die Härte der deutschen Währung, bei der etwas weniger „Härte" für das Land wahrscheinlich viel positiver wäre.

Aber nicht herausbleiben kann – von der Fragestellung dieses Buches her – das, was nach dem unerwartet großen Wahlerfolg Willy Brandts im Jahre 1972 *nicht* geschehen ist.

Diese Wahl war ja vor allem eine triumphale Bestätigung, die Anerkennung der Person und der persönlichen Leistungen des Vorsitzenden der SPD. In diesem

Lande geht es nun einmal (noch?) nicht ohne Führer. Das Wahlergebnis war insoweit auch ein Appell, fast ein Hilferuf an Willy Brandt: Sage uns, was geschehen soll; sage uns, war *wir* tun sollen!

Von *dem* Tage an hätte Willy Brandt die Möglichkeit, ich sage ohne Zögern: die Pflicht gehabt, seinen Landsleuten, die sich von ihm alles hätten sagen lassen, vorsichtig, aber systematisch und unaufhörlich, also pädagogisch, die „Lehren" der deutschen Geschichte, die Gewalt und Stärke der Deutschen Tradition, die Notwendigkeit des „Neu-Beginnens", vor allem des persönlichen Neu-Beginnens, die lebensentscheidende Bedeutung der drei Fremdwörter Loyalität, Solidarität und Toleranz klarzumachen.

Das wäre eine deutsche Revolution gewesen.

Sie ist nicht erfolgt. Die einzigartige politische und moralische Stellung des damaligen Bundeskanzlers ist nicht genutzt worden. Es ist mir natürlich nicht bekannt, welche Gründe dem im Wege gestanden haben können. Sie interessieren mich beinahe auch nicht. Ich würde sie nicht anerkennen.

Daß Willy Brandt den außerordentlichen menschlichen und moralischen Einfluß, den er unter seinen Mitbürgern besitzt, nicht genutzt hat, ist mehr als eine *deutsche* Tragödie. In der BRD aber hätte der Altbundeskanzler – und *nur* er! – mit seiner überlegenen politischen Geschicklichkeit und der ihm zu Gebote stehenden Kunst der Rede langsam, vorsichtig, aber konsequent die Verklammerungen und Verdrängungen der Deutschen Tradition lockern können. Er hätte die politische Großtat des Beginns einer neuen Deutschen Tradition vollbringen können – als Krönung eines schweren, aber schließlich erfolgreichen Lebens.

Kann er es noch tun? Ist noch Zeit dazu?

Zeit? Ja, ich meine das ganz wörtlich, denn in den letzten Jahren hat sich die Problematik der SPD auch für den wohlwollenden Beobachter in beängstigendem Tempo in die gleiche Richtung verschoben, wie sie in diesem Buch für die Gewerkschaftsbewegung skizziert worden ist, in Richtung also eines Sich-nicht-mehr-Verstehens, in Richtung einer Vertrauenskrise zwischen einer – hier – sehr kleinen Elitengruppe und einer sich immer weiter ausdehnenden Gruppe, die sich ausgeschlossen fühlt. Das erschwert einmal (und für mich vor allem) die Aktionsmöglichkeiten Willy Brandts, seine Chancen, weiterhin mit selbstverständlicher Autorität richtungweisend wirken zu können. Das führt weiter, wenn auch aus ganz anderen Gründen als bei den Gewerkschaften, nicht nur zu einer Krise der Verständigung, sondern auch zu einer Krise des Vertrauens, des Vertrauens zueinander. Mir will scheinen, daß man bei den verwirrenden Richtungskämpfen in der SPD nicht mehr stets davon überzeugt ist, daß die Vertreter der einen oder anderen „Richtung" von den gleichen Prämissen her diskutieren und ihre Ziele setzen wie man selbst. Eine solche Haltung aber verhindert wirksam jedes Verständnis, wie diplomatisch auch die Formulierungen sein mögen, mit denen man so elementare Gegensätze zu verschleiern versucht.

Wo aber steht bei dieser in jeder „Partei des Volkes" unvermeidlichen Diskussion, die ja nur ein Ausdruck für die „ideologische Bandbreite" ist, von der oben gesprochen worden ist, der Parteivorsitzende, was meint und sagt Willy Brandt zu den

Problemen, die heute die SPD beschäftigen, quälen – und erschüttern? Es ist, wenn nicht alles täuscht, gerade diese Frage, die nicht nur das wohlwollend analysierende Nicht-Parteimitglied stellt, sondern auch die große Mehrzahl der interessierten und aktiven Parteimitglieder und -funktionäre.

Das ist, wenn mir dieses Urteil erlaubt ist, ein geradezu unerträglicher Zustand in einer Partei, die eben keine Honoratiorenpartei, sondern traditionell und funktionell eine Partei des Volkes ist. Der unglaublich große Nimbus, das unbezweifelbare politische Charisma, die wunderbare Fähigkeit, das politische und soziale Wollen seiner Mitbürger in Worte kleiden zu können, die von allen verstanden gebilligt wurden, hat Willy Brandt – trotz aller Rückschläge zu Beginn – an die Spitze der SPD und bald auch des Bundes getragen. Ist er damit sozusagen über seine Stellung hinausgetragen worden, so daß er die Niederungen seines Volkes und seiner Partei verließ und – wie ihn ein scharfblickender Karikaturist gezeichnet hat – über den irdischen Problemen wie ein Erzengel schwebte, nur ab und zu in seltenen Augenblicken der Erleuchtung hinabstoßend zu den Sorgen dieser Nichts-als-Menschen?

Es ist in den Diskussionen im vertrautesten Kreise während meiner Arbeit in der BRD das Wort von der „Verachtung" gefallen, die Willy Brandt im Grunde für seine „Untertanen" hege. Ich akzeptiere weder die Bezeichnung noch die Wertung, die dahinter liegt. Sie bestimmte die politische Haltung Otto von Bismarcks und Konrad Adenauers, mit denen Willy Brandt nichts gemein hat – als das Amt. Sein politisches Charisma steht und fällt mit seiner Partei, ihren großen und kleinen Problemen, seiner Identifizierung mit dieser Partei und mit diesen Problemen. Man erwartet mit allem Recht, daß er zu ihrer Lösung beiträgt, zunächst einmal in Diskussionen, nicht nur im erlauchten Kreis der Oberen Fünf, und daß er unzweideutig Stellung bezieht, auch wenn diese Stellungnahme den einen oder anderen, die eine oder andere Gruppe verärgern könnte. Politische Diskussion, Diskussion in einer Partei ohne Ärger gibt es nicht!

Wem sage ich das?!

Aber nun hat Willy Brandt – bisher – nicht die Zeit gefunden, die ihm auf den Leib zugeschnittene Aufgabe der systematischen Erziehung seines Volkes zur Demokratie zu erfüllen. Ich habe das eine mehr als deutsche Tragödie genannt. Es wäre eine mehr als deutsche Katastrophe, wenn er auch nicht die Zeit fände, die Partei, die sich seiner Führung anvertraut hat, durch persönlichen Einsatz politisch zu erziehen und über sich hinauszuführen.

Das ist mein Schluß aus dem, was ich in den Jahren meines Mühens um die aktuellen, schweren Probleme des Landes, in dem ich vor vielen Jahren geboren bin, gelernt zu haben glaube.

Das ist mein Schluß des Berichts, den ich in diesem Buch darüber erstattet habe. Er ist nicht optimistisch. Er ist auch nicht pessimistisch. Aber er ist realistisch!

Er ist realistisch, denn Demokratie ist eine schwere Aufgabe. Aber es gibt keine Alternative – außer der Diktatur. Das sollte man auf deutschem Boden sehr genau wissen.

Die Lösungen der Probleme der Demokratie zu Ende des zweiten Jahrtausends wachsen einem nicht zu; Demokratie kann und muß gelernt werden.

In Deutschland gehört dazu auch, daß viel vergessen werden muß. Das Schicksal Europas hängt davon ab.

Nachwort im Herbst 1974

So weit war ich gekommen, als ich, wie ich glaubte, zu Ende 1973 den letzten Punkt hinter den letzten Satz dieses Versuchs einer Analyse der bundesdeutschen Problematik setzte. Aus Gründen, die ich einleitend angedeutet habe, ist das Manuskript dann fast ein Jahr liegengeblieben. Die faktische Entwicklung hat die Analyse an entscheidenden Punkten in erschreckendem Umfang bestätigt. Heute ist Willy Brandt nicht mehr Bundeskanzler. Er ist, wie ich es sehe, ohne mich um das bundesdeutsche Gerede und Geraunze zu kümmern, das Opfer seiner eignen Entschlußunfähigkeit geworden, die sich in mich so erschreckendem Ausmaß in seiner Unwilligkeit oder Unfähigkeit äußerte, an das Wissen und Gewissen seiner Landsleute mit einer pädagogischen Analyse der Deutschen Tradition und einem Kampf gegen sie zu appellieren.
Sein Nachfolger wird es, wenn ich ihn recht verstehe, noch weniger tun. Für ihn ist politisches Handeln wichtiger. Von kritischen Analysen hält er weniger.
Das ist sicher eine Haltung der Stärke. Aber ist sie auch so stark in der Mitte der 1970er Jahre für die Bundesrepublik Deutschland, die zwar reich, sehr reich ist, aber mit sich die schwere und weitgehend unbewußte Belastung der Deutschen Tradition schleppt, von der das Verhalten ihrer Bürger *und* die Stellung der Bundesrepublik im Ratschlag der Völker viel entscheidender bestimmt werden dürfte als von Bruttonationalprodukt, Währungsreserven, Handelsüberschüssen und Kreditfähigkeit?
Mit diesem bangen Fragezeichen, das für mich gleichzeitig ein Fragezeichen hinter dem Schicksal Europas ist, schließe ich nun endgültig diesen Bericht, ehe mich das faktische Geschehen noch einmal eingeholt hat.

Anmerkungen

Anmerkungen zur Einleitung

1 *Karl Dietrich Bracher,* Die Auflösung der Weimarer Republik, 4. Auflage, Villingen 1964.
2 *Fritz Croner,* Ein Leben in unserer Zeit, Frankfurt (Büchergilde Gutenberg) 1968, besonders S. 111 ff.
3 Daß es „nur" 10 Jahre waren, lag nicht zuletzt daran, daß mich von 1914 an der Kriegsdienst über 4 Jahre lang am Abschluß meiner Studien hinderte.
4 Amerikanische Ausgabe, Band 1, S. 18, Übers. d. Verf.
5 Nach 25 Jahren, eine Deutschlandbilanz, herausgegeben von K. D. Bracher, München 1970, S. 6–7.
6 In deutscher Sprache: Politisches Manifest über die Armut der Welt, Frankfurt 1970.

Anmerkungen zu Abschnitt 1

1 Erwerbstätige sind alle Erwerbspersonen abzüglich der Arbeitslosen.
2 Die Arbeitslosenquote errechnet sich als Anteil der Arbeitslosen an der Gesamtheit der abhängig Beschäftigten (Arbeiter, Angestellte, Beamte).
3 Sektor I: Land- und Forstwirtschaft, Tierhaltung und Fischerei;
Sektor II: Produzierendes Gewerbe;
Sektor III: Handel, Banken und Verkehr;
Sektor IV: Dienstleistungen und sonstige Wirtschaftsbereiche.
4 Die Bundesversicherungsanstalt für Angestellte (BfA) rechnet nach mir gemachten Mitteilungen überschlägig mit 10 Mill. Konten, die bei ihr geführt werden, von denen höchstens etwa 2 Mill. auf Personen entfallen, die nicht mehr als Angestellte tätig sind, also Rentner und solche, die nach dem Ausscheiden aus der Tätigkeit als Angestellte ihre Anwartschaft in der Angestelltenversicherung aufrechterhalten (Hausfrauen, Beamte usw.). Das ergäbe einen Bestand von aktiven Angestellten von über 8 Millionen 1970. Beim Abschluß der Niederschrift (1973) dürfte sich die Zahl in schnellem Tempo der 10-Millionen-Grenze nähern.

Anmerkungen zu Abschnitt 2

1 *Hartwich, Hans-Hermann,* Sozialstaatspostulat und gesellschaftlicher status quo, Köln u. Opladen 1970. S. 64.
2 *Ebenda,* S. 65.
3 *Ebenda,* S. 65.
4 Direktive ICS 1779 v. 11. Juli 1947 an den amerik. Militärgouverneur, § 15c, abgedruckt in: Germany 1947–1949, S. 33 ff.
5 *Wallich, Henry C.,* Triebkräfte des deutschen Wiederaufstiegs Frankfurt 1955, S. 350.
6 Vgl. *Hartwich,* a.a.O., S. 70 ff.
7 *Ebenda.* S. 76 ff.
8 *Ebenda,* S. 81 ff.
9 *Ebenda,* S. 88.
10 *Wallich,* a.a.O., S. 95.
11 *Huster/Kraiker/Scherer/Schlotmann/Welteke,* Determinanten der westdeutschen Restauration 1945–49, Frankfurt 1972, S. 109.
12 *Pünder, Tilmann,* Das bizonale Interregnum. Die Geschichte des Vereinigten Wirtschaftsgebiets 1946–49, Waiblingen 1966, S. 303 ff.
13 *Huster* u.a., a.a.O., zitiert auf S. 108 f.
14 Vgl. *Wallich,* a.a.O., S. 350 f.
15 *Eucken, Walter,* Die Wettbewerbsordnung und ihre Verwirklichung, in: ORDO-Jahrbuch II, S. 33 ff.

16 Vgl. *Hartwich,* a.a.O., S. 108.
17 *Hartwich,* a.a.O., S. 101/102.
18 *Hartwich,* a.a.O., S. 113, sämtliche Unterstreichungen F.C.
19 *Ebenda,* S. 114 ff.
20 *Häuser, Karl,* Die Teilung Deutschlands, in: *Stolper, Gustav,* Deutsche Wirtschaft seit 1870, Tübingen 1966, S. 243.
21 *Bechtel, Heinrich,* Wirtschafts- und Sozialgeschichte Deutschlands, München 1967, S. 471.
22 *Wallich,* a.a.O., S. 69 f.
23 *Wallich,* a.a.O., S. 70.
24 *Merkl, Peter H.,* Die Entstehung der BRD, Stuttg. 1965, S. 118.
25 *Häuser,* a.a.O., S. 23.
26 Vgl. *Huster,* u.a., a.a.O., S. 76 ff.
27 Economic Cooperation Act of 1948, Public Law 472, 80th Congress, Deut. Text in: Europa Archiv 6/7, 1948, S. 138 5 f.
28 *Fischer, Wolfram,* Die Wirtschaftspolitik Deutschlands 1918–1945, Lüneburg, 1961, vgl. S. 32 ff.
29 Nach dem Londoner Schuldenabkommen v. 30.6.51 mußte die BRD nun rund ein Drittel der gesamten geleisteten Auslandshilfe zurückzahlen, *Kretzschmar,* S. 199.
30 *Kretzschmar,* a.a.O., S. 201/202.
31 *Ebenda,* S. 204.
32 *Huster* u.a., a.a.O., S. 86.
33 *Huster* u.a., a.a.O., S. 92.
34 Vgl. Deutsches Institut für Wirtschaftsforschung, Die deutsche Wirtschaft zwei Jahre nach dem Zusammenbruch, Tatsachen und Probleme, Berlin 1947.
35 Bremer Ausschuß für Wirtschaftsforschung, Am Abend der Montage, 6 Jahre Reparationspolitik, Bremen 1951, S. 25.
36 *Ebenda,* S. 24.
37 *Kretzschmar,* a.a.O., S. 195.
38 *Borchardt, Knut,* Die Bundesrepublik Deutschland, in: *Stolper,* a.a.O., S. 257 f.
39 *Wallich,* a.a.O., S. 6.
40 *Huster,* a.a.O. S. 102 f.
41 *Borchardt,* a.a.O., S. 263.
42 *Wallich,* a.a.O., S. 15.
43 *Huster,* u.a., a.a.O., S. 107.
44 Quelle: Stat. Jahrbuch; zitiert bei *Wallich,* a.a.O., S. 41.
45 *Huster* u.a., a.a.O., S. 102.
46 „Nach Lage der Dinge kamen nur der Staat und die Unternehmen als Sparer und Investoren in Betracht. Der Staat erhielt die Mittel über die Steuern, die Unternehmungen erhielten sie über die im Vergleich zu den Kosten hohen Preise. In beiden Fällen wurde der Konsum der Haushalte beschränkt, aber eben nicht durch freien Entschluß der Verbraucher sondern gezwungenermaßen." *Borchardt,* a.a.O., S. 262 f.
47 *Huster* u.a., a.a.O., S. 100.
48 Mindestens 8 Millionen allein aus dem Osten. Vgl. *Leo Brawand,* Das ungerechte Wunder, in: Nach 25 Jahren. Eine Deutschland-Bilanz, Herausg. *K. D. Bracher,* München 1970, S. 83
49 *Borchardt,* a.a.O., S. 258.
50 *Wallich,* a.a.O., S. 11.
51 Geschäftsbericht der Bank Deutscher Länder für die Jahre 1948 und 1949, Frankfurt 1950, S. 6.
52 *Huster,* a.a.O., S. 117.
53 Ihre schnelle und reibungslose Bildung resultiert sicher auch aus „Deutscher Tradition", d.h. aus dem weiter unten ausführlich behandelten Verlangen nach Autorität und Führung sowie nach Sich-Unterordnen, einem Verlangen, das in den 1940-er Jahren noch besonders virulent war.
54 Alle Zahlen aus: Stat. Jahrbuch 1972, BMWF: Leistung in Zahlen 1971, Sachverständigengutachten 1972/73.
55 Vgl. hierzu *Vogt, W.,* Die Wachstumszyklen der westdeutschen Wirtschaft von 1950–1965 und ihre theoretische Erklärung, Tübingen 1968, und *Henkner, K.,* Quantifizierung von Wettbewerbs- und Struktureffekten in der Exportentwicklung ausgewählter Industrienationen, 1954–1967, Berlin 1971.

56 Rationalisierungs-Kuratorium der Deutschen wirtschaftliche und soziale Aspekte des technischen Wandels in der BRD, 1. Bd. Frankfurt 1970. S. 57.
57 Vgl. zum Problem „Bruttosozialprodukt" jetzt bes. *Gunnar Myrdal,* Critical Essays on Economics. New York 1973, Kap. 10.
58 *Neelsen, K.,* Das konstante fixe Kapital und die Zyklizität des Krisenzyklus, o.J.
59 RKW-Bericht, a.a.O., S. 32/33.
60 *Ebenda.*
61 *Osterland/Deppe: Gerlach* u.a., Materialien zur Lebens- und Arbeitssituation der Industriearbeiter in der BRD, Frankfurt 1973, S. 19.
62 Jahresgutachten des Sachverständigenrates für 1968/69, Stuttgart 1968, Zif. 71.
63 Bundesminister für Arbeit und Sozialordnung, Arbeits- und Sozialpolitik Statistiken 1973, nach Material des Statistischen Bundesamtes, der Bundesanstalt für Arbeit und des Statistischen Amtes der Europäischen Gemeinschaften.
64 Daß enge internationale Verpflechtungen unter günstigeren Voraussetzungen eine solche Konsequenz nicht haben *müssen,* zeigt z.B. Schweden.
65 *Galtung, Johan,* Kapitalistische Großmacht Europa oder: Die Gemeinschaft der Konzerne? Reinbek 1973, S. 24.
66 *Hartwich, Hans-Hermann,* a.a.O., S. 119 ff.
67 *Ebenda,* S. 189 ff.
68 *Hartwich, Hans-Hermann,* a.a.O., S. 230.
69 *Hartwich, Hans-Hermann,* a.a.O., S. 269.
70 *Pohmer, Dieter, Fischer, Klaus,* Steuerliche Beeinflussung der Unternehmenskonzentration unter besonderer Berücksichtigung der BRD, in: *Arndt, Helmut* (Hrsg.), Die Konzentration in der Wirtschaft, Berlin 1971.
71 Dritter Subventionsbericht der Bundesregierung, BT-Drucksache VI/2994, dies sind *nur* Subventionen, die *nicht* Sozialhilfemaßnahmen darstellen.
72 zitiert in: *Hort, Peter,* Warnung aus Berlin, FAZ v. 1.7.72, S. 17.
73 *Schiller, Karl,* Reden, BMWi-Texte 1967 I, S. 61.
74 *Kisker, Klaus Peter,* Vermögenskonzentration und Vermögenspolitik im Spätkapitalismus, in Gewerkschaftliche Monatshefte Nr. 2, 1972, S. 104/105.
75 *Grosser, Dieter* (Hrsg.), Konzentration ohne Kontrolle, Opladen, 1969, S. 18 f.
76 *Hamm, Walter,* Der verteufelte Unternehmergewinn, in: Frankfurter Allg. Ztg. v. 19.5.1973, S. 17.
77 Die beiden letzten Zitate aus: *Schachtschabel, Hans,* Wirtschaftspolitische Konzeptionen, Stuttgart 1967, S. 91 f.
78 *Kogon, Eugen,* Wirkungen der Konzentration auf die Demokratie, in: *Arndt, Helmut,* a.a.O., S. 625.
79 *Hartwich, Hans Hermann,* a.a.O., S. 260.
80 *Erhard, Ludwig, Müller-Armack, Alfred,* Soziale Marktwirtschaft, Manifest '72, Frankfurt 1972.
81 Zitiert nach *Erhard, Ludwig, Brüß, Kurt, Hagemeyer, Bernhard,* Grenzen der Demokratie? Düsseldorf 1973, S. 266.
82 *Erhard, Ludwig,* Bundestagesreden, Bonn 1972, S. 223 (Regierungserklärung vom 10.11.1965).
83 *Hoppmann, Erich,* Konzertierte Aktion als Instrument der Globalsteuerung, in: Wirtschaftswissenschaftliches Studium, Nr. 1, 1972. S. 9.
84a *Adam, Hermann,* Konzertierte Aktion. In: WWI-Mitteilungen, H. 7, 1971, S. 205.
84 Alle folgenden Zahlen aus: *Osterland/Deppe/Gerlach,* a.a.O., und Statistisches Jahrbuch 1972.
85 Vgl. *Osterland* u.a., a.a.O., S. 69 ff.
86 *Ebenda,* S. 227 ff.
87 *Fürstenberg, Friedrich,* Die Soziallage der Chemiearbeiter, Berlin 1969, S. 78 f.
88 Rationalisierungskuratorium der Deutschen Wirtschaft, Wirtschaftliche und soziale Aspekte des technischen Wandels in der BRD, Sieben Berichte, Kurzfassung der Ergebnisse 1. Bd., Frankfurt 1970, S. 339.
89 Vgl. *Popitz, H.* u.a., Das Gesellschaftsbild des Arbeiters, Tübingen 1957, S. 56 u. 233; *Neuloh, O., Wiedemann, H.,* Arbeiter und Technischer Fortschritt, Köln/Opladen, 1960, S. 278.

90 *Wallich, Henry,* Triebkräfte des deutschen Wiederaufbaus, Frankfurt 1955, S. 45, Tabelle 7

91 Jahresgutachten des Sachverständigenrates für 1972/73 Bundestagsdrucksache 7/2, S. 142.

92 Die Einkommensskala erhöhte sich insgesamt durch den Anstieg des durchschnittlichen Nettoeinkommens von DM 900,– (1962/63) auf DM 1.400,– (1969).

93 *Huffschmid, Jörg,* Die Politik des Kapitals, Konzentration und Wirtschaftspolitik in der BRD, Frankfurt 1969, S. 17.

94 *Exo, Reinhold,* Die Entwicklung der sozialen und ökonomischen Struktur der Ersparnisbildung in der BRD, Berlin, 1967, S. 31.

94a Deutscher Sparkassen- und Giroverband. Materialien zur Vermögensbildung, Bonn 1971, S. 26.

95 *Riedel, Wolfgang/Necke, Barbara,* Untersuchungen zur Sparstruktur der privaten Haushalte in der BRD, Bd. I und II. Institut für das Spar-, Giro-, und Kreditwesen, Bonn 1972, Bd. II, S. 64.

96 *Huffschmid, Jörg,* a.a.O., S. 22 f.

97 *Krelle, Wilhelm/Schunck, Johann/Siebke, Jürgen,* Überbetriebliche Ertragsbeteiligung der Arbeitnehmer, mit einer Untersuchung über die Vermögensstruktur in der BRD, Tübingen 1968.

98 *Gleitze, Bruno,* Sozialkapital und Sozialfonds als Mittel der Vermögenspolitik, Köln 1968, S. 6.

99 Vgl. *Krelle,* a.a.O., S. 327 f.

100 *Krelle,* a.a.O., S. 379.

101 *Siebke, Jürgen,* Die Vermögensbildung der privaten Haushalte in der BRD, Bonn 1971.

102 *Riedel, Necke,* a.a.O., Bd. 2. S. 100.

103 Eine solche Einsicht ermöglicht es wohl auch einer Partei wie der CDU/CSU, wenn auch nicht gerade leidenschaftlich, Vermögensbildungspläne und -programme aufzustellen.

104 *Höhnen: Koubek/Scheibe-Lange,* Quantitative und qualitative Aspekte der ökonomischen Konzentration und gesellschaftlichen Machtverteilung in der BRD, WWI-Mitteilungen 8/9 1971, S. 251.

105 *Höhnen* u.a., a.a.O., S. 258.

106 Vgl. hierzu die ausführliche und abgewogene Untersuchung in *Höhnen,* u.a., a.a.O., S. 234 ff.

107 *Häuser, Karl,* Die Teilung Deutschlands, a.a.O., S. 228.

108 *Stanzick, Karl-Heinz,* Der ökonomische Konzentrationsprozeß, in *Schäfer/Nedelmann,* Der CDU-Staat, München 1967, S. 26.

109 *Huffschmid,* a.a.O., S. 46, vgl. *Arndt, Helmut,* Erfahrungen ohne Enquete, in: Wirtschaftsdienst 44/1964, Heft 7, S. 277 ff.

110 *Höhnen* u.a., a.a.O., S. 249.

111 *Höhnen* u.a., a.a.O., S. 238.

112 Als Unternehmen werden die rechtlichen Institutionen erfaßt, die den Betrieben als technisch-organisatorische Institutionen übergeordnet sind.

113 *Höhnen* u.a., a.a.O., S. 249 f.

114 *Huffschmid,* a.a.O., S. 70.

115 *Arndt, Helmut,* Rechtswirklichkeit und wirtschaftliche Macht, in: Recht, Macht und Wirtschaft, a.a.O., S. 15.

116 *Höhnen* u.a., a.a.O., S. 259.

117 Alle bisherigen und folgenden Zahlen hierzu aus: Konzentrationsenquete, a.a.O., S. 346 ff.

118 Konzentrationsenquete, a.a.O., S. 42.

119 *Höhnen* u.a., a.a.O., S. 261; vgl. Hopenstedt, Die leitenden Männer der Wirtschaft. Wirtschaftsverlag 1970.

120 *Grochla, E.* Betriebsverbindungen Berlin 1969, S. 54 f.

121 Vgl. hierzu *Buchholz, Edwin,* Die Wirtschaftsverbände in der Wirtschaftsgesellschaft, Tübingen 1969.

122 Konzentrationsenquete, a.a.O., S. 347.

123 *Koubek,* a.a.O;. S. 265 f.

124 *Buchholz,* a.a.O., S. 89.

125 Vgl. *von Eynern,* Grundriß der politischen Wirtschaftslehre, Köln, Opladen 1968, S. 163.

126 *Wildemann, Rudolf,* Macht und Konsens als Problem der Innen- und Außenpolitik, Frankfurt 1963, S. 17.

127 *Koubek,* a.a.O., S. 272.
128 *Riester, W. F.,* Wirtschaftskonzentration und Politik, in: Betriebswirtschaftliche Forschung und Praxis, Juni 71, S. 330 f.
129 *Pentzlin, H.,* Der Mann an der Spitze, Reinbek 1968, S. 58.
130 *Koubek,* a.a.O., S. 272.
131 *Koubek,* a.a.O., S. 272.

Anmerkungen zu Abschnitt 3

1 *Dieter Schuster,* Die deutsche Gewerkschaftsbewegung, DGB, Düsseldorf, 3. Auflage 1971, S. 77.
2 *Fritz Croner,* a.a.O.
3 Mit der immer noch so beliebten, nun über 60 Jahre alten „Theorie" von *Robert Michels* (vgl. seine „Zur Soziologie des Parteiwesens in der modernen Demokratie", Leipzig 1911) vom „ehernen Gesetz der Oligarchie" mit der dazugehörigen Gewohnheit des „einfachen Mitglieds" (und Delegierten), den bekanntesten Führern Gefolgschaft zu leisten u.ä., hat das Ganze dagegen wenig zu tun, schon einfach deswegen, weil *Michels* „theoretische" Schlußsätze nichts als Kurzschlüsse aus seinen Beobachtungen in der „modernen Demokratie" des wilhelminischen Deutschlands sind. Ich bestreite gewiß nicht die Richtigkeit seiner Beobachtungen am Ende des ersten Jahrzehnts dieses Jahrhunderts. Es wäre sogar merkwürdig, wenn eine Organisation des Volkes andere Eigenheiten zeigen würde als das deutsche Volk damals. Merkwürdig ist nur das ein wenig naive Beharren auf ihrer Qualität als soziologischer Theorie, wobei also stillschweigend vorausgesetzt wird, daß es so etwas wie eine „Gesetzmäßigkeit" der Entwicklung der Großorganisation geben könne, – unabhängig von der Gesellschaft und Zeit und dem Land, wo sie wirkt, und den Zielen, die sie verfolgt. Und das von Soziologen?!
4 An dieser Stelle, wo es sich um Mitgliederzahlen und Repräsentativitätsziffern handelt, macht sich das zeitliche Nachschleppen meiner Textangaben besonders unangenehm bemerkbar. Die in den folgenden Tabellen III: 1–3 angeführten Zahlen beziehen sich alle auf das Jahr 1970. Erst nach diesem Zeitpunkt kann eigentlich von einer größeren Aktivität des DGB und der DGB-Gewerkschaften auf dem Angestelltengebiet gesprochen werden. Zwischen 1970 und 1973 ist auch die Zahl der in ihrer DGB-Gewerkschaft organisierten Angestellten um 14 %–45 % gestiegen. Das bedeutet wohl auch, daß die Repräsentativität der betr. Gewerkschaft für ihr Gebiet gestiegen ist, wenngleich hier äußerste Vorsicht am Platz sein dürfte, denn auch die Zahl der Beschäftigten ist gleichzeitig gestiegen. Neuere Beschäftigtenzahlen stehen mir aber nicht zur Verfügung. Ich bezweifle nur, daß es sich hier in der Regel um mehr als marginale Verschiebungen handelt, die „Reservearmee" der unorganisierten Angestellten ist einfach zu groß. Diese Bemerkung dürfte, nach allem zu urteilen, jedoch *nicht* für die Gewerkschaft Handel, Banken und Versicherungen (HBV) gelten. Selbstverständlich hat sich auch auf diesem Gebiet die Zahl der Beschäftigten erhöht, aber der Nettozuwachs des HBV seit 1970 (plus 45 %, also nahezu die Hälfte des Mitgliederbestandes von 1970!) übertrifft hochgespannte Erwartungen. Dabei handelt es sich hier aus gewerkschaftlicher Sicht um ein besonders problematisches Gebiet, wie bei allen Handelsgewerkschaften in der Welt: zahlreiche sog. Arbeitnehmer sind nichts anderes als mithelfende Familienmitglieder, Tausende von Betrieben sind Kleinstbetriebe, oft nur mit einem Angestellten, sehr viele haben kleine Gemeinden als Arbeitsplatz, wo eine gewerkschaftliche Erfassung und Betreuung auf große sachliche und psychologische Hindernisse stößt usw. Der HBV selbst schätzt, daß die Repräsentativität der Gewerkschaft, soweit es sich um *Mittel- und Großbetriebe in den Ballungsgebieten* der Bundesrepublik handelt, irgendwo zwischen 30 % und 70 % liegt. Die Angabe mag mit der gemachten Einschränkung nicht allzu viel sagen und ein schwacher Trost sein, aber angesichts der tendentiellen Entwicklung auch in der Bundesrepublik ist sie doch ein Trost. Eine Bewertung der Lage des HBV ohne Berücksichtigung der erwähnten faktischen Verhältnisse ergäbe jedenfalls ein falsches Bild. (Vgl. hierzu auch die Tabelle auf S. 82).
5 Köln und Berlin 1962.
6 Daß die Probleme des „unteren" und „mittleren" Management, also dessen, was auf deutsch „Leitende Angestellte" heißt, überall, wenn auch von ganz anderen Voraussetzun-

gen her als hier im Lande, mehr oder weniger akut sind, haben *Anselm L. Strauss* und *Norman H. Martin* in einem informativen Artikel für den Bereich der amerikanischen Wirtschaft geschildert (*Anselm L. Strauss* und *Norman H. Martin:* Funktion und Folgen des Versagens für die vertikale Mobilität, Kölner Zeitschrift für Soziologie und Sozialpsychologie 1956, Heft 4, S. 595 ff.).
Ihr nüchternes Bild über das Hin- und Herschieben von qualifiziertem Personal zwecks Beförderung *oder* Kaltstellung ist höchst unerquicklich, aber in den USA offenbar Routine, so sehr, daß das Ganze mit der deutschen Situation nicht recht zu vergleichen ist. Es gehört in Amerika zum „Wirtschaftsgeist". Daß Angestellte aufsteigen, ist da gar kein Problem. Es gehört selbstverständlich zum Bilde des in der Wirtschaft Beschäftigten. Das Problem ist nur, wie man die „Aufsteiger" auswählt, wer durch wen und wie gestoppt wird, und dabei scheinen mangels jeglicher Organisation auf Angestelltenseite ungeheuerliche Ungerechtigkeiten vorzukommen und unglaubliche Methoden angewendet zu werden. Zur Frage, ob angesichts der Durchtränkung der deutschen Großbetriebe mit amerikanischem „Wirtschaftsgeist" Methoden, die nach *Strauss'* und *Martins* Urteil „mit dem Nachlassen des Unternehmungsgeistes zu tun haben" (a.a.O., S. 605) immer noch in der BRD so unglaublich sind, darüber möchte ich mich hier nicht äußern.

7 Neben ABF und TBV gibt es noch eine Reihe anderer, keineswegs unbedeutender freiwilliger Bildungsorganisationen mit umfassenden Kursprogrammen, z.B. der Studenten (vor allem in Stockholm) und der Konservativen Partei, aber sie sind im wesentlichen örtlich begrenzt, zeigen jedoch den außerordentlichen Bedarf an solchen Erwachsenenbildungskursen.

8 *K. D. Bracher,* Das deutsche Dilemma, München 1971, S. 341 ff.

9 *E. Fraenkel* u. *K. D. Bracher* (Herausgeber), Staat und Politik, Frankfurt 1964, S. 296.

10 Vgl. Abschnitt 4, Kapitel 4.

11 *Ulrich von Alemann,* in: PVS 1972, H. 2, S. 181.

12 Die CDU hat erst kürzlich begonnen, ihre Parteiorganisation systematisch aufzubauen und zu konsolidieren.

13 *B. Zeuner,* Innerpolitische Demokratie. Berlin 1970, S. 9.

14 *H. Kaack,* Geschichte und Struktur des deutschen Parteiensystems, Opladen 1971, S. 157.

Anmerkungen zu Abschnitt 4

1 *Thomas Jefferson* „Unabhängigkeitserklärung vom 4. Juli 1776". Denn: „Wir halten die Wahrheit selbst für einleuchtend, daß alle Menschen *gleich* geschaffen sind, so daß sie von ihrem Schöpfer mit gewissen *unveräußerlichen* Rechten ausgestattet sind, wozu Leben, Freiheit und das Streben nach Glückseligkeit gehören."

2 deutsch unter dem Titel „Die Theorie demokratischer Elitenherrschaft", Frankfurt/M. 1970.

3 *Peter Bachrach,* a.a.O., S. 19–20.

4 *Schumpeter,* a.a.O., S. 11 (Vorwort).

5 a.a.O., S. 165.

6 Die folgende Darstellung baut teilweise auf der leider immer noch in keine andere Sprache übersetzten hervorragenden Darstellung von Professor *Leif Lewin,* Uppsala, in seinem Buch „Folket och eliterna" (Das Volk und die Eliten, Stockholm 1970) auf, in dem der geglückte Versuch unternommen wird, eine systematisierte und strukturierte Darstellung der beiden gegeneinanderstehenden Demokratietheorien zu geben und in diese Systematik das gesamte amerikanische politikwissenschaftliche Material, sowohl die Lehrmeinungen wie die empirischen Untersuchungen, einzuarbeiten. Nach meiner Meinung ist Lewins Buch die mit Abstand instruktivste und kenntnisreichste Darstellung auf diesem Gebiet der Demokratiediskussion.

7 *Giovanni Sartori,* Democratic Theory, Detroit 1962, S. 79.

8 *Bernard R. Berelson, Paul F. Lazarsfeld* and *William N. McPhee:* Voting. A study of opinion formation in a presidential campain (University of Chicago Press 1954), S. 311.

9 Vgl. z.B.: „So wie die meisten Bürger zwar fähig genug sind zu wählen, aber nicht gewählt zu werden, genauso besitzt zwar das Volk die Fähigkeit, sich über die Verwaltung anderer

Rechenschaft ablegen zu lassen, ist aber nicht selbst zur Führung einer Verwaltung geeignet." Montesquieu, Vom Geist der Gesetze, in neuer Übertragung eingeleitet und herausgegeben von *E. Forsthoff,* Tübingen 1951, Buch II, Kap. 2, S. 21.

10 *A. Downs,* An Economic Theory of Democracy, New York 1957.

11 *Ch. E. Lindblom,* The Intelligence of Democracy, New York and London 1965.

12 Vgl. zu folgendem u.a. *Leif Lewin,* a.a.O., S. 13.

13 *D. Boorstein,* The Genius of American Politics, Chicago 1962, S. 184.

14 *Bernard R. Berelson,* a.a.O., S. 316.

15 *Leif Lewin,* a.a.O., S. 97.

16 *Heinrich von Treitschke:* Politik I.

17 Hier sei nur noch der selbstverständliche Zusatz gemacht, daß die Funktionsverteilung zwischen der politischen Partei der Arbeiterbewegung, also der Sozialdemokratischen Arbeiterpartei – wie sie offiziell immer noch heißt (abgekürzt S.A.P.) – und der Gewerkschaftsbewegung mit der in Westeuropa geltenden identisch ist. Selbstverständlich ist, daß die Gewerkschaftsvorsitzenden und übrige Funktionäre gleichzeitig gewählte ehrenamtliche Funktionäre der Partei sind, was sie in der Regel nicht werden können, ohne aktiv in der S.A.P. tätig zu sein, und daß der Vorsitzende des Schwedischen Gewerkschaftsbundes mit gleicher Selbstverständlichkeit Mitglied des kongreßgewählten Parteivorstandes *und* (nach deutscher Terminologie) des Parteipräsidiums (bestehend aus 7 Mitgliedern) ist.

18 Demokratibegreppet (Der Demokratiebegriff). Red.: *Nordal Åkerman.* Buchverlag Prisma, Stockholm, 1972.

19 Karenztage sind bekanntlich die Krankheitstage, für die keine Entschädigung für das verlorene Arbeitseinkommen gezahlt wird. „Kompensationsgrad" ist die Höhe des Krankengeldes in Prozent des verlorenen Arbeitseinkommens.

20 Existiert in Schweden erst seit 1973.

21 Vgl.: Samtal med *Olof Palme* (Gespräche mit *Olof Palme*), Stockholm, 1972, besonders S. 44 ff.

22 Dieser „Aufruf" an die „Kulturwelt" ist heute, 60 Jahre später, so gründlich vergessen worden, daß ich ihn hier wieder abdrucke. Er scheint mir vieles, was „eine große Anzahl deutscher Gelehrter und Künstler, darunter die bedeutendsten Namen", dann keine zwanzig Jahre später geschehen ließ, verständlicher zu machen. „Wir als Vertreter deutscher Wissenschaft und Kunst erheben vor der gesamten Kulturwelt Protest gegen die Lügen und Verleumdungen, mit denen unsere Feinde Deutschlands reine Sache in dem ihm aufgezwungenen schweren Daseinskampfe zu beschmutzen trachten. Der eherne Mund der Ereignisse hat die Ausstreuung erdichteter deutscher Niederlagen widerlegt. Um so eifriger arbeitet man jetzt mit Entstellungen und Verdächtigungen. Gegen sie erheben wir laut unsere Stimme. Sie soll die Verkünderin der Wahrheit sein.

Es ist nicht wahr, daß Deutschland diesen Krieg verschuldet hat. Weder das Volk hat ihn gewollt, noch die Regierung, noch der Kaiser. Von deutscher Seite ist das Äußerste geschehen, ihn abzuwenden. Dafür liegen der Welt die urkundlichen Beweise vor. Oft genug hat Wilhelm II. in den 26 Jahren seiner Regierung sich als Schirmherr des Weltfriedens erwiesen; oft genug haben selbst unsere Gegner dies anerkannt. Ja, dieser nämliche Kaiser, den sie jetzt einen Attila zu nennen wagen, ist jahrzehntelang wegen seiner unerschütterlichen Friedensliebe von ihnen verspottet worden. Erst als eine schon lange an den Grenzen lauernde Übermacht von drei Seiten über unser Volk herfiel, hat es sich erhoben wie ein Mann. *Es ist nicht wahr,* daß wir freventlich die Neutralität Belgiens verletzt haben. Nachweislich waren Frankreich und England zu ihrer Verletzung entschlossen. Nachweislich war Belgien damit einverstanden. Selbstvernichtung wäre es gewesen, ihnen nicht zuvorzukommen. *Es ist nicht wahr,* daß eines einzigen belgischen Bürgers Leben und Eigentum von unseren Soldaten angetastet worden ist, ohne daß die bitterste Notwehr es gebot. Denn wieder und immer wieder, allen Mahnungen zum Trotz, hat die Bevölkerung sie aus dem Hinterhalt beschossen, Verwundete verstümmelt, Ärzte bei der Ausübung ihres Samariterwerkes ermordet. Man kann nicht niederträchtiger fälschen, als wenn man die Verbrechen dieser Meuchelmörder verschweigt, um die gerechte Strafe, die sie erlitten haben, den Deutschen zum Verbrechen zu machen. *Es ist nicht wahr,* daß unsere Truppen brutal gegen Löwen gewütet haben. An einer rasenden Einwohnerschaft, die sie im Quartier heimtückisch überfiel, haben sie durch Beschießung eines Teiles der Stadt schweren Herzens

Vergeltung üben müssen. Der größte Teil von Löwen ist erhalten geblieben. Das berühmte Rathaus steht gänzlich unversehrt. Mit Selbstaufopferung haben unsere Soldaten es vor den Flammen bewahrt. – Sollten in diesem furchtbaren Kriege Kunstwerke zerstört worden sein oder noch zerstört werden, so würde jeder Deutsche es beklagen. Aber so wenig wir uns in der Liebe zur Kunst von irgendjemand übertreffen lassen, so entschieden lehnen wir es ab, die Erhaltung eines Kunstwerks mit einer deutschen Niederlage zu erkaufen. *Es ist nicht wahr,* daß unsere Kriegführung die Gesetze des Völkerrechts mißachtet. Sie kennt keine zuchtlose Grausamkeit. Im Osten aber tränkt das Blut der von russischen Horden hingeschlachteten Frauen und Kinder die Erde, und im Westen zerreißen Dum-Dum-Geschosse unseren Kriegern die Brust. Sich als Verteidiger europäischer Zivilisation zu gebärden, haben die am wenigsten das Recht, die sich mit Russen und Serben verbünden und der Welt das schmachvolle Schauspiel bieten, Mongolen und Neger auf die weiße Rasse zu hetzen. *Es ist nicht wahr,* daß der Kampf gegen unseren sogenannten Militarismus kein Kampf gegen unsere Kultur ist, wie unsere Feinde heuchlerisch vorgeben. Ohne den deutschen Militarismus wäre die deutsche Kultur längst vom Erdboden getilgt. Zu ihrem Schutze ist er aus ihr hervorgegangen in einem Lande, das jahrhundertelang von Raubzügen heimgesucht wurde wie kein zweites. Deutsches Heer und deutsches Volk sind eins. Dieses Bewußtsein verbrüdert heute 70 Millionen Deutsche ohne Unterschied der Bildung, des Standes und der Partei.
Wir können die vergifteten Waffen der Lüge unseren Feinden nicht entwinden. Wir können nur in alle Welt hinausrufen, daß sie falsches Zeugnis ablegen wider uns. Euch, die Ihr uns kennt, die Ihr bisher gemeinsam mit uns den höchsten Besitz der Menschheit gehütet habt, Euch rufen wir zu: Glaubt uns! Glaubt, daß wir diesen Kampf zu Ende kämpfen werden als ein Kulturvolk, dem das Vermächtnis eines Goethe, eines Beethoven, eines Kant ebenso heilig ist wie sein Herd und seine Scholle. Dafür stehen wir Euch ein mit unserem Namen und mit unserer Ehre!"

23 *A. von Martin*: Weltanschauliche Motive im altkonservativen Denken, in: *G. K. Kaltenbrunner,* Konservatismus in Europa, Freiburg 1972, S. 139 ff.
24 a.a.O., S. 146/147.
25 *Hegel,* Grundlinien der Philosophie des Rechts, § 258, Anm.
26 *Gerhard Ritter,* Staatskunst und Kriegshandwerk, München 1960, Band 2. S. 117. Der 1. Band dieses Werkes führt übrigens den Untertitel: „Die Altpreußische Tradition", was ich erst vier Jahre nach der Formulierung des Begriffs „Deutsche Tradition" entdeckte.
27 a.a.O., Band 1, S. 37.
28 a.a.O., Band 1, S. 30.
29 a.a.O., Band 1, S. 45.
30 *Gerhard Ritter,* Band 2, S. 122.
31 *Daniel Gasman,* The Scientific Origins of National Socialism, London & New York 1971.
32 *Gerhard Ritter,* Band 2, S. 129.
33 *Fritz Croner,* Ein Leben in unserer Zeit, Frankfurt/Main 1968, besonders S. 60 ff.
34 Zitiert bei *Karl Dietrich Bracher,* Das deutsche Dilemma, München 1971, S. 86.
35 *Karl Dietrich Bracher,* a.a.O., S. 83.
36 a.a.O., S. 85.
37 *Fritz Croner,* a.a.O., S. 232.
38 *Fritz Croner,* a.a.O., besonders im Abschnitt „Weimar bis zum Ende".
39 Nr. 34 vom 25.8.1972.
40 a.a.O., S. 287.
41 Ich zitiere: „Ich kann mich zum Beispiel nicht erinnern, daß ich in all diesen Jahren so weit gekommen wäre, je ein Wort mit dem Parteivorsitzenden gewechselt oder ihm mehr als flüchtig die Hand gedrückt zu haben – was fast ebenso für die anderen Mitglieder der hohen Parteileitung galt. Mir wäre nie der Gedanke gekommen, mich entweder mündlich oder schriftlich direkt an den Parteivorsitzenden zu wenden." *Fritz Croner,* a.a.O., S. 380.
42 Noch im Januar 1933, als die Weimarer Verfassung immer noch galt, war es dieser ersten Demokratie auf deutschem Boden laut Verfassung verboten, Orden und Ehrenzeichen zu verleihen, und ihren Bürgern untersagt, solche anzunehmen. Bei aller Kritik gegen die Weimarer Republik sollte ihr das nicht vergessen werden. Zwischen den Glanztagen des feudalen Kaiserreichs und der Deutschen Diktatur war es ein Versuch, der aller Anerkennung wert ist. Die deutschen Staatsbürger haben sich dann für die Durststrecke von

14 Jahren durch ein Meer von nationalsozialistischen Orden und Ehrenzeichen schadlos gehalten. Die BRD, die sich aus irgendeinem Grunde verpflichtet fühlte, möglichst an jedem Punkt das Gegenteil von dem zu tun, was in der Weimarer Republik galt, hat auch Orden und Ehrenzeichen – in verschiedenen Klassen – wieder eingeführt.

43 *Karl Dietrich Bracher,* „Das deutsche Dilemma", S. 123–124.

44 *Kurt Sontheimer,* „Der Tatkreis", in: „Deutschland zwischen Demokratie und Anti-Demokratie", München 1971, S. 56 ff.

45 Das Folgende in nahem Anschluß an die Darstellung *Kurt Sontheimers.*

46 Zitiert bei *Kurt Sontheimer*, a.a.O., S. 58.

47 „Die Tat", Jahrgang 21, S. 500, zitiert bei *Kurt Sontheimer,* S. 64.

48 *Carl Schmitt,* Verfassungslehre, Berlin, 1. Auflage 1928, 4. unveränderte Auflage 1965.
Ders., Legalität und Legitimität 1932, in: Verfassungsrechtliche Aufsätze aus den Jahren 1924–1954, Berlin 1958.
Ders., Die geistesgeschichtliche Lage des heutigen Parlamentarismus, Berlin, 4. Auflage 1969 (= unveränderter Nachdruck der 1. Auflage von 1923).
Ders., Der Begriff des Politischen, Hamburg 1933.
Ders., Die Diktatur – von den Anfängen des modernen Souveränitätsgedankens bis zum proletarischen Klassenkampf, 2. Auflage 1928, München-Leipzig, Anhang: Die Diktatur des Reichspräsidenten nach Artikel 48 der Weimarer Verfassung.

49 *A.* und *M. Mitscherlich,* Der Leitwert Pflicht-Gehorsam (zitiert bei Mitscherlich, Die Unfähigkeit zu trauern, S. 61).

50 *Karl Dietrich Bracher,* Das deutsche Dilemma, S. 71.

51 *E. von Kleist-Schmenzin,* Die letzte Möglichkeit, in: Politische Studien 10/1959, Heft 106, zitiert bei *K. D. Bracher,* Die deutsche Diktatur, S. 213.

52 *Theodor Heuss,* Hitlers Weg, 1. Auflage, Stuttgart 1932, zitiert bei *K. D. Bracher,* Die deutsche Diktatur, S. 145.

53 a.a.O., S. 310.

54 *C. J. Burckhardt,* Meine Danziger Mission, München 1960, S. 124 f., zitiert bei *K. D. Bracher,* a.a.O., S. 310.

55 *K. D. Bracher,* Das deutsche Dilemma, S. 200 – meine Unterstreichungen.

55a *Anneliese Poppinga,* Meine Erinnerungen, S. 349, zitiert nach *Klaus Dreher,* Der Weg zum Kanzler, Düsseldorf u. Wien 1972, S. 224/225 ff.

56 Vgl. *Heinz-Dietrich Ortlieb:* Glanz und Elend des deutschen Wirtschaftswunders, in: Bestandsaufnahme. Herausgegeben von *Hans Werner Richter,* München, Wien und Basel 1962, S. 275.

57 *Heinz Brüdigam,* Der Schoß ist fruchtbar noch ..., 2. Auflage 1965.

58 *K. D. Bracher,* Das deutsche Dilemma, S. 199–200.

59 *Hildegard Hamm-Brücher:* Unfähig zur Reform, München 1972, S. 11.

60 OECD-Bericht, a.a.O., S. 56.

61 *H. v. Hentig,* a.a.O., S. 317.

62 Gesamtschule. Hessens Schule von morgen. Informationen des Hess. Kultusministers, Nr. 2, 1968, S. 7.

63 a.a.O., S. 117.

64 a.a.O., S. 8.

65 a.a.O., S. 117.

66 a.a.O., S. 71.

67 a.a.O., S. 72.

68 Bildungsbericht 1970, S. 2.

69 *Jürgen Zimmer,* Curriculumforschung: Chance zur Demokratisierung der Lehrpläne. in: Achtenhagen, F. Meyer, L. H., Curriculumrevision-Möglichkeiten und Grenzen, München 1971, S. 194.

70 *R. Schörken, W. Gagel,* Ein Curriculum für den politischen Unterricht, in: Lernziele und Stoffauswahl im politischen Unterricht, Hrsg. Schriftenreihe der Bundeszentrale für politische Bildung, Heft 93, Bonn 1972, S. 26.

71 Kultusminister des Landes Nordrhein-Westfalen (Hrsg.), Stuttgart 1973, S. 7. Im folgenden zitiert: NRW.

72 Rahmenrichtlinien, Sekundarstufe 1, Gesellschaftslehre, Der hessische Kultusminister (Hrsg.), Wiesbaden, S. 7. Im folgenden zitiert: Hessen, S. ...

73 Hessen, S. 15.
74 NRW, S. 7.
75 Hessen, S. 7.
76 Hessen, S. 8.
77 Hessen, S. 9.
78 NRW, S. 10.
79 NRW, S. 10.
80 Hessen, S. 193.
81 NRW, S. 10–11.
82 NRW, S. 12.
83 Hessen, S. 200.
84 Hessen, S. 201.
85 NRW, S. 15.

Anmerkungen zu Abschnitt 5

1 *F. U. Pappi,* a.a.O., S. 43.
2 *W. Zohlnhöfer,* in: KZfSS, Sonderheft 9/65, S. 126–168.
3 *W. Zohlnhöfer,* a.a.O., S. 135.
4 Der Spiegel, Nr. 49/1972, S. 24.
5 *Max Kaase,* Analyse der Wechselwähler in der BRD, in: KZfSS, Sonderheft 9/1965, S.113–125.
6 *M. Kaase,* a.a.O., S. 122.
7 *W. Zohlnhöfer,* a.a.O., S. 126–168.
8 *F. U. Pappi,* a.a.O., S. 73.
9 *A. Silbermann, U. M. Krüger,* Rechtsradikalismus in einem Bundeswehrstandort, in: KZfSS, 3, 1971, S. 568–580.
10 Erhoben vom Zentralarchiv für Empirische Sozialforschung an der Universität Köln im Jahre 1970 in Hessen.
11 *K. Sontheimer,* Antidemokratisches Denken in der Weimarer Republik, Studienausgabe, 1968, S. 318.
12 *K. Sontheimer,* a.a.O., S. 321.
13 *W. Jaide,* a.a.O., S. 56.
14 *W. Jaide,* a.a.O., S. 69.
15 *W. Jaide,* a.a.O., S. 69.
16 *W. Jaide,* a.a.O., S. 102.
17 *W. Jaide,* a.a.O., S. 120.
18 Ders., S. 127.
19 *D. Katz,* Die Ausdeutung der Ergebnisse: Probleme und Gefahren, in: *R. König,* Das Interview, 1962, 3. Aufl. Der Verfasser selbst hat bereits 1943, als die Meinungsforschungen a la Gallup anfingen, auch in Schweden modern zu werden und zur Errichtung eines „Gallup-Instituts" in Stockholm führten, in einem Buch (Gallup – oder die Probleme der Meinungsforschungen, Stockholm 1943) die Methoden dieser Befragungen und die Schlußfolgerungen daraus kritisch analysiert. Das Buch enthielt eigentlich alle wesentlichen Argumente gegen die Leichtfertigkeit, mit der auch heute noch Fragen zur „Meinungsforschung" formuliert, Interviews durchgeführt und Schlüsse aus den „Antworten" gezogen werden. Das Buch hatte nur einen ernsten Fehler: Es war schwedisch geschrieben, erschien also, infolge der Tatsache, daß Schwedisch damals wie heute nicht zu den „modernen" Sprachen gerechnet wird, unter Ausschuß der europäischen Öffentlichkeit.
20 *D. Katz,* a.a.O., S. 319.
21 *T. Harder,* Werkzeug der Sozialforschung, 1969, S. 200.
22 *E. K. Scheuch,* Die Sichtbarkeit politischer Einstellungen, in: KZfSS, Sonderheft 9, 1965, S. 169–214.
23 Vgl. dazu die Dissertationen von *E. Erbslöh,* Köln, oder *K. Benninghaus,* Köln, 1973.

Bibliographie

Einleitung

Bracher, Karl Dietrich, Die Auflösung der Weimarer Republik, 4. Aufl., Villingen 1964.
Bracher, Karl Dietrich, (Hrsg.), Nach 25 Jahren, eine Deutschlandbilanz, München 1970.
Croner, Fritz, Ett liv i vår tid, Stockholm 1966.
Croner, Fritz, Ein Leben in unserer Zeit, Frankfurt 1968.
Myrdal, Gunnar, Asian Drama, New York 1968.
Myrdal, Gunnar, Politisches Manifest über die Armut in der Welt, Frankfurt 1970.

Zweiter Abschnitt

Adam, Hermann, Konzertierte Aktion, in: WWI-Mitteilungen, Heft 7, 1971.
Arndt, Helmut, Erfahrungen ohne Enquete, in: Wirtschaftsdienst 44 (1964, Heft 7.
Arndt, Helmut, (Hrsg.), Die Konzentration in der Wirtschaft, 2. Aufl., Berlin 1971.
Arndt, Helmut, Recht, Macht und Wirtschaft, Berlin 1968.
Bechtel, Heinrich, Wirtschafts- und Sozialgeschichte Deutschlands, München 1967.
Benda, Ernst, Industrielle Herrschaft und sozialer Staat, Göttingen 1966.
Bericht der Bundesregierung über die Entwicklung der Finanzhilfen und Steuervergünstigungen für die Jahre 1969–1972 (Dritter Subventionsbericht), BT-Drucksache VI/2994.
Bericht der Bundesregierung über die Untersuchung der Wettbewerbsverschiebungen im Kreditgewerbe und über eine Einlagensicherung, BT-Drucksache V/3500.
Bericht der Bundesregierung über das Ergebnis einer Untersuchung der Konzentration in der Wirtschaft, BT-Drucksache IV/2320.
Bosch, Heinz-Dieter, Zur Vermögenssituation der privaten Haushalte in der BRD, Teil II, Berlin 1971.
Bremer Ausschuß für Wirtschaftsforschung, Am Abend der Demontage – sechs Jahre Reparationspolitik, Bremen 1951.
Buchholz, Edwin, Die Wirtschaftsverbände in der Wirtschaftsgesellschaft, Tübingen 1969.
Claessens/Klönne/Tschoeppe, Sozialkunde der Bundesrepublik Deutschland, Düsseldorf 1965.
Deutscher Sparkassen und Giroverband, Materialien zur Vermögensbildung, Bonn 1971.
Deutsches Institut für Wirtschaftsforschung, Die deutsche Wirtschaft zwei Jahre, nach dem Zusammenbruch, Berlin 1947.
Deutsches Institut für Wirtschaftsforschung, Beschäftigungsstruktur und Wirtschaftswachstum in der BRD 1950–1963, Sonderheft Nr. 74, 1965.
Erhard, Ludwig, Bundestagsreden, Bonn 1972.
Erhard, Ludwig; Brüß, Kurt; Hagemeyer, Bernhard, (Hrsg.), Grenzen der Demokratie? Düsseldorf 1973.
Erhard, Ludwig; Müller-Armack, Alfred, Soziale Marktwirtschaft. Manifest '72, Frankfurt 1972.
Eucken, Walter, Die Wettbewerbsordnung und ihre Verwirklichung, in: ORDO-Jahrbuch II, München 1949.
Exo, Reinhold, Die Entwicklung der sozialen und ökonomischen Struktur der Ersparnisbildung in der BRD, Berlin 1967.
von Eynern, Gert, Grundriß der politischen Wirtschaftslehre, Köln 1968.
Fischer, Wolfram, Die Wirtschaftspolitik Deutschlands 1918–1945, Lüneburg 1961.
Fürstenberg, Friedrich, Die Soziallage der Chemiearbeiter, Berlin 1969.
Galtung, Johan, Kapitalistische Großmacht Europa oder: Die Gemeinschaft der Konzerne? Reinbek 1973.
Gleitze, Bruno, Sozialkapital und Sozialfonds als Mittel der Vermögenspolitik, Köln 1968.
Grochla, E., Betriebsverbindungen, Berlin 1969.
Grosser, Alfred, Die BRD – Bilanz einer Entwicklung, Tübingen 1967.
Grosser, Dieter, (Hrsg.), Konzentration ohne Kontrolle, Köln u. Opladen 1969.
Hartwich, Hans Hermann, Sozialstaatspostulat und gesellschaftlicher status quo, Köln u. Opladen 1970.
Henkner, K., Quantifizierung von Wettbewerbs- und Struktureffekten in der Exportentwicklung ausgewählter Industrienationen, 1954, 1967, Berlin 1971.

Herzog, Hans-Henning; Oehlke, Paul, Intellektuelle Opposition im autoritären Sozialstaat, Neuwied 1970.
Hoffmann, Walter G., Das Wachstum der deutschen Wirtschaft seit Mitte des 19. Jahrhunderts, Berlin 1965.
Hoppmann, Erich, Konzertierte Aktion als Instrument der Globalsteuerung, in: Wirtschaftswissenschaftliches Studium, Nr. 1, 1972.
Huffschmid, Jörg, Die Politik des Kapitals – Konzentration und Wirtschaftspolitik in der BRD, 8. Aufl., Frankfurt 1972.
Huster, Ernst Ulrich; Kraiker, Gerhard; Scherer Burkhard; u.a., Determinanten der westdeutschen Restauration, Frankfurt 1972.
Institut für das Spar-, Giro- und Kreditwesen, Untersuchungen zur Sparstruktur der privaten Haushalte in der BRD, Bd. I u. II, Bonn 1972.
Jahresgutachten 1968/69 des Sachverständigenrates, Stuttgart 1968.
Jahresgutachten 1972/73 des Sachverständigenrates, BT-Drucksache 7/2.
Kisker, Klaus Peter, Vermögenskonzentration und Vermögenspolitik im Spätkapitalismus, in: Gewerkschaftliche Monatshefte Nr. 2, 1972.
Kogon, Eugen, Wirkungen der Konzentration auf die Demokratie, in: *Arndt, Helmut* (Hrsg.), Die Konzentration in der Wirtschaft, Berlin 1971.
Krelle, Wilhelm; Schunck, Johann; Siebke, Jürgen, Überbetriebliche Ertragsbeteiligung der Arbeitnehmer, Tübingen 1968.
Kretzschmar, Winfried, Auslandshilfe als Mittel der Außenwirtschafts- und Außenpolitik. Studie über amerikanische Auslandshilfe 1945–1956, München 1964.
Meinhold, Helmut, Wirtschaftspolitik und Konzentration in der BRD, in: *Arndt, Helmut* (Hrsg.), Die Konzentration in der Wirtschaft, Berlin 1971.
Memorandum der EG-Kommission an den EG-Rat, Die Industriepolitik der Gemeinschaften, Brüssel 1970.
Merkl, Peter, Die Entstehung der Bundesrepublik Deutschland, Stuttgart 1965.
Neelsen, Karl, Das konstante fixe Kapital und die Zyklizität des Krisenzyklus. o.O., o.J.
Neelsen, Karl, Wirtschaftsgeschichte der Bundesrepublik Deutschland, Berlin 1971.
Neuloh, O.; Wiedemann, H., Arbeiter und technischer Fortschritt, Köln u. Opladen, 1960.
Osterland, Martin; Deppe, Wilfried; Gerlach, Frank; u.a., Materialien zur Lebens- und Arbeitssituation der Industriearbeiter in der BRD, Frankfurt 1973.
Osthues, Heinz, Einkommensverhältnisse und private Geldkapitalbildung in Westdeutschland 1925–1953, Berlin 1957.
Pentzlin, H., Der Mann an der Spitze, Reinbek 1968.
Pohmer, Dieter; Fischer, Klaus, Steuerliche Beeinflussung der Unternehmenskonzentration unter besonderer Berücksichtigung der BRD, in: *Arndt, Helmut* (Hrsg.), Die Konzentration in der Wirtschaft, Berlin 1971.
Popitz, H. u.a., Das Gesellschaftsbild des Arbeiters, Tübingen 1957.
Fünder, Tilmann, Das bizonale Interregnum, Waiblingen 1966.
Rationalisierungskuratorium der Deutschen Wirtschaft (RKW), Wirtschaftliche und soziale Aspekte des technischen Wandels in der BRD, Sieben Berichte. Kurzfassung der Ergebnisse, 1. Bd., Frankfurt 1970.
Riester, W.F., Wirtschaftskonzentration und Politik, in: Betriebswirtschaftliche Forschung und Praxis, Juni 1971.
Schachtschabel, Hans G., Wirtschaftspolitische Konzeptionen, Stuttgart 1967.
Schäfer/Nedelmann, Der CDU-Staat, München 1967.
Scheuch, Erwin, (Hrsg.), Die Wiedertäufer der Wohlstandsgesellschaft, Köln 1968.
Schmidt, Eberhard, Die verhinderte Neuordnung, o.J.
Statistisches Bundesamt Wiesbaden, Statistisches Jahrbuch für die BRD 1972.
Stolper, Gustav, Deutsche Wirtschaft seit 1970, 2. Aufl., Tübingen 1966.
Vogt, E., Die Wachstumszyklen der westdeutschen Wirtschaft von 1950–1965 und ihre theoretische Erklärung, Tübingen 1968.
Wagenführ, Rolf, Die deutsche Industrie im Kriege, 1939–1945, Berlin 1963.
Wallich, Henry, Triebkräfte des deutschen Wiederaufstiegs, Frankfurt 1955.
Wildemann, Rudolf, Macht und Konsens als Problem der Innen- und Außenpolitik, Frankfurt 1963.
Willgerodt, Hans, Vermögen für alle, Düsseldorf 1971.

Wirtschaftswissenschaftliches Institut der Gewerkschaften (Hrsg.), Quantitative und qualitative Aspekte der ökonomischen Konzentration und gesellschaftlichen Machtverteilung in der BRD, WWI-Mitteilungen, Heft 8/9, 1971.
Wurm, Franz, Wirtschaft und Gesellschaft in Deutschland 1848–1948, Opladen 1969.
Zapf, Wolfgang, (Hrsg.), Beiträge zur Analyse der deutschen Oberschicht, München 1965.

Dritter Abschnitt

Industrie und Bauwirtschaftsberichterstattung, Statistisches Bundesamt.
Institut für angewandte Sozialwissenschaft (INFAS), Gewerkschaftsbarometer 1970, Bad Godesberg 1971.
Nach: Mikro-Zensus 1970, Statistisches Bundesamt.
Alemann, Ulrich von, Politische Vierteljahresschrift, 1972, Heft 2.
Bracher, Karl Dietrich, Das deutsche Dilemma, München 1971.
Croner, Fritz, Soziologie der Angestellten, Köln und Berlin 1962.
Croner, Fritz, Ein Leben in unserer Zeit, Frankfurt 1968.
Fraenkel, E. und *Bracher, K. D.,* (Hrsg.), Staat und Politik, Frankfurt 1964.
Kaack, H., Geschichte und Struktur des deutschen Parteiensystems, Opladen 1971.
Michels, Robert, Zur Soziologie des Parteiwesens in der modernen Demokratie, Leipzig 1911.
Schuster, Dieter, Die deutsche Gewerkschaftsbewegung, DGB, 3. Aufl., Düsseldorf 1971.
Strauss, Anselm L.; Martin, Norman H., Funktion und Folgen des Versagens für die vertikale Mobilität, Kölner Zeitschrift für Soziologie und Sozialpsychologie 1956, Heft 4.
Zeuner, B., Innerpolitische Demokratie, Berlin 1970.

Vierter Abschnitt

Die Zeit, Nr. 34, Hamburg 1972.
Akerman, Nordal (Red.), Demokratibegreppet, Stockholm 1972.
Bachrach, Peter, Die Theorie demokratischer Elitenherrschaft, Frankfurt 1970.
Berelson, Bernhard R., Lazarsfeld, Paul F., McPhee, William N., Voting. A study of opinion formation in a presidential campaign. Un. of Chicago Press 1954.
Boorstein, D., The Genius of American Politics, Chicago 1962.
Bracher, Karl Dietrich, Das deutsche Dilemma, München 1971.
Bracher, Karl Dietrich, Die deutsche Diktatur, 4. Aufl., Köln 1972.
Croner, Fritz, Ein Leben in unserer Zeit, Frankfurt 1968.
Deutscher Bildungsrat, Lernziele der Gesamtschule, Stuttgart 1969.
Downs, A., An Economic Theory of Democracy, N.Y. 1957.
Fijalkowski, J., Wendung zum Führerstaat.
Gasman, Daniel, The Scientific Origins of National Socialism, London and N.Y. 1971.
Hamm-Brücher, Hildegard, Unfähig zur Reform? Kritik und Initiativen zur Bildungspolitik, München 1972.
Hamm-Brücher, Hildegard, Edding, Friedrich, Reform der Reform. Ansätze zum bildungspolitischen Umdenken, Köln 1973.
Hegel, Georg Wilhelm Friedrich, Grundlinien der Philosophie des Rechts (§ 258).
Hentig, Hartmut von, Allgemeine Lernziele der Gesamtschule, in: Deutscher Bildungsrat, Gutachten und Studien der Bildungskommission 12, Lernziele der Gesamtschule, Stuttgart
Kultusminister des Landes Hessen (Hrsg.), Rahmenrichtlinien, Sekundarstufe 5, Gesellschaftslehre, Wiesbaden.
Kultusminister des Landes Hessen (Hrsg.), Informationen zur Gesamtschule Nr. 2, Wiesbaden 1968. Arbeitspapier für die Praxis II, Wiesbaden 1969.
Kultusminister des Landes Nordrhein-Westfalen (Hrsg.), Richtlinien für den politischen Unterricht in NRW, 1973.
Lewin, Leif, Folket och eliterna, Stockholm 1970.
Lindblom, Ch. E., The Intelligence of Democracy. N.Y. and London 1965.
Martin, A. von, Weltanschauliche Motive im altkonservativen Denken, in: Kaltenbrunner, G.K., Konservatismus in Europa, Freiburg 1972.
Mastmann, A., Flößner, W., Teschner, W. P. u.a. (Hrsg.), Gesamtschule. Ein Handbuch, Schwalbach 1968.

Mitscherlich, A. u. M., Die Unfähigkeit zu trauern. Frankfurt o.J.
Montesquieu, Charles de, Vom Geist der Gesetze, Tübingen 1951.
Nilsson, Macke, Samtal med Olof Palme, Boras 1972.
Organisation for Economic Co-Operation and Development. Education Commitee. Review of national policies for education. Germany. Examiners Report and Questions. (deutsch: Rohübersetzung der englischen Fassung: OECD-Examen der Bildungspolitik der Bundesrepublik Deutschland. Bericht und Fragen der Prüfer). Paris, 4. November 1971. ED (71) 19.
Ritter, Gerhard, Staatskunst und Kriegshandwerk, München 1960.
Ross, Alf, Hvarfor Demokratie? Lyngby 1946.
Sartori, Giovanni, Democratic Theory, Detroit 1962.
Schmitt, Carl, Die geistesgeschichtliche Lage des heutigen Parlamentarismus, Berlin 1923.
Schmitt, Carl, Die Diktatur – von den Anfängen des modernen Souveränitätsgedankens bis zum proletarischen Klassenkampf, München-Leipzig 1928.
Schmitt, Carl, Verfassungslehre, Berlin 1928.
Schmitt, Carl, Legalität und Legitimität, 1932.
Schmitt, Carl, Der Begriff des Politischen, Hamburg 1933.
Schörken, R., Gegel, W., Ein Curriculum für den politischen Unterricht, in: Lernziele und Stoffauswahl im politischen Unterricht, Hrsg. Schriftenreihe der Bundeszentrale für politische Bildung, Heft 93, Bonn 1972, S. 26 f.
Schumpeter, Joseph A., Kapitalismus, Sozialismus und Demokratie, München 1950.
Sontheimer, Kurt, Antidemokratisches Denken in der Weimarer Republik, München 1962.
Sontheimer, Kurt, Der Tatkreis, in: Deutschland zwischen Demokratie und Anti-Demokratie. München 1971.
Tingsten, Herbert, Demokratiens Problem, Stockholm 1945.
Treitschke, Heinrich von, Politik I.
Zimmer, Jürgen, Curriculumforschung. Chance zur Demokratisierung der Lehrpläne, in: Achtenhagen, *F., Meyer, L. H.*, Curriculumrevison – Möglichkeiten und Grenzen. München 1971.

Fünfter Abschnitt

Der Spiegel, Hamburg, 1972.
Harder, Th., Werkzeug der Sozialforschung, Köln, 1969.
Jaide, W., Jugend und Demokratie, München, 1970.
Kaase, M., Analyse der Wechselwähler in der BRD, in: KZfSS, Sonderheft 9, 1965, Köln-Opladen.
Katz, D., Die Ausdeutung der Ergebnisse: Probleme und Gefahren, in: *R. König* (Hrsg.), Das Interview, Stuttgart, 1962, 3. Aufl.
Pappi, F. U., Wahlverhalten und politische Kultur, Meisenheim am Glan, 1970.
Scheuch, E. K., Die Sichtbarkeit politischer Einstellungen, in: KZfSS, Sonderheft 9, 1965, Köln-Opladen.
Silbermann, A., und *Krüger, U. M.*, Rechtsradikalismus in einem Bundeswehrstandort, in: KZfSS, 3, 1971, Köln-Opladen.
Sontheimer, K., Antidemokratisches Denken in der Weimarer Republik, München, 1968.
Zentralarchiv für Empirische Sozialforschung, Köln, Die Landtagswahl in Hessen, 1970.
Zohlnhöfer, W., Parteiidentifizierung in der BRD und in den USA, in: KZfSS, Sonderheft 9, 1965, Köln-Opladen.

Personenregister

(Berücksichtigt wurden nur die im Text erwähnten Personen, nicht die in den Anmerkungen)

Sachregister

(Berücksichtigt wurden nur die im Text erwähnten Sachbegriffe, nicht die in den Anmerkungen)